AF608406

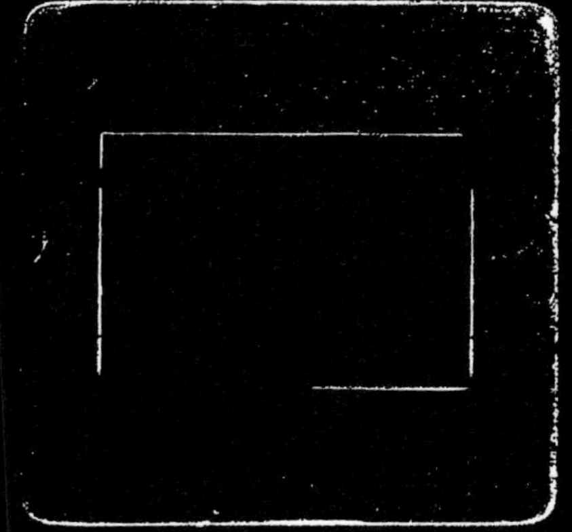

Ulf Aminde
Yücel Aşçıoğlu
Jörg Boström
Chargesheimer
Tayfun Demir
Chrysaugi Diederich
Onur Dülger
Christel Fomm
Ford-Werke GmbH
Alibaba G.
Salih G.
GAG Immobilien AG
Antonella Giurano
Antonios Gogos
Zeynep Gürsoy
Alpin Harrenkamp
Heinz Held
Candida Höfer
Kurt Holl
Gernot Huber
Marie Claire Ippolito
Ali Kanatlı
Bengü Kocatürk-Schuster
Angela L.
Familie Özdağ Özdağ family
Mitat Özdemir
Asimina Paradissa
Rheinisches Bildarchiv Köln
Romolo di Sabatino
Edith Schmidt-Marcello & David Wittenberg
Schulz
Rosa Spitaleri
Dieter Storp
Studierende der Students at Ruhr-Universität Bochum
Ulrich Tillmann
Fikret Üçgüler
Guenay Ulutuncok
Manfred Vollmer
Ludwig Wegmann
Eusebius Wirdeier
Sofia & Ioanna Zacharaki

Museum Ludwig,
Köln
Verlag der
Buchhandlung
Walther und Franz König

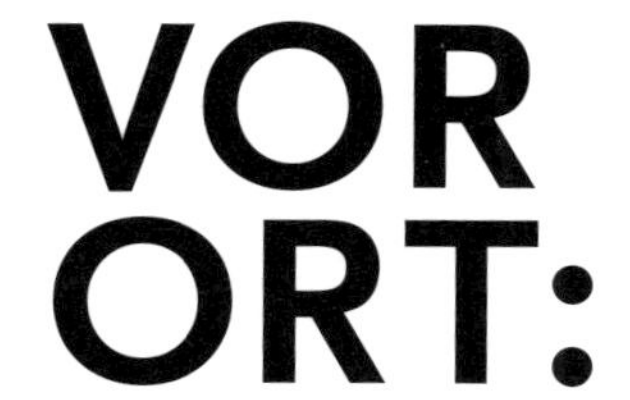

VOR ORT:

Fotogeschichten zur Migration

IN SITU:

Photo Stories on Migration

Herausgegeben von
Edited by
Ela Kaçel
Barbara Engelbach

VORWORT:

Yilmaz Dziewior

In unserer umfangreichen fotografischen Sammlung ist die Stadt Köln ein Star. Sie findet sich auf Hunderten von Aufnahmen vieler unterschiedlicher Fotograf*innen, wobei sich die Motive erstaunlich ähneln. Sie zeigen den Dom, den Rhein, die Innenstadt, die rechtsrheinischen Neubauviertel und die Veedelskultur. Vergleichbares kann man sicherlich über andere Städte des Rheinlandes sagen, wenn es um solche öffentlichen Fotografien geht. In ihnen wiederholen sich die immer gleichen Perspektiven, sie prägen sich ein und bestimmen das Bild der Stadt und ihrer Geschichte. Zu den typischen Ansichten von Köln gehören zweifelsohne auch die Fotografien der markanten Bauten der Wohnungsbaugesellschaft GAG Immobilien AG, die um 1960 im Auftrag der Stadt neu errichtet wurden. Ihre modernistische Architektur steht für das „neue Köln" der Nachkriegszeit. Ein Teil der wie Wahrzeichen ins Bild gebannten Hochhäuser diente als Wohnheime für Arbeitsmigrant*innen. Diese waren im Rahmen von Anwerbeabkommen

FOREWORD:

In our extensive collection of photographs, the city of Cologne is a star, featuring in hundreds of pictures by many different photographers, with surprisingly similar motifs. They show the cathedral, the Rhine, the old town, the new developments on the eastern bank of the river, and the individual neighborhoods. The same can surely be said of the public photographs of other cities in the Rhineland: they repeat the same viewpoints, making a lasting impression and shaping the image of the city and its history. Typical pictures of Cologne include photographs of the striking buildings erected by the municipal real-estate developer GAG Immobilien AG, commissioned by the city around 1960, their modernist architecture standing for the "new Cologne" of the postwar period. Some of the tower blocks captured as landmarks in these photographs were used as dormitories for the migrant workers who came to Cologne following recruitment agreements

der damaligen Bundesrepublik vor allem aus Italien, Spanien, Portugal, Griechenland und der Türkei nach Köln gekommen. Das Anwerbeabkommen mit der Türkei jährt sich in diesem Jahr bereits zum sechzigsten Mal.
Die Architekturhistorikerin Ela Kaçel, die wir als Gastkuratorin der Ausstellung gewinnen konnten, hat bei ihren Forschungen Zugang zu den privaten Fotografien der ehemaligen Bewohner*innen der Wohnheime erhalten. Von diesen ausgehend hat sie gemeinsam mit der Kuratorin Barbara Engelbach eine Ausstellung entwickelt, die diese persönlichen Aufnahmen ins Zentrum stellt. In ihnen vermitteln sich ganz unterschiedliche Erzählungen über das Ankommen in einer neuen Stadt im Rheinland, in denen sich die jeweilige Stadtgeschichte als Migrationsgeschichte offenbart. Und sie geben Auskunft darüber, welche Rolle die Fotografie dabei spielte. Daher handelt es sich bei den Privataufnahmen nicht nur um beeindruckende Bilder, sondern auch um kostbare Zeugnisse der individuellen Erinnerungen.
Es ist für uns eine große Freude, dass wir die privaten Fotografien in der Ausstellung zeigen können, und wir fühlen uns durch das Vertrauen und die Bereitschaft der Leihgeber*innen geehrt, ihre Geschichten mit den Besucher*innen der Ausstellung und den Leser*innen dieses Katalogs zu teilen. Wir danken sehr herzlich Yücel Aşçıoğlu, Tayfun Demir, Chrysaugi Diederich, Onur Dülger, Antonella Giurano, Antonios Gogos, Zeynep Gürsoy, Alpin Harrenkamp, Ali Kanatlı, Bengü Kocatürk-Schuster, Angela L., Familie Özdağ, Mitat Özdemir,

with West Germany, mainly from Italy, Spain, Portugal, Greece, and Turkey. This year marks the sixtieth anniversary of the recruitment agreement with Turkey.
Architectural historian Ela Kaçel, who co-curated the exhibition, was given access to the private photographs of former dormitory residents. On the basis of this research, working with curator Barbara Engelbach, she developed an exhibition that places these personal pictures center stage. They recount diverse stories of arrival in new cities throughout the Rhineland and show that the history of each city in question is inseparably linked to the history of migration. They also reveal the role played by photography. These private photographs are not only striking images but also precious testimonies to individual memories.
We are delighted to be able to present these personal photographs in the exhibition and are honored by the trust placed in us by the lenders and their willingness to share their stories with the show's visitors and with the readers of this catalogue. Our heartfelt thanks to Yücel Aşçıoğlu, Tayfun Demir, Chrysaugi Diederich, Onur Dülger, Antonella Giurano, Antonios Gogos, Zeynep Gürsoy, Alpin Harrenkamp, Ali Kanatlı, Bengü Kocatürk-Schuster, Angela L., the Özdağ family, Mitat Özdemir, Asimina Paradissa, Rosa Spitaleri, Fikret Üçgüler, and Sofia and Ioanna Zacharaki for lending their photographs

Asimina Paradissa, Rosa Spitaleri, Fikret Üçgüler, Sofia und Ioanna Zacharaki für ihre Leihgaben und geteilten Erinnerungen. Darüber hinaus danke ich auch im Namen der Kuratorinnen für die vielen unterstützenden Gespräche, die sie im Vorfeld mit Lale Akgün, Peter Bach, Aytaç Eryılmaz, Familie Karadeli, Metin Türköz und Sevim Üçgüler führen durften.
Viele dieser Fotografien wären heute nicht mehr erhalten oder schwer zugänglich, hätten nicht vor dreißig Jahren Menschen mit Migrationsgeschichte eine eigene Sammlung aufgebaut, in der sich die ganz persönlichen Perspektiven der Eingewanderten wiederfinden. Deswegen war ein zentraler Ausgangspunkt der Recherchen das DOMiD – Dokumentationszentrum und Museum über die Migration in Deutschland, dem wir als unserem Kooperationspartner für diese Ausstellung unseren Dank aussprechen.
Dank gebührt ebenso den Kulturwissenschaftler*innen Manuel Gogos und Aurora Rodonò, die auch kuratorisch beratend zur Seite standen und gemeinsam mit Ela Kaçel und Barbara Engelbach die Interviews geführt haben. Die persönlichen Berichte sind in der Ausstellung vielfältig präsent: in Video- und Audiointerviews, in zentralen Aussagen an den Ausstellungswänden sowie in Zitaten auf den Rückseiten von Tafeln, auf denen die Fotografien abgedruckt sind. In diesem Katalog sind die Interviews in Texten zusammengefasst, die eindringlich die verschiedenen Herangehensweisen vergegenwärtigen, sich mit einem unbekannten Ort nicht nur vertraut zu machen, sondern ihn mit der Zeit auch zu prägen. In den Erzählungen

and sharing their memories. On behalf of the curators, I would also like to express my thanks to Lale Akgün, Peter Bach, Aytaç Eryılmaz, the Karadeli family, Metin Türköz, and Sevim Üçgüler for engaging with them in many preliminary conversations.
Many of these photographs would not have survived, or would be difficult to access, if people from migrant families had not created their own collection three decades ago. This archive, which became the Documentation Center and Museum on Migration in Germany, reflects the immigrant experience from diverse personal viewpoints, and thus DOMiD became a central point of departure and an important cooperation partner for our research, for which we would like to express our gratitude.
Thanks are also due to cultural theorists Manuel Gogos and Aurora Rodonò who acted as curatorial advisors and conducted the interviews together with Ela Kaçel and Barbara Engelbach. These personal testimonies are present in the exhibition in various forms: in video and audio interviews, as key statements on the walls, and as quotations on the reverse of panels on which the photographs are printed. In this catalogue, the interviews are summarized in texts that vividly reflect different ways of familiarizing oneself with an unknown place and of helping to shape that place over time. In the stories, which span two generations, this capacity to shape society in the long term is clearly displayed by all

zweier Generationen wird dieses nachhaltige gesellschaftsgestaltende Vermögen aller mitwirkenden Protagonist*innen deutlich, und es freut mich, dass es dank des zusätzlichen Projekts der Kunstvermittlung – *Snap my Veedel* – mit Diana Schuster und Angelika von Tomaszewski möglich ist, die Fotogeschichten der nächsten Generationen in die Ausstellung zu integrieren. In Workshops richten Schulklassen den Blick auf ihr Lebensumfeld und darauf, wie sie dieses und sich selbst darin mit den Mitteln der Fotografie repräsentieren wollen.
In den letzten Jahren ist es uns Schritt für Schritt gelungen, die Sammlung und das Ausstellungsprogramm zu öffnen, um als städtische Institution deutlicher die Vielstimmigkeit des gesellschaftlichen Lebens einzuholen. Eine Ausstellung wie *Vor Ort: Fotogeschichten zur Migration* ist daher für uns ein sehr wichtiges Projekt. Sie legt den Schwerpunkt auf Privatfotografien und verändert damit die Perspektive auf die Museumssammlung. Die Erweiterung der Erfahrungsräume führt zu einer neuen Kontextualisierung der Werke von Chargesheimer, Candida Höfer und Ulrich Tillmann aus unserer Sammlung, die unter anderem durch Fotografien von Jörg Boström, Christel Fomm, Gernot Huber, Guenay Ulutuncok, Eusebius Wirdeier, einen Film von Edith Schmidt-Marcello und David Wittenberg sowie einem Videoprojekt von Ulf Aminde ergänzt werden. Ich bin ihnen allen sehr dankbar, dass sie ebenfalls die Ausstellung mit ihren Leihgaben unterstützt haben.
Die Ausstellung in dieser Form zu realisieren wäre nicht möglich gewesen ohne besondere Förderung: Das Ministerium für Kultur und Wissenschaften des

involved. I am pleased that it has been possible to include photo stories by the next generations in the exhibition thanks to the additional art education project *Snap my Veedel* by Diana Schuster and Angelika von Tomaszewski. In workshops, school classes explore the places they live in and how they wish to represent themselves in these surroundings using photography.
As a city-based institution, in recent years, we have gradually opened up our collection and exhibition program in order to more accurately reflect the diversity of voices that make up society. Consequently, an exhibition like *In Situ: Photo Stories on Migration* is a very important project for us. It shifts how the museum's collection is viewed by foregrounding private photographs. These offer an expanded range of experiences that recontextualize the works of Chargesheimer, Candida Höfer, and Ulrich Tillmann from our collection, supplemented by the photographs of Jörg Boström, Christel Fomm, Gernot Huber, Guenay Ulutuncok, and Eusebius Wirdeier, among others, as well as a film by Edith Schmidt-Marcello and David Wittenberg and a video project by Ulf Aminde. I am very grateful to all of them for supporting the exhibition by loaning their works.
It would not have been possible to realize the exhibition in this form without special funding. The Ministry of Culture and Science of the Federal State of North Rhine-Westphalia did not hesitate to offer generous support. Landschaftsverband Rheinland also provided vital funding, and GAG Immobilien AG

Landes Nordrhein-Westfalen hat nicht gezögert, die Ausstellung großzügig zu unterstützen. Auch dem Landschaftsverband Rheinland danken wir sehr herzlich für die wichtige Förderung. Wir freuen uns darüber hinaus, dass die GAG Immobilien AG das Ausstellungsprojekt unterstützt hat und es ermöglicht, die Kunstvermittlung nach unseren Vorstellungen zu realisieren. Ihnen allen danken wir von ganzem Herzen.

Mein besonderer Dank geht an Ela Kaçel, die ihre Expertise in das Projekt eingebracht und es damit wesentlich inspiriert hat. Ich danke auch sehr herzlich Barbara Engelbach, auf deren Initiative hin die Schau entstand und die während der gesamten Vorbereitung umsichtig alle Fäden zusammenführte. Beiden Kuratorinnen bin ich sehr dankbar für ihr Engagement und für eine Ausstellung, die den Blick weitet und Anteil nehmen lässt.

enabled us to realize the art education program according to our vision. Our wholehearted thanks to them all.

Special thanks to Ela Kaçel for contributing her expertise and providing a key source of inspiration to the project. Special thanks also to Barbara Engelbach, who initiated the project and pulled its various threads together throughout the preparatory stages. My heartfelt thanks to both curators for their commitment and for an exhibition that expands horizons and fosters empathy.

VOR ORT: FOTOGRAFIEN UND ERINNERUNGSBILDER DER ARBEITSMIGRATION

Ela Kaçel
Barbara Engelbach

Die Erfahrung, Migrant*in, Geflüchtete*r oder Asylbewerber*in zu sein, ist im Wesentlichen eine Erfahrung des *displacement*. Einen Ort zu verlassen, sich also gleichsam zu entorten, um an einem anderen anzukommen, ist die gemeinsame Erfahrung von Millionen von Menschen – nicht nur in der Vergangenheit, sondern auch in der Gegenwart. Im Gegensatz zu denjenigen, die zur Auswanderung gezwungen sind, entschieden sich europäische Arbeitsmigrant*innen nach dem Zweiten Weltkrieg mehr oder weniger freiwillig für eine Arbeit im Ausland. Damit erklärten sie sich mit den Arbeitsbedingungen in Ländern wie Deutschland, Österreich, der Schweiz und den Niederlanden einverstanden, deren Volkswirtschaften in der Nachkriegszeit auf Industrieproduktion, internationalem Handel und der Politik des Kalten Krieges gründeten und die für den Wiederaufbau Arbeitskräfte benötigten.

Im Auftrag der Internationalen Arbeitsorganisation (ILO) machte der Fotograf Jean Mohr Aufnahmen

IN SITU: PHOTOGRAPHS AND MEMORY IMAGES OF LABOR MIGRATION

The experience of being a migrant, refugee, or asylum seeker is essentially an experience of displacement. Leaving one place and arriving in another is the shared experience of millions of people—not just in the past but also in the present. Unlike those who are forced to emigrate, European migrant workers after World War II more or less freely chose to work abroad. In doing so, they accepted the working conditions in countries like Germany, Austria, Switzerland, and the Netherlands whose postwar economies were based on industrial production, international trade, and the politics of the Cold War, and which needed workers for their reconstruction.

Commissioned by the International Labour Organization (ILO), photographer Jean Mohr took pictures of the application procedure at the liaison bureau of Germany's Federal Labor Office in Istanbul. Similar procedures occurred at recruitment centers in Thessaloniki, Verona, and Naples.

von den Bewerbungsverfahren, die in der Deutschen Verbindungsstelle der Bundesanstalt für Arbeit in Istanbul stattfanden. Zu ähnlichen Auswahlprozessen kam es in Anwerbebüros unter anderem in Thessaloniki, Verona und Neapel; man kann sich also gut vorstellen, wie sich Tausende von Bewerber*innen massenhaften Eignungstests und Reihenuntersuchungen unterzogen. Der bahnbrechende Bildband *Arbeitsemigranten* von John Berger mit Fotografien von Jean Mohr dokumentiert diese Prozesse mit den unsichtbaren Realitäten der Arbeitsmigration aus der Sicht von Einzelpersonen und schildert ihre Erfahrungen als Neumigrant*innen in Europa, das 1973 bereits von einer schweren Wirtschaftskrise erfasst war.[1]

Gegen das normative Framing: „Hier, mach mal ein Bild!“
Männer und Frauen, die allein einwanderten und ihre Familien oder Kinder zurückließen, hatten meist ein oder zwei Fotos im Gepäck. Berger beschreibt die Bedeutung der Präsenz dieser Fotos für einen Arbeitsmigranten: „Er sucht das Foto unter den abgegriffenen Papieren, die in seiner Jacke stecken. Er findet es. Als er es überreicht, drückt er den Daumen drauf [...]. Eine Frau oder vielleicht ein Kind. Das Foto definiert eine Abwesenheit.“[2] Dieses Gefühl der Abwesenheit erhielten Arbeitsmigrant*innen im Austausch für ihre Arbeitskraft. Ein ein- oder zweijähriger Arbeitsvertrag legte den Arbeitsort und die Unterkunft fest, wo die Zugewanderten mit herausfordernden Situationen und einem Leben am Existenz-

One can thus well imagine how thousands of applicants were screened and examined en masse. *A Seventh Man*, the pioneering book by John Berger with photographs by Mohr, documents these processes and portrays the invisible realities of labor migration from the viewpoint of individuals, describing their experiences as new migrants in Europe, which by 1973 was already in the grips of a major economic crisis.[1]

Against normative framing: "Here, take a picture!"
Men and women who immigrated alone, leaving their families or children behind, mostly brought one or two photographs with them. Berger describes the importance of these photographs for a migrant worker: "He looks for the photo among the over-handled papers, stuffed in his jacket. He finds it. In handing it over, he imprints his thumb on it. . . . A woman or perhaps a child. The photo defines an absence."[2] This sense of absence is what migrant workers got in return for their labor. A one- or two-year work contract defined the place where new arrivals would work and reside, facing challenging situations and living on a subsistence income. Migrant workers had to deal with the given conditions in a foreign country, even if some of these conditions were adverse or discriminatory.
Clearly defined limitations were imposed on the movements of "guest workers" in Germany from the outset. The so-called "Foreigners Act" of April 1965 stated

minimum zu kämpfen hatten. Arbeitsmigrant*innen mussten also mit den vorgegebenen Lebensbedingungen in einem fremden Land zurechtkommen, auch wenn einige dieser Bedingungen möglicherweise nachteilig und sogar diskriminierend für sie waren.

Als „Gastarbeiter*innen" mussten sie sich in Deutschland von Anfang an in einem klar abgesteckten Rahmen bewegen. Im sogenannten „Ausländergesetz" vom April 1965 wurde festgelegt, dass Bürger*innen aus Nicht-EWG-Staaten[3] (hierzu gehörten zu diesem Zeitpunkt alle Anwerbeländer außer Italien) nur ein Aufenthaltsrecht von einem Jahr hatten und in dieser Zeit an eine*n Arbeitgeber*in gebunden waren. Der Verlust der Arbeit bedeutete nicht nur den Verlust des Platzes im Wohnheim oder in der Wohnbaracke, sondern auch den Verlust des Aufenthaltsrechts.

Dieses normative Framing des Arbeitens und Lebens als „Gastarbeiter*in" findet sich auch in der Ästhetik von Unternehmensfotografie wieder, mit der professionelle Fotograf*innen beauftragt wurden. Arbeitsmigrant*innen wurden mit einem bestimmten Blick fotografiert, der sich

1 — John Berger und Jean Mohr, *Arbeitsemigranten. Erfahrungen/Bilder/Analysen*, übers. v. Nils Thomas Lindquist, Reinbek b. Hamburg: Rowohlt 1976. Wiederveröffentlicht als *Der siebte Mensch. Eine Geschichte über Migration und Arbeit in Europa*, Frankfurt am Main: Fischer 2016.
2 — Ebd., S. 16.
3 — Die 1957 gegründete Europäsche Wirtschaftsgemeinschaft (EWG) war die Vorläuferin der Europäischen Union (EU).

that citizens of non-EEC countries[3] (which then included all countries of origin except Italy) were to be granted one-year residency only, during which time they would be bound to a single employer. Losing this job would also mean losing not only their place in the dormitory or barracks but also their right to remain.

This normative framing of working and living as "guest workers" is also reflected in the aesthetic of the corporate imagery created by the commissioned professional photographers. Migrant workers were depicted from a certain viewpoint, geared primarily toward the intentions of their employers; skillfully chosen angles were used to create a positive image and articulate a corporate identity. In such pictures, the identically dressed workers cannot be told apart; the individuals with their lived realities retreat behind their function. The same impact is achieved by photographs of individual workers to illustrate a single step on the production line. The employees are anonymized and objectivized, their individual attributes omitted. Just as working and living were normed, these

1 — John Berger and Jean Mohr, *A Seventh Man: A Book of Images and Words about the Experience of Migrant Workers in Europe* (1975; London: Verso, 2010).
2 — Ibid., 20.
3 — Founded in 1957, the European Economic Community (EEC) was the precursor to the European Union (EU).

in erster Linie an den Absichten der Arbeitgeber*innen orientierte; durch geschickt ausgewählte Perspektiven sollte ein positives Image erzeugt und die Corporate Identity zum Ausdruck gebracht werden. Auf den Bildern sind die identisch gekleideten Arbeiter*innen unmöglich voneinander zu unterscheiden. Die Personen mit ihren Lebenswirklichkeiten treten hinter ihre Tätigkeit zurück. Die gleiche Wirkung haben Fotografien, die einzelne Arbeiter*innen zur Veranschaulichung eines isolierten Arbeitsschritts in der Fließbandproduktion zeigen. Die Beschäftigten werden anonymisiert und objektiviert. Alle Attribute des Arbeiters oder der Arbeiterin als Individuum bleiben außen vor. Ebenso wie Arbeiten und Wohnen normiert waren, entsprachen auch die Fotografien einem normativen Framing; sie prägten die Normen der visuellen Wahrnehmung von „Gastarbeiter*innen" in der Öffentlichkeit (Abb. 1).

Gleiches gilt für Unternehmen, die in ihren Büchern, Jubiläumskatalogen und anderen Drucksachen eher ihre Fabrikarchitektur und die modernen Bauten der Nachkriegszeit präsentierten. In der Jubiläumspublikation *Großstadt in der Großstadt. 50 Jahre GAG in Köln*, die die Wohnungsbaugesellschaft GAG 1963 herausgab, sind auf den Auftragsfotos der als Arbeiter*innenwohnheime neu errichteten Wohnblöcke in Köln beispielsweise keine Arbeitsmigrant*innen zu sehen, obwohl andere Bewohner*innen der gleichen Siedlung (darunter Frauen und Kinder) durchaus auf den Bildern erscheinen. Ähnlich wirkt in einem Fotoalbum der Bergwerksgesellschaft GmbH in Walsum das 1951 eröffnete moderne

photographs constituted a normative framing through which the public perception of "guest workers" was shaped (fig. 1).

The same is true of companies whose books, anniversary catalogues, and other printed matter preferred to focus attention on the architecture of factories and modern postwar buildings. In the commemorative book *Großstadt in der Großstadt. 50 Jahre GAG in Köln*, published by Cologne's municipal real-estate developer GAG in 1963, the commissioned photographs of tower blocks built as workers' dormitories show no migrant workers, although other residents of the same project (including women and children) do appear. In a photographic album published by the Walsum Mining Company, the modern administrative building completed in 1951 seems deserted (fig. 2). In both cases, the photographs of the modernist architecture have a representative function. The buildings stand for the break with National Socialism and represent Germany's "Economic Miracle." In each publication, however, workers remain invisible—both in

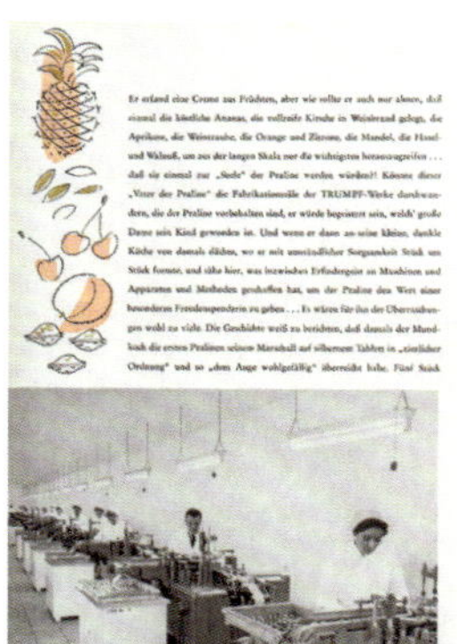

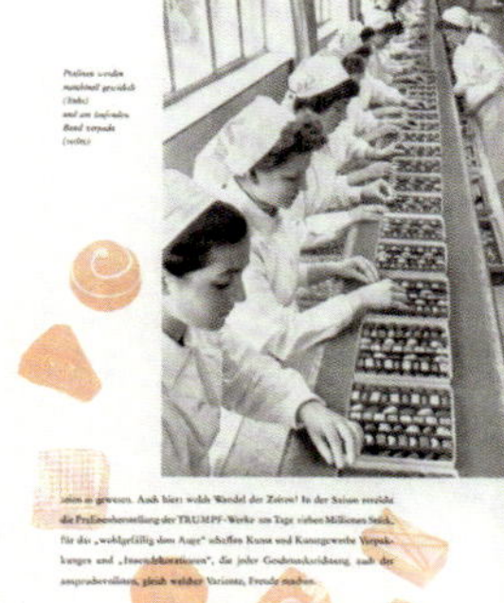

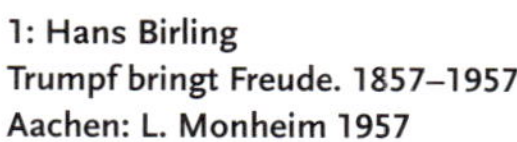

1: Hans Birling
Trumpf bringt Freude. 1857–1957
Aachen: L. Monheim 1957

Verwaltungsgebäude wie ausgestorben (Abb. 2). In beiden Fällen haben die Fotos der modernistischen Architekturen eine repräsentative Funktion. Die Bauten stehen für den Bruch mit dem Nationalsozialismus und für das Wirtschaftswunder. In beiden Fällen aber bleiben Arbeiter*innen unsichtbar – hier in den Fotografien der Wohnheime und dort in Aufnahmen vom Betrieb.

Die privaten Fotografien von Arbeitsmigrant*innen sind hingegen mehr als bloße Selbstdarstellungen. Durch Archivrecherchen und Interviews mit den Urheber*innen dieser Aufnahmen sind wir auf eine Fotopraxis gestoßen, die ein individuelles (und stummes) Statement gegen das auf Anonymität und Ausgrenzung gründende normative Framing ist. In der Aufforderung „Hier, mach mal ein Bild!" ist ein solcher Subtext intuitiv enthalten.

Die sich nach Berger grundsätzlich unterscheidende Rezeption von öffentlichen und privaten Fotografien kommt hier zum Tragen. Während öffentliche Fotografien von ihrem Kontext losgelöst sind, wird der Kontext privater Fotografien durch ihre Erzählung im privaten Raum bewahrt. Und anders als die öffentlichen Fotografien, die

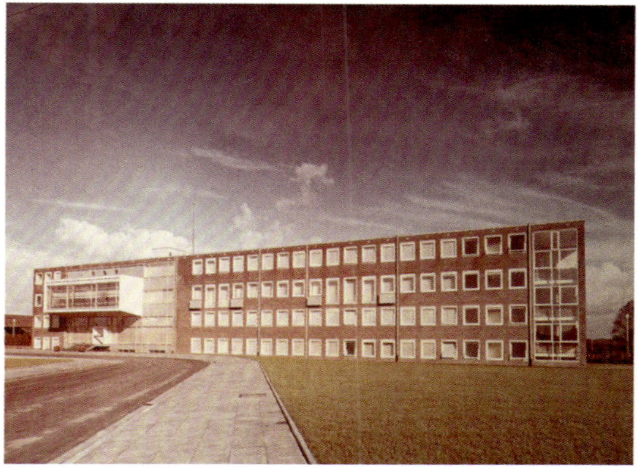

2: Betriebsverwaltungsgebäude der Bergwerksgesellschaft GmbH
Administrative building, Walsum Mining Company, **Walsum, ca. 1955**

the photographs of the dormitories and in those of the company premises.

Private photographs taken by migrant workers themselves, on the other hand, are more than mere self-portrayals. Through archival research and interviews with those who took such pictures, we discovered a photographic practice that makes a (tacit) personal statement against normative framing based on anonymity and exclusion. Such a subtext is intuitively present in the request: "Here, take a picture!"

The fundamentally different reception of public and private photographs remarked on by John Berger comes into play here. Whereas public photographs are detached from their context, the context of personal photographs is preserved by the stories told about them in the private sphere. And unlike public photographs, which seek to constitute a collective history or collective memory, private photographs record a multiplicity of perspectives which, like memory itself, are not linear.[4]

4 — John Berger, "Uses of Photography," in *About Looking* (London: Bloomsbury, 1980), 51f. and 56.

eine kollektive Geschichte, bzw. kollektive Erinnerung konstituieren wollen, bilden die privaten Fotografien vielfache Perspektiven ab, die wie die Erinnerung selbst nicht linear sind.[4]

„Ich schicke euch ein Foto zur Erinnerung, hütet es gut."

Maurice Halbwachs zufolge ist das Gedächtnis in Räume eingebettet und immer an einen Ort gebunden. Erinnerungen werden dann durch die „räumlichen Bilder", die Individuen im Laufe der Zeit sammeln, ausgelöst und definiert. Diese Bilder sind nicht notwendigerweise an einen materiellen Träger gebunden, sondern fest an einem physischen Ort verankert.[5] Sie korrelieren mit den Fotografien, die im Laufe der Zeit entstanden sind und die eine bestimmte Situation und ihren Schauplatz zeigen. Ihre Bedeutung erschließt sich erst durch die Berichte und Erzählungen der Protagonist*innen. In diesem Sinne sprechen wir im Weiteren von Fotogeschichten, die essenziell für das Verständnis der Privatfotografien sind.

Ihre Ankunft in Deutschland haben alle Teilnehmer*innen dieses Projekts noch lebhaft in Erinnerung. Viele bewerten sie als historischen Wendepunkt in ihrem Leben und erinnern sich noch genau an das Datum ihres Eintreffens in der neuen Stadt. Die erste Begegnung mit einem Ort bleibt nicht nur als persönliche Erinnerung erhalten, sondern gewinnt mit der Zeit bemerkenswerterweise einen kollektiven Charakter. „Es war ein grauer Tag", als Rosa Spitaleri im Alter von

"I'm sending you a photograph as a memento. Take good care of it."

According to Maurice Halbwachs, memory is embedded in spaces and linked to a place. Memories are triggered and shaped by the "spatial images" that individuals accumulate over time. These images are not necessarily attached to a material object but firmly anchored to a physical place.[5] They correlate with photographs taken during the course of a life that show specific situations and settings, and their meaning is only accessed via the stories of those involved. In what follows, we will use the term "photo stories" to talk about such narratives that are key to understanding private photography.

All of the people we interviewed can still vividly recall their arrival in Germany. Many see it as a historic turning point in their lives and remember the exact date they came to their new town. Interestingly, besides remaining a personal memory, over time the first encounter with a place takes on a collective character. "It was a gray day," when Rosa Spitaleri arrived in Cologne aged eight. Her

5 — Maurice Halbwachs, *On Collective Memory* (1950; Chicago: University of Chicago Press, 1992).
6 — Andreas Huyssen, prologue to *Ineffably Urban: Imaging Buffalo*, ed. Miriam Paeslack (Farnham: Ashgate, 2013), xxi.

acht Jahren in Köln ankam. Ihre Wahrnehmung der Stadt an diesem Tag machte ihr damals bewusst, dass in Städten „das Licht anders ist". „Mehr als an eine Stadt erinnerte mich Duisburg an eine gigantische Fabrik ... wie auf dem Schwarz-Weiß-Negativ einer dunklen Fotografie – alles verschwommen", schreibt Tayfun Demir in Erinnerung an die Eindrücke, die er empfand, als er ganz allein an dem neuen, unbekannten Ort ankam. Trotz des Mangels an physischen Bildern tragen Menschen räumliche Bilder und ihre Gefühle in sich, die mit diesen Orten verbunden sind. Alpin Harrenkamp wuchs in Köln auf und erinnert sich bis heute an die Dunkelheit des unheimlichen Innenhofs; es war für sie schier unvorstellbar, wie eine Familie mit Kindern in einem Hinterhof leben konnte, der von der Straße völlig abgeschnitten war. Wie haben Rosa Spitaleri, Tayfun Demir, die Eltern von Alpin Harrenkamp und all die anderen nach Deutschland eingewanderten Erzähler*innen die unerträgliche Distanz zu und Fremdheit an einem neuen Ort überwunden und eine neue Unmittelbarkeit, eine persönliche Bindung zu diesem Ort aufgebaut?

4 — John Berger, „Die Möglichkeiten der Fotografie. Für Susan Sontag", in: ders., *Der Augenblick der Fotografie. Essays*, München: Carl Hanser 2016, S. 79 f. und 86 f.
5 — Maurice Halbwachs, *Das kollektive Gedächtnis* [1950], 2. Aufl., Frankfurt am Main: Fischer 1991.

perception of the city that day made her realize that cities "have a different light." "Rather than a city, Duisburg reminded me of a gigantic factory . . . like the black-and-white negative of a dark picture—all blurred," writes Tayfun Demir, recalling his impressions on arriving all alone in a new, unfamiliar place. In spite of a lack of physical pictures, people carry with them spatial images and the feelings associated with these places. Alpin Harrenkamp grew up in Cologne and still remembers the darkness of the eerie courtyard where a family with children lived; at the time, she could not imagine how they managed to live in a place completely cut off from the street. How did Rosa Spitaleri, Tayfun Demir, Alpin Harrenkamp's parents, and all the other storytellers who immigrated to Germany overcome the unbearable distance and foreignness and build personal links and a sense of direct connectedness to this new place?

Locality is a social and personal construct that perpetually reemerges in human actions out of the relationship between self and place.[6] In the photographic practices discussed here, a visual self-localizing occurs that generates a sense of locality that is always aware of those left behind. Their absence is evoked in photographs through which family members enter into contact with one another. Thus, Yücel Aşçıoğlu keeps a photograph that shows him with friends at the Ford workers' dormitory toasting the birth of his son in Konya, Turkey.

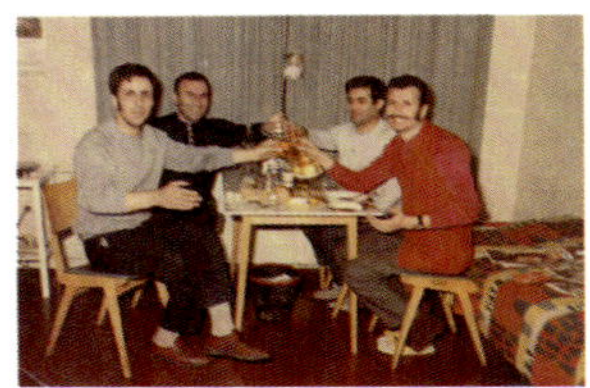

3: S. p. 75

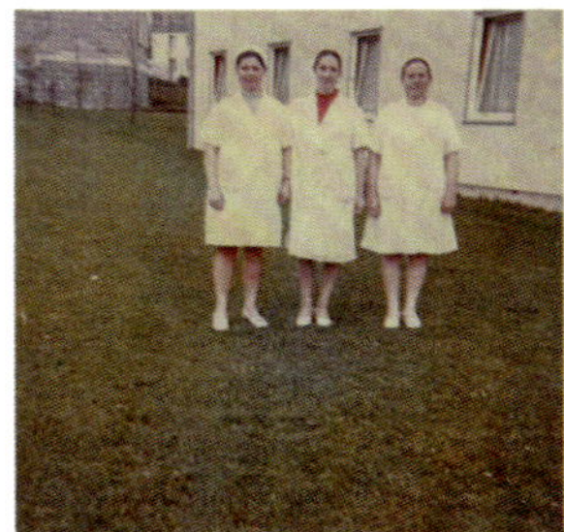

4: S. p. 69

Lokalität ist ein soziales und persönliches Konstrukt, das in menschlichen Handlungen aus der Beziehung zwischen Ich und Ort immer wieder aufs Neue entsteht.[6] Gerade in den fotografischen Praktiken kommt etwas ins Spiel, das diese Lokalität erst herstellen kann. Die visuelle Selbstverortung findet immer im Bewusstsein um die Zurückgelassenen statt. Ihre Abwesenheit wird in den Fotografien aufgerufen, über sie treten die Familien miteinander in Verbindung. So bewahrt Yücel Aşçıoğlu ein Foto auf, das ihn mit Freunden im Ford-Wohnheim zeigt, wie sie auf die Geburt seines Sohnes in Konya in der Türkei anstoßen. Auf der Rückseite der Fotografie ist das besondere Ereignis mit Datum und Namen der Anwesenden festgehalten (Abb. 3). In der Familie Zacharaki bilden die Fotografien ein Band zwischen der in der Schokoladenfabrik Leonard Monheim in Aachen arbeitenden Mutter Sofia Zacharaki und ihren in Griechenland lebenden Töchtern. Auf der Rückseite einer Fotografie, auf der sie mit Kolleginnen vor dem Wohnheim (Abb. 4) der Firma steht, schreibt sie „Ich schicke euch ein Foto zur Erinnerung, hütet es gut." Und die Töchter senden eine Fotografie zurück, auf der sie die Kleidung aus Aachen tragen, die ihre Mutter ihnen geschenkt hat. Dengin Kocatürk nimmt das Wohnzimmer (Abb. 5) auf, in dem die Fotografien seiner Töchter vereint sind. Die ältere, Bengü Kocatürk-Schuster lebte bei den Großeltern in Ankara, die elf Jahre später geborene jüngere Tochter, Begüm Kocatürk, wuchs bei den Eltern in Krefeld auf. Auch auf einem Porträt der Familie Spitaleri in Köln wird die Zeit der Trennung von den Kindern noch aufgerufen,

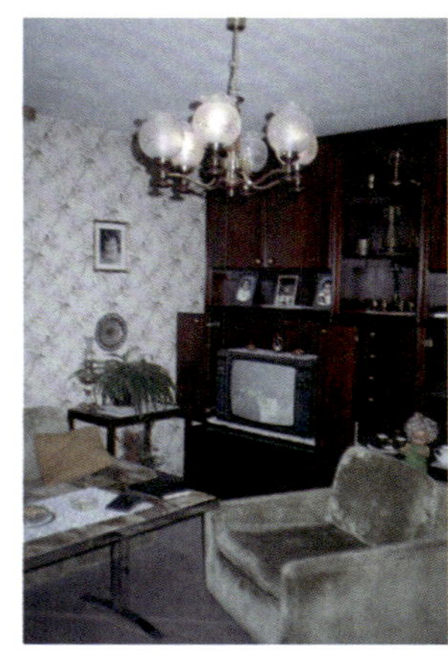

5: S. p. 164

The special occasion is noted on the back of the picture, with the date and names of those present (fig. 3). In the Zacharaki family, photographs create a link between Sofia Zacharaki, working at the Leonard Monheim chocolate factory in Aachen, and her daughters living in Greece. On the back of a photograph showing her with coworkers outside the company's workers' dormitory (fig. 4), she writes: "I'm sending you a photograph as a memento. Take good care of it." And her daughters send back a photograph that shows them wearing the clothes she sent them as a gift from Aachen. Dengin Kocatürk takes a picture of the living room (fig. 5), where photographs of his daughters are all kept together. The elder sister, Bengü Kocatürk-Schuster, lived with her grandparents in Ankara, while Begüm Kocatürk, born eleven years later, grew up with their parents in Krefeld. In a portrait of the Spitaleri family in Cologne, their period of separation is evoked even when they have been reunited (fig. 6). The father carries a radio that he bought for his wife because she suffered so much from being apart from their children. These photographers all recall the painful absence of loved ones while also creating links to them.

The first motifs telling of a person's arrival in a new place are town squares or park flowerbeds. You try to have a nice picture of yourself taken at a visually pleasing location (according to Ali Kanatlı) to send to your family back home (fig. 7). This means striking poses in parks, in front of monuments, on jour-

als die Familie wieder vereint ist (Abb. 6). Der Vater trägt ein Radio, das er seiner Frau gekauft hat, weil sie so unter der Trennung von ihren Kindern litt. Die Fotograf*innen erinnern an die schmerzhafte Abwesenheit ihrer Angehörigen und stellen zugleich eine Verbindung her.
Die ersten Motive, die von der Ankunft an einem fremden Ort erzählen, sind repräsentative Plätze in der Innenstadt oder Blumenrabatten in Parks und Grünanlagen. Man versucht, an optisch ansprechenden Orten ein schönes Foto von sich zu machen (so Ali Kanatlı), um diese Aufnahmen nach Hause zu schicken (Abb. 7). Es entstehen beeindruckende visuelle Inszenierungen in Parks, vor Denkmälern, auf Reisen etc. Auf einer Aufnahme ist beispielsweise Yücel Aşçıoğlu mit seinen Freunden in Paris zu sehen. Alltägliche Orte etwa im Wohnheim werden dagegen eher aus persönlichem Interesse fotografiert und nicht unbedingt mit der Familie zu Hause geteilt.
John Berger hat dazu bemerkt: „Das Foto ist ein Andenken aus dem Leben, das man lebt."[7] Auf Familienfotos werden jedoch eher die freudigen Momente dokumentiert. All die Augenblicke, die private Fotograf*innen nicht als

6 — Andreas Huyssen, „Prologue", in: Miriam Paeslack (Hrsg.), *Ineffably Urban. Imaging Buffalo*, Farnham: Ashgate Publishing 2013, S. xix–xxi, hier S. xxi.
7– John Berger, „Die Möglichkeiten der Fotografie. Für Susan Sontag", in: ders., *Der Augenblick der Fotografie. Essays*, München: Carl Hanser 2016, S. 79.

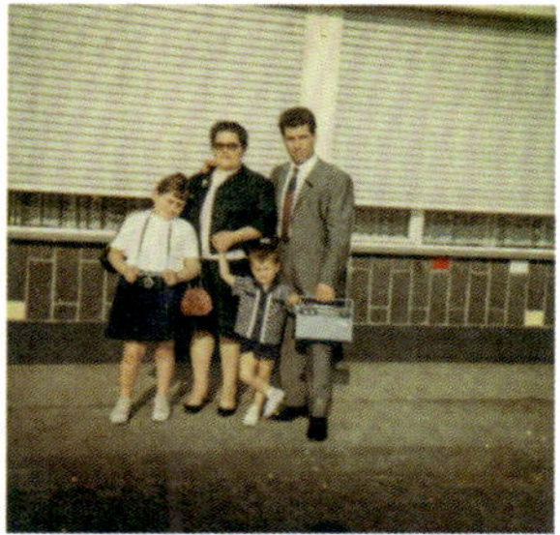

6: S. p. 125

neys, etc. In one picture, for example, Yücel Aşçıoğlu is seen with his friends in Paris. Everyday locations like dormitories, on the other hand, are photographed more out of personal interest and not necessarily to be shared with the family at home.
John Berger has remarked that "the photograph is a memento from a life being lived."[7] Family photographs, however, tend to only document the happy times. All of the moments that private photographers do not wish to capture and preserve as memories of their own lives are left out. Such subjective manipulation of memory ultimately results in a technique/strategy of "selective framing" that is no less ambiguous than the problematic practice of normative framing discussed above.
Photography as an act of self-documentation thus has a double function: firstly, as a medium for communication, and secondly, as a reflexive instrument for localizing oneself in a new city because these self-images, these self-staged pictures, help define one's own place in a new city.

7 — Berger, "Uses of Photography," 52.

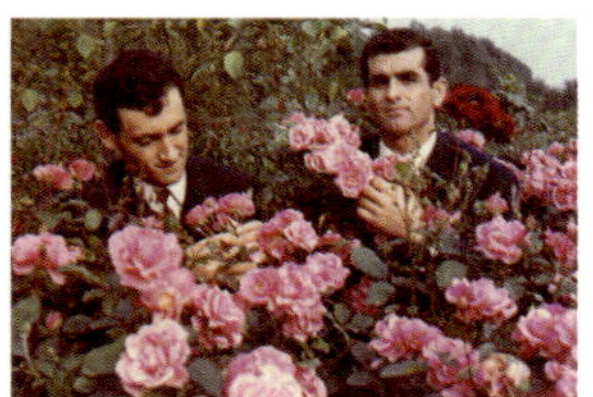

7: S. p. 63

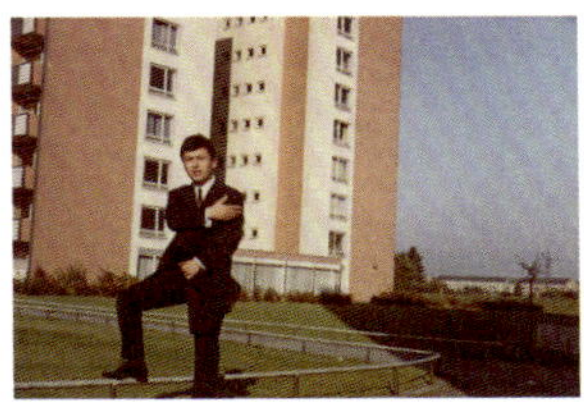

8: S. p. 53

Erinnerung an das eigene Leben festhalten und registrieren möchten, bleiben außen vor. Eine solche subjektive Manipulation des Gedächtnisses als selektive Erinnerung zieht schließlich ein „selektives Framing“ als Technik/Strategie nach sich, das nicht weniger vieldeutig ist als die oben erörterte problematische Praxis des normativen Framing.
Das Fotografieren als Selbstdarstellung hat daher eine doppelte Funktion: Es ist erstens ein Medium der Kommunikation und zweitens ein reflexives Instrument zur Selbstverortung in einer neuen Stadt. Denn es sind die Selbstbilder, die selbstinszenierten Bilder, die helfen, den eigenen Platz in der Stadt zu bestimmen.

Die Inszenierung vor Ort: Porträts, Orte, Situationen
Asimina Paradissa inszenierte an ihrem Arbeitsplatz in Wuppertal Selbstporträts, indem sie ihren Kolleg*innen Anweisungen gab, wie sie die Fotos zu machen hatten. Diese mit heutigen Selfies vergleichbaren Aufnahmen durchkreuzen eindeutig das normative Framing und machen es dysfunktional. Ähnlich beschloss Onur Dülger, sich vor seinem Arbeiterwohnheim fotografieren zu lassen (Abb. 8). Für offiziell beauftragte Fotograf*innen der Wohnungsbaugesellschaft kam ein solches Framing dagegen nicht infrage. Diese fotografischen Praktiken machen deutlich, dass Arbeitsmigrant*innen sich danach sehnten, selbst aktiv zu werden und ein anderes öffentliches Bild von sich zu schaffen, das aus dem normativen Framing ausbricht.

Staging in situ: portraits, places, situations
Asimina Paradissa staged self-portraits at her workplace in Wuppertal by giving her coworkers instructions on how to take the photographs. Comparable with today’s selfies, these pictures clearly subvert normative framing and render it dysfunctional. In a similar way, Onur Dülger decided to have himself photographed outside the workers’ dormitory where he lived (fig. 8). For officially commissioned photographers, on the other hand, such an approach was out of the question. The photographic practices of migrant workers make it clear that they longed to take an active role in creating a different public image of themselves that escaped the normative framing imposed upon them.
In other words, their private photographs are not random snapshots, but often carefully considered and staged pictures with a performative effect in that they bring forth what they depict. They generate a sense of arrival, and selective framing ensures that less memorable situations are deliberately not captured. As a result, the pictures taken at home are of parties and other events and hardly ever show the cramped rented apartments in which migrant families often lived. Excluded from the market for affordable apartments, the housing available to immigrants was very limited, and they had to live in buildings that were in bad repair. Moreover, three-room apartments were often inhabited by two or three families to cut rent and living costs.

Mit anderen Worten, die Privatfotografien sind keine schnell geschossenen, zufällig festgehaltenen Fotos, sondern in der Regel sorgsam bedachte und inszenierte Bilder mit einer performativen Wirkung, in dem Sinne, dass sie hervorbringen können, was sie abbilden. Die Praxis des Fotografierens schafft ein Gefühl des Ankommens. Bevorzugt wird dennoch das selektive Framing, um die weniger erinnerungswürdigen Situationen bewusst nicht festzuhalten. So erscheinen auf den zu Hause gemachten Aufnahmen von Festen und anderen Ereignissen kaum die beengten, ungemütlichen und überfüllten Mietwohnungen, in denen Migrant*innenfamilien lebten. Vom Markt bezahlbarer Wohnungen ausgeschlossen, war das Angebot für Migrant*innen tatsächlich sehr begrenzt, sodass sie auf Unterkünfte in sanierungsbedürftigen Häusern angewiesen waren. Zudem wurden Drei-Zimmer-Wohnungen häufig von zwei bis drei Familien bewohnt, um Miet- und Lebenskosten zu reduzieren.
Wurde der Fotoapparat nicht schon mitgebracht, so war er häufig die erste bedeutsame Anschaffung. Ein fotografisches Bewusstsein brachten viele bereits mit. So erinnert sich Angela L. an ihren Vater: „Mein Vater liebte es zu fotografieren. Er liebte es zu filmen. Er liebte alles, was damit verbunden war. Er hat es als eine Form der Kunst empfunden. Er hat mir eine Kamera geschenkt, als ich alt genug war, mir diese Liebe zum Fotografieren zu vermitteln und auch, dass die Fotos schön werden." Auch Dengin Kocatürk wurde zum Dokumentaristen des bewegten Lebens seiner Familie. Sieben Mal zog die Familie Kocatürk um, bevor

If someone didn't own a camera when they arrived, it was often the first major acquisition. Many people already had an awareness of photography. Angela L. remembers her father: "He loved taking photographs. He loved making films. He loved everything connected with that. For him, it was a form of art. He gave me a camera as a present when I was old enough for him to pass on his love of photography and for me to take nice pictures." Dengin Kocatürk, too, documented his family's turbulent life. The Kocatürk family moved seven times before settling in a terraced house in Krefeld where they then spent the next thirty-five years. The crucial factor in this decision was the large garden that came with the house. For the self-taught amateur, this garden provided hundreds of photographic opportunities. Over the years, as well as photographing his wife, their two daughters, and all manner of memorable family moments, Kocatürk also deliberately and enthusiastically documented simple scenes. He intentionally focused on ordinary situations and everyday places, going beyond regular snapshots. For example, he repeatedly photographed the interior of their apartment over a period of many years and took pictures of strangers in public spaces. This parallel documenting of everyday situations in the house, garden, and public life also reflects an engagement with the unresolved distinctions between place/space, private/public, and provincial/urban. Without selecting or declaring a preference for a specific theme or location, Kocatürk allowed

sie sich in einem Reihenhaus in Krefeld niederließ, wo sie die nächsten fünfunddreißig Jahre lebte. Ausschlaggebend für diese Wahl war der an das Haus grenzende Bauerngarten. Für den Autodidakten und Hobbyfotografen gab der Garten Anlass zu Hunderten von fotografischen Situationen. Im Laufe der Jahre fotografierte Kocatürk nicht nur seine Frau, die beiden Töchter und alle denkwürdigen Momente der Familie, sondern dokumentierte auch bewusst und begeistert ganz einfache Szenen. Sein strategischer Fokus lag auf Alltagssituationen und alltäglichen Orten und ging damit über bloße Schnappschüsse hinaus. So fotografierte er beispielsweise über Jahre immer wieder die Wohnungseinrichtung oder machte Aufnahmen von Unbekannten im öffentlichen Raum. Das parallele Dokumentieren alltäglicher Situationen in Haus, Garten und öffentlichem Leben spiegelt darüber hinaus die Auseinandersetzung mit den ungeklärten Unterscheidungen zwischen Ort/Raum, Privatheit/Öffentlichkeit und Provinzialität/Urbanität wider. Ohne eine Auswahl zu treffen oder eine Präferenz für ein bestimmtes Thema oder einen Ort zu bekunden, ließ sich Kocatürk von seiner Neugierde und seiner obsessiven Leidenschaft treiben, gelebte Momente entweder auf Papier oder als Dia festzuhalten und zu bewahren – ein zurückhaltendes und doch mutiges Plädoyer für die Fotografie als Kunstform des täglichen Lebens.
Ein anderes Beispiel für den bewussten Umgang mit Fotografie ist die Praxis von Asimina Paradissa. Sie half schon in Griechenland dem örtlichen Fotografen

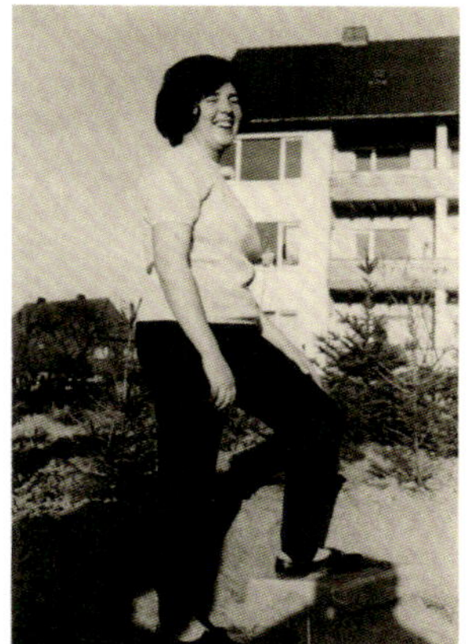

9: S. p. 143

himself to be driven by his curiosity and his obsessive passion for capturing and preserving lived moments either in prints or as slides—a modest yet bold plea for photography as an art form of everyday life.
Another example of a confident approach to photography is the practice of Asimina Paradissa. In Greece, she had helped a local photographer to develop prints. Later, living at company housing in Germany, coworkers would ask her to document their weddings, parties, and visits to the zoo. For all of the pictures in which she herself features, she acted as director. She had herself photographed from a low angle, making her look heroic, outside the workers' dormitory of the Olympia company in Wilhelmshaven (fig. 9), or on the bicycle she had just learned to ride. The pictures of her at work were likewise made according to her instructions. These echoed a common motif in public photography, but because Paradissa twinned this with her own body and controlled the shot herself, she reclaimed a sense of personhood—a condition taken from her and all the other workers depicted in the much-published photographs of workplaces.
Antonios Gogos had himself photographed as a young man with chin-length hair and red socks (fig. 10),—images that stand for new freedoms beyond the military dictatorship in Greece. As a trained reprographic technician, he began taking his own pictures with a professional camera. His photographic

bei der Entwicklung von Fotos. Später in Deutschland wurde sie in den Wohnheimen von ihren Kolleginnen beauftragt, Hochzeiten, Feste und Zoobesuche zu dokumentieren. Bei allen Aufnahmen, die sie selbst zeigen, führte sie Bildregie. Sie ließ sich in heroisierender Untersicht vor dem Wohnheim der Firma Olympia in Wilhelmshaven (Abb. 9) fotografieren oder auf dem Fahrrad, als sie gerade fahren gelernt hatte. Auch die Aufnahmen an ihrem Arbeitsplatz entstanden nach ihren Anweisungen. Mit ihnen wiederholte sie ein verbreitetes Motiv öffentlicher Fotografie. Aber weil sie es mit ihrer Person verknüpfte und nun selbst darüber verfügte, vereinnahmte sie, was ihr – und anderen Arbeiter*innen in viel publizierten Aufnahmen von Arbeitsplätzen – bereits gehörte.

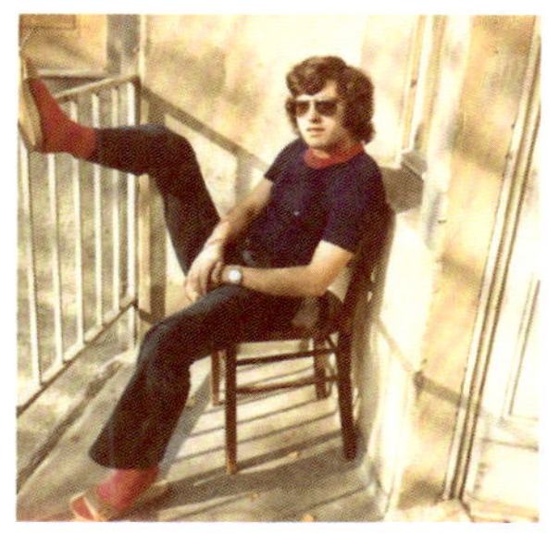

10: S. p. 151

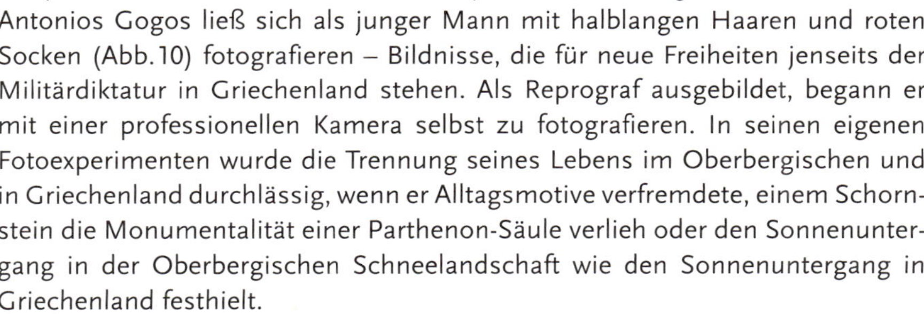

Antonios Gogos ließ sich als junger Mann mit halblangen Haaren und roten Socken (Abb.10) fotografieren – Bildnisse, die für neue Freiheiten jenseits der Militärdiktatur in Griechenland stehen. Als Reprograf ausgebildet, begann er mit einer professionellen Kamera selbst zu fotografieren. In seinen eigenen Fotoexperimenten wurde die Trennung seines Lebens im Oberbergischen und in Griechenland durchlässig, wenn er Alltagsmotive verfremdete, einem Schornstein die Monumentalität einer Parthenon-Säule verlieh oder den Sonnenuntergang in der Oberbergischen Schneelandschaft wie den Sonnenuntergang in Griechenland festhielt.

Visuell inspiriert durch Fotografie und Kino begann Fikret Üçgüler bereits als Jugendlicher zu fotografieren. Er besuchte einen Fotokurs bei dem Kölner Künstler

experiments blur the line dividing his lives in Germany and Greece through the distortion of everyday motifs, where a chimney takes on the monumentality of a Parthenon column or the sunset over a snowy Rhineland landscape is captured as if it were a sunset in Greece.

Visually inspired by photography and cinema, Fikret Üçgüler began taking pictures as a teenager. He attended a photography course given by Cologne artist Peter Brambring, developing and enlarging his own pictures in the darkroom of a facility that belonged to the Church of St. Mary on Heumarkt. Two photographs document his mother working as a seamstress, for which she did not pose (fig. 11). Eager to learn how to take good pictures, he simply experimented with the camera, using his mother as a subject, and he soon realized the key role of angles, how to approach one's motif, and how to create a relaxed atmosphere. On this day, rather than creating a new situation, he placed himself within the existing shop setting.

Self-localization: spaces of possibility, encounter, manifestation

The recruitment ban for foreign workers in 1973 forced many to decide to refocus their lives in what was then West Germany—had they left, they would not have been permitted to return. Separated families were reunited at last, and migrant workers now invested their earnings in building a life in Germany.

8 — Burcu Dogramaci, „Fotografische Ihr-Bildungen. Migration in die Bundesrepublik der 1970er und 1980er Jahre im Blick der Kamera", in: Christoph Rass und Melanie Uz (Hrsg.), *Migration ein Bild geben: Visuelle Aushandlungen von Diversität*, Wiesbaden: Springer VS, 2018, S. 9–33. Claudia Valeska Czycholl, *Bilder des Fremden. Visuelle Fremd- und Selbstkonstruktionen von Migrant*innen in der BRD (1960–1982)*, Bielefeld: transcript 2020.

Peter Brambring und entwickelte und vergrößerte seine Bilder selbst im Fotolabor einer Einrichtung, die zur Gemeinde von St. Maria im Kapitol am Heumarkt gehörte. Auf zwei Aufnahmen dokumentierte er die Tätigkeit seiner Mutter in einer Schneiderei, ohne dass sie für ihn posierte (Abb. 11). Bestrebt zu lernen, wie man gute Fotos macht, experimentierte er einfach mit der Kamera und seiner Mutter als Sujet und merkte bald, dass es auf den Blickwinkel ankommt, wie man sich dem Motiv nähert und wie man eine zwanglose Atmosphäre schafft. An diesem Tag schuf er im Grunde keine neue Situation, sondern platzierte sich in der bereits vorhandenen Ladenkulisse.

Situativ verortet:
Möglichkeitsräume, Begegnungen und Manifestationen
Der Anwerbestopp für ausländische Arbeiter*innen 1973 forcierte die Entscheidung vieler, ihren Lebensmittelpunkt in die damalige BRD zu verlegen, da ihnen bei Ausreise die Rückkehr verweigert worden wäre. Getrennte Familien kamen endlich zusammen; ihren Verdienst investierten die Arbeitsmigrant*innen nun in das Leben vor Ort. Zeit-

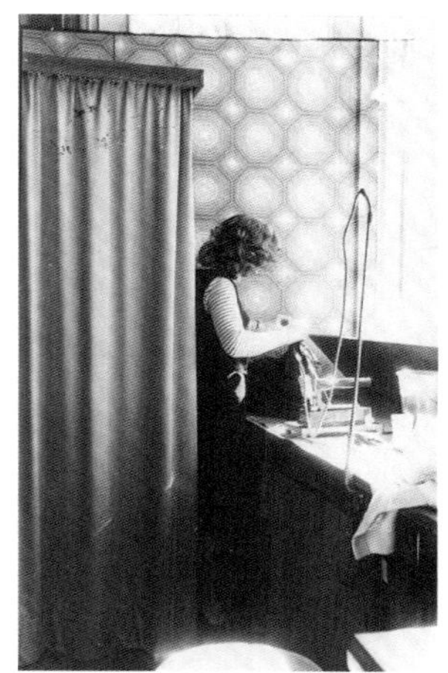

11: S. p. 110

At the same time, labor migration was a popular subject for photographs in newspapers and magazines. These reports in the German media accompanied a debate about labor migration that began around 1970 and amplified reservations through stereotypical images.[8] But proponents of artistic and critical documentary photography also began to focus on labor migration, making it one of their most-photographed motifs. Although not all the pictures selected for the exhibition have been previously published, in the case of work by professional photographers, one can speak of public photographs because of their role in shaping the image of labor migration, both at the time and retrospectively, and consequently permeating collective memory as well.
In these public photographs, the circumstances of the encounter between the professional photographers and their subjects are only legible in the pictures to a limited degree. Their relation is rather shaped by the conditions of the commission: Who took the photograph? Who was photographed? When? Where? And why? (i.e., commissioned by whom?). In addition, there is the question of whether the pictures were published and in which context they were embedded. Guenay Ulutuncok, for example, an architecture student who came to photography through his work on the alternative *Kölner Volksblatt* newspaper, was later commissioned by the magazine *Schauplatz* to document life in Cologne's Eigelstein neighborhood for the report "Kebap, Kölsch und

gleich fand Arbeitsmigration als fotografisches Sujet in Tageszeitungen und Illustrierten große Verbreitung. Die Berichterstattung der deutschen Medien begleitete die um 1970 einsetzende Debatte um Arbeitsmigration und spitzte Vorbehalte in stereotypisierenden Fotografien zu.[8] Aber auch Vertreter*innen einer künstlerischen oder einer kritischen sozialdokumentarischen Fotografie begannen sich der Arbeitsmigration anzunehmen, die zu einem der meist fotografierten Sujets wurde. Obwohl nicht alle der hier ausgewählten publiziert sind, so kann man doch bei den Aufnahmen professioneller Fotograf*innen von öffentlichen Fotografien sprechen, da sie das Bild der Arbeitsmigration auch retrospektiv prägen, mithin in die kollektive Erinnerung eingehen und sie auch mitgestalten.

Die Situation des Zusammentreffens von professionellen Fotograf*innen und Fotografierten lässt sich den Bildern nur bedingt ablesen. Ihr Verhältnis wird aber durch die Bedingungen des Auftrags bestimmt, wer wen warum, das heißt in wessen Auftrag wo und wann fotografierte. Außerdem stellt sich die Frage, ob die Fotografien publiziert wurden und in welchen Kontext sie eingebettet waren. Guenay Ulutuncok, der als Architekturstudent über seine Mitarbeit bei der alternativen Stadtzeitung *Kölner Volksblatt* zur Fotografie kam, nahm später zum Beispiel im Auftrag des Stadtmagazins *Schauplatz* für die Reportage „Kebap, Kölsch und Kneipenstrich" das Leben im Eigelsteinviertel in Köln auf. Wurden in der Zeitschrift Motive publiziert, die die im Titel schon angelegte polarisierende

Kneipenstrich" (Kebab, beer, and pub prostitution). The pictures published in the magazine reflect the report's title, with its polarizing view of Cologne's German and Turkish inhabitants. Those selected for the exhibition communicate the diverse and vibrant street life in Cologne's Eigelstein neighborhood and on Weidengasse by showing an interaction in front of the camera in which Ulutuncok is often noticeably involved.

In her *Türken in Deutschland* series, Candida Höfer, who also took pictures on Weidengasse, avoided capturing her exchanges with her subjects on film. Between 1973 and 1979, on her own initiative, she photographed Turkish migrant workers and their families in Western European cities, initially from a distance, wherever she happened to meet them: on the street, in parks, in their shops and restaurants, and later, when she had gotten to know individual families, in their living rooms as well. She first showed the series in 1975 as a slide projection in the gateway at Galerie Konrad Fischer in Düsseldorf. In 1979, a number of black-and-white images were shown in the

8 — Burcu Dogramaci, "Fotografische Ihr-Bildungen. Migration in die Bundesrepublik der 1970er und 1980er Jahre im Blick der Kamera," in *Migration ein Bild geben: Visuelle Aushandlungen von Diversität*, eds. Christoph Rass and Melanie Uz (Wiesbaden: Springer VS, 2018), 9–33. Claudia Valeska Czycholl, *Bilder des Fremden. Visuelle Fremd- und Selbstkonstruktionen von Migrant*innen in der BRD (1960–1982)* (Bielefeld: transcript, 2020).

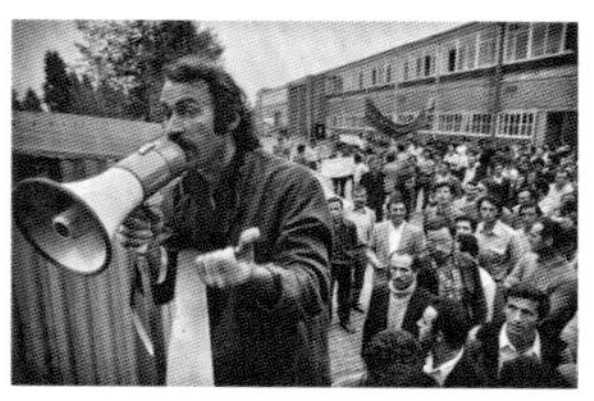
12: S. p. 272

Sicht kölnischer und türkischer Bewohner*innen widerspiegeln, so machen die für die Ausstellung ausgewählten Aufnahmen deutlich, dass alle eine Interaktion vor der Kamera abbilden, in die der Fotograf häufig erkennbar einbezogen ist. Die situativen Fotografien vermitteln das vielfältige lebendige Straßenleben im Kölner Eigelstein und in der Weidengasse.

Candida Höfer, die ebenfalls in der Weidengasse fotografierte, vermied es in ihrer Werkgruppe *Türken in Deutschland* hingegen, ihren Austausch mit den Fotografierten vor der Kamera festzuhalten. Zwischen 1973 und 1979 nahm sie aus eigener Initiative türkische Arbeitsmigrant*innen und ihre Familien in westeuropäischen Großstädten zunächst aus großer Distanz dort auf, wo sie sie antraf: auf der Straße, in Parks, in ihren Geschäften und Restaurants, später, nach dem Kennenlernen einzelner Familien, auch in deren Wohnzimmern. Die Werkgruppe zeigte sie 1975 erstmals als Diaprojektion in der Toreinfahrt der Düsseldorfer Galerie Konrad Fischer. 1979 wurde eine Reihe der Schwarz-Weiß-Aufnahmen in der Ausstellung *In Deutschland. Aspekte gegenwärtiger Dokumentarfotografie* im Rheinischen Landesmuseum Bonn ausgestellt. Ein Jahr später erschien eine Auswahl der Farbdias in einer kleinen Publikation des Kölner Verlages Vista Point für den Schulunterricht. Eine breitere Rezeption erfuhren die Fotografien jedoch erst dreißig Jahre später anlässlich ihrer Retrospektive im Museum Morsbroich in Leverkusen.

Die hier bewusst in geringer Zahl ausgewählten öffentlichen Fotografien zählen nicht zu jenen Bildern, die um 1975 eine breite Rezeption erfahren haben. Die

9 — Abigail Solomon-Godeau, "Who Is Speaking Thus? Some Questions about Documentary Photography," in *Photography at the Dock: Essays on Photographic History, Institutions, and Practices* (Minneapolis: University of Minnesota Press, 1991), 182.

10 — Erol Yildiz describes "transtopias" as transnational spaces of possibility in which "radical differences and contradictions collide." Erol Yildiz, *Die weltoffene Stadt. Wie Migration Globalisierung zum urbanen Alltag macht* (Bielefeld: transcript, 2013), 23.

exhibition *In Deutschland. Aspekte gegenwärtiger Dokumentarfotografie* at Rheinisches Landesmuseum in Bonn. A year later, Vista Point in Cologne published a selection of color slides as a small book for use in schools. However, the series only became more widely known thirty years later on the occasion of Höfer's retrospective at the Morsbroich Museum in Leverkusen.

The deliberately small number of public photographs selected for this exhibition are not among the images that were widely circulated around 1975. Most have never been published or were reproduced only in small editions, like Gernot Huber's pictures of the Ford strike in Cologne in 1973 (fig. 12) that appeared the same year in a book published by Rosa Luxemburg Verlag, or his documentation of the campaign to save houses from demolition in Cologne that appeared in the *Kölner Volksblatt*. All the public photographs included in this catalogue were taken with a social-documentary, artistic-critical, or political purpose in mind. Nonetheless, they do not escape the dilemma of the imbalance of power analyzed by

meisten wurden nie veröffentlicht oder in Publikationen mit kleiner Auflage abgedruckt, wie zum Beispiel Gernot Hubers Aufnahmen vom Ford-Streik in Köln 1973 (Abb. 12), die im gleichen Jahr in einem Buch im Rosa Luxemburg Verlag erschienen, oder seine Dokumentationen des Häuserkampfes in Köln, die in der linken alternativen Stadtzeitung *Kölner Volksblatt* publiziert wurden. Alle öffentlichen Fotografien in dieser Publikation entstanden mit einem sozialdokumentarischen, künstlerisch-kritischen oder politischen Anspruch. Gleichwohl entgingen sie nicht dem Dilemma des asymmetrischen Verhältnisses, das Abigail Solomon-Godeau in ihrem wichtigen Aufsatz „Wer spricht so? Einige Fragen zur Dokumentarfotografie" analysiert, wonach „rhetorische und formale Strategien […] die Herstellung, den Sinn, die Rezeption und den Gebrauch der Arbeit" determinieren.[9] Selbstreflexive Momente wie in Christel Fomms Aufnahmen in einem türkischen Vereinsheim (Abb. 13), in denen sie die Aufnahmesituation mit abbildet, verweisen auf dieses unlösbare Dilemma.
Die Entscheidung für den Lebensmittelpunkt am neuen Ort ermöglichte neue lokale Begegnungen. Sie fanden häufig

9 — Abigail Solomon-Godeau, „Wer spricht so? Einige Fragen zur Dokumentarfotografie", in: Herta Wolf (Hrsg.), *Diskurse der Fotografie. Fotokritik am Ende des fotografischen Zeitalters*, Frankfurt am Main: Suhrkamp 2003, S. 53–74, hier S. 72.

Abigail Solomon-Godeau in her important essay "Who Is Speaking Thus? Some Questions about Documentary Photography," according to which it is "rhetorical and formal strategies that determined the work's production, reception, meaning and use."[9] Self-reflexive moments as in Christel Fomm's work on a Turkish clubhouse (fig. 13), where the situation of taking the pictures is included in the photographs themselves, point to this irresolvable dilemma.
By choosing to center their lives around a new place, migrant workers facilitated new local encounters, which often took place at locations founded by the migrants themselves—shops, clubhouses, and, less often, public spaces. Big public gatherings of migrants of different nationalities usually took place at May Day demonstrations and other large rallies organized by workers. Rather than the odd fleeting encounter or chat in small shops, some locations initiated contact between socially diverse groups. According to Erol Yildiz, spaces such as these have the potential to create what he calls a "transtopia" because fixed conventions are set in motion.[10]
While photography played a major role in the process of self-localization, when migrant workers opened new social spaces in urban districts, it also became a medium for creating visibility and documentation. When developing spaces of possibility, they either discovered existing locations in the urban infrastructure or generated new ones in cooperation with others. In this way, they found

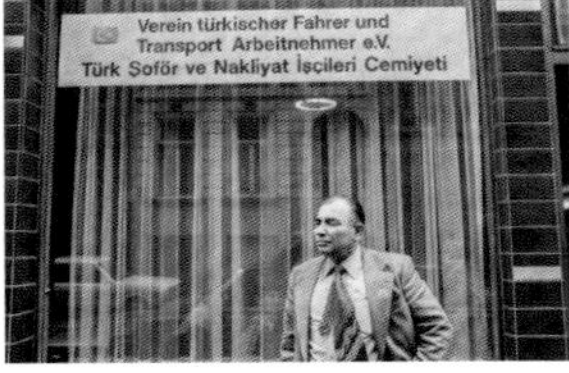

13: S. p. 210

10 — Erol Yildiz beschreibt die „Transtopien" als transnationale Möglichkeitsräume, in denen „radikale Differenzen und Widersprüche aufeinanderprallen". Erol Yildiz, *Die weltoffene Stadt. Wie Migration Globalisierung zum urbanen Alltag macht*, Bielefeld: transcript 2013, S. 23.

an den von Migrant*innen selbst gegründeten Orten statt – in Läden, Vereinslokalen – und weniger auf den öffentlichen Plätzen. Zu größeren öffentlichen Zusammentreffen von Migrant*innen verschiedener Nationalitäten kam es gewöhnlich bei den Demonstrationen am 1. Mai und anderen Massenkundgebungen von Arbeitnehmer*innen. Statt einiger flüchtiger täglicher Begegnungen und Gespräche in kleinen Läden entstand an manchen Orten zwischen sozial vielfältigen Gruppen ein initiierender Kontakt, der, so Erol Yildiz, das Potenzial einer Transtopie in sich birgt, da festgefügte Übereinkünfte in Bewegung geraten.[10]
Spielte Fotografie in der Frage der Selbstverortung eine bedeutende Rolle, so wurde sie zum Medium der Sichtbarmachung oder Dokumentation, wenn Arbeitsmigrant*innen neue gesellschaftliche Räume in Stadtteilen erschlossen. Beim Schaffen von Möglichkeitsräumen entdeckten sie entweder vorhandene Orte in der städtischen Infrastruktur oder generierten neue in Zusammenarbeit mit anderen. Sie fanden somit innovative Wege und Strategien der Selbstverortung als Individuum und erweiterten zugleich ihr soziales Netzwerk in der Stadt: Über Organisa-

innovative ways and strategies of localizing themselves as individuals while also extending their social networks in the city. Through organizations like the Workers' Welfare Association (AWO), local workers' associations, neighborhood initiatives, and political parties, migrant workers were able to participate in the public life of society. This also included soccer clubs, music bands, and theater groups.

One central meeting place for political and cultural activities, described by Antonella Giurano, was the office of the Italian Communist Party (KPI Köln), on An der Bottmühle in Cologne's Südstadt district. It had a big window and a door onto the street, but no noticeboard for announcing events. There was a long corridor with other rooms leading off it, and the basement was used for theater and music rehearsals. According to Giurano, it was "icy cold and run down, but we fixed it up for ourselves. We were all multipliers. Our program became known through word of mouth." Besides such local meeting places, public space was crucial to international solidarity as a place of encounter and for manifesting political struggles. Giurano (fig. 14) remembers her time as a member of the KPI Köln around 1975: "There was so much solidarity, so much understanding for people, wherever they came from, and this desire to make the world better, to change politics, to act not like a victim but like a human being with a right to be given access to everything and to express criticism."

tionen und Wohlfahrtsverbände wie die Arbeiterwohlfahrt (AWO), örtliche Arbeitervereine, Nachbarschaftsinitiativen und politischen Parteien war es ihnen möglich, sich am gesellschaftlichen Leben zu beteiligen. Dazu gehörten auch Fußballvereine, Musikbands oder Theatergruppen.

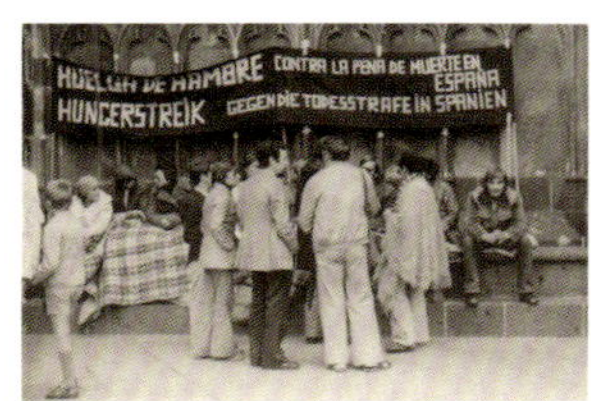

14: S. p. 227

Als einen solchen zentralen Treffpunkt für politische und kulturelle Aktivitäten beschreibt Antonella Giurano das Büro der Kommunistischen Partei Italiens (KPI Köln), An der Bottmühle in der Kölner Südstadt. Es besaß ein großes Fenster und einen Zugang zur Straße, aber keinen Aushang mit Programmhinweisen. Von einem langen Flur gingen weitere Räumlichkeiten ab, auch der Keller wurde für Theater- und Musikproben genutzt. Nach Giurano war es „eiskalt und heruntergekommen, aber wir haben es uns hergerichtet. Wir waren alle Multiplikatoren. Unser Programm hat sich rumgesprochen". Neben dem lokalen Treffpunkt war es der öffentliche Raum, der als Ort der Begegnung und der Manifestation der politischen Kämpfe für internationale Solidarität bedeutsam war. So erinnert sich Giurano (Abb. 14) an ihre Zeit als Mitglied der KPI Köln um 1975: „Es war so viel Solidarität da, so viel Verständnis für Menschen, egal wo sie herkamen, und diese Lust und Leidenschaft, die Welt besser zu machen, diese Politik zu verändern, sich nicht als Opfer hinzugeben, sondern als Mensch, der das Recht hat, zu allem Zugang zu haben und sich kritisch äußern zu können."

Die unterschiedlichen Formen der Selbstorganisation dienten der Durchsetzung von Bürger*innenrechten wie etwa politischer Betätigung, die durch das

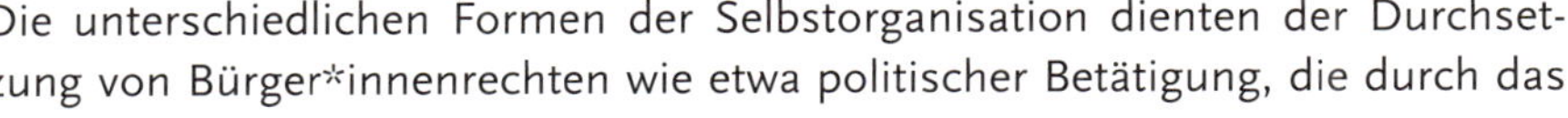

The different forms of self-organization served to exercise civil rights—such as political activity—that were restricted by laws pertaining to strikes and foreigners. They also provided support in fundamental areas, such as health and legal advice, the struggle against child benefit reductions, against bans on further immigration, and for the right to remain, and better education for children and teenagers.[11]

In addition to its political work, the Workers' Solidarity Association in Duisburg also offered practical assistance. Following his emigration from Turkey in 1976, Tayfun Demir helped to rebuild this organization. A similar approach was taken by the "Mobile Information and Advice Center," housed in a bus (fig. 15), of which he became director in 1979 as part of his work for Duisburg's municipal library. Originally designed as a mobile library, it developed into a mobile meeting place for areas of Duisburg mainly inhabited by Turkish workers and their families. The exchanges on the bus gave rise to numerous activities based on specific issues and needs.

11 — Manuela Bojadžijev, "Bürgerrechte und die Perspektive der Migration," in *Projekt Migration*, eds. Kölnischer Kunstverein et al. (Cologne: DuMont, 2005), 246f.

Streik- und Ausländerrecht eingeschränkt waren. Sie boten aber auch Unterstützung in grundlegenden Fragen wie bei der Gesundheits- und Rechtsberatung, beim Kampf gegen Kürzungen des Kindergeldes, gegen Zuzugssperren, für Bleiberechte und bessere Bildung der Kinder und Jugendlichen.[11]

11 — Manuela Bojadžijev, „Bürgerrechte und die Perspektive der Migration", in: Kölnischer Kunstverein u. a. (Hrsg.), *Projekt Migration*, Köln: DuMont 2005, S. 246 f.

Praktische Angebote zur Selbsthilfe machte, neben seiner politischen Arbeit, auch der Arbeiter- und Solidaritätsverein Duisburg. Tayfun Demir hatte nach seiner Emigration aus der Türkei 1976 geholfen, ihn wiederaufzubauen. In die gleiche Richtung ging auch das Projekt „Mobiles Informations- und Beratungszentrum für türkische Familien" (Abb. 15), dessen Leitung er 1979 im Rahmen seiner Tätigkeit in der Duisburger Stadtbibliothek übernahm. Ursprünglich als Bücherbus konzipiert, entwickelte er sich zu einem mobilen Treffpunkt in den vor allem von türkischen Arbeiter*innen und ihren Familien bewohnten Vierteln Duisburgs. Der Austausch vor Ort initiierte vielfältige Angebote ausgehend von den jeweiligen Fragen und Bedürfnissen. Alle Aktivitäten von Tayfun Demir in seiner politischen wie kulturellen Arbeit zielten auf Kom-

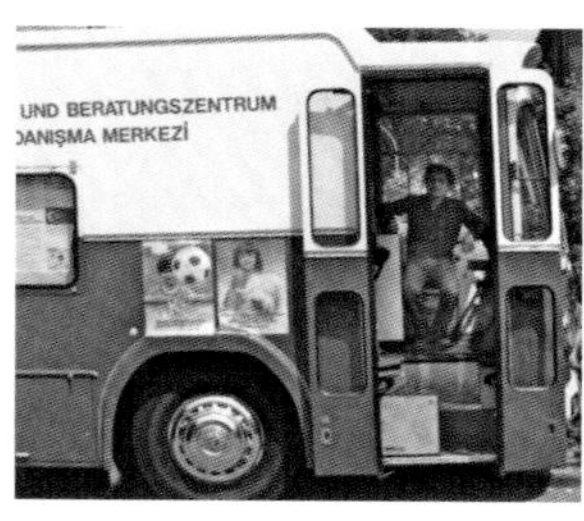

15: S. p. 182

All of Demir's activities, both political and cultural, were aimed at communication, networking, and self-organization. Often, he captured his work in photographs. For him, photography was an important historical medium with which to document these activities for the future.

Telling photo stories: photographed spaces and spatial (memory) images of migration

The photo stories in *In Situ* go beyond normative framing and show how the protagonists looked for ways of redefining their localization within the city through the pictorial and aesthetic aspects of their self-portraits and deliberately chosen backdrops. In the context of this exhibition, the protagonists also tell us what lies outside the frame and what else they experienced. In this way, they describe a photographic situation unfolding in a specific time and place.

In Situ refers not only to the location of the photographic situation but also to the fact that both the photographer and subject have adopted a position for the moment in which the picture was taken. Countering normative framing and anonymous images, this exhibition wishes to focus afresh on the photography and places of migration: How do localities come into being after people arrive in a new place, and how do they develop over time? What shifts do occur in the visualization of this place and one's own self? And how do the photographic situations change during the process of self-localization?

munikation, Netzwerkbildung und Selbstorganisation. Immer wieder hielt er sie fotografisch fest. Die Fotografie war für ihn dabei ein historisch bedeutsames Medium, um die Aktivitäten für die Zukunft zu dokumentieren.

Fotogeschichten erzählen:
fotografierte Räume und räumliche (Erinnerungs-) Bilder der Migration

Die Fotogeschichten in *Vor Ort* gehen über den normierenden Rahmen hinaus und zeigen, wie die Protagonist*innen nach Möglichkeiten suchen, ihre Verortung in der Stadt durch die bewusst gewählten bildhaften und ästhetischen Aspekte der Selbstporträts und ihrer Kulissen neu zu definieren. Im Kontext dieser Ausstellung erzählen die Protagonist*innen daher auch, was jenseits eines Bildrahmens liegt und was sie darüber hinaus erlebt haben. Sie beschreiben damit eine fotografische Situation, die in einer bestimmten Zeit und einem bestimmten Raum angesiedelt ist.

In situ verweist nicht nur auf den Ort der fotografischen Situation, sondern auch auf die Tatsache, dass sich Sujet und Fotograf*in im Augenblick des Fotografierens in Position gebracht haben. Gegen das normative Framing und die anonymen Bilder der Zuwanderung möchte diese Ausstellung einen neuen Fokus auf die Fotografie und die Orte der Migration legen: Wie entstehen Lokalitäten nach dem Ankommen an einem neuen Ort und wie entwickeln sie sich im Laufe der Zeit? Wie verschiebt sich damit die Visualisierung des eigenen Ichs und des

In addressing these questions, the exhibition and this catalogue trace an arc from *Arriving (in Dormitories and Barracks)* to *Stories of Self-Empowerment* dealing with strikes and campaigns for affordable, renovated accommodation. On this journey, we find photography especially engaged in *Strategies of Localization*. These strategies include creating a lived reality as a family and can be linked with the *Creating Spaces of Possibility* or the opening up of new social spaces and places of encounter. Pivotal, here, are private photographs of places and the ways they connect with the protagonists' spatial images via their stories.

These pictures, then, possess a narrative of authenticity, even though most scenes are staged and the framing is selective. We associate a private photograph with authenticity because it is unique but also familiar and intimate. Although they have been collected in personal albums and kept in homes, private photographs may leave their original context and enter the public sphere. This kind of decontextualization is an actual artistic project for artists and curators who in recent exhibitions (like those by Akram Zaatari and Tayfun Serttaş[12]) have reconstructed collections and archives of images from photographic studios that have ceased to operate. With this curatorial approach, however, in which the photographers are celebrated as creators, the photographed individual tends to become just one of many anonymous subjects.

Ortes? Wie verändern sich demgemäß die fotografischen Situationen im Prozess der Selbstverortung?
Diesen Fragen folgend schlagen Ausstellung und Katalog einen Bogen vom *Ankommen (in Wohnheimen und Baracken)* bis zu den Geschichten von Selbstermächtigung, die von Arbeitskämpfen und dem Einsatz für bezahlbaren und instandgesetzten Wohnraum handeln. Auf dem Weg dorthin sind es die *Strategien der Verortung*, an denen die Fotografie einen besonderen Anteil hat. Sie schließen das Gestalten einer Lebenswelt als Familie ein und können verknüpft sein mit dem *Schaffen von Möglichkeitsräumen* oder dem Erschließen neuer gesellschaftlicher Räume und Begegnungsorte. Dreh- und Angelpunkt sind dabei die privaten Fotografien von Orten und wie sie sich mit den räumlichen Bildern der Protagonist*innen über ihre Erzählungen erneut verbinden.
Von diesen Aufnahmen geht also ein Narrativ der Authentizität aus, obwohl die meisten Szenen inszeniert sind und das Framing selektiv ist. Wir verbinden ein privates Foto mit Authentizität, weil es einzigartig und doch vertraut und intim ist. Obschon sie in Privatalben gesammelt und in Privathaushalten aufbewahrt werden, können Privatfotografien ihren ursprünglichen Kontext verlassen und an die Öffentlichkeit gelangen. Eine solche Dekontextualisierung ist tatsächlich ein künstlerisches Unterfangen für Künstler*innen und Kurator*innen, die in jüngeren Ausstellungen (wie denen von Akram Zaatari und Tayfun Serttaş[12]) Fotosammlungen und Archive von nicht mehr betriebenen Fotostudios rekonstruiert

For this exhibition, by contrast, we contacted both the subjects and the authors of these photographs and asked them to take a fresh look at the situation they created or entered into at the specific time and space when the pictures were taken. Rather than considering private photographs as a non-artistic genre or an anonymous material, we have reconstructed the photographic situation of these private pictures that have been taken out of their context, including abstract and experimental images, by means of archival research and above all via a series of conversations and interviews with the photographers and the photographed.
From the outset, it was the photographic images alone that set the process of description and storytelling in motion. Inspired by photo-elicitation, a visual method used by ethnographers, the pictures became the central focus of all conversations and interviews. Using prints, negatives, slides, and contact sheets found in archives and private collections, the curatorial team, working with Manuel Gogos and Aurora Rodonò, concentrated

12 — See Akram Zaatari, *Against Photography*, exh. cat., Museu D'Art Contemporani de Barcelona (MACBA) (Barcelona, 2018) and Tayfun Serttaş, *Foto Galatasaray: studio practice by Maryam Şahinyan*, (Istanbul: Aras Yayıncılık, 2011).

haben. Bei diesem kuratorischen Ansatz, bei dem die Fotograf*innen als Urheber*innen gefeiert werden, wird die fotografierte Person jedoch eher zu einem von vielen anonymen Sujets.

In dieser Ausstellung haben wir uns vielmehr sowohl den Fotografierten als auch den Fotografierenden genähert und sie gebeten, die Aufnahmesituation, die sie in einer bestimmten Zeit und in einem bestimmten Raum geschaffen haben oder in die sie eingetreten sind, neu zu betrachten. Anstatt private Fotografien als nicht künstlerisches Genre oder anonyme Fotografien zu werten, haben wir die fotografische Situation dieser aus ihrem Zusammenhang gelösten Privataufnahmen, zu denen auch Abstraktionen und experimentelle Bilder gehören, durch Archivrecherchen und vor allem durch eine Reihe von Gesprächen und Foto-Interviews mit den Fotografierenden und Fotografierten rekonstruiert.

Von Anfang an waren es allein die Fotografien und Bilder, die den Prozess des Erzählens und Schilderns in Gang setzten. Angeregt durch die *photo-elicitation*, eine visuelle ethnografische Methode, wurden die Aufnahmen zum

12 — Siehe Akram Zaatari, *Against Photography*, Ausst.-Kat. Museu D'Art Contemporani de Barcelona (MACBA), Barcelona 2018; Tayfun Serttaş, *Foto Galatasaray. studio practice by Maryam Şahinyan*, Istanbul: Aras Yayıncılık 2011.

on three topics: photography as a visual medium; the individual/collective memories embedded in spatial images; and personal enthusiasm for photography while settling down and making a living in a new place.

In order to present the visual history of migration, we spoke to first- and second-generation immigrants from Italy, Greece, and Turkey about their experiences. Just like our interviewees, migrant workers became a visual and spatial presence in German cities, even if this was due not to personal decisions but to their being forced to live in specific neighborhoods or streets. Over the past sixty-five years, their economic, social, and cultural activities have made a contribution to cultural diversity and social plurality that goes beyond the visible urban infrastructure. This contribution becomes clear and familiar if one engages with individuals and their stories.

In the exhibition, photographs from the DOMiD-Archiv and private lenders are taken out of their original context but linked back to their subjects and photographers via the stories they tell. The authenticity of private photographs is transferred to movable boards that make the visual material on one side and the verbal on the other immediately accessible to those visiting the exhibition. Like an open archive, these private photographs invite the viewer to grasp their content with hands, touch it, look at it, interpret it afresh, and imagine the photographic situation while following the associated photo stories about

zentralen Fokus aller Gespräche und Interviews. Anhand von Fotoabzügen, Negativen, Dias und Kontaktabzügen, die in Archiven und im privaten Umfeld zum Vorschein kamen, hat sich das Kuratorinnenteam zusammen mit Manuel Gogos und Aurora Rodonò in den Interviews auf drei Bereiche konzentriert: die Fotografie als visuelles Medium; die in räumliche Bilder eingebetteten individuellen/kollektiven Erinnerungen; und die persönliche Begeisterung für das Fotografieren beim Einleben und Bestreiten des Lebensunterhalts an einem neuen Ort.
Um die visuelle Geschichte der Zuwanderung darzustellen, haben wir mit Protagonist*innen zweier Generationen aus Italien, Griechenland und der Türkei über ihre Erfahrungen der Migration gesprochen. Wie diese Protagonist*innen haben Arbeitsmigrant*innen allgemein in deutschen Großstädten eine visuelle und räumliche Präsenz erlangt, auch wenn diese nicht auf individuelle Entscheidungen zurückgeht, da sie dazu genötigt waren, in bestimmten Stadtvierteln oder Straßen zu wohnen. Durch ihr Engagement in wirtschaftlichen, sozialen und kulturellen Bereichen haben sie über die sichtbare Infrastruktur des städtischen Lebens hinaus in den letzten fünfundsechzig Jahren ihren Beitrag zur kulturellen Vielfalt und gesellschaftspolitischen Pluralität geleistet. Dieser Beitrag wird deutlich und vertraut, wenn man sich mit den einzelnen Personen und ihren Geschichten näher beschäftigt.
In der Ausstellung werden die Fotografien, die aus dem DOMiD-Archiv und aus Privatbesitz stammen, aus ihrem ursprünglichen Kontext herausgelöst, aber

migration in audio and video formats. For the exhibition, we transcribed the interviews and summarized them in consultation with the interviewees. The memory images they shared with us are presented as texts in the exhibition and in this catalogue in order to give the audience and reader access to the situation at the time.
With *In Situ* and its catalogue, we hope to contribute to the question of how photographic practices convey the experiences of self-localization as mementos, thereby the making of city and place-related memories through photographic and memory images of individuals.
In view of current discourse on post-migration,[13] the various forms of representation presented in this exhibition in a new context stress the possibilities of "post-othering." Post-migration allows us to look beyond existing binary paradigms and categories that are constructed primarily in order to set individuals or groups apart from an "other." Regina Römhild reminds us that "the post-migrant [points to] such fleeting, barely tangible moments when hegemonic borders and hierarchies can

13 — Regina Römhild, "Konvivialität – Momente von Post-Otherness," in *Postmigrantische Visionen. Erfahrungen, Ideen, Reflexionen*, eds. Marc Hill and Erol Yildiz (Bielefeld: transcript, 2018), 63–71.
14 — Ibid., 64.

mithilfe der Geschichten und Berichte an die Personen und Fotograf*innen zurückgebunden. Die Authentizität von Privatfotografien wird auf mobile Fototafeln übertragen, auf deren Vorderseite das Visuelle und auf deren Rückseite das Verbale für das Publikum unmittelbar zugänglich wird. In der Art eines offenen Archivs laden die Privatfotos dazu ein, ihren Inhalt mit Händen zu fassen, ihn zu berühren, zu betrachten, neu zu interpretieren und sich die fotografische Situation vorzustellen, während man gleichzeitig den damit verbundenen Fotogeschichten über Migration in Audio- oder Videostationen folgen kann. Für die Ausstellung haben wir die Interviews verschriftlicht und in Abstimmung mit ihren Urheber*innen zusammengefasst. Um das Publikum in die damalige Situation hineinzuversetzen, vermitteln wir die räumlichen Bilder in der Ausstellung und im Katalog durch die Aussagen und Zitate der Erzähler*innen.
Mit der Ausstellung und dem Katalog hoffen wir einen Beitrag zu leisten zu der Frage: Wie trägt die fotografische Praxis zur Herstellung von Andenken an Verortungserfahrungen und damit zur Schaffung von stadt- und ortsbezogener Erinnerung durch fotografische und räumliche Bilder der Einzelnen bei?
Verschiedene Repräsentationsformen, die in dieser Ausstellung in neuen Kontexten präsentiert werden, betonen angesichts des aktuellen Postmigrationsdiskurses[13] die Möglichkeiten des „Post-Othering“. Postmigration ermöglicht es uns, über die vorgegebenen binären Schemata und Kategorien hinauszublicken, die im Wesentlichen konstruiert werden, um sich oder eine Gruppe vom „Anderen“

be thwarted and briefly deprived of their power in everyday practice.”[14] We are convinced that such “fleeting, barely tangible moments” of the quotidian are captured in the as yet unclassified images of migration and post-migration that represent a visual statement against the order of “othering.” It is the many and varied private photographs and personal stories of arrival and integration, mobility and political engagement, participation and self-reflection that define the post-migrant society. And more than this: they constitute the collective visual memory of a pluralist society in all its complexity.

13 — Regina Römhild, „Konvivialität – Momente von Post-Otherness“, in: Marc Hill und Erol Yildiz (Hrsg.), *Postmigrantische Visionen. Erfahrungen, Ideen, Reflexionen*, Bielefeld: transcript 2018, S. 63–71.

14 — Ebd., S. 64.

abzugrenzen. Regina Römhild erinnert uns daran, dass „das Postmigrantische auf solche, wenn auch flüchtige, kaum fassbare Momente [verweist], in denen hegemoniale Grenzziehungen und Hierarchien alltagspraktisch durchkreuzt und kurzfristig entmachtet werden“.[14] Wir sind der Überzeugung, dass solche „flüchtigen, kaum fassbaren Momente“ des Alltäglichen in den noch nicht klassifizierten Bildern der Migration und Postmigration erfasst sind, die ein visuelles Statement gegen die Ordnung des „Othering“ darstellen. Es sind die vielfältigen Privatfotografien und persönlichen Erzählungen über Ankommen und Eingliederung, Mobilität und politisches Engagement, Teilhabe und Selbstreflexion, die die postmigrantische Gesellschaft ausmachen, und mehr noch: Sie bilden das kollektive visuelle Gedächtnis einer pluralistischen Gesellschaft in ihrer ganzen Komplexität.

Bibliography:

Fakir Baykurt, *Halbes Brot*, trans. Sabine Adatepe (Duisburg: Dialog Edition, 2011).

John Berger and Jean Mohr, *A Seventh Man: A Book of Images and Words about the Experience of Migrant Workers in Europe* (1975; London: Verso, 2010).

John Berger, “Uses of Photography,” in *About Looking* (London: Bloomsbury, 1980), 48–63.

Betriebszelle Ford der Gruppe Arbeiterkampf, ed., *Streik bei Ford Köln. Fr. 24.–Do. 30. August 1973* (Cologne: Rosa Luxemburg Verlag, 1973).

Jürgen Bevers and Guenay Ulutuncok, “Kebap, Kölsch und Kneipenstrich,” *Schauplatz* 3 (November, 1982), 20–29, 32.

Jörg Boström, “Bruckhausen, ein Stadtteil kämpft. Film und Fotodokumentation mit Projektgruppe Bruckhausen,” in *Das Ruhrgebiet im Film*, 2 vols, eds. Roland Günter, Paul Hofmann, and Janne Günter (Oberhausen: Laufen, 1978), 962–65.

Manuela Bojadžijev, “Bürgerrechte und die Perspektive der Migration,” in *Projekt Migration*, eds. Kölnischer Kunstverein et al. (Cologne: DuMont 2005), 246–47.

Claudia Valeska Czycholl, *Bilder des Fremden. Visuelle Fremd- und Selbstkonstruktionen von Migrant*innen in der BRD (1960–1982)* (Bielefeld: transcript, 2020).

Tayfun Demir, *Der rastlose Gast. Eine Migrationsbiografie aus Duisburg*, trans. from Turkish by Wolfgang Riemann (Duisburg: Dialog Edition, 2015).

Burcu Dogramaci, “Fotografische Ihr-Bildungen. Migration in die Bundesrepublik der 1970er und 1980er Jahre im Blick der Kamera,” in *Migration ein Bild geben: Visuelle Aushandlungen von Diversität*, eds. Christoph Rass and Melanie Uz (Wiesbaden: Springer VS, 2018), 9–33.

Titus Engelschall, “The Immigrant Strikes Back. Spuren migrantischen Widerstands in den 60/70er Jahren,” in *WiderstandsBewegungen. Antirassismus zwischen Alltag und Aktion*, eds. interface (Berlin/Hamburg: Assoziation A, 2005).

Literatur:
Fakir Baykurt, *Halbes Brot*, übers. v. Sabine Adatepe, Duisburg: Dialog Edition 2011.
John Berger und Jean Mohr, *Arbeitsemigranten. Erfahrungen/Bilder/Analysen*, übers. v. Nils Thomas Lindquist, Reinbek b. Hamburg: Rowohlt 1976. Wiederveröffentlicht als *Der siebte Mensch. Eine Geschichte über Migration und Arbeit in Europa*, Frankfurt am Main: Fischer 2016.
John Berger, „Möglichkeiten der Fotografie. Für Susan Sontag", in: ders., *Der Augenblick der Fotografie. Essays*, München: Carl Hanser Verlag 2016, S. 75–88.
Betriebszelle Ford der Gruppe Arbeiterkampf (Hrsg.), *Streik bei Ford Köln. Fr. 24.–Do. 30. August 1973*, Köln: Rosa Luxemburg Verlag 1973.
Jürgen Bevers und Guenay Ulutuncok, „Kebap, Kölsch und Kneipenstrich", in: *Schauplatz*, 3, 11, 1982, S. 20–29, 32.
Jörg Boström, „Bruckhausen, ein Stadtteil kämpft. Film und Fotodokumentation mit Projektgruppe Bruckhausen", in: Roland Günter, Paul Hofmann und Janne Günter (Hrsg.), *Das Ruhrgebiet im Film*, 2 Bde., Oberhausen: Laufen 1978, S. 962–965.
Manuela Bojadžijev, „Bürgerrechte und die Perspektive der Migration", in: Kölnischer Kunstverein u. a. (Hrsg.), *Projekt Migration*, Köln: DuMont 2005, S. 246–247.
Claudia Valeska Czycholl, *Bilder des Fremden. Visuelle Fremd- und Selbstkonstruktionen von Migrant*innen in der BRD (1960–1982)*, Bielefeld: transcript 2020.
Tayfun Demir, *Der rastlose Gast. Eine Migrationsbiografie aus Duisburg*, übers. v. Wolfgang Riemann, Duisburg: Dialog Edition 2015.
Burcu Dogramaci, „Fotografische Ihr-Bildungen. Migration in die Bundesrepublik der 1970er und 1980er Jahre im Blick der Kamera", in: Christoph Rass und Melanie Uz (Hrsg.) *Migration ein Bild geben: Visuelle Aushandlungen von Diversität*, Wiesbaden: Springer VS 2018, S. 9–33.
Titus Engelschall, „The Immigrant Strikes Back. Spuren migrantischen Widerstands in den 60/70er Jahren", in: interface (Hrsg.), *WiderstandsBewegungen. Antirassismus zwischen Alltag und Aktion*, Berlin/Hamburg: Assoziation A 2005.
Aytaç Eryılmaz und Mathilde Jamin (Hrsg.), *Fremde Heimat. Eine Geschichte der Einwanderung aus der Türkei*. Ausst.-Kat. Ruhrlandmuseum und DOMiT, Essen 1998.
Naika Foroutan, „Postmigrantische Gesellschaft", in: Heinz-Ulrich Brinkmann und Martina Sauer (Hrsg.), *Einwanderungsgesellschaft Deutschland*, Wiesbaden: Springer VS 2016, S. 239–247.
GAG Immobilien AG, *Unsere kleine Stadt am Rhein*, Köln 1968.
Geschichtswerkstatt Mülheim (Hrsg.), *Die Keupstraße – Geschichte und Geschichten*, Broschüre, Köln, o. J.
Manuel Gogos, *Das Gedächtnis der Migrationsgesellschaft: DOMiD – Ein Verein schreibt Geschichte(n)*, Bielefeld: transcript 2021.
Maurice Halbwachs, *Das kollektive Gedächtnis* [1950], 2. Aufl., Frankfurt am Main: Fischer 1991.
Ulrich Herbert, *Geschichte der Ausländerpolitik in Deutschland. Saisonarbeiter, Zwangsarbeiter, Gastarbeiter, Flüchtlinge*, München: C.H. Beck 2017.
Candida Höfer, Hatice Özerturgut, Elise Kentner u. a., *Türken in Deutschland: Farbdias und Sachinformationen*, Köln: Vista Point 1980.
Andreas Huyssen, „Prologue", in: Miriam Paeslack (Hrsg.), *Ineffably*

Aytaç Eryılmaz and Mathilde Jamin, eds., *Fremde Heimat. Eine Geschichte der Einwanderung aus der Türkei*, exh. cat., Ruhrlandmuseum & DOMiT (Essen, 1998).
Naika Foroutan, "Postmigrantische Gesellschaft," in *Einwanderungsgesellschaft Deutschland*, eds. Heinz-Ulrich Brinkmann and Martina Sauer (Wiesbaden: Springer VS, 2016), 239–47.
GAG Immobilien AG, *Unsere kleine Stadt am Rhein* (Cologne, 1968).
Geschichtswerkstatt Mülheim, eds., *Die Keupstraße – Geschichte und Geschichten*, brochure (Cologne, undated).
Manuel Gogos, *Das Gedächtnis der Migrationsgesellschaft: DOMiD – Ein Verein schreibt Geschichte(n)* (Bielefeld: transcript, 2021).
Maurice Halbwachs, *On Collective Memory* (1950; Chicago: University of Chicago Press, 1992).
Ulrich Herbert, *Geschichte der Ausländerpolitik in Deutschland. Saisonarbeiter, Zwangsarbeiter, Gastarbeiter, Flüchtlinge* (Munich: C.H. Beck, 2017).
Candida Höfer, Hatice Özerturgut, Elise Kentner, et al., *Türken in Deutschland: Farbdias und Sachinformationen* (Cologne: Vista Point, 1980).
Andreas Huyssen, prologue to *Ineffably Urban: Imaging Buffalo*, ed. Miriam Paeslack (Farnham: Ashgate, 2013), xix–xxi.
Ela Kaçel, "Framing Migrants as City-dwellers: Identity, Space and Photography," in *Migration, Stadt und Urbanität. Perspektiven auf die Heterogenität migrantischer Lebenswelten*, eds. T. Geisen, C. Riegel, and E. Yildiz (Wiesbaden: Springer VS, 2016), 403–21.
Ela Kaçel, "Self-localization of Migrants and Photographers in Cities via Self-images," *Candide. Journal for Architectural Knowledge* 12 (2021): 119–36.
Kölnischer Kunstverein et al., eds., *Projekt Migration* (Cologne: DuMont, 2005).
Kurt Leroff, "Türken hatten Ferien vom Ich," *Kölnische Rundschau*, May 31, 1966.
Pierburg-Autorenkollektiv, Internationale Sozialistische Publikation, eds., *Pierburg-Neuß: Deutsche und ausländische Arbeiter – ein Gegner – ein Kampf. Streikverlauf, Vorgeschichte, Analyse, Dokumentation, nach dem Streik* (unnamed publisher, 1974).
Veronica M. Richard and Maria K. E. Lahman, "Photo-elicitation: reflexivity on method, analysis, and graphic portraits," *International Journal of Research & Method in Education* 38, no. 1 (2014): 3–22.
Aurora Rodonò, "Mobilität als Lebensentwurf? Die italienische Arbeitsmigration in die Bundesrepublik Deutschland," in *Projekt Migration*, eds. Kölnischer Kunstverein (Cologne: DuMont, 2005), 796–99.
Ralf Rogge / Stadtarchiv Solingen, eds., *"Ich bin Grieche, und ich bin Solinger, kann ich dir sagen." Aspekte der Griechischen Migrationsgeschichte Solingens* (Solingen, 2020). Online: https://www.solingen.de/de/inhalt/migration-griechen/ (accessed February 4, 2021).
Regina Römhild, "Beyond the bounds of the ethnic: for postmigrant cultural and social research," *Journal of*

Urban. Imaging Buffalo, Farnham: Ashgate Publishing 2013, S. xix–xxi.
Ela Kaçel, „Framing Migrants as City-dwellers: Identity, Space and Photography“, in: T. Geisen, C. Riegel und E. Yildiz (Hrsg.), *Migration, Stadt und Urbanität. Perspektiven auf die Heterogenität migrantischer Lebenswelten*, Wiesbaden: Springer VS 2016, S. 403–421.
Ela Kaçel, „Self-localization of Migrants and Photographers in Cities via Self-images“, in: *Candide. Journal for Architectural Knowledge*, 12, 2021, S. 119–136.
Kölnischer Kunstverein u. a. (Hrsg.), *Projekt Migration*, Köln: DuMont 2005.
Kurt Leroff, „Türken hatten Ferien vom Ich“, in: *Kölnische Rundschau*, 31.5.1966.
Pierburg-Autorenkollektiv, Internationale Sozialistische Publikation (Hrsg.), *Pierburg-Neuß: Deutsche und ausländische Arbeiter – ein Gegner – ein Kampf. Streikverlauf, Vorgeschichte, Analyse*, Dokumentation, nach dem Streik, o. O. 1974.
Veronica M. Richard und Maria K. E. Lahman, „Photo-elicitation: reflexivity on method, analysis, and graphic portraits“, in: *International Journal of Research & Method in Education*, 1, 38, S. 3–22.
Aurora Rodonò, „Mobilität als Lebensentwurf? Die italienische Arbeitsmigration in die Bundesrepublik Deutschland“, in: Kölnischer Kunstverein u. a. (Hrsg.), *Projekt Migration* Köln: DuMont 2005, S. 796–799.
Ralf Rogge / Stadtarchiv Solingen (Hrsg.), *„Ich bin Grieche, und ich bin Solinger, kann ich dir sagen.“ Aspekte der Griechischen Migrationsgeschichte Solingens*, Solingen 2020. Online https://www.solingen.de/de/inhalt/migration-griechen/ (abgerufen am 4.2.2021).
Regina Römhild, „Beyond the bounds of the ethnic. For postmigrant cultural and social research“, in: *Journal of Aesthetics & Culture*, 9, 2, 2017, S. 69–75. Online: DOI: 10.1080/20004214.2017.1379850 (abgerufen am 4.2.2021).
Regina Römhild, „Konvivialität – Momente von Post-Otherness“, in: Marc Hill und Erol Yildiz (Hrsg.), *Postmigrantische Visionen. Erfahrungen, Ideen, Reflexionen*, Bielefeld: transcript 2018, S. 63–71.
Roberto Sala, „Vom ‚Fremdarbeiter‘ zum ‚Gastarbeiter‘. Die Anwerbung italienischer Arbeitskräfte für die deutsche Wirtschaft (1938–1973)“, in: *Vierteljahrshefte für Zeitgeschichte*, 55, 1, 2007, S. 93–120.
Hans Schmitt-Rost (Hrsg.), *Großstadt in der Großstadt: 50 Jahre GAG in Köln*, Köln: GAG 1963.
Tayfun Serttaş, *Foto Galatasaray. Studio practice by Maryam Şahinyan*, Istanbul: Aras Yayıncılık 2011.
Abigail Solomon-Godeau, „Wer spricht so? Einige Fragen zur Dokumentarfotografie“, in: Herta Wolf (Hrsg.), *Diskurse der Fotografie. Fotokritik am Ende des fotografischen Zeitalters*, Frankfurt am Main: Suhrkamp 2003, S. 53–74.
Stadt Köln (Hrsg.), *Das Neue Köln: Ein Vorentwurf*, Köln: J.P. Bachem 1950.
Tim Wolfgarten, *Zur Repräsentation des Anderen. Eine Untersuchung von Bildern in Themenausstellungen zu Migration seit 1974*, Bielefeld: transcript 2019.
Erol Yildiz, *Die weltoffene Stadt. Wie Migration Globalisierung zum urbanen Alltag macht*, Bielefeld: transcript 2013.
Erol Yildiz und Marc Hill (Hrsg.), *Nach der Migration: postmigrantische Perspektiven jenseits der Parallelgesellschaft*, Bielefeld: transcript 2015.
Akram Zaatari, *Against Photography*, Ausst.-Kat. Museu D'Art Contemporani de Barcelona (MACBA), Barcelona 2018.

Aesthetics & Culture 9, no. 2 (2017): 69–75. Online: DOI: 10.1080/20004214.2017.1379850 (accessed February 4, 2021).
Regina Römhild, “Konvivialität — Momente von Post-Otherness,” in *Postmigrantische Visionen. Erfahrungen, Ideen, Reflexionen*, eds. Marc Hill and Erol Yildiz (Bielefeld: transcript, 2018), 63–71.
Roberto Sala, “Vom ‘Fremdarbeiter’ zum ‘Gastarbeiter.’ Die Anwerbung italienischer Arbeitskräfte für die deutsche Wirtschaft (1938–1973),” *Vierteljahrshefte für Zeitgeschichte* 55, no. 1 (2007): 93–120.
Hans Schmitt-Rost, ed., *Großstadt in der Großstadt: 50 Jahre GAG in Köln* (Cologne: GAG, 1963).
Tayfun Serttaş, *Foto Galatasaray: studio practice by Maryam Şahinyan* (Istanbul: Aras Yayıncılık, 2011).
Abigail Solomon-Godeau, “Who Is Speaking Thus? Some Questions about Documentary Photography,” in *Photography at the Dock: Essays on Photographic History, Institutions, and Practices* (Minneapolis: University of Minnesota Press, 1991), 169–83.
Stadt Köln, ed., *Das Neue Köln: Ein Vorentwurf* (Cologne: J.P. Bachem, 1950).
Tim Wolfgarten, *Zur Repräsentation des Anderen. Eine Untersuchung von Bildern in Themenausstellungen zu Migration seit 1974* (Bielefeld: transcript, 2019).
Erol Yildiz, *Die weltoffene Stadt. Wie Migration Globalisierung zum urbanen Alltag macht* (Bielefeld: transcript, 2013).
Erol Yildiz and Marc Hill, eds., *Nach der Migration: postmigrantische Perspektiven jenseits der Parallelgesellschaft* (Bielefeld: transcript, 2015).
Akram Zaatari, *Against Photography*, exh. cat., Museu D'Art Contemporani de Barcelona (MACBA) (Barcelona, 2018).

ANKOMMEN (IN WOHNHEIMEN UND BARACKEN):

ARRIVING (IN DORMITORIES AND BARRACKS):

GAG Immobilien AG

Die 1913 gegründete GAG – Gemeinnützige Aktiengesellschaft für Wohnungsbau war nach 1945 wesentlich in den neuen Siedlungsbau am Kölner Stadtrand involviert. In verschiedenen Imagebroschüren stellten die Stadt Köln und ihre Wohnbaugesellschaft GAG ihre städtebaulichen Tätigkeiten vor. Hatte der für die Kölner Stadtplanung zuständige Architekt Rudolf Schwarz darauf geachtet, in der Kölner Innenstadt historische Bauten zu rekonstruieren und zugleich mit öffentlichen Gebäuden im modernistischen Stil der Stadt punktuell ein neues Gesicht zu geben, so ermöglichte die Erschließung neuer Bauflächen in der Kölner Peripherie eine Gesamtkonzeption, die dem „Neuen Köln“ eine als zeitgemäß betrachtete Erscheinung geben konnte. Integraler Bestandteil waren Hochhäuser, die als topografische Orientierungspunkte dem Stadtbild zugleich Identität und Struktur geben sollten. Zu diesen herausgehobenen Wahrzeichen des „Neuen Kölns“ gehörten auch die um 1960 errichteten Hochhäuser in Köln-Mauenheim, Vingst, Buchheim und Stammheim-Nord. Sie wurden zum Beispiel für Arbeiter*innen der Firmen Klöckner-Humboldt-Deutz, Glanzstoff-Courtaulds sowie Ford gebaut, die im Rahmen von Anwerbeabkommen der alten Bundesrepublik ohne

GAG Immobilien AG

Founded in 1913, Cologne's municipal property developer GAG (Gemeinnützige Aktiengesellschaft für Wohnungsbau) played a key role after 1945 in the creation of new housing in peripheral districts. The City of Cologne and GAG presented these activities in various brochures. As the architect in charge of urban planning, Rudolf Schwarz had ensured that key buildings in Cologne's old town were reconstructed while the occasional public building, designed in a modernist style, gave the city a contemporary face. The development of new land on the edge of the city allowed an overall concept to be drawn up that gave the “New Cologne” an appearance that was considered modern. Integral to Schwarz's concept was the use of high-rise buildings as landmarks for topographical orientation that also gave the city identity and structure. These prominent landmarks of the “New Cologne” included the tower blocks built around 1960 in the city's Mauenheim, Vingst, Buchheim, and Stammheim-Nord districts. They were made for workers employed by companies such as Klöckner-Humboldt-Deutz, Glanzstoff-Courtaulds, and Ford, who had come to Cologne without their families as part of West

Familien vor allem aus Italien, Spanien, Portugal, Griechenland und der Türkei nach Köln gekommen waren. Die Hochhäuser, die von den Firmen gemietet wurden, waren so geplant, dass sie von Etagenwohnungen mit Mehrbettzimmern und Gemeinschaftsräumen in abgeschlossene Familienwohnungen hätten umgewandelt werden können.
Die Gebäude wurden von Fotografen wie Heinz Held, Dieter Storp und Schulz (Vorname unbekannt) für die Publikation *Großstadt in der Großstadt. 50 Jahre GAG in Köln* von 1963 aufgenommen. Ihre Fotografien aus der Zeit zeigen die markanten Wohnblocks mit klarem Farbprogramm als prägende architektonische Erscheinungen. Auch wenn in dem Buch den sogenannten „Türmen der Gastarbeiter“ ein Kapitel gewidmet ist, fehlen ihre Bewohner*innen in den Aufnahmen.

Germany's recruitment agreements with Italy, Spain, Portugal, Greece, and Turkey. The tower blocks were rented by these companies and designed so that the whole-floor apartments with multi-bed rooms and communal spaces could be converted into self-contained apartment units for families.
These buildings were documented by photographers like Heinz Held, Dieter Storp, and Schulz (first name unknown) for the publication *Großstadt in der Großstadt. 50 Jahre GAG in Köln* (1963). The pictures show the apartment blocks, with their precise color schemes, as distinctive pieces of architecture. Although a chapter in the book is dedicated to the so-called “guest worker towers,” their residents are absent from the photographs.

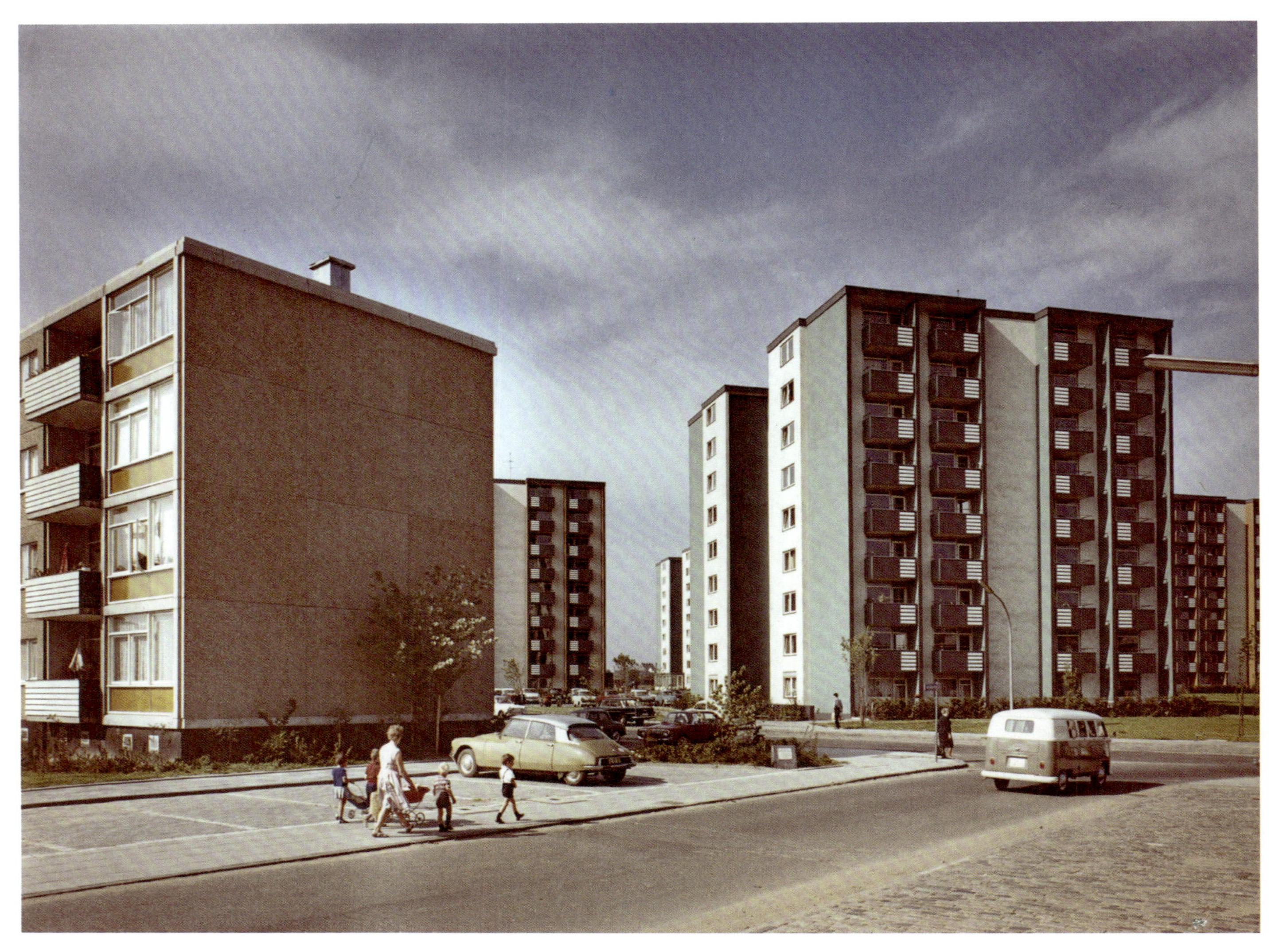

Arbeiter*innenwohnheim
der GAG Immobilien AG
Workers' dormitory belonging
to GAG Immobilien AG
Stammheim-Nord, 1964

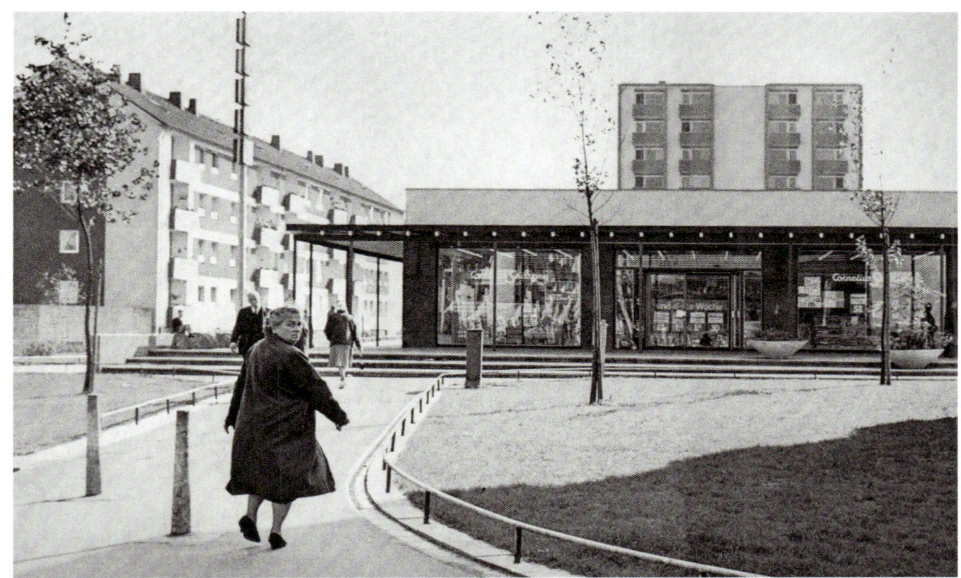

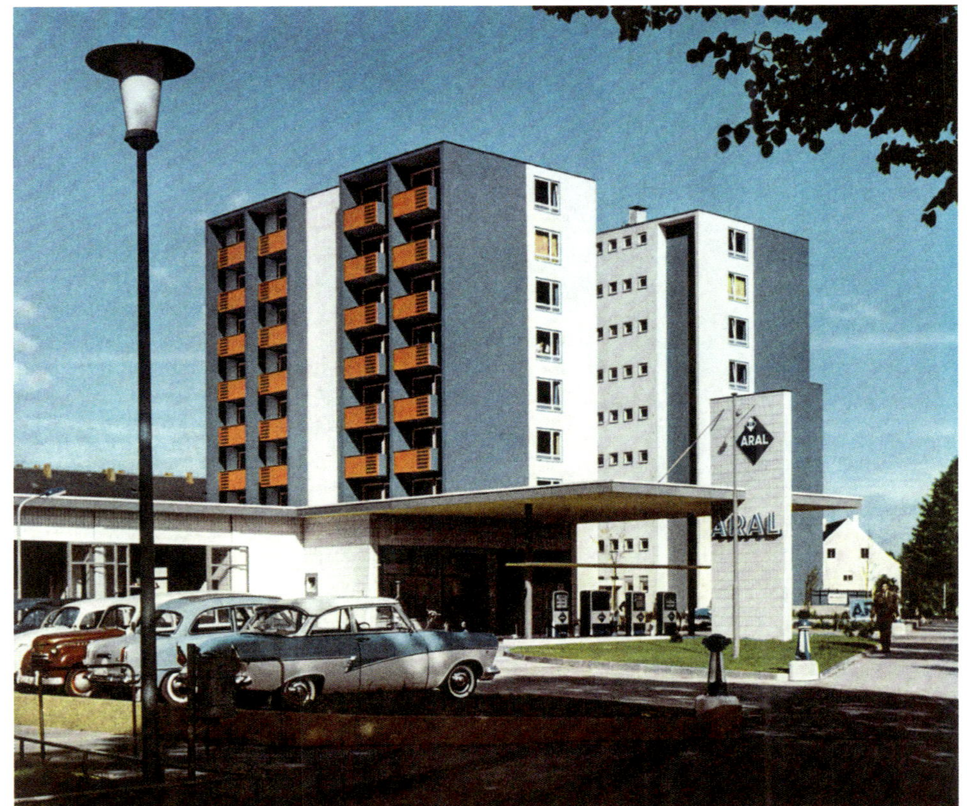

Köln-Vingst, 1960
(Foto photo: Heinz Held)

Köln-Vingst,
Ostheimer Straße 135, 1960
(Foto photo: Schulz)

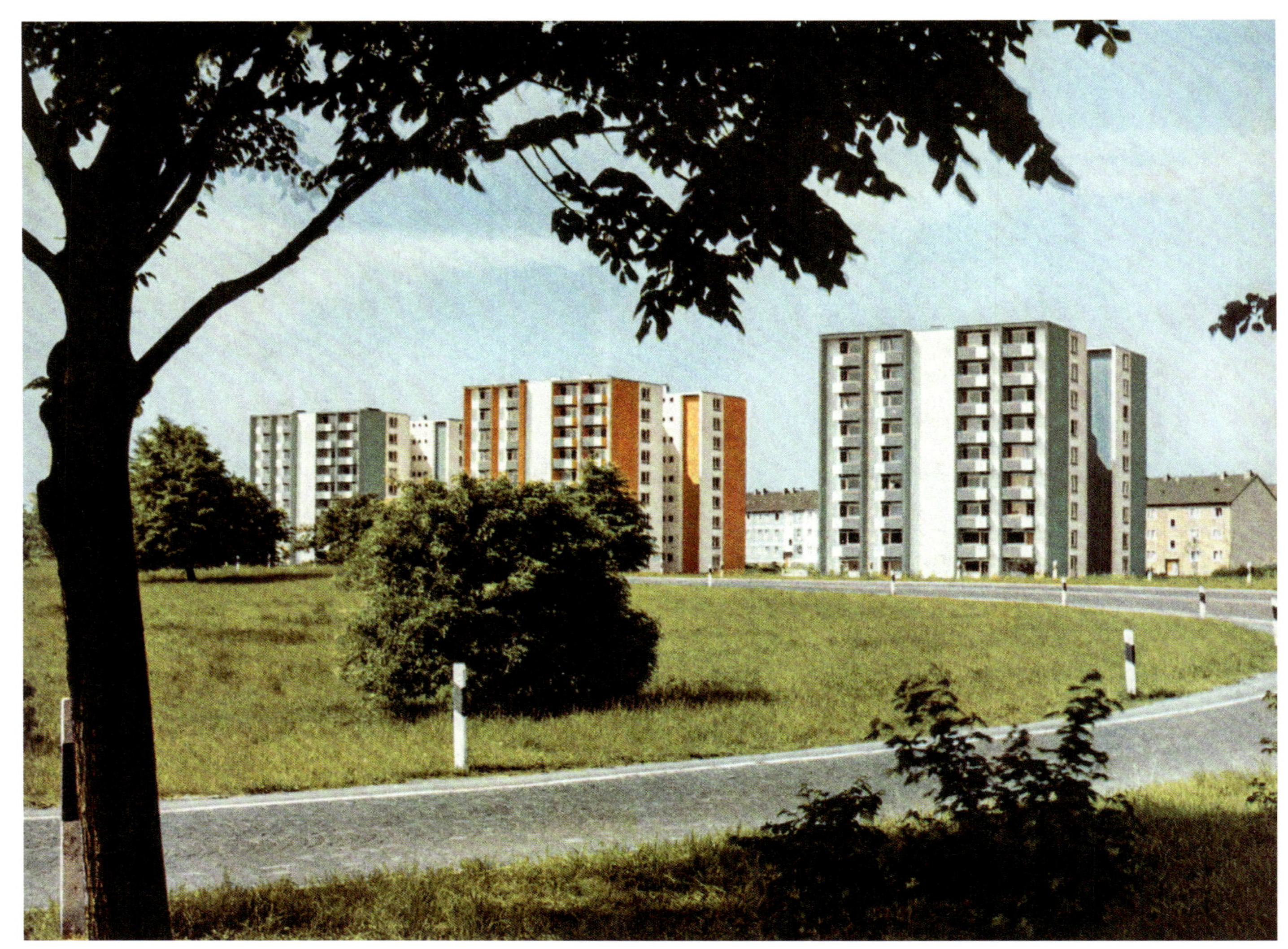

Arbeiter*innenwohnheime und
Wohnhäuser der GAG Immobilien AG
Houses and workers' dormitories
belonging to GAG Immobilien AG
Köln-Buchheim, Gronauer Straße, ca. 1963
(Foto photo: Schulz;
Foto rechts photo right: Dieter Storp)

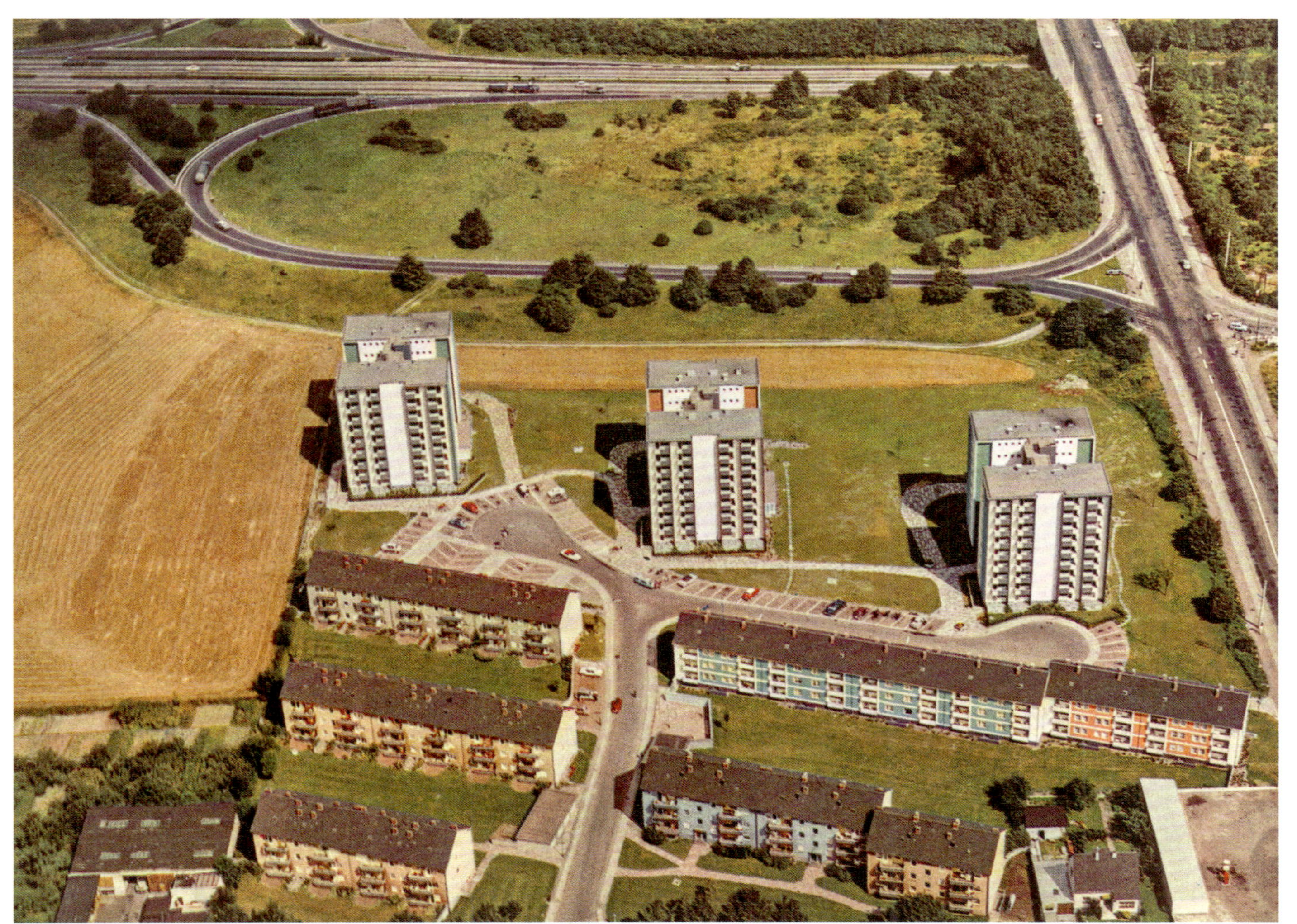

Onur Dülger

Nach seinem Abitur an der Sultanahmet Handelsberufsschule in Istanbul kam Onur Dülger im Rahmen des neuabgeschlossenen Anwerbeabkommens mit der Türkei im Dezember 1961 nach Deutschland. Obwohl seine Familie einen Hotelbetrieb in Istanbul hatte, wollte er durch Europa reisen und sich ein Tonbandgerät kaufen. Nach seiner Ankunft begann er als Arbeiter im Motorenwerk von Ford. Vier Jahre wohnte er in den Ford-Wohnheimen, bis er 1965 mit seiner Frau eine Wohnung in der Domstraße anmietete. Heute wohnt das Ehepaar in einem nach Onur Dülgers Entwürfen gebauten Einfamilienhaus in Köln-Chorweiler. Immer wenn sie auf der Autobahn an den ehemaligen „Türmen der Gastarbeiter" in Buchheim vorbeifahren, erinnern sie sich an früher.

„Natık Altınok, Turgut Şakla und ich sind direkt aus Istanbul nach Deutschland gekommen, nicht um Geld zu verdienen, sondern um zu reisen. Es gab eine Wirtschaftskrise in der Türkei. Man hatte Geld, konnte aber nichts kaufen. Alles war importiert. Ich habe gesagt: ‚Wenn ich nach Deutschland gehe, möchte ich durch das Land reisen, sehen und ein Tonbandgerät kaufen.' Den Grundig TK23 habe ich auf Raten gekauft. Ich habe Elvis, Paul Anka, amerikanische und englische Musik, Nana Mouskouri gehört. Für türkische Musik hatte ich kein Interesse.
Wir haben 1962 gemeinsam einen alten Opel Olympia gekauft und sind durch Holland, Belgien und Frankreich gereist. Zehn Tage hatten wir frei. Das war über Weihnachten. Wir haben Notre Dame und auch Versailles besichtigt, dann waren wir in Brüssel und Holland. Das ist das

Onur Dülger

After graduating from Sultanahmet Commercial College in Istanbul, Onur Dülger came to Germany in December 1961 as part of the newly signed recruitment agreement with Turkey. Although his family ran a hotel in Istanbul, he wanted to travel around Europe and buy a tape recorder. On his arrival, he began working at Ford's engine plant. He lived in the company's workers' dormitory for four years until he rented an apartment with his wife on Domstrasse in 1965. Today, they live in a detached house, built according to Dülger's own design, in Cologne's Chorweiler district. Whenever they drive past the former "guest worker towers" in Buchheim, they recall the old days.

"Natık Altınok, Turgut Şakla, and I came to Germany straight from Istanbul, not to earn money, but to travel. There was an economic crisis in Turkey. People had money, but there was nothing to buy. Everything was imported. I said, 'If I go to Germany, I'd like to travel around the country and buy a tape recorder.'
I purchased a Grundig TK23 in installments and would listen to Elvis, Paul Anka, American and English music, and Nana Mouskouri. I was not interested in Turkish music.
In 1962, we bought an old Opel Olympia together and traveled across Holland, Belgium, and France. We had a ten-day vacation over Christmas. We visited Notre Dame and Versailles, then went to Brussels and Holland. This is the only photograph from our ten-day

einzige Foto von dieser zehntägigen Reise, denn wir hatten keinen Fotoapparat dabei. Dieses Foto ist von dem Fotografen vor Ort auf dem Eiffelturm gemacht worden. Drei Stück hat er mit einer Sofortbildkamera gemacht.
Natık, Turgut und ich haben alle bei Ford gearbeitet, aber in verschiedenen Abteilungen. Natık hat als Dolmetscher in der Heimleitung gearbeitet und sich dann in Bonn selbstständig gemacht. Wir wohnten in einem Einfamilienhaus in der Rüdellstraße, unten gab es eine Kneipe und oben unser Heim. Natık, Turgut und ich wohnten hier zu dritt in einem Zimmer und haben sehr gut harmoniert. Als Natık als Dolmetscher ins Ford-Wohnheim in der Gronauer Straße wechselte, bin ich mit ihm gezogen. Dort waren die Zimmer größer und viel besser. Nur eines von den drei Gebäuden in der Gronauer Straße war ein Ford-Wohnheim. In den anderen zwei Gebäuden wohnten Ford-Beschäftigte mit ihren Familien. Fast alle Bewohner im Heim waren Türken. Es gab drei Zimmer auf jeder Etage, zwei große Zimmer und ein kleines Zimmer für eine Person. Ich habe mit Hayri Akal zusammengewohnt.
Als ich Monika kennenlernte, haben ihre Eltern sie abgelehnt, weil sie einen Ausländer heiraten wollte. Unser Kontakt ist abgebrochen. Wir wollten heiraten, aber das war unmöglich. Monika war achtzehn

trip because we didn't have a camera with us. It was taken by a photographer at the Eiffel Tower, who made three prints with an instant camera.
Natık, Turgut, and I all worked for Ford, but in different areas. Natık worked as an interpreter at the workers' dormitory and then set up as a freelancer in Bonn. We lived in a detached house on Rüdellstrasse. Downstairs was a bar, and upstairs our dorm. Natık, Turgut, and I lived in a single room, and we got on very well. When Natık became the interpreter at the Ford workers' dormitory on Gronauer Strasse, I moved with him. The rooms there were bigger and better. Only one of the three buildings on Gronauer Strasse was a workers' dormitory; the other two were for Ford staff and their families. Almost all of the dormitory's residents were Turks. There were three rooms on each floor, two large ones and a smaller one for a single person. I lived with Hayri Akal.
When I met Monika, her parents rejected her because she wanted to marry a foreigner. We lost touch. We wanted to get married, but it was impossible because Monika was eighteen and still a minor. But we did eventually obtain a license to get married.

und damals nicht volljährig. Wir haben dann doch noch eine notarielle Erlaubnis bekommen, um zu heiraten.
Ein Mitbewohner im Heim hat hobbymäßig fotografiert und dann Fotos für 50 Pfenning verkauft. An dem Tag war ich so glücklich, weil Monika und ich es endlich geschafft hatten, eine notarielle Erlaubnis zu bekommen, um heiraten zu dürfen. Auf dem Weg zum Rathaus habe ich diesem Fotografen gesagt: ‚Mach schnell ein Foto, ich muss weg!'
Das ist der Parkplatz vor den Wohnhäusern und dem Wohnheim in der Gronauer Straße. Mein Mitbewohner und Freund Hayri Akal hatte damals ein Ford, und es kann sein, dass wir an dem Tag erst Monika abgeholt haben und dann gemeinsam ins Rathaus gefahren sind. Wir hatten keine Verwandten dabei, niemanden. Wir waren ganz alleine. Natıks Frau und ein Kollege von mir waren unsere Trauzeugen. Danach ging Monika zurück ins Heim der Deutschen Bundespost, wo sie damals wohnte. Etwa drei Monaten später haben wir zum Glück eine Mietwohnung bekommen."

Someone who lived at the dormitory took photographs as a hobby and sold them for fifty pfennigs each. I was so happy that day because Monika and I had finally managed to get a license allowing us to get married. On our way to the Town Hall, I said to this photographer, 'Quick, take a picture! I have to go.'
This is the parking lot outside the houses and the workers' dormitory on Gronauer Strasse. At the time, my roommate and friend Hayri Akal owned a Ford, and I think we picked Monika up first and then drove to the Town Hall together. We had no relatives with us, no one. We were all alone. Natık's wife and one of my coworkers were our witnesses. Afterward, Monika went back to the dormitory of the post office where she lived at the time. Luckily, we were able to rent an apartment about three months later."

Onur Dülger im Gespräch
mit Ela Kaçel,
Dezember 2020
Onur Dülger in conversation
with Ela Kaçel,
December 2020

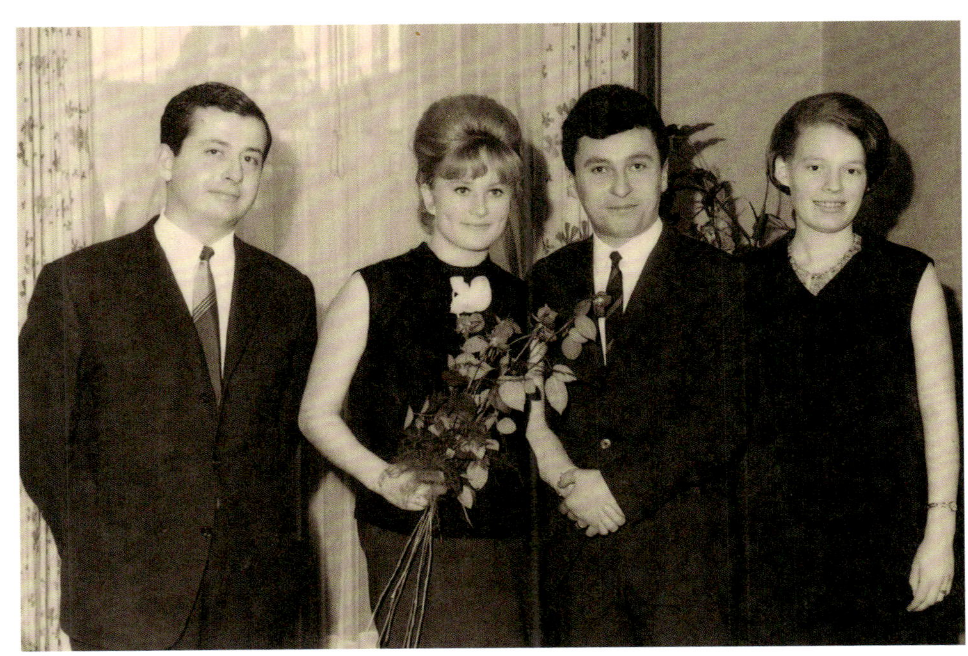

Monika und Onur Dülger mit ihren Trauzeug*innen nach der Trauung im Historischen Rathaus
Monika and Onur Dülger with their witnesses after their wedding at the Old Town Hall
Köln, 23.12.1965

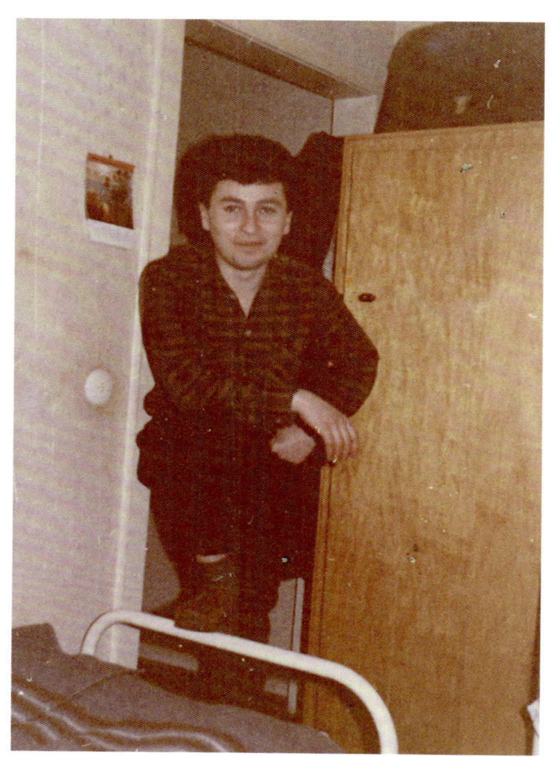

Onur Dülger im Ford-Wohnheim
Onur Dülger inside the Ford workers' dormitory
Köln-Longerich, 1962

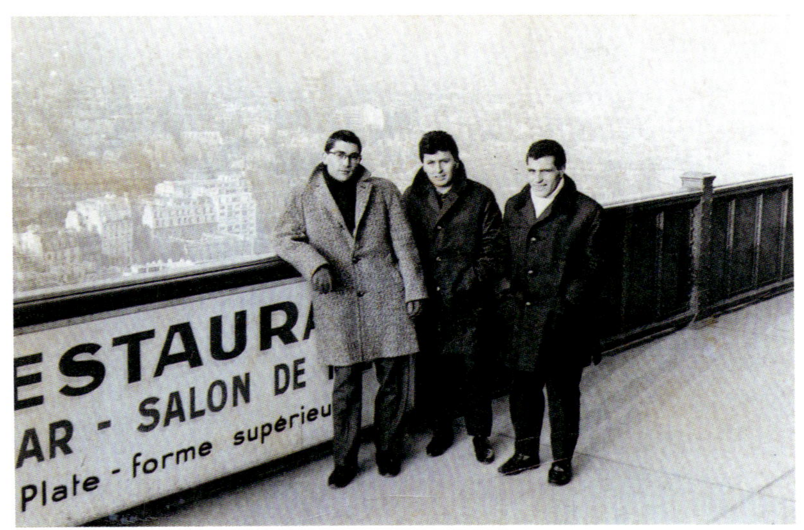

Onur Dülger mit zwei Freunden auf dem Eiffelturm
Onur Dülger with two friends at the top of the Eiffel Tower
Paris, 29.12.1962

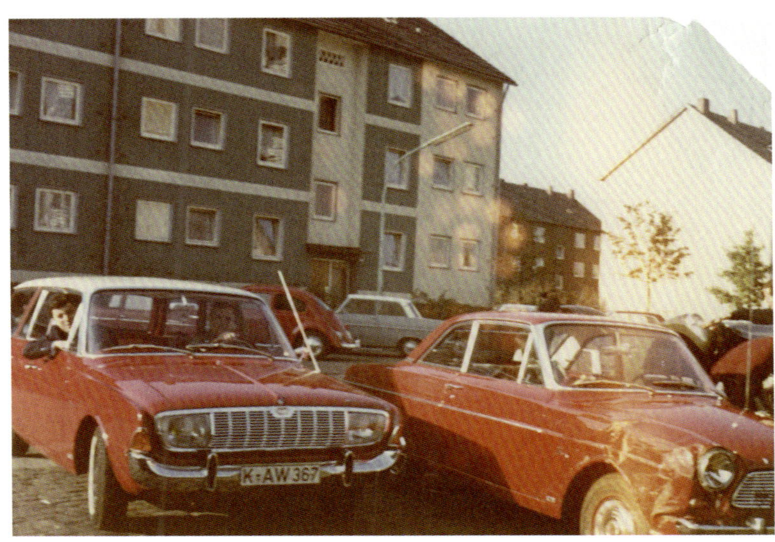

Onur Dülger in einem Ford vor dem Ford-Wohnheim
Onur Dülger in a Ford outside the Ford workers' dormitory
Köln-Buchheim, Gronauer Straße, 1965 (Foto photo: Hayri Akal)

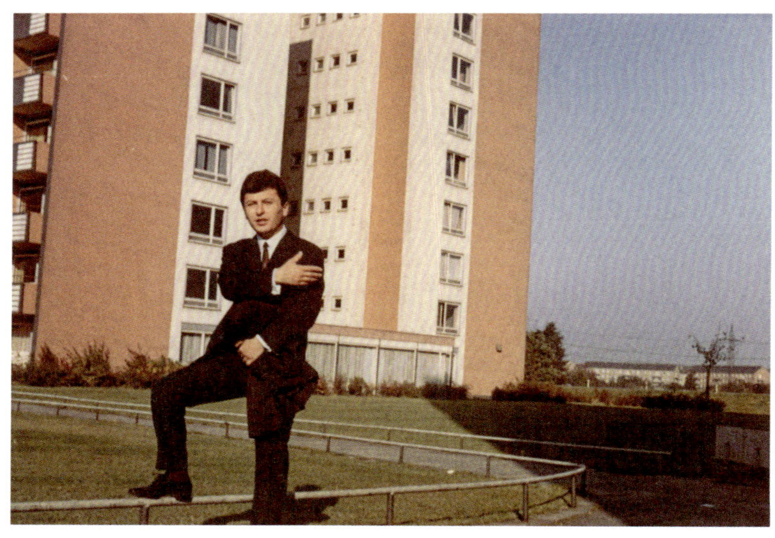

Onur Dülger vor dem Ford-Wohnheim am Tag seiner Trauung
Onur Dülger outside the Ford workers' dormitory on his wedding day
Köln-Buchheim, Gronauer Straße, 23.12.1965

Ali Kanatlı
kommt aus Hatay, Antakya, in der Türkei, wo er einen Friseurladen hatte. Im September 1964 begann er bei den Ford-Werken und arbeitete dort 28 Jahre als Stapelfahrer. Das erste Ford-Wohnheim, das er bewohnte, war in der Moltkestraße 57. Danach wohnte er noch in vier anderen Wohnheimen, bis er 1968 seine Frau Kalime und seinen Sohn nach Köln holte. Als seine Frau und sein Sohn noch in Hatay lebten, kaufte er ein Tonbandgerät für sie und schickte neben Briefen mit Fotos auch Tonaufnahmen mit seiner Stimme aus Köln. Ali Kanatlıs Söhne schätzen die zahlreichen Fotos ihrer Eltern als das wertvollste Erbe und als das Gedächtnis der Familie in Deutschland.

„Wir waren vier Freunde aus derselben Nachbarschaft in Hatay. Als wir zum ersten Mal ins Ford-Wohnheim nach Köln kamen, haben wir angefragt, ob wir zu viert im selben Raum bleiben könnten. Wir wohnten hier für achtzehn Monate zusammen. Die Fotos von den Weihnachts- und Karnevalsfeiern sind im Fernsehzimmer im Heim aufgenommen worden. Wir hörten damals Ankara Radio auf Kurzwelle. Wir haben bis auf besondere Feierlichkeiten, wie Weihnachten, nicht im Fernsehzimmer gegessen. Wir haben in der gemeinsamen Küche auf unserer Etage gekocht und dann im Zimmer gegessen.
An Wochenenden hatte ich nicht so viel Zeit für Stadtbummel. Ich habe im Wohnheim häufig als Friseur Haare geschnitten. In Hatay hatte ich ja einen Friseurladen. Wenn wir aber nachmittags ausgingen,

Ali Kanatlı
came from Hatay, Antakya, Turkey, where he ran a barbershop. In September 1964, he started at the Ford factory and worked there as a forklift driver for twenty-eight years. The first Ford workers' dormitory he stayed in was at Moltkestrasse 57. By 1968, when his wife Kalime and their two sons joined him in Cologne, he had lived at four other dormitories. While his family was still in Hatay, Kanatlı bought them a tape recorder to listen to the voice recordings he sent along with letters and photographs. Ali and Kalime's sons cherish the many pictures of their parents from this period as their most valuable legacy and as a record of the family in Germany.

"We were four compatriots from the same neighborhood in Hatay. When we first arrived at the Ford dormitory in Cologne, we asked to stay in the same room. We lived there together for eighteen months. The pictures of the Christmas and Carnival parties were taken in the television room at the dormitory. We would listen to Radio Ankara on shortwave. Apart from special occasions, like the Christmas party, we never ate in the television room. We would cook in the shared kitchen on our floor of the building and eat in our rooms.
I didn't have much time for strolling around town on the weekends. I had owned a barbershop in Hatay and would cut hair at the dormitory. But if we did go out in the afternoons, we would go to the Neumarkt, the central station, or

gingen wir zum Neumarkt, Hauptbahnhof und besuchten Freunde in anderen Wohnheimen in Mülheim, Stammheim und Vingst.
Weil das Wohnheim in der Moltkestraße ganz nah beim Aachener Weiher lag, gingen wir dort öfters hin. Zum Beispiel auch als mein Freund aus Neuss zu Besuch kam. Er arbeitete damals in einer Gießerei in Neuss und lebt noch heute dort. Auch er ist ein Freund aus Hatay. Am Aachener Weiher gab es damals schöne Rosen. Sicherlich möchte man schöne Orte fotografieren, wenn ein Foto aufgenommen wird. Man wählt schöne Orte aus, um eine gute Aufnahme zu haben und gut auszusehen.
Aus dem Wohnheim damals habe ich viele Fotos. Zu dieser Zeit hatte niemand einen Fotoapparat. Ich habe mir aber innerhalb eines Jahres nach meiner Ankunft in Deutschland eine Agfa gekauft. Den Fotoapparat habe ich heute immer noch als Andenken. Damals war meine Frau noch in der Türkei. Ich habe ihr die Fotos nach Hause geschickt. Die Briefe aus Deutschland kamen erst nach zwei bis drei Wochen in der Türkei an. Die Kommunikation war damals nicht so schnell wie heute.
Auf einem Foto sieht man mich nachdenklich im Wohnheim. Auf die Rückseite habe ich geschrieben: ‚Ich war sehr nachdenklich und krank, mein Herz tut mir ununterbrochen weh.' Ich war zum ersten

visit friends in other dormitories in Mülheim, Stammheim, and Vingst. Because the dormitory on Moltkestrasse was near the Aachener Weiher, we often went there, like the time a friend from Hatay visited from Neuss, where he was working in a foundry and where he still lives today. The Aachener Weiher had lovely roses at the time. Of course, you want attractive locations when you take photographs. You choose nice settings to get a good picture and to look good.
I have many photographs from the dormitory. No one had a camera at the time. I bought an Agfa during my first year in Germany, and I still have it today as a memento. My wife was in Turkey back then, and I would send her the photographs. Letters from Germany took two or three weeks to arrive in Turkey. Communications weren't as fast as they are today.
One picture shows me at the dormitory, looking pensive. I wrote on the back: 'I was very preoccupied and ill. My heart hurts all the time.' It was my first time abroad. I was homesick for my family, homesick for my parents. I was married and had a child. Some of us were married, others were single. We were all in a foreign country for the first time and had many worries. But we were friends, and

Mal im Ausland. Ich hatte Heimweh nach meiner Familie, Heimweh nach meinen Eltern. Ich war verheiratet und hatte ein Kind. Einige von uns waren verheiratet, andere ledig. Wir waren alle zum ersten Mal im Ausland. Natürlich hatten wir damals viele Sorgen. Aber wir waren Freunde und haben uns gegenseitig unterstützt und getröstet. Wir waren geduldig, indem wir an die Zukunft dachten. Ich habe dieses Foto nicht in die Türkei geschickt.
Meine Frau und zwei Söhne zogen im Oktober 1968 von Hatay nach Köln. Wir haben dann zum ersten Mal eine Wohnung gemietet.
Wir wohnten erst vorübergehend in einer kleinen Wohnung auf der Körnerstraße in Ehrenfeld. 1970 sind wir dann in eine komfortablere Wohnung in die Steinstraße in der Nähe vom Chlodwigplatz gezogen. Zu dieser Zeit lag das türkische Konsulat sehr nahe. In der Südstadt gab es eine Schokoladenfabrik, wo viele Türken, besonders Frauen arbeiteten. Von 1970 bis 1977 haben wir in der Südstadt gelebt.
Wir sind 1977 in unsere jetzige Wohnung in Humboldt-Gremberg gezogen. Seit 43 Jahren wohnen wir in dieser Wohnung. Seit 2004 sind wir Eigentümer.“

we supported and consoled each other. We were patient, thinking of the future. I didn't send this picture to Turkey.
In October 1968, my wife and two sons moved from Hatay to Cologne, and we rented an apartment for the first time. In 1970, after a brief period in a small place on Körnerstrasse in Ehrenfeld, we moved to a more comfortable apartment on Steinstrasse near Chlodwigplatz. The Turkish Consulate was close by at the time. From 1970 through 1977, we lived in Südstadt. There was a chocolate factory there where many Turks worked, especially women.
In 1977 we moved into our current apartment in Humboldt-Gremberg. We've been living in this apartment for forty-three years. In 2004 we became the owners."

Ali Kanatlı im Gespräch
mit Ela Kaçel,
Dezember 2020
Ali Kanatlı in conversation
with Ela Kaçel,
December 2020

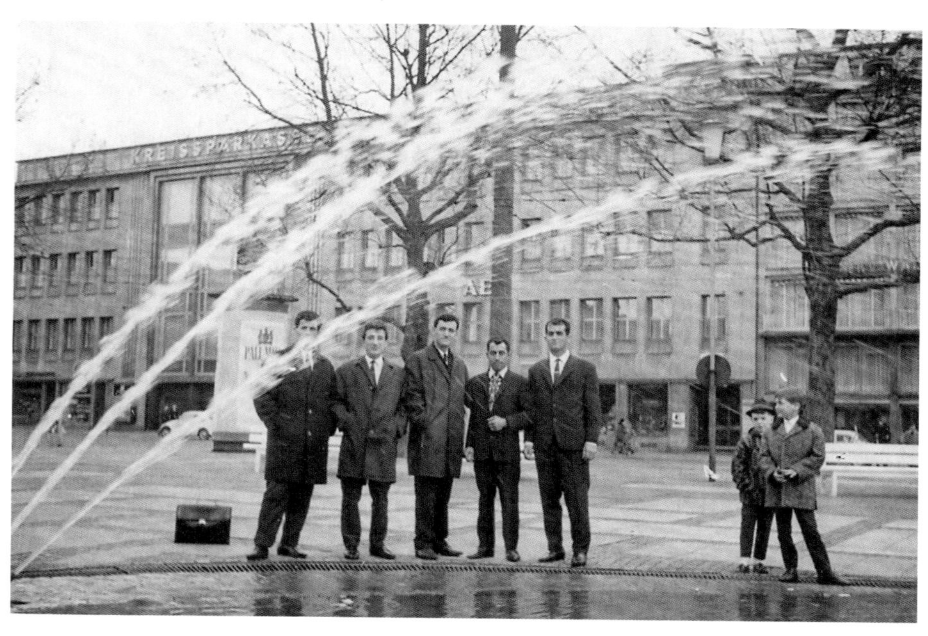

Ali Kanatlı (3.v.l.) mit Freunden am Neumarkt
Ali Kanatlı (third from left) with friends on the Neumarkt
Köln, ca. 1965

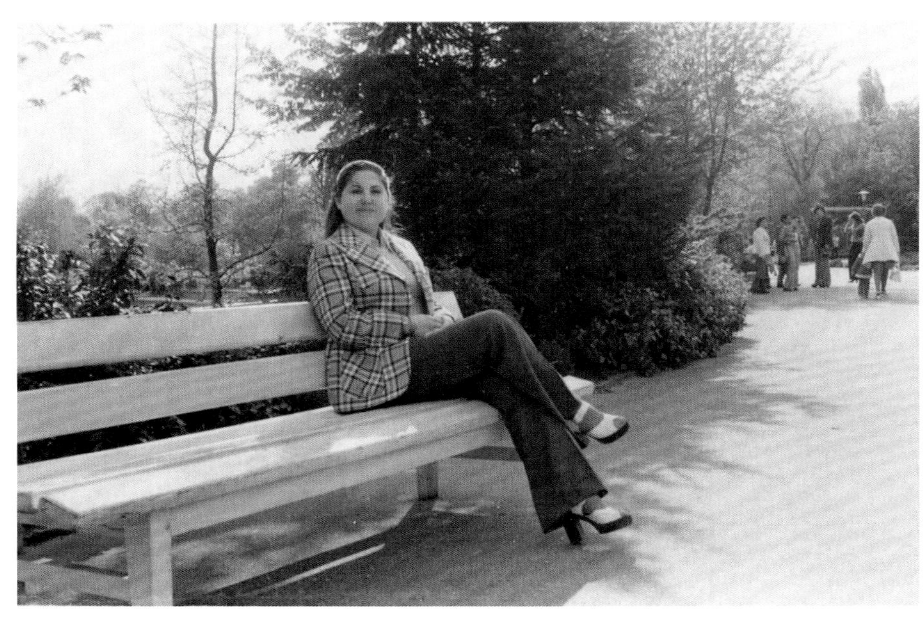

Kalime Kanatlı in der Kölner Flora
Kalime Kanatlı at Cologne's botanical gardens
Köln, 1972 (Foto photo: Ali Kanatlı)

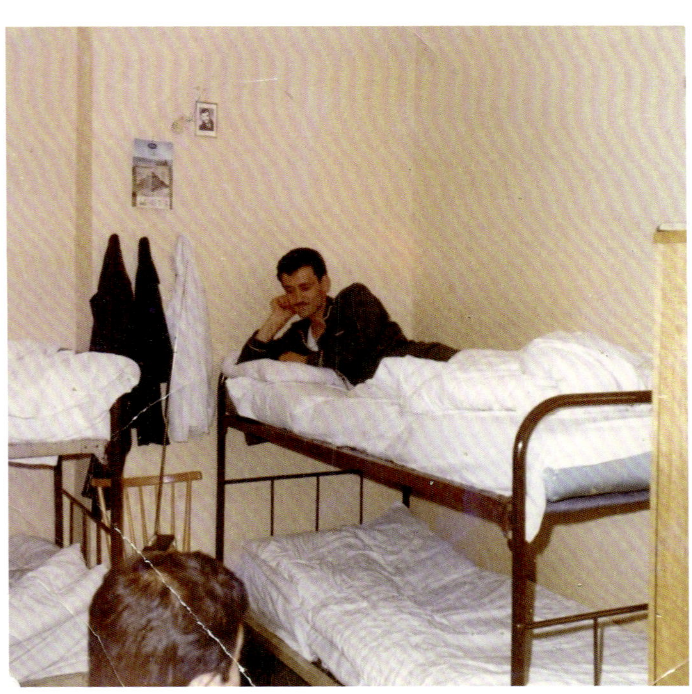

Ali Kanatlı im Ford-Wohnheim, wo er drei Jahre lebte
Ali Kanatlı at the Ford workers' dormitory, where he lived for three years
Köln, Moltkestraße, 1965

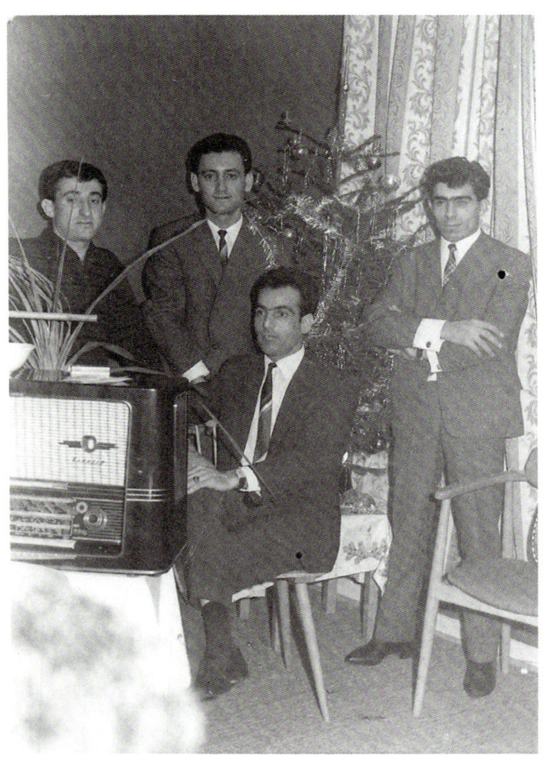

Weihnachtsfeier im Wohnheim
Christmas party at the workers' dormitory
Köln, Moltkestraße, 1965

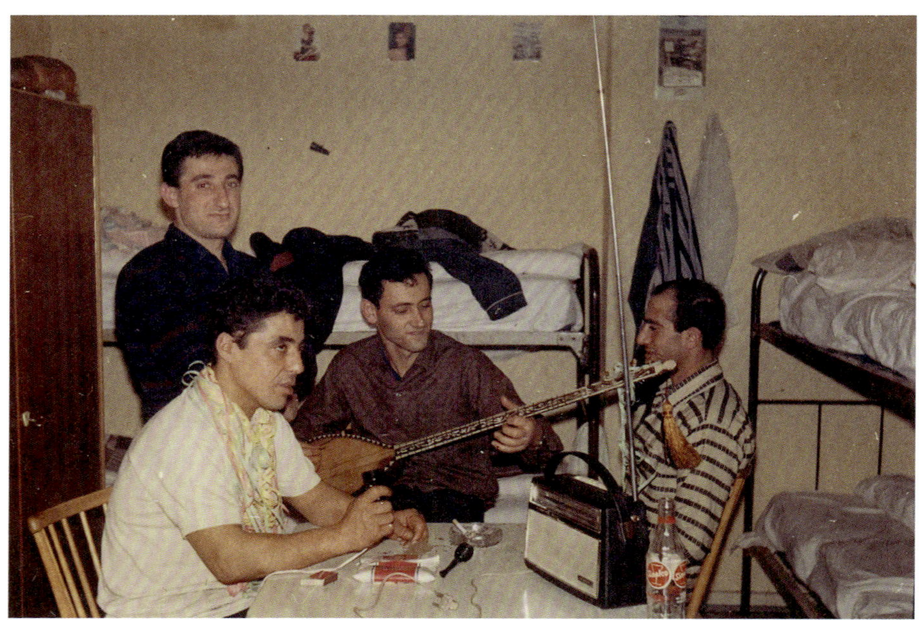

Karnevalsfeier im Ford-Wohnheim
Carnival party at the Ford workers' dormitory
Köln, Moltkestraße, ca. 1965

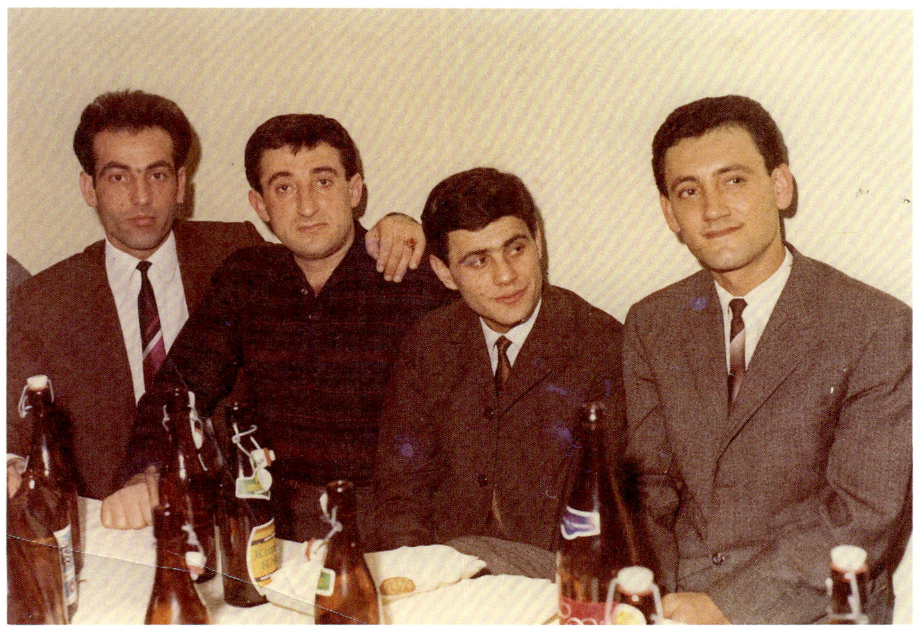

Weihnachtsfeier im Wohnheim Christmas party at the workers' dormitory, Köln, Moltkestraße, 1966

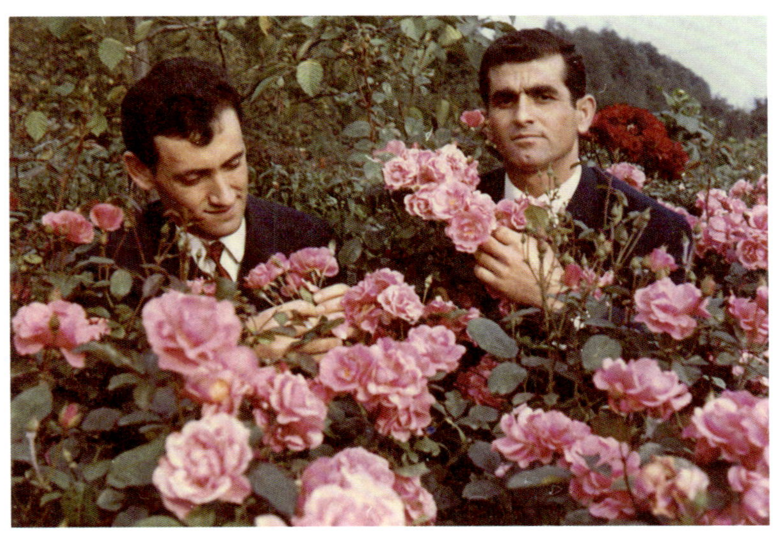

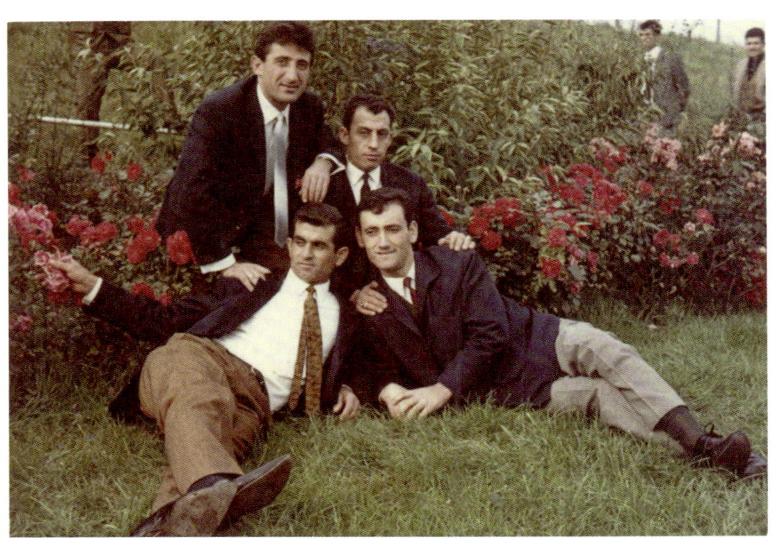

Mit Freunden am Aachener Weiher With friends at the Aachener Weiher, Köln, 1965

Sofia und Ioanna Zacharaki
Sofia Zacharaki war bereits verheiratet und hatte drei Töchter, als sie 1971 beschloss, nach Deutschland zu gehen. Ihr Mann und ihre drei Töchter blieben in Griechenland zurück. Dreißig Jahre lang arbeitete sie in der Schokoladenfabrik Leonard Monheim (Trumpf) in Aachen. Viele Jahre wohnte sie mit Kolleginnen im Frauenwohnheim der Fabrik. Als Sofia Zacharakis Mann 1977 nachkam, nahm sich das Ehepaar eine eigene Wohnung. Ihr Mann arbeitete in Aachen in einer Schneiderei. Die jüngste Tochter, Ioanna Zacharaki, kam 1981 nach Deutschland, um Germanistik und Soziologie zu studieren. Heute ist sie Referentin für Integration und Interkulturalität im Referat Migration und Flucht beim Diakonischen Werk Rheinland-Westfalen-Lippe und dritte Bürgermeisterin von Solingen.

„Wir waren viele Frauen, die hierher kamen, um zu arbeiten. Ich musste meine Mädchen zurücklassen, sie waren gerade einmal sieben und acht Jahre alt – was sollte ich machen? Ich sagte zu meinem Bruder: ‚Ich gehe, für ein, zwei Jahre, um etwas Geld zu verdienen.' Unsere Mädchen sollten wenigstens etwas zu essen haben, zur Schule gehen können.
Mein Bruder war schon in Deutschland, und ich habe ihn gefragt: ‚Warum bist du nach Deutschland gegangen? Unser Dorf war in der Kriegszeit in Brand gesetzt. Ist das Leben in Deutschland gefährlich?' ‚Nein', sagte er. ‚Überhaupt nicht. Wenn du da ordentlich arbeitest, tut dir keiner was.' Und so war es dann auch.
Wir haben bei Trumpf gearbeitet, all die Jahre. Wir mussten alles säubern, von oben bis unten. Das Wasser lief, und wir reinigten alles, 21 Paletten, ich mit noch

Sofia and Ioanna Zacharaki
Sofia Zacharaki was already married and had three daughters when she decided to go to Germany in 1971. Her husband and children stayed in Greece. For thirty years, she worked at the Leonard Monheim (Trumpf) chocolate factory in Aachen, living with her coworkers in the factory's women's dormitory for some of this time. When her husband followed in 1977, the couple rented an apartment of their own. Her husband worked in a tailor's shop in Aachen. Their youngest daughter, Ioanna Zacharaki, came to Germany in 1981 to study sociology and German. Today, she is head of integration and interculturality at the Department of Migration and Flight at Diakonisches Werk Rheinland-Westfalen-Lippe, and second vice-mayor of the city of Solingen.

"There were lots of us women who came here to work. I had to leave my girls behind. They were just seven and eight at the time—what was I supposed to do? I said to my brother, 'I'll go for one or two years to earn some money.' I wanted our girls to have at least something to eat, to be able to go to school.
My brother was already in Germany, and I asked him: 'Why did you go to Germany? Our village was burned during the war. Is life in Germany dangerous?' 'No,' he said. 'Not at all. If you work well, no one will harm you.' And that's the way it was.
I worked for Trumpf all those years. We had to clean everything from top to bottom. The water flowed, and we cleaned everything—twenty-one palettes, me and four other women. On our first day,

vier anderen Frauen. An dem Tag, als wir anfingen, gaben sie uns die Häubchen und Schuhe. Wir wussten noch gar nicht, was von uns verlangt wurde. Die großen Mädchen wurden woanders eingesetzt als die kleinen. Ein Mann sagte uns, wir sollten jetzt anfangen. Und dass wir alles essen dürften, was wir wollten. ‚Aber ihr dürft nichts mitnehmen – nichts! Dafür geben wir euch jeden Monat was für eure Kinder mit.' Wir verdienten nicht viel, aber die Arbeit war in Ordnung. Wir waren alle sauber, wir waren alle weiß.
Im Wohnheim haben wir in dem Aufenthaltsraum gekocht und gegessen. Vier Mädchen lebten auf einem Zimmer. Es waren nur Frauen, kein Mann kam rein. Mein Mann sagte damals: ‚Was macht ihr da, kommen euch Männer besuchen?' Mein Mann war ja mit unseren drei Töchtern in Griechenland geblieben. Er kam erst sechs, sieben Jahre später nach. Ioanna war damals noch klein.
Dieses Foto von meinen Töchtern habe ich all die Jahre immer bei mir getragen. Darum ist es auch schon so abgenutzt. Die Frauen fragten mich: ‚Hast Du keine Kinder?' Und dann hab ich ihnen dieses Foto gezeigt: ‚Da, das sind meine Kinder!' Damals waren sie noch so klein ...
Wir sind gekommen, um Geld zu verdienen, nicht um Männer kennenzulernen. Wir waren damals anständige Frauen, wir trieben

they gave us bonnets and shoes. We didn't know yet what they wanted us to do. The tall girls were given different work to the short ones. A man told us to start and that we could eat whatever we wanted: 'But you mustn't take anything home—nothing! Each month, we'll give you something for your children.' We didn't earn much, but the work was all right. We were all clean; we were all white.
We cooked and ate in the lounge area of our dormitory, where we lived four girls in a room. There were only women; no men came in. My husband asked at the time: 'What do you do there? Do men come and visit you?' He had stayed in Greece with our three daughters and didn't join me until six or seven years later. Ioanna was still small at the time.
I always carried this photograph of my daughters with me through all those years, which is why it's so worn out. The women would ask me, 'Don't you have any children?' And then I would show them this picture: 'Here, these are my children!' At the time, they were still so small.
We came to earn money, not to meet men. We were decent, upstanding women. We didn't hang out on the street. We were only

uns nicht auf der Straße herum. Wir waren nur für die Arbeit hier. Wo sonst hätten wir hingehen sollen, wir kannten uns ja auch gar nicht aus.
Als meine Tochter Ioanna nach Deutschland kam, sind wir zu Fuß zum Lousberg, zum großen Turm hochgestiegen. Das Foto hat mein Bruder aufgenommen. Er hatte schon eine Kamera, er war ja schon Jahre hier."
Sofia Zacharaki

„Dieses Foto von mir und meiner Schwester stammt aus der Zeit, als meine Mutter in Deutschland gearbeitet hat. Die Kleider hat sie uns nach Griechenland geschickt. Und auf einem Fest haben wir sie angezogen – die Schuhe und all die anderen schönen Sachen. Wir waren stolz, diese Kleidung aus Deutschland zu tragen. Da gab es einen Fotografen, der uns aufgenommen hat. Das Foto haben wir ihr dann nach Deutschland geschickt, damit sie es sieht. Wenn uns die Sehnsucht überkam, sind wir zu ihrem Schrank gegangen, und haben unsere Nasen in eines ihrer Kleider gesteckt. Weil es nach Mama geduftet hat – dann war es fast, als wäre sie da."
Ioanna Zacharaki

here to work. Where else were we supposed to go—we didn't know our way around.
When my daughter Ioanna came to Germany, we walked up to the big tower on the Lousberg. My brother took this picture. He'd already been here for years, and he owned a camera."
Sofia Zacharaki

"This photograph of my sister and me is from when our mother was working in Germany. She would send clothes for us to Greece. We put them on for a party—the shoes and all the other nice things. We were proud to be wearing these clothes from Germany. A photographer took our picture, and we sent it to her so she could see us in the things she'd sent. When we missed her, we would go to her wardrobe and bury our noses in one of her dresses because they smelled of Mama—then it was almost as if she was there."
Ioanna Zacharaki

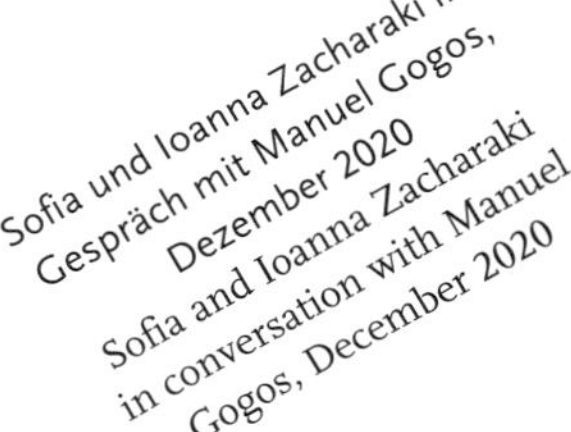
Sofia und Ioanna Zacharaki im Gespräch mit Manuel Gogos, Dezember 2020
Sofia and Ioanna Zacharaki in conversation with Manuel Gogos, December 2020

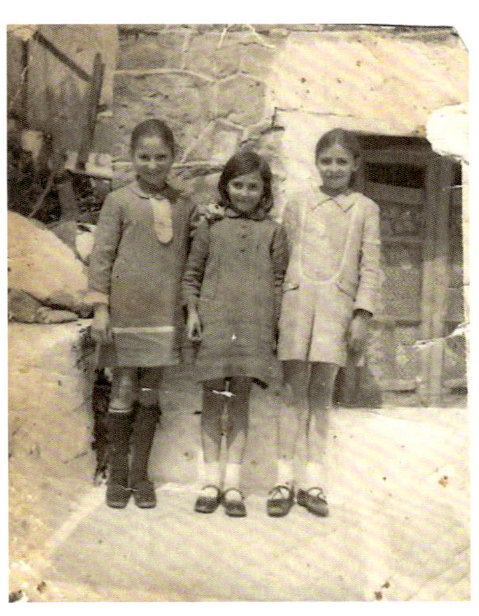

Ioanna Zacharaki (Mitte) mit ihren Schwestern
Ioanna Zacharaki (center) with her sisters
Nahe Near Pertouli, Epirus, ca. 1971
(Foto photo: Sofia Zacharaki)

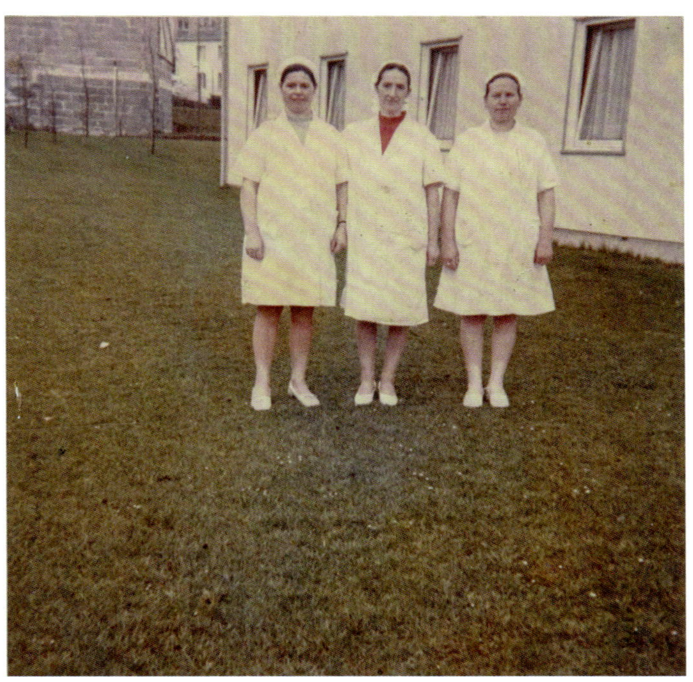

Sofia Zacharaki (l.) mit ihrer Schwägerin und einer weiteren Bewohnerin aus ihrem Herkunftsort in Thessalien vor dem Frauenwohnheim der Firma Leonard Monheim
Sofia Zacharaki (left) with her sister-in-law and another woman from her hometown in Thessaly, outside the women's dormitory of the Leonard Monheim company, Aachen, ca. 1973
(Foto photo: Freund der Familie Zacharaki Friend of the Zacharaki family)

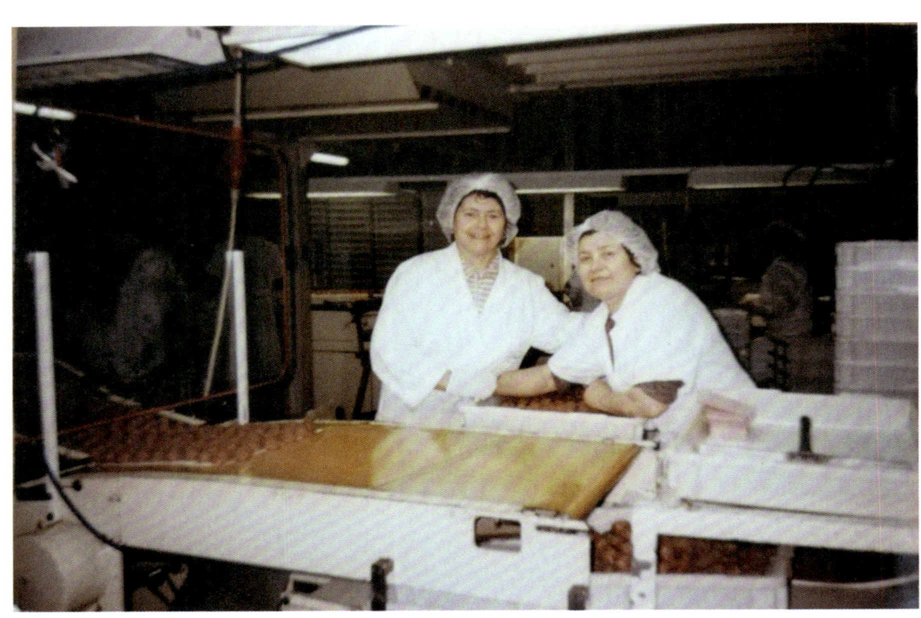

Sofia Zacharaki und ihre Cousine am Arbeitsplatz in der Firma Leonard Monheim
Sofia Zacharaki and her cousin working at the Leonard Monheim company
Aachen, Anfang der 1980er Jahre early 1980s (Foto photo: Kollege von Coworker of Sofia Zacharaki)

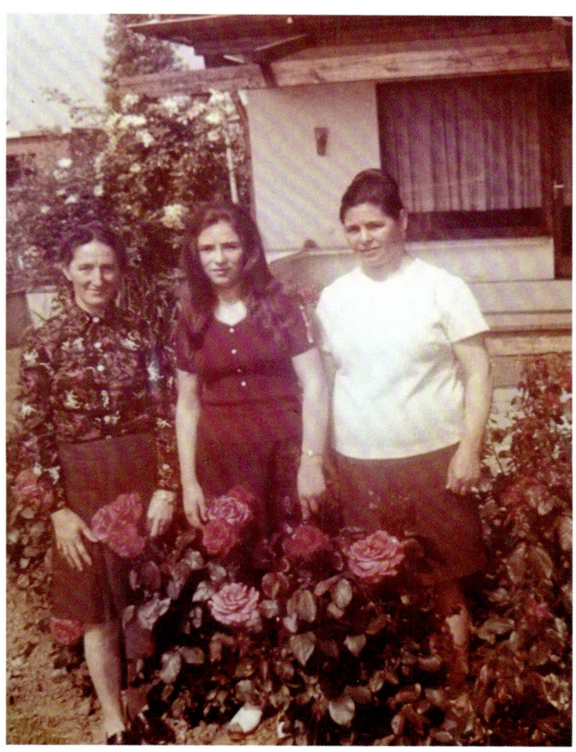

Mit Kolleginnen vor dem Frauenwohnheim
With coworkers outside the women's dormitory
Aachen, ca. 1975
(Foto photo: Kollegin von Coworker of Sofia Zacharaki)

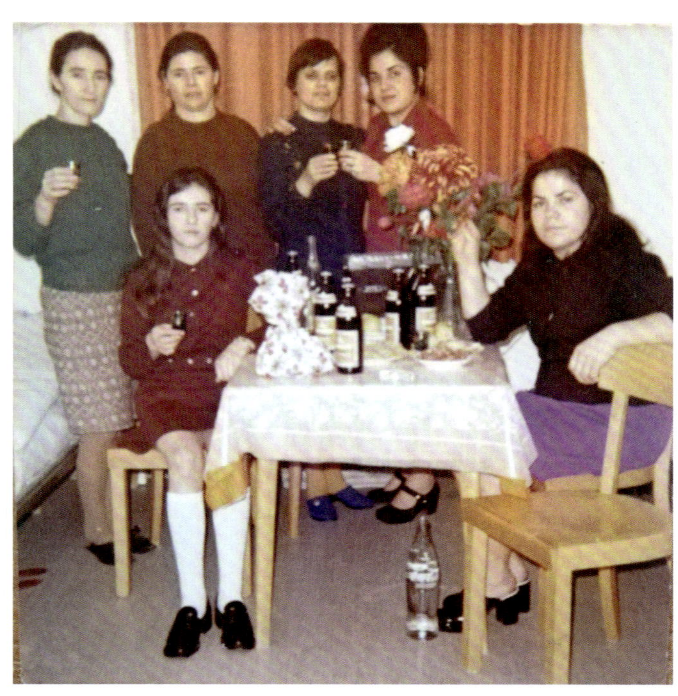

Sofia Zacharaki und ihre Kolleginnen bei einer Feier im Wohnheim der Firma Leonard Monheim
Sofia Zacharaki and her coworkers during a party at the workers' dormitory of the Leonard Monheim company
Aachen, ca. 1975 (Foto photo: Kollegin von Coworker of Sofia Zacharaki)

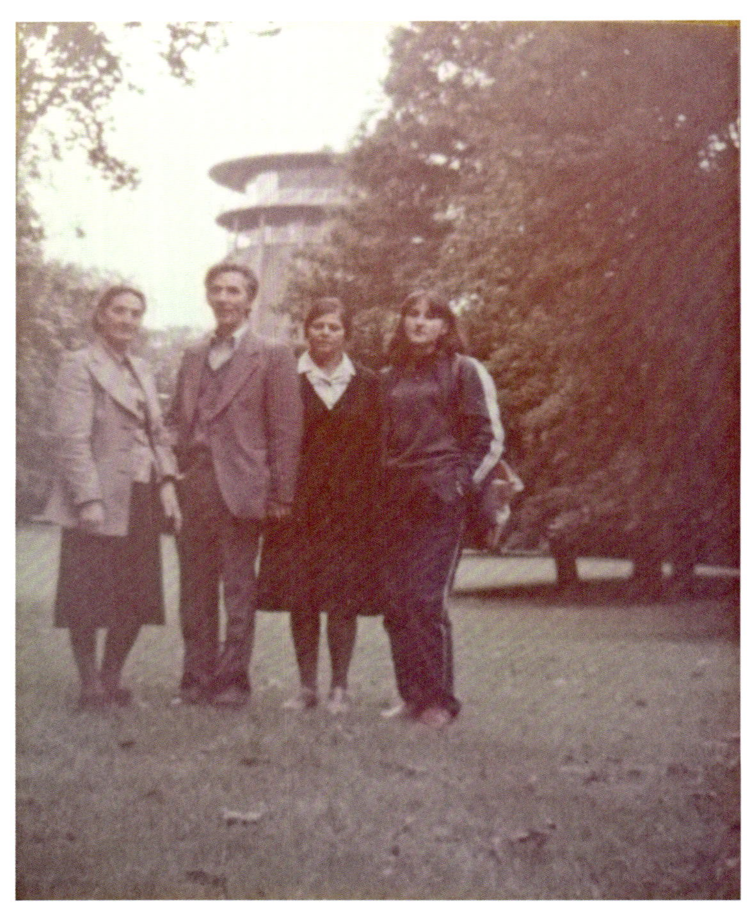

Familie Zacharaki bei einem Ausflug The Zacharaki family on an excursion
Aachen, Lousberg, 1980
(Foto Photo: Bruder von Sofia Zacharaki Sofia Zacharaki's brother)

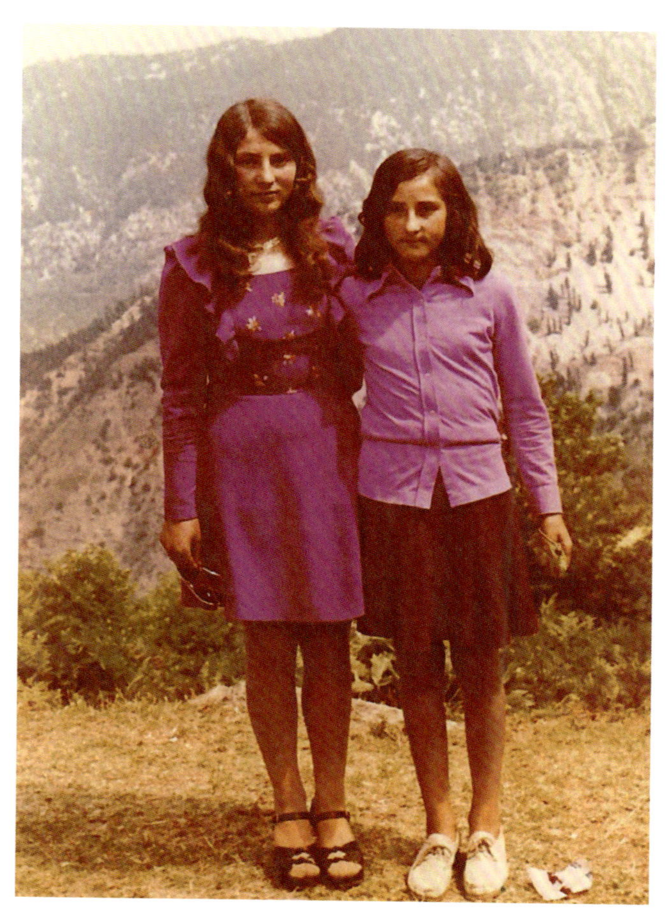

Ioanna Zacharaki (r.) mit ihrer Schwester
Ioanna Zacharaki (right) with her sister
Nahe Near Pertouli, Epirus, 1970

Yücel Aşçıoğlu
hatte eine Ausbildung und achtzehn Jahre Berufserfahrung als Elektriker, als er 1969 aus der Türkei zu den Ford-Werken nach Köln kam. Er wohnte im Ford-Wohnheim Ostheimer Straße 137, bis seine Frau mit zwei Kindern 1972 nachkam und sie eine Wohnung in Köln-Nippes anmieteten. Yücel Aşçıoğlu arbeitete 25 Jahre als Betriebselektriker im Presswerk der Ford-Werke. Daneben gründete er den Chor des türkischen Gesangsvereins Leverkusen und leitete ihn von 2000 bis 2005. Er war dreißig Jahre Vorsitzender des Deutsch-Türkischen Vereins Köln, DTK e. V. Im Verein unterrichtete er auch Musik und initiierte öffentliche Konzerte.

„Ich war in Köln, als mein Sohn Levent 1972 geboren wurde. Meine Frau aber war in der Türkei. Als wir hörten, dass mein Sohn geboren worden ist, feierte ich mit den Freunden Ibrahim, Metin und Zeki im Wohnheim. Wir hatten ein Foto der Schauspielerin Türkan Şoray aus dem *Hayat*-Magazin ausgeschnitten und am Vorhang befestigt.
Zeki und Metin waren Singles. Ibrahim und ich waren verheiratet. Weil Ibrahim und ich verheiratet waren, wussten wir über das Kochen Bescheid. Die Küche war auf dem Flur. Alle Freunde auf dem Stockwerk benutzten sie. Das Bad wurde auch geteilt. Da das Zimmer, in dem Zeki und Metin wohnten, geräumig war, hatten wir dort das festliche Abendessen. Ich wohnte damals in einem Einzelzimmer. Ich hatte darum gebeten und auch etwas mehr dafür bezahlt. Ich fühlte mich so

Yücel Aşçıoğlu
was a qualified electrician with eighteen years' experience when he came to Cologne in 1969 to work for the Ford factory. He lived at the company's workers' dormitory at Ostheimer Strasse 137. When his wife and two children joined him in 1972, they rented a flat in Cologne's Nippes district. He worked for twenty-five years as an industrial electrician at Ford's pressing plant. During this period, he founded the Turkish Choral Society in Leverkusen, acting as director from 2000 to 2005. For thirty years, he was also chairperson of the Cologne German-Turkish Association (DTK e. V.), through which he taught music and organized public concerts.

"I was in Cologne when my son Levent was born in 1972 in Turkey, where my wife had stayed. When I heard the news, I celebrated with my friends Ibrahim, Metin, and Zeki. There was a picture of the actress Türkan Şoray from *Hayat* magazine attached to the curtain in the room.
Zeki and Metin were bachelors. As Ibrahim and I were married, we both knew how to cook. The kitchen was in the corridor, and everyone on our floor used it. The bathroom was shared too. We had a celebration dinner for Levent's birth in Zeki and Metin's room because it was bigger. At the time, I had a room to myself, which I had requested and paid slightly more for. I felt more comfortable that way. It had a wardrobe, a bed, and a radio.

wohler. Mein Zimmer hatte einen Schrank, ein Bett und ein Radio. Nach der Arbeit hatten wir vier Freunde eine Arbeitsteilung. Ich habe gekocht, Ibrahim kaufte ein, Zeki und Metin räumten auf. Nach dem Abendessen gingen wir in den Fernsehraum hinunter. Die Wäsche haben wir im Keller gewaschen.
Italiener und Griechen wohnten ebenfalls in Heim. Wir sagten: ‚Lasst uns eine Fußballmannschaft bilden, lasst uns an Wochenenden Fußballspiele veranstalten.' Die türkische und die griechische Mannschaft spielten ein Match. Wir haben die Griechen mit 2:1 besiegt. Ich werde dieses Spiel nie vergessen. Was für eine Freude, was für ein Jubel. Es gab zwei Wohnheime in der Ostheimer Straße. Jedes Heim hatte sieben bis acht Stockwerke. Wir haben gemischt gewohnt. Nachdem wir Deutsch gelernt hatten, sprachen wir mit den Griechen und Italienern und wurden Freunde. Sie arbeiteten auch bei Ford.
Als ich nach Köln kam, gab es sechs Monate lang einen Deutsch- und einen Elektrokurs. Weil wir Elektriker sind, sagten sie: ‚Ihr Wissen über Elektrizität, das Sie in der Türkei gelernt haben, gilt hier nicht. Wir werden Ihnen den Unterschied beibringen.' Die Kurse haben bis mittags stattgefunden. Nachmittags haben wir dann in unseren Abteilungen gearbeitet. Als Elektriker habe ich im Presswerk gearbeitet.

After work, the four of us divided the domestic chores. I would cook, Ibrahim did the shopping, and Zeki and Metin cleared away. After supper, we would go down to the television room. We did our laundry in the basement.
Italians and Greeks also lived at the dormitory. We would say: 'Let's start a football team. Let's organize weekend matches.' The Turkish and Greek teams played each other. We beat the Greeks two to one. I'll never forget that match—such joy, such cheering! There were two dormitories on Ostheimer Strasse, and each one had seven or eight floors. We lived mixed up together. Once we learned German, we spoke with the Greeks and Italians and became friends. They also worked for Ford.
For the first six months after I came to Cologne, I took a German and an electrical course. We were already electricians, but they said to us: 'The electrical knowledge you acquired in Turkey doesn't apply here. We'll teach you the differences.' The courses took place in the morning, and in the afternoon, we worked in our departments. As an electrician, I worked in the pressing plant. I was the only Turk amongst the German staff. Later, two more Turks joined us.

Ich war dort der einzige Türke unter deutschen Kollegen. Später kamen zwei Türken zu uns.
Im Frühjahr 1971 gab es Osterferien. Zeki, Ibrahim, Güven und ich sind mit Zekis Auto nach Paris gefahren. Wir konnten erst den Eiffelturm nicht finden. Wir suchten auch ein Hotel und haben dann im Auto geschlafen. Als wir morgens aufstanden, fanden wir den Eiffelturm und stiegen nach oben. Um Ostern waren die meisten Sehenswürdigkeiten geschlossen. Wir haben uns daher vor den Statuen und Denkmälern fotografieren lassen. Ich hatte einen kleinen Olympus-Fotoapparat und habe damit alle Fotos gemacht. Ich habe diesen Fotoapparat gekauft, als ich nach Köln kam. Ich habe ihn immer noch.
Ich habe die Fotos aus Paris nie in die Türkei geschickt. Sie waren in meinem Album im Wohnheim. Alle Fotos in diesem Album habe ich bis heute aufbewahrt. Diese Fotos sind eine Erinnerung an diese Tage. Besonders, wenn ich Güven auf den Fotos sehe, schmerzt es mich. Er kam bei einem Autounfall ums Leben, als wir zu viert auf dem Weg in die Türkei waren."

In the spring of 1971, Zeki, Ibrahim, Güven, and I took Zeki's car and drove to Paris for Easter vacation. We couldn't find the Eiffel Tower at first. We also looked for a hotel and ended up sleeping in the car. In the morning, we finally found the Eiffel Tower and went to the top. Most of the sights were closed for Easter, so we had ourselves photographed in front of statues and monuments. I took all the pictures with my small Olympus, which I had bought when I first came to Cologne. I still have it.
I never sent the Paris photos to Turkey. They were in my album at the dormitory. I still have all of the pictures from that album to remind me of those days. It is especially painful looking at the ones I have of Güven, as he died in a car accident when the four of us were driving to Turkey together."

Yücel Aşçıoğlu
im Gespräch mit Ela Kaçel,
Dezember 2020
Yücel Aşçıoğlu in
conversation with Ela Kaçel,
December 2020

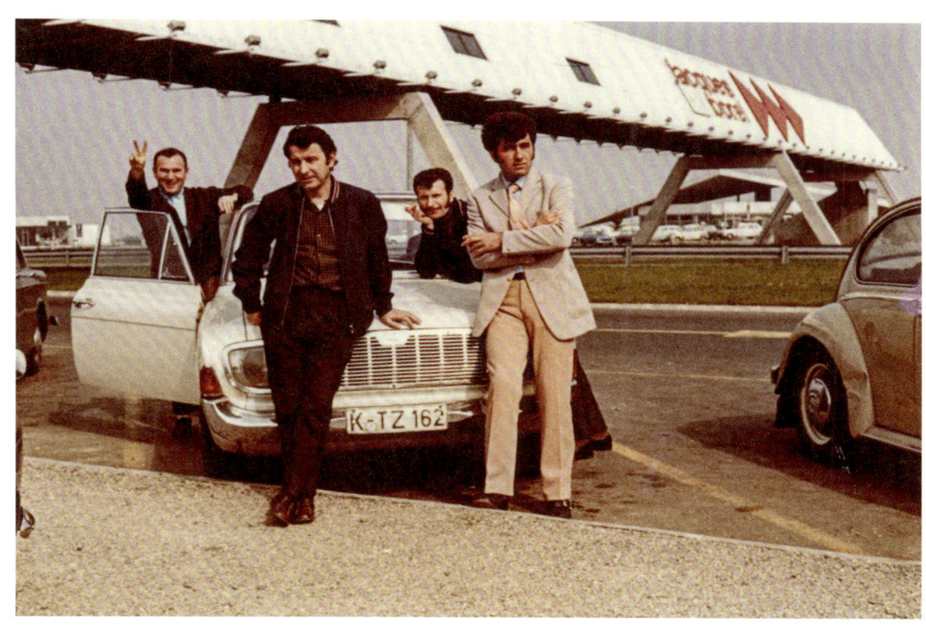

Yücel Aşçıoğlu (l.) mit Freunden auf dem Weg nach Paris
Yücel Aşçıoğlu (left) with friends on the way to Paris
Nahe Near Paris, 1971

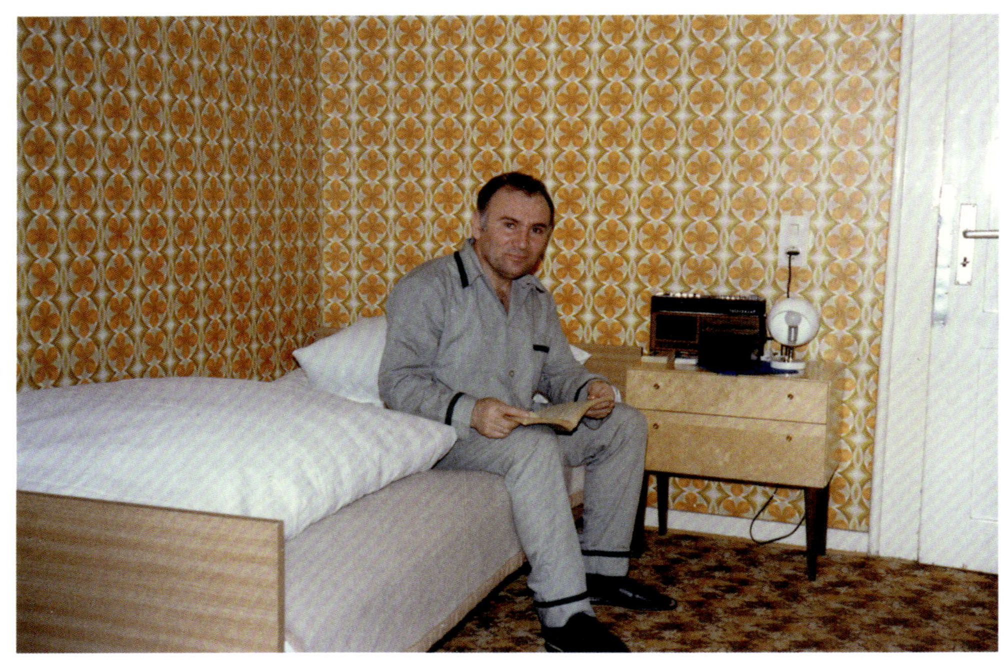

Yücel Aşçıoğlu in seinem Zimmer im Wohnheim
Yücel Aşçıoğlu in his room at the workers' dormitory
Köln-Vingst, ca. 1970

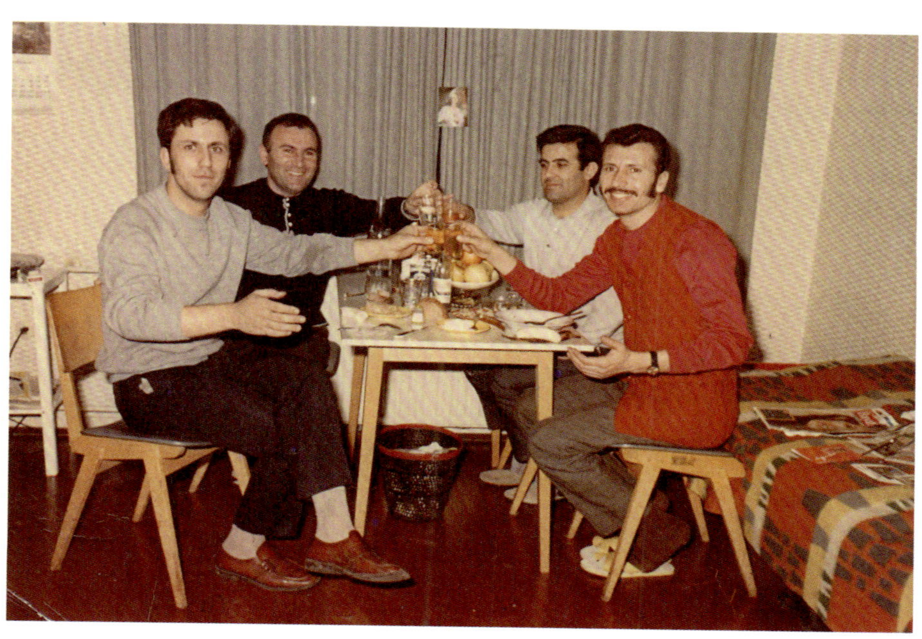

Yücel Aşçıoğlu stößt mit Freunden im Ford-Wohnheim auf die Geburt seines Sohnes an
Yücel Aşçıoğlu drinks to the birth of his son with friends at the Ford workers' dormitory
Köln-Vingst, 1972

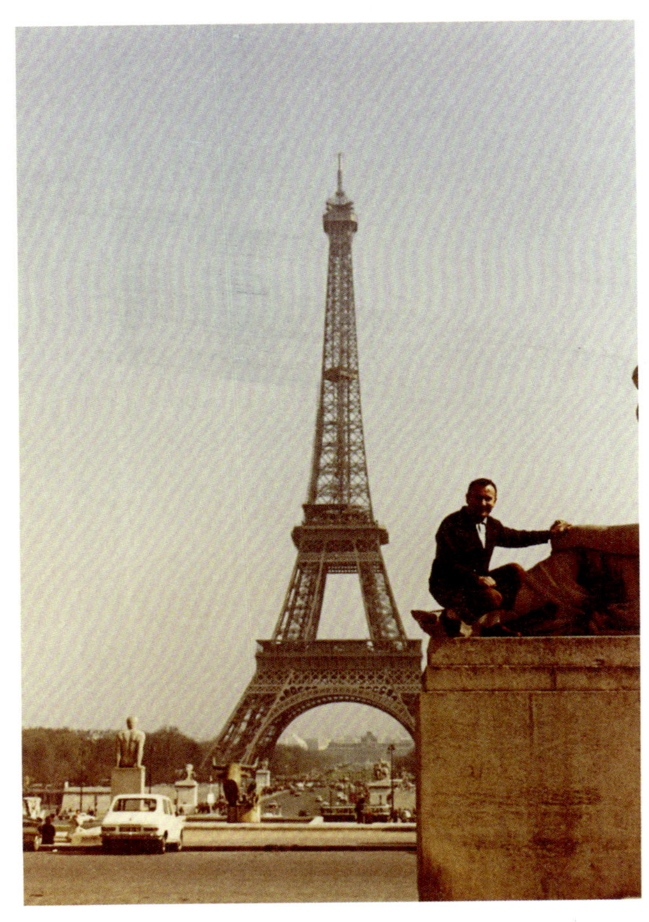

Yücel Aşçıoğlu vor dem Eiffelturm
Yücel Aşçıoğlu in front of the Eiffel Tower
Paris, 1971

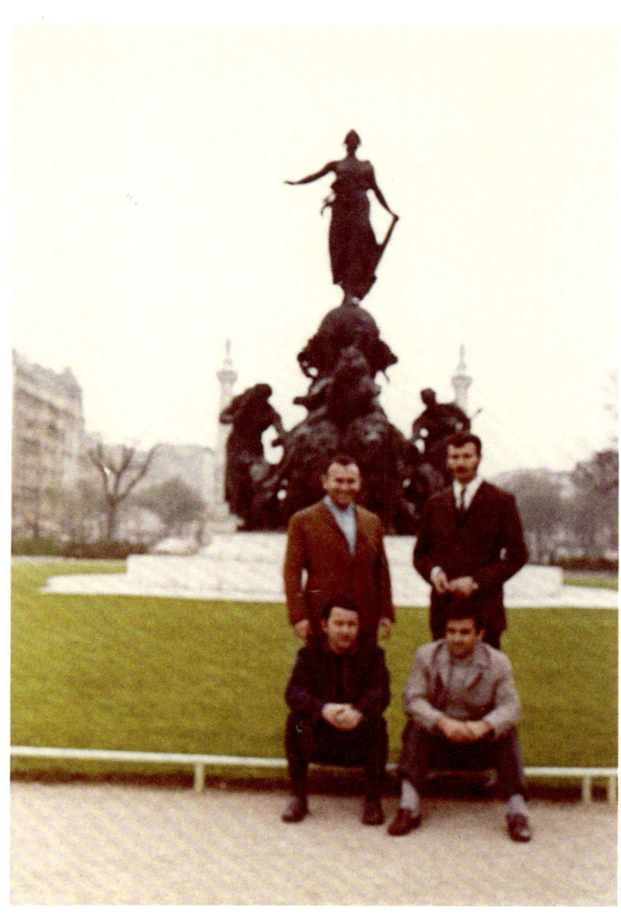

Mit Freunden am Place de la Nation
With friends at Place de la Nation
Paris, 1971

Chrysaugi Diederich
wurde 1940 in Dipotamon, Kilkis, in Griechenland, geboren. Sie kam 1961 als Studentin nach Deutschland und arbeitete zunächst bei Glanzstoff-Courtaulds und dann bei 4711, um eine Aufenthaltsgenehmigung zu bekommen und ihren Unterhalt zu finanzieren. Chrysaugi Diederich lebte zunächst in einer Wohngemeinschaft. Sie lernte in der Folge einen deutschen Mann kennen, den sie später heiratete und mit dem sie zwei Kinder bekam. Nachdem sie das große Sprachdiplom an der Ludwig-Maximilians-Universität München erworben hatte, begann sie, an der Kölner Volkshochschule Griechisch zu unterrichten.

„Eigentlich wollte ich nach Amerika. Deutschland war damals nicht mein Land. Die Deutschen kamen mir ein bisschen kühl vor. Reserviert. Ernst. Sie lachten nicht. Alle waren blauäugig. Alle brav. Und als ich den ersten Polizisten gesehen habe, fühlte ich einen Stich im Herzen. Ich hatte Filme über die Nazis gesehen, und das war mir nicht geheuer.
Zuerst habe ich in der Glanzstoff-Fabrik gearbeitet; sie existiert heute nicht mehr. Es war eine Arbeit, die man ohne die Sprache zu kennen bekommen konnte. Schon der erste Tag war für mich die Hölle. Die großen Maschinen, das schwarze Öl – das war ich nicht gewohnt.
Danach habe ich 1961 bei 4711 angefangen. Ich habe mit deutschen Frauen gearbeitet. Wir haben schön gesessen, weiße Kittel, es duftete alles. Es waren ganz kleine Flaschen, die Maschine druckte die

Chrysaugi Diederich
was born in 1940 in Dipotamon, Kilkis, Greece. She came to Germany as a student in 1961 and worked first for Glanzstoff-Courtaulds and then for 4711 to obtain a residence permit and earn a living. She lived in a shared apartment before marrying a German man with whom she had two children. After completing a language diploma at LMU Munich, Diederich began teaching Greek at the Volkshochschule in Cologne.

"I actually wanted to go to America. Germany wasn't my kind of country at the time. The Germans struck me as rather cold, reserved, serious. They didn't laugh. They all had blue eyes, were all well behaved. When I saw a policeman for the first time, I felt a pain in my heart—I'd seen films about the Nazis, and it made me feel uneasy.
First, I worked at the Glanzstoff factory, which no longer exists. It was a job you could get without speaking German. The first day was hell for me. The big machines, the black oil—I wasn't used to that.
Then, in 1961, I started working at 4711. I worked with German women. We had nice seats, white aprons. Everything smelled good. The bottles were tiny; a machine stuck on the labels, and we

Etiketten drauf, und wir mussten mit einem Tuch den überflüssigen Klebstoff sauber machen. Wir lachten. Wir haben Musik gehört den ganzen Tag. Also, es war auszuhalten.
Mein Kontakt zu den Griechen lief über das Thessalonika-Lokal. Dort gab es Musik. Ich hatte Freunde, die immer samstags Gitarre in einer Musikgruppe spielten. Dort wurden auch die Wahlen der griechischen Gemeinde abgehalten, da habe ich auch gewählt.
In der Zwischenzeit hatte ich diesen jungen Mann kennengelernt. Schon beim ersten Rendezvous hat er mich seiner Familie vorgestellt. Ich war geschockt. Gleich beim ersten Mal? Er sagte: ‚Doch, wir gehen da hin. Meine Eltern wollen wissen, mit wem ich verkehre.' Nicht nur die Eltern warteten auf mich, auch die Schwestern und Brüder. Die ganze Familie wartete auch mich, mit Kaffee und Kuchen.
Kannst Du dir jetzt noch ein reines Deutschland mit reinen Deutschen vorstellen? Das wäre grausam! Damals kam ich ja direkt in eine deutsche Familie. Ich sagte zu meiner Schwiegermutter: ‚Ich möchte Kopfsalat haben. Ich geh mal Kopfsalat kaufen.' Und sie sagte: ‚Wie, Kopfsalat, ich mache Gemüse und Kartoffeln.' Und ich sagte: ‚Aber das essen wir jeden Tag.' Kopfsalat war selten, geschweige denn Auberginen. Das gab es nur in einem Delikatessgeschäft am Eigelstein. In einem ‚Delikatessgeschäft' wohlgemerkt.

had to wipe off the excess adhesive with a cloth. We laughed. We listened to music all day long. So, it was bearable.
My contact with other Greeks was through the Thessalonika pub. They had music. I had friends who always played guitar in a group on Saturdays. They also held elections there for the Greek community, and I voted, too.
In the meantime, I had met a young man. And on our first date, he introduced me to his family. I was shocked. On the first date? He said: 'Yes, we're going. My parents want to know who I'm spending time with.' Not only were his parents there, but also his sisters and brothers. The whole family was waiting for me with coffee and cake.
Can you imagine a still pure Germany with Germans only? That would be awful! At the time, I married straight into a German family. I said to my mother-in-law: 'I'd like some lettuce. I'll go and buy some.' And she said: 'What do you mean lettuce? I'm making vegetables and potatoes.' And I replied, 'But we eat that every day!' Lettuce was a rarity, not to mention eggplants. They were only available from the deli in Eigelstein—from a delicatessen!

Eigentlich sollten die Deutschen dankbar sein. Wenn sie diese Lebensart weitergeführt hätten, es wäre das langweiligste Land der Welt. Dass heute vor den Lokalen überall Stühle stehen, ist auch neu. Wenn es damals dunkel wurde, saßen alle zu Hause und schauten Fernsehen. Heute ist es dagegen wie im Süden. Heute ist Deutschland ein wunderschönes Land. Und Köln allemal – Köln liebe ich heute genauso wie Thessaloniki. Die Stadt ist meine zweite Heimat geworden.
Die Ferien versuche ich immer in Griechenland zu verbringen: Osterferien, drei Monate im Sommer, und in den Herbstferien, wenn Gott will, bin ich auch wieder da. Ich fahre im Frühjahr hin, bereite den Garten ein bisschen vor; und wenn ich im Sommer komme, blüht alles. Und natürlich besuche ich meine Familie, ist doch klar.“

The Germans should be grateful, really. If they had carried on living that way, it would have been the world's most boring country. Having chairs outside all the cafés and restaurants is also new. Back then, when it got dark, everyone sat at home and watched TV. Whereas today it's like in the south. Today Germany is a beautiful country. Cologne, too—today I love Cologne the way I love Thessaloniki. The city has become my second home.
I always try to spend my vacations in Greece: Easter vacation, three months in the summer; and in the autumn vacation, God willing, I'll be back there again. I go in the spring, prepare the garden a little, and when I return in the summer, everything is in bloom. And, of course, I visit my family, naturally."

Chrysaugi Diederich im Gespräch mit Manuel Gogos, November 2005
Chrysaugi Diederich in conversation with Manuel Gogos, November 2005

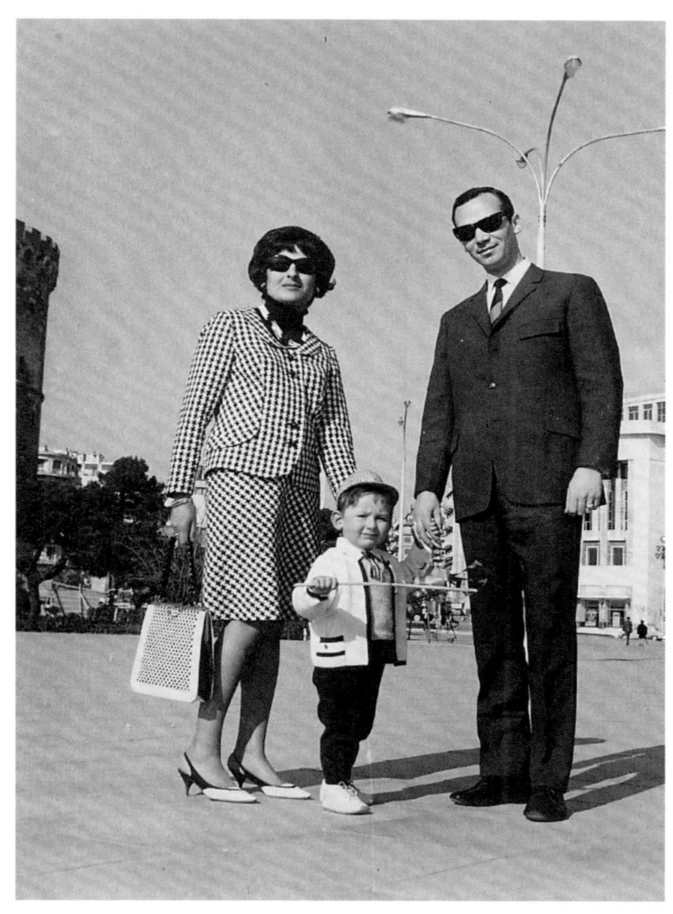

Chrysaugi Diederich mit ihrem Mann und Sohn bei einem Heimaturlaub vor dem Weißen Turm
Chrysaugi Diederich with her husband and son at the White Tower on a trip home
Thessaloniki, ca. 1965

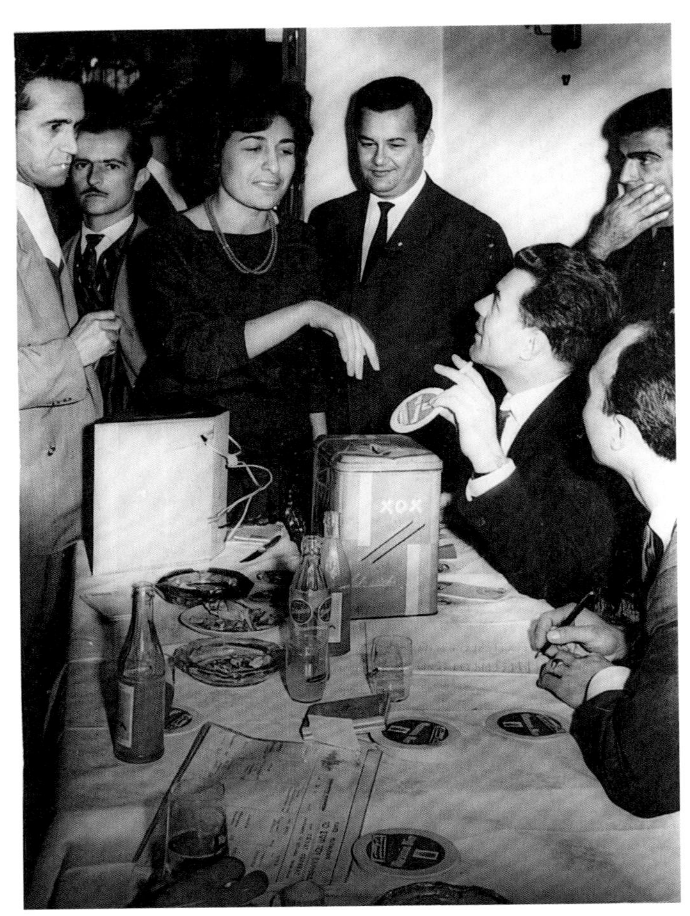

Wahl der griechischen Gemeinde in einem griechischen Lokal
Election for the Greek community in a Greek pub
Köln, ca. 1965

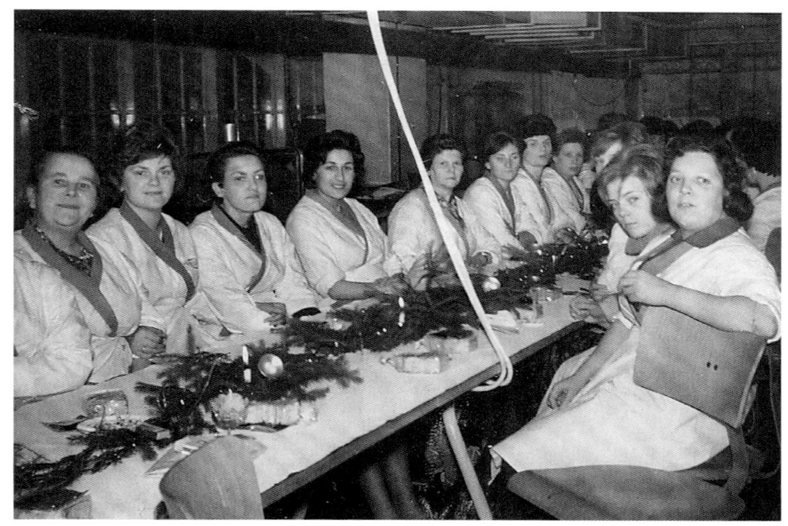

Chrysaugi Diederich mit Kolleginnen bei der Weihnachtsfeier von 4711
Chrysaugi Diederich with coworkers at the 4711 Christmas party
Mäurer & Wirtz GmbH & Co. KG, Köln, 1961

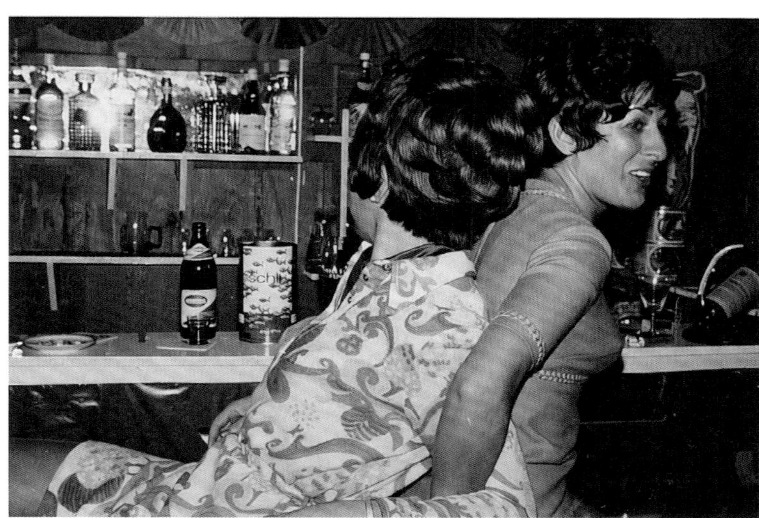

Mit einer Freundin bei einer Party
At a party with a friend
Köln, ca. 1965

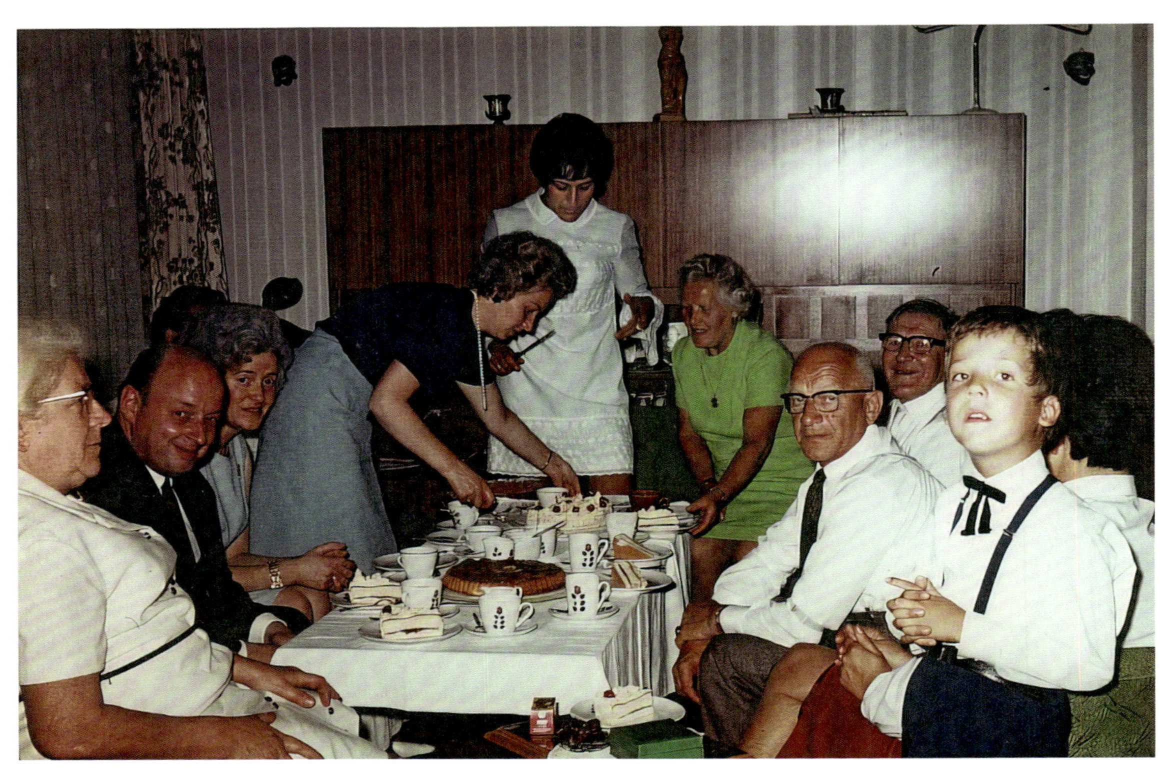

Mit der Familie ihres Mannes beim Kaffeetrinken
Drinking coffee with her husband's family
Köln, ca. 1965

Studierende der Ruhr-Universität Bochum
Wintersemester 1971/72

Die Fotografien zeigen die Werksunterkunft der Bochumer Firma Gockel & Niebur Baugesellschaft mbH. Sie entstanden im Rahmen der von Prof. Dr. Erich Werner und Dipl. Kaufmann Ernst Zieris im Wintersemester 1971/72 an der Ruhr-Universität Bochum veranstalteten Übung „Methoden der empirischen Sozialforschung III". Die Studierenden sollten die Wohnsituation der Arbeitsmigrant*innen untersuchen. Die Fotografien gehören zu einem Bericht, in dem die Erkenntnisse zusammengefasst sind: Das Werksheim werde von dreißig Deutschen, elf Jugoslawen und fünf Italienern bewohnt. Zwar seien die baulichen Zustände nicht durchgängig gut, doch sei dies auf die ursprüngliche Konzeption des Heimes als reine Stammunterkunft zurückzuführen. Auch solle bald eine Renovierung stattfinden. Die Heimleitung sei antiautoritär, sodass die Bewohner*innen der Unterkunft große Freiheiten beispielsweise bei der Einrichtung ihrer Zimmer hätten.

Students at Ruhr-Universität Bochum
Winter semester 1971/72

The photographs show the factory workers' dormitory at the Bochum company of Gockel & Niebur Baugesellschaft mbH. They were taken as part of the course "Methods of Empirical Social Research III," organized by Professor Erich Werner and Dipl. Kaufmann Ernst Zieris at Ruhr-Universität Bochum in the winter semester of 1971/72. The students studied the living conditions of migrant workers, and the images belong to a report that summed up their findings. The dormitory was inhabited by thirty Germans, eleven Yugoslavians, and five Italians. The report described the building's condition as poor throughout and noted that this was because it was initially designed to be used solely as workers' lodgings. Besides, renovations were soon to take place. The dormitory was supposedly run in an antiauthoritarian manner so that residents had considerable freedom, such as in the furnishing of their rooms.

DOMiD-Archiv, Köln
DOMiD-Archiv, Cologne

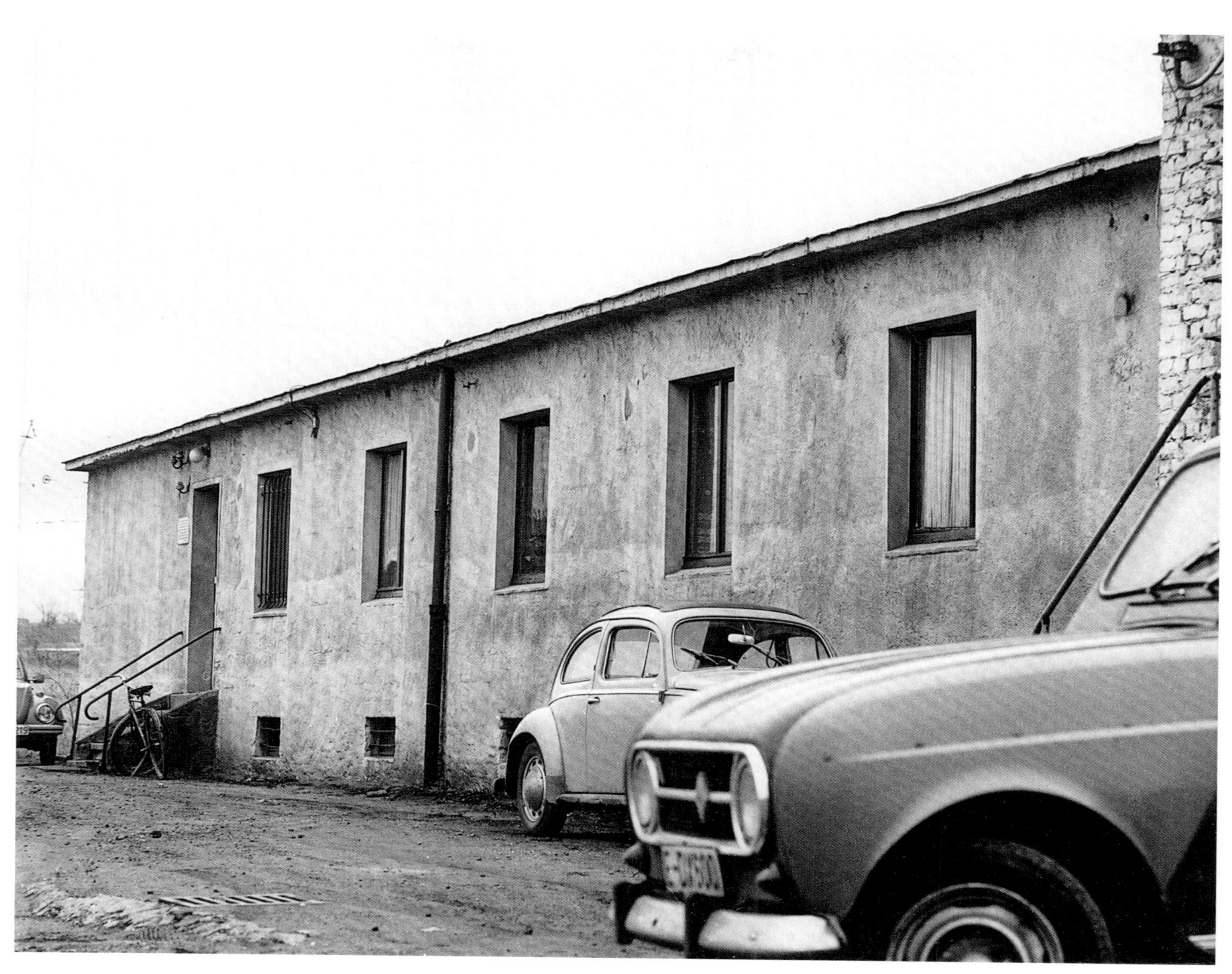

Alle Fotos aus der Serie „Wohnheim Gockel & Niebur“
All photos from the series “Dormitory of Gockel & Niebur”
Bochum, 13.12.1971

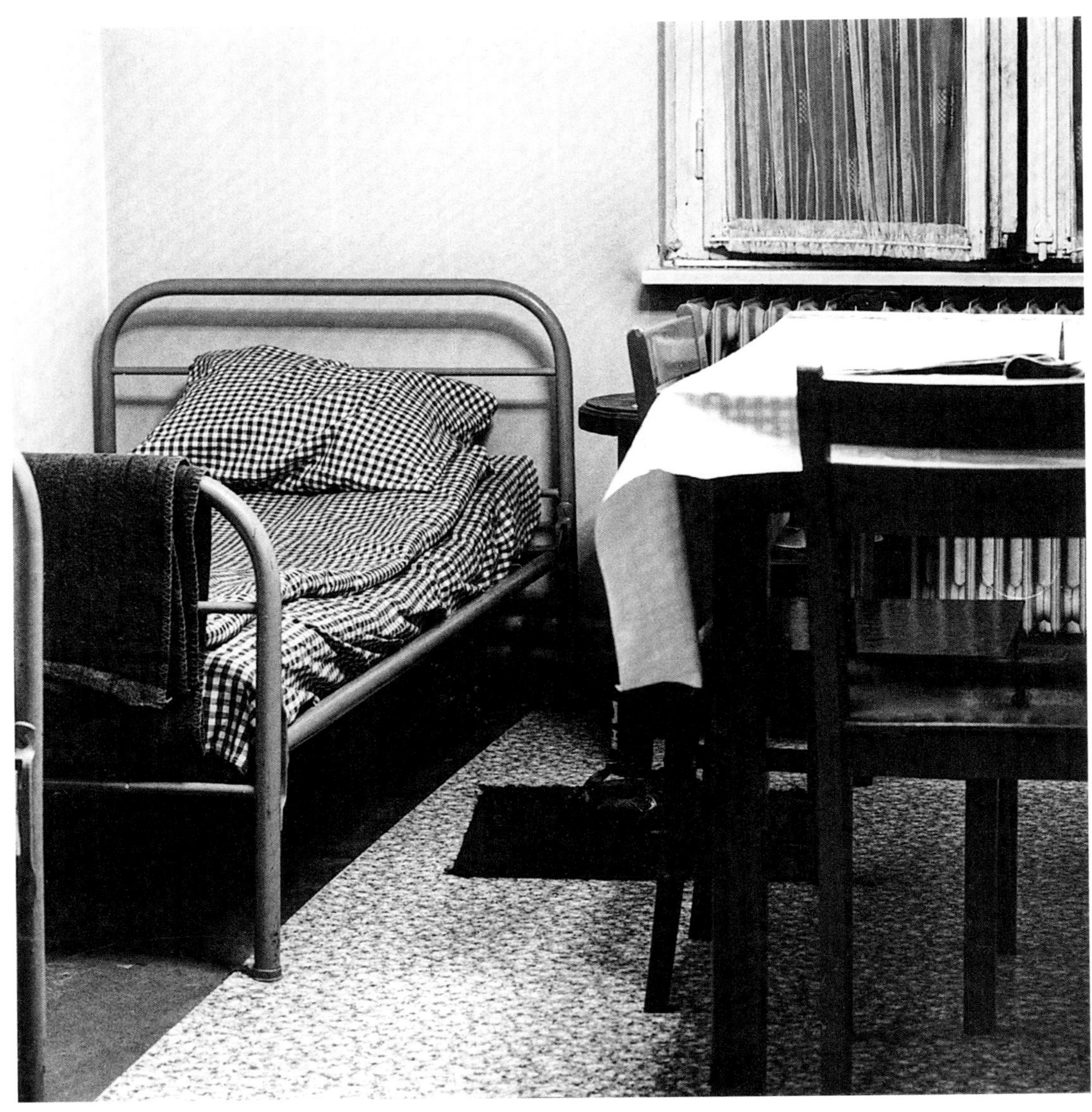

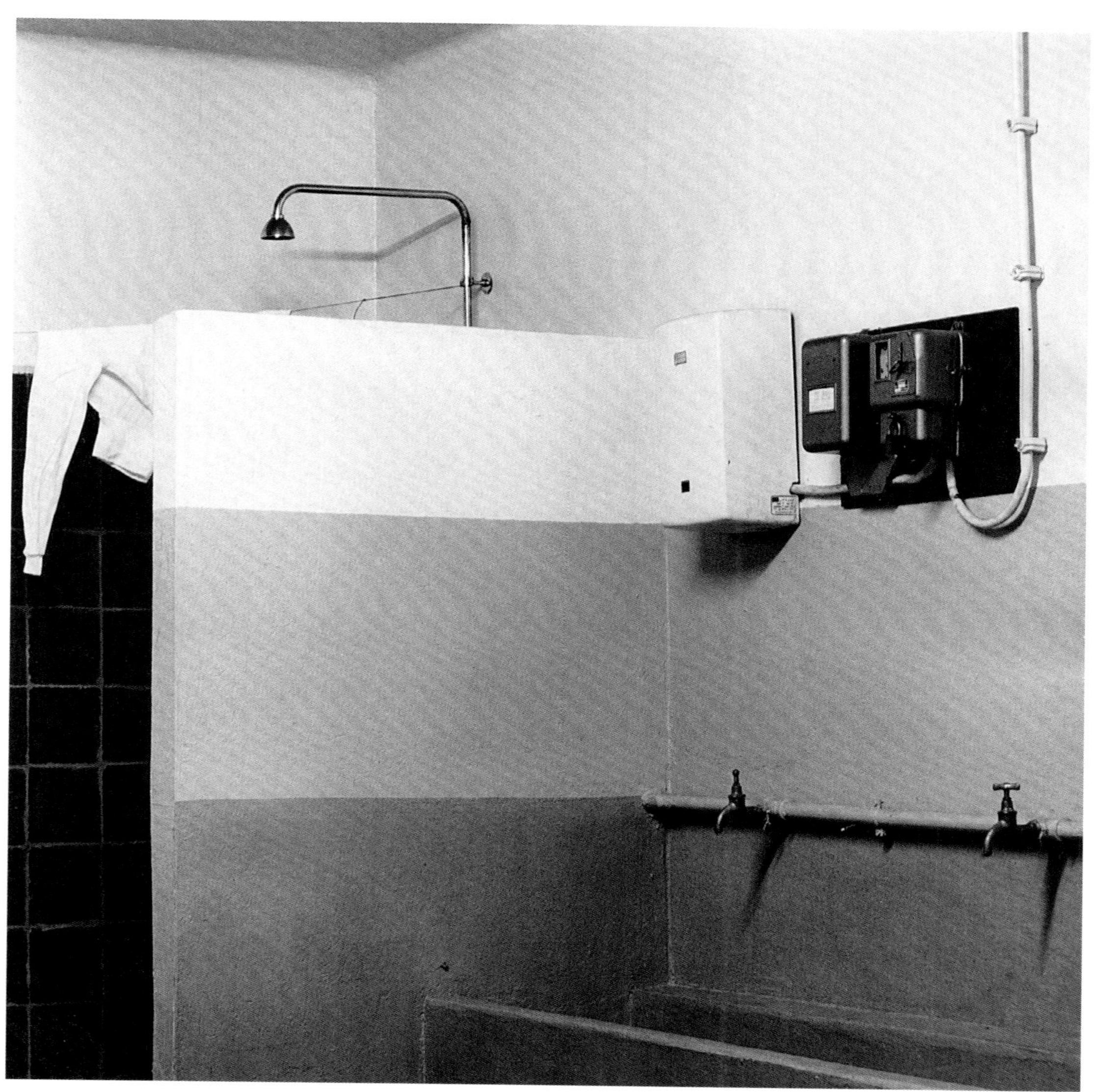

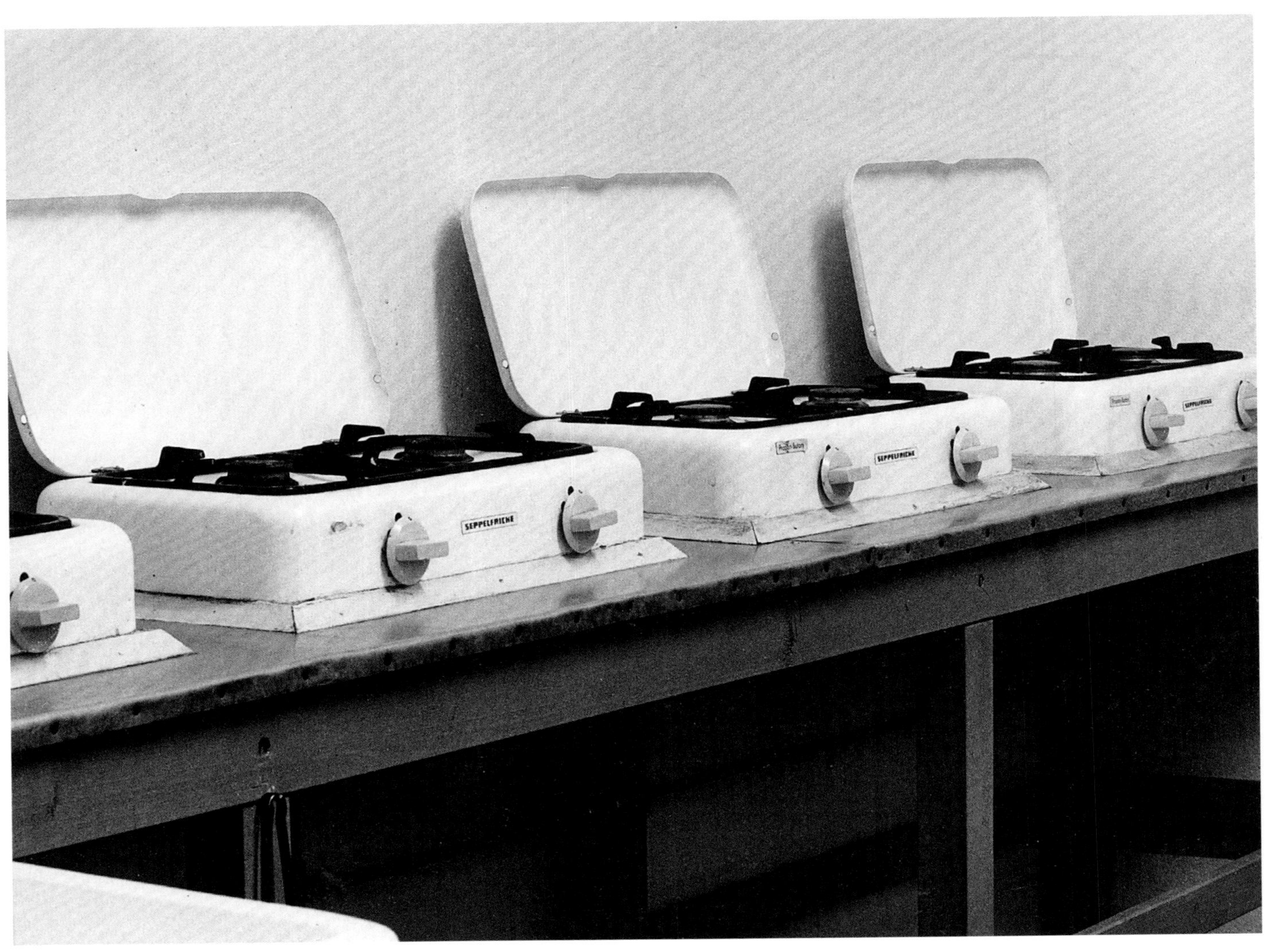
SEPPELFRICKE
SEPPELFRICKE
SEPPELFRICKE

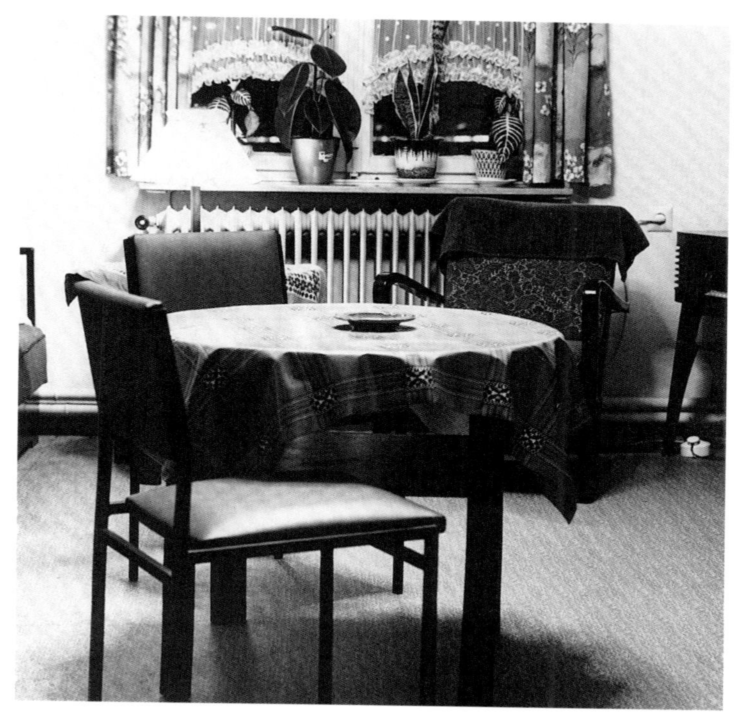

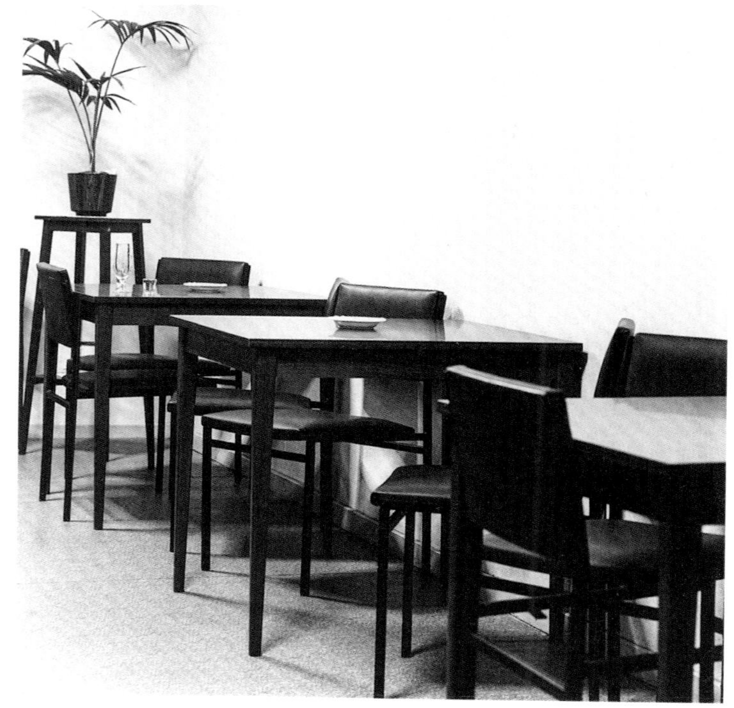

Ludwig Wegmann
Geboren 1939, gestorben 1991

Ludwig Wegmann war von Juni 1960 bis Juli 1991 als angestellter Fotograf in der Bundesbildstelle tätig. Ende Mai 1962 fotografierte er in dieser Funktion italienische Arbeitsmigrant*innen von der Bergwerksgesellschaft Walsum. Die Aufnahmen zeigen nicht nur die Bergleute bei der Arbeit, sondern auch das Leben der Familien zu Hause. Wegmann nahm sie in ihren Wohnungen auf, die Kinder und Lehrlinge beim Unterricht.
Über den genauen Zusammenhang des Fotoauftrags ist nichts bekannt. Aber da das Bildmaterial für die Presse- und Öffentlichkeitsarbeit der Bundesregierung im In- und Ausland verwendet wurde, ist anzunehmen, dass die Aufnahmen des privaten Umfeldes eine positive Wirkung haben sollten. So ist eine Familie im Wohnzimmer abgebildet, die Mutter strickend, der Vater in einer Zeitschrift lesend, die Kinder sind um ihn herum gruppiert. In einer anderen Aufnahme ist der Vater mit den Kindern an einem Plattenspieler zu sehen, eine weitere zeigt den neuen Wohnblock von außen. Zu diesem Zeitpunkt wohnten zwei Drittel aller Arbeitsmigrant*innen in Gemeinschaftsunterkünften, die von den Betrieben, städtischen Behörden,

Ludwig Wegmann
Born 1939, died 1991

Ludwig Wegmann was photographer employed by the Bundesbildstelle (photography department of the German government's Press and Information Office), where he worked from June 1960 to July 1991. In this role, he documented Italian migrant workers at the Walsum Mining Company at the end of May 1962. The pictures show the miners both at work and at home with their families. Wegmann photographed their apartments, and children and apprentices taking lessons.
The precise reason these pictures were commissioned is unknown. But as they were used for the government's press and publicity work in Germany and abroad, one can assume that these images taken in private settings were intended to make a positive impact. A family is shown in their living room, the mother knitting, the father reading a magazine, the children grouped around them. In another picture, a father and his children gather around a record player; another shows the exterior of the new apartment block. At this time, two-thirds of all migrant workers lived in communal

Wohlfahrtsverbänden oder Privatpersonen unterhalten wurden. Überregionale Zeitungen berichteten wiederholt über Fälle, in denen die Wohnbedingungen menschenunwürdig waren. Nur selten wurde in diesem Zusammenhang auf die gerade fünfzehn Jahre zurückliegende Zwangsarbeit im Nationalsozialismus hingewiesen. Die Bergwerksgesellschaft Walsum hatte während des Zweiten Weltkriegs sechs Jahre lang Zwangsarbeiter*innen beschäftigt und davon erheblich profitiert. Das gleiche gilt für die Schokoladenfabrik Leonard Monheim in Aachen sowie für die Firmen Ford und Glanzstoff-Courtaulds in Köln. Letztere informierte 1962 in ihrer Werkszeitschrift unter der Überschrift „Fühlen sich unsere griechischen Gastarbeiter bei uns wohl?“ über eine Umfrage im Betrieb. Ein Jahr zuvor hatte sie getitelt „Nehmt euch der Neuen an!“ und einen Radiobeitrag des Westdeutschen Rundfunks abgedruckt, in dem es an die deutsche Bevölkerung gerichtet hieß: „Die zu uns kamen, sind keine ‚Fremdarbeiterinnen‘ in der Art, wie sie das Dritte Reich unrühmlichen Angedenkens zwangsweise einzog und verschickte. Diese hier kommen freiwillig zu uns. Sie wollen arbeiten, möglichst viel von dem bei einfacher Lebensweise Ersparten zu ihren Familien heimschicken.“

accommodation run by companies, municipal authorities, charities, or private individuals, and national newspapers repeatedly reported cases of inhumane living conditions. The forced labor that had taken place under the Nazis just fifteen years prior was rarely mentioned. During World War II, the Walsum Mining Company had used unfree labor for six years and profited considerably, as had the Leonard Monheim chocolate factory in Aachen and the companies of Ford and Glanzstoff-Courtaulds in Cologne. In 1962, the Glanzstoff-Courtaulds factory magazine reported on a staff questionnaire titled “Do our Greek guest workers feel good here?” A year before, it had printed a WDR radio broadcast addressed to the German population under the headline “Welcome the new arrivals!”: “The people who came here are not ‘foreign workers’ of the kind forcibly recruited and deployed by the inglorious Third Reich. These people have come to us of their own free will. They want to work and send home to their families as much of the money they save as possible by living simply.”

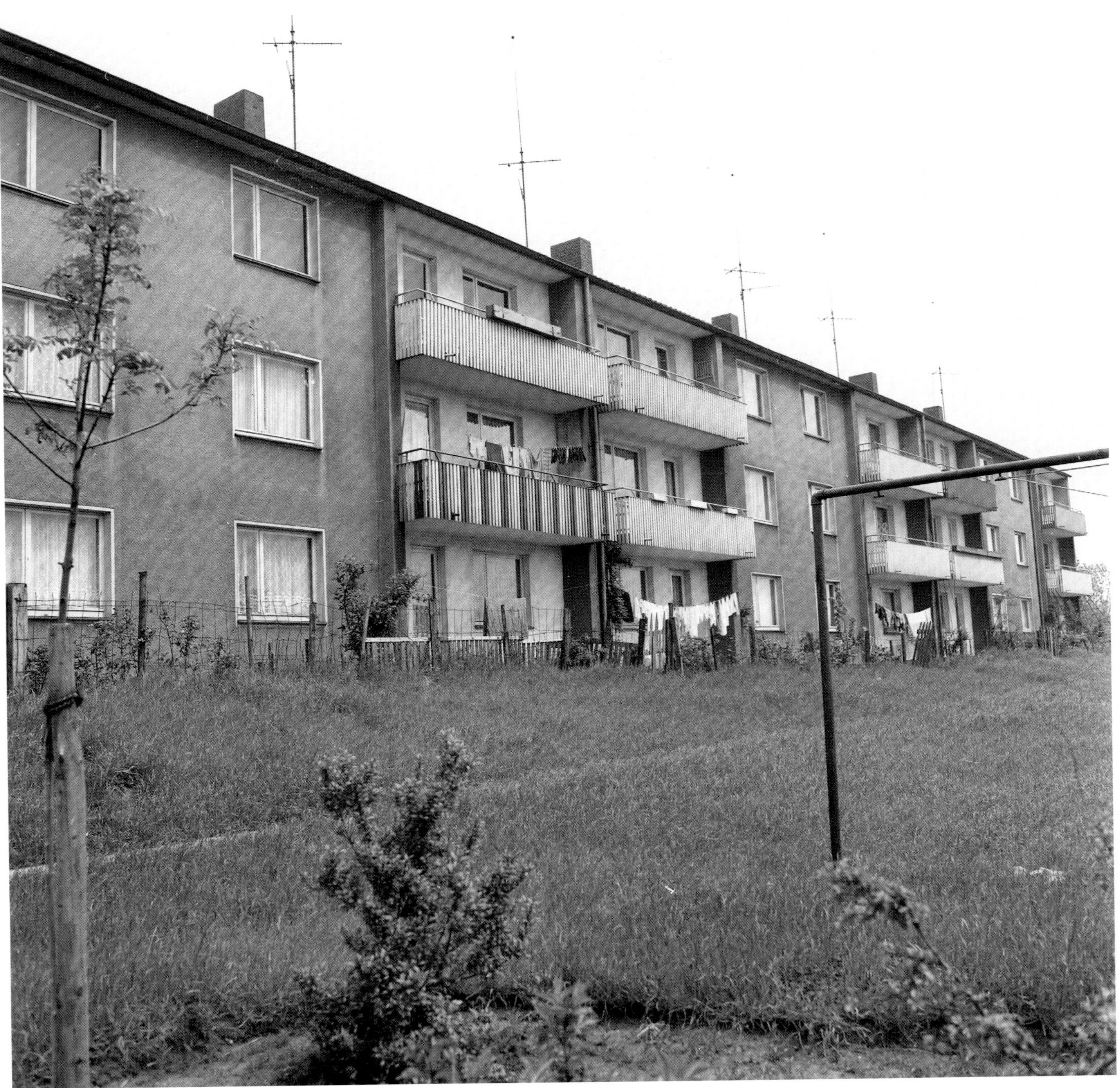

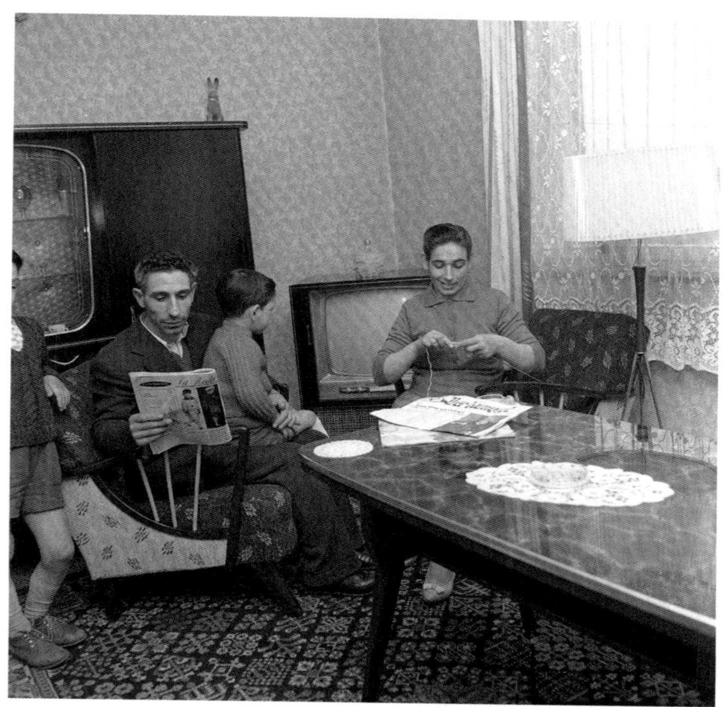

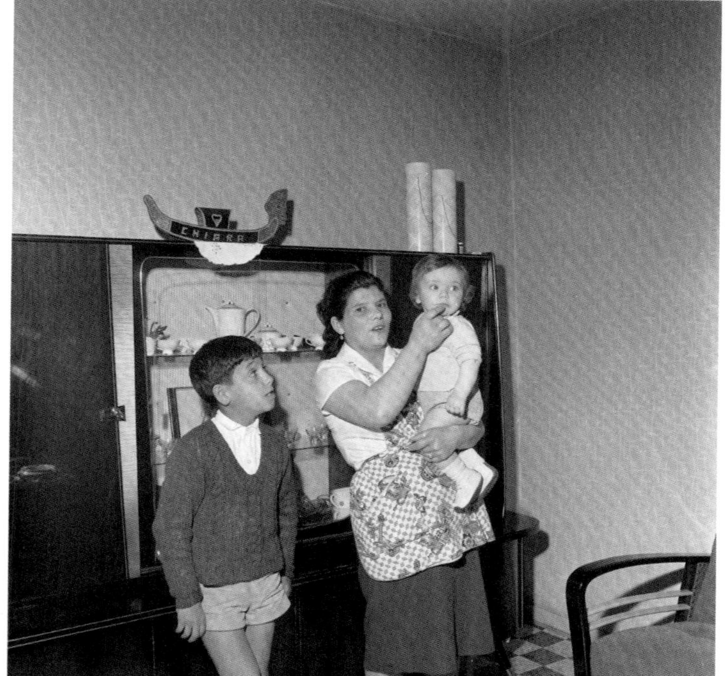

Italienische Gastarbeiter (Bergleute) in Walsum. Bergwerksgesellschaft Walsum
Italian guest workers (miners) at Walsum. Walsum Mining Company
und / and
Italienische Gastarbeiter-Kinder in Walsum in der Schule und zuhause
Children of Italian guest workers at Walsum, attending school and at home
Walsum, 28.5.1962

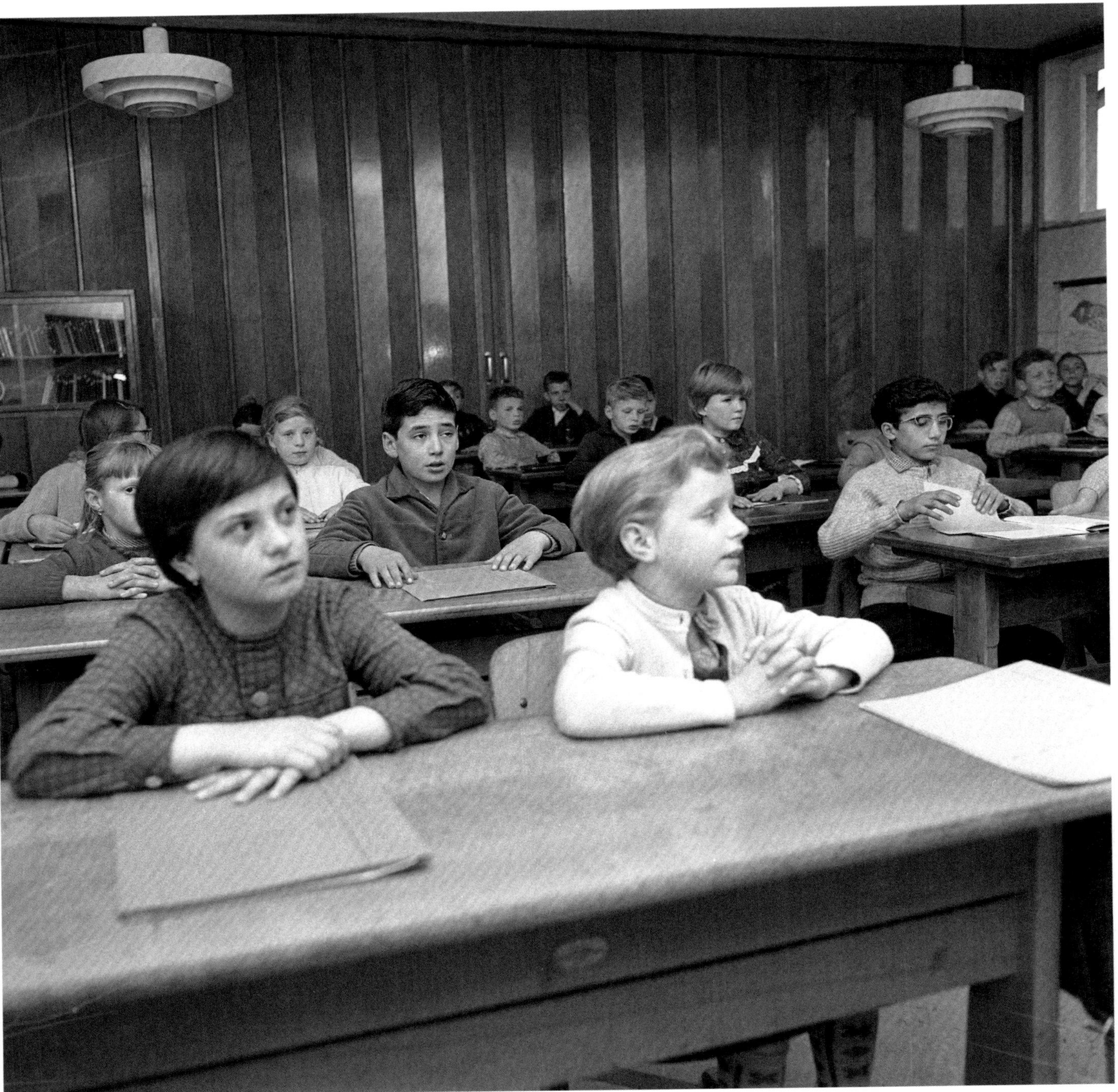

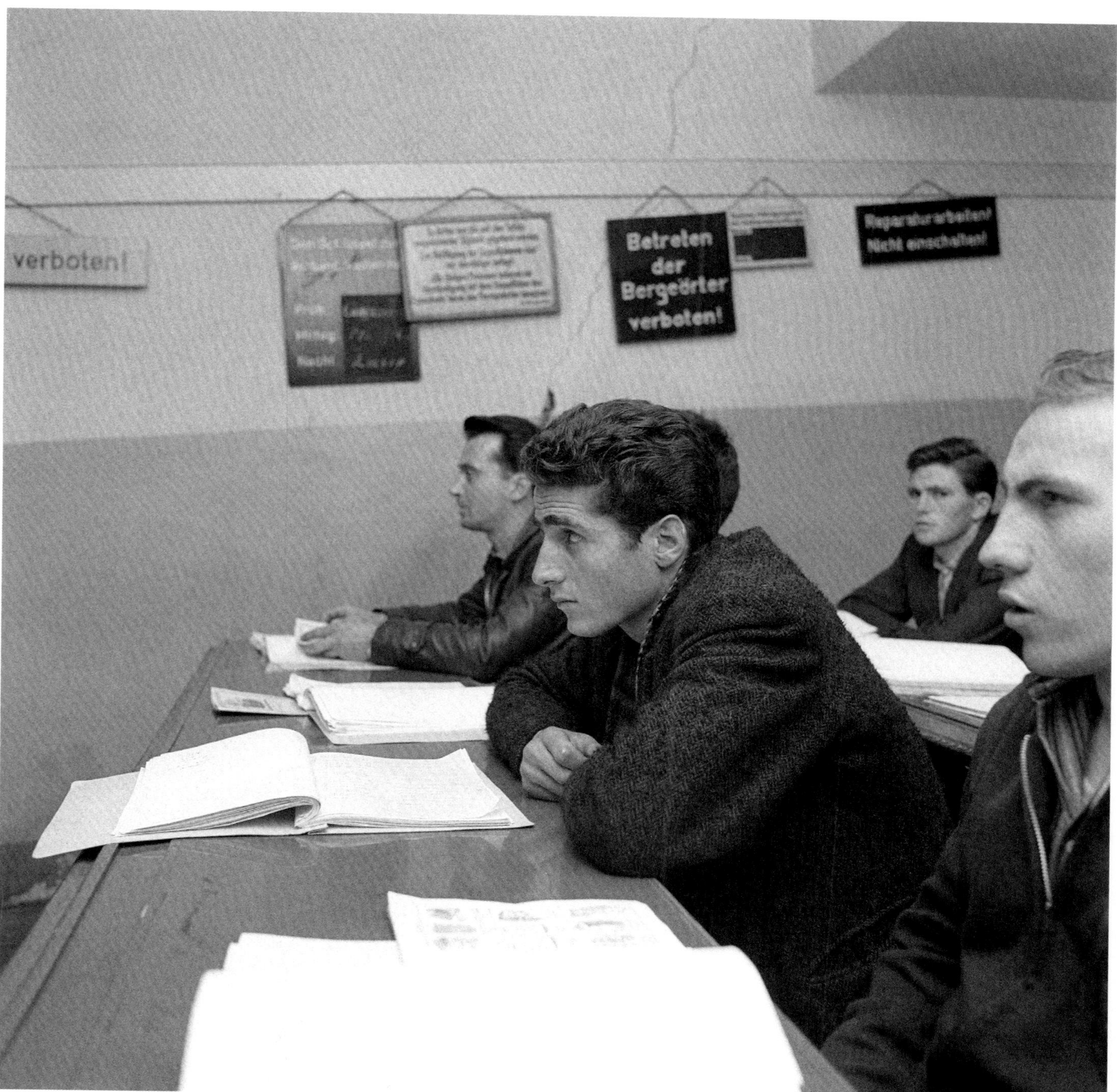
verboten!
Betreten
der
Bergeärter
verboten!

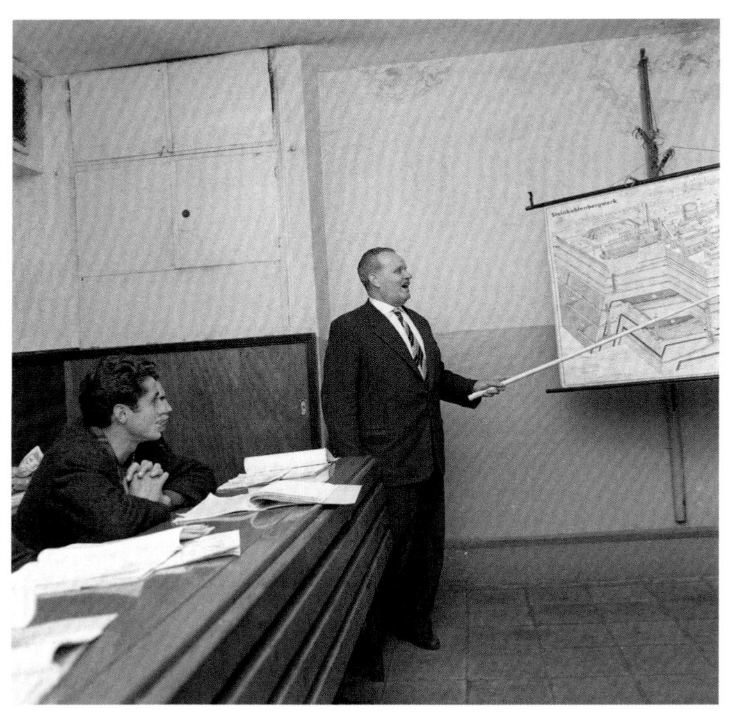
Steinkohlenbergwerk

STRATEGIEN DER VERORTUNG:

STRATEGIES OF LOCALIZATION:

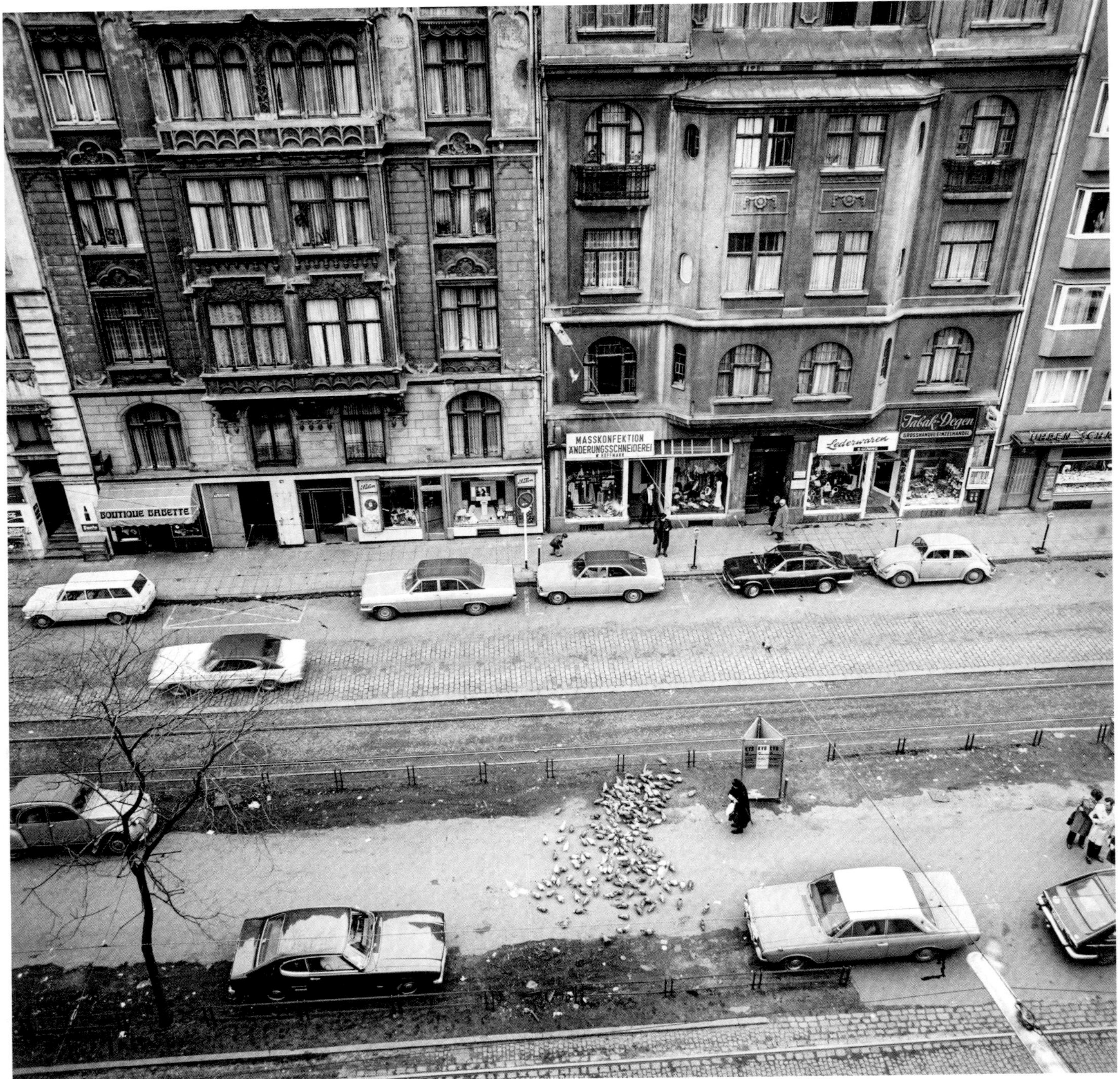
BOUTIQUE BABETTE
MASSKONFEKTION
ÄNDERUNGSSCHNEIDEREI
Lederwaren
Tabak-Degen
GROSSHANDEL·EINZELHANDEL

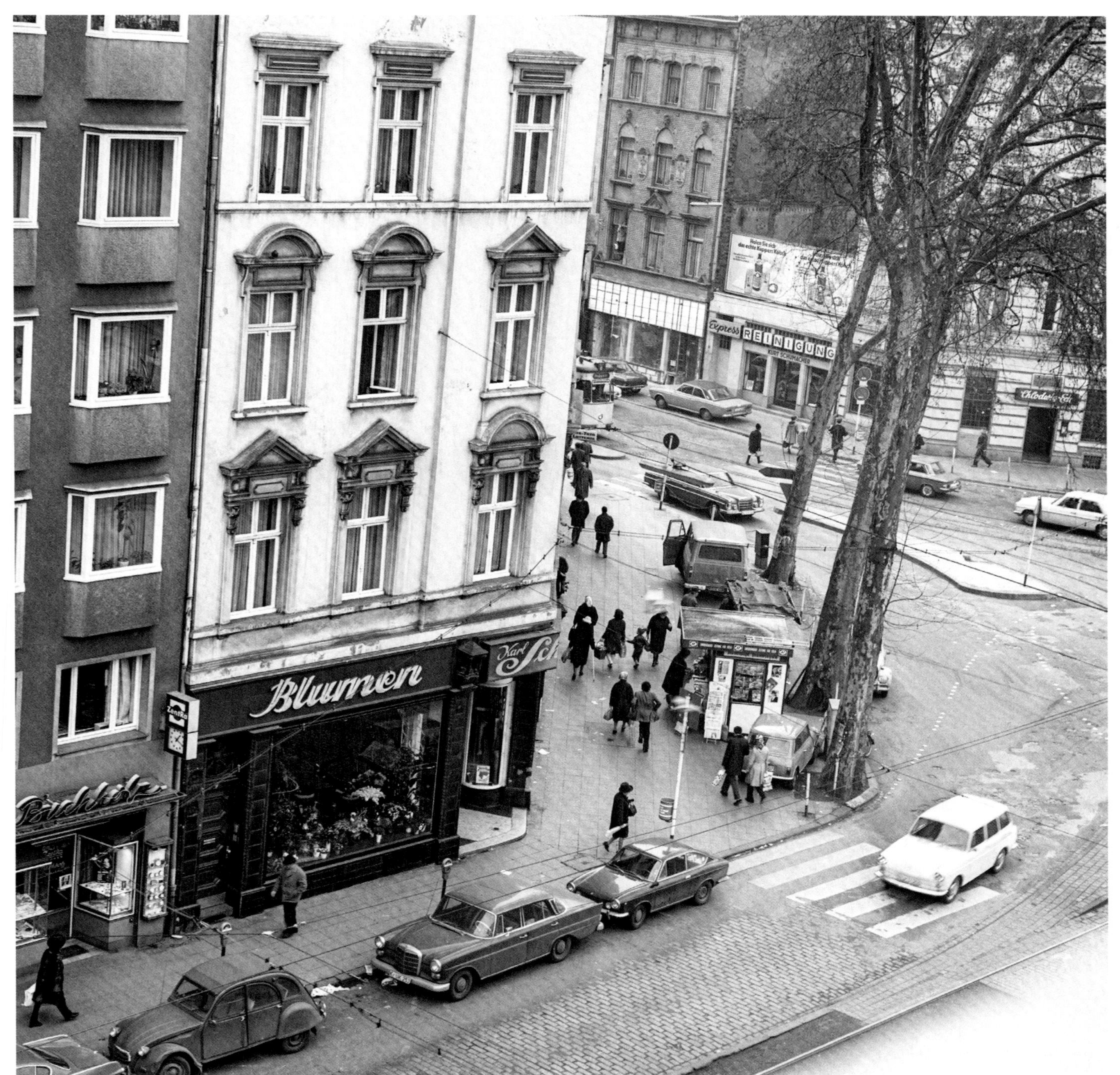

Ansichten des Ubierrings Views of Ubierring
Köln-Südstadt, ca. 1973 (Fotos photos: Christel Fomm)

Fikret Üçgüler,
geboren 1956 in Istanbul-Beykoz, Türkei, kam ein Jahr, nachdem sein Vater 1961 als „Gastarbeiter" für die Ford-Werke angeworben worden war, mit seiner Mutter nach Köln. Als Kind und Jugendlichen interessierte ihn alles Visuelle: Kino, später auch Fernsehen und die Fotografie. 1973 kaufte er sich eine Nikon-F2-Spiegelreflexkamera und machte einen Fotokurs bei dem Kölner Künstler Peter Brambring. Bei ihm lernte er auch die Laborarbeit, Filme entwickeln und Bilder abziehen. Später machte er ein Volontariat bei einer Filmproduktion, wurde 1979 Kameraassistent und 1984 Kameramann. Seitdem ist er bei zahlreichen Film- und Fernsehproduktionen tätig.

„Wir sind 1962 nach Deutschland gekommen. Mein Vater hatte einen Arbeitskollegen, Metin Türköz, der später als Musiker berühmt wurde. Sie hatten eine große Wohnung in der Merlostraße angemietet. Wir alle, zwei Familien, wohnten dort zusammen. Nach kurzer Zeit ist meine Familie unters Dach in ein sehr, sehr kleines Zimmer umgezogen. Es ging damals nicht darum, dass man eine tolle Wohnung und ein tolles Leben hat. Wir waren hier in einer selbst produzierten Armut, um in sehr kurzer Zeit so viel Geld wie möglich zu sparen und dann wieder in die Türkei zurückzugehen. Das war der Grund, weswegen wir in alten, baufälligen Häusern wohnten. In diesem Fall war das Zimmer so winzig, dass nur eine Couch und ein Bett reinpassten. Das war's dann schon.

Fikret Üçgüler
was born in 1956 in Istanbul-Beykoz, Turkey, and came to Cologne with his mother a year after his father was recruited as a "guest worker" by Ford in 1961. Growing up, he was interested in all things visual: cinema, later television and photography. In 1973, he bought a Nikon F2 SLR camera and took a photography course with the Cologne artist Peter Brambring, where he learned how to develop film and make prints. Later, he interned at a film production company, becoming a camera assistant in 1979 and a cameraperson in 1984. Since then, Üçgüler has worked on many film and television productions.

"We came to Germany in 1962. My father had a coworker, Metin Türköz, who later became a famous musician. They rented a large apartment on Merlostrasse, and we all lived there together. Soon after, my family moved into a tiny attic room. At the time, it was not about having a big apartment and a great life. We were living in self-induced poverty to save as much money as possible in a short time and then return to Turkey. That was why we lived in old, dilapidated houses. In this case, the room was so small that there was only space for a couch and a bed. That was all.
The furniture in the houses we lived in was always the same. It belonged to Günther Kaussen, who had realized he could earn a lot of money renting furnished apartments to foreigners urgently

Die Möbel in den Häusern, die wir bewohnt haben, waren immer gleich. Sie gehörten Günther Kaußen. Er hatte festgestellt, dass er sehr viel Geld verdienen konnte, wenn er möblierte Wohnungen an Ausländer vermietet, die dringend Wohnungen suchten. Der Tisch auf dem Foto, auf dem beide Familien zu sehen sind, war zum Beispiel in jeder Wohnung. Es war der Standard-Tisch. Und dann gab es einen Kleiderschrank, das war der Standard-Kleiderschrank. Diese Couchgruppe gehörte auch zum Standard. Die Möbel waren also immer gleich, wenn man von einer Wohnung in die andere gezogen ist.
In der Südstadt gab es einen alten Mann in Reiterstiefeln und Reiterhosen. Er fotografierte mit einer doppeläugigen Kamera Rolleiflex 6×6. Er machte Bilder von uns Kindern, kam dann ein paar Tage später vorbei und versuchte die Fotos für kleines Geld zu verkaufen. Es waren immer gute Bilder, sauber kadriert. Er war also ein Profi und gab Anweisungen, wie man sich stellen sollte. Als Kinder hatten wir ein Vertrauensverhältnis zu ihm, und ich habe ein gutes Gefühl, wenn ich heute an ihn zurückdenke.
Ich war zwischen 1972 und 1975 in der Lehre. In der Berufsschule hatte ich einen Freund, der mir von einer Einrichtung erzählte, die sich OT, Offene Tür, nannte. Sie gehörte zur Gemeinde von St. Maria

looking for accommodation. The table in the photograph of both families, for example, was in every apartment. It was the standard table. And there was a wardrobe that was the standard wardrobe. This couch was also standard. So, the furniture was always the same when you moved from one apartment to another.
There was an old man in Südstadt who wore riding boots and britches. He took photographs with a twin-lens reflex camera, a Rolleiflex 6×6. He would take pictures of us children and then return a few days later and try to sell them to us for a small amount of money. They were always good, well-framed pictures. He was a professional, and he showed us how to pose. As children, we trusted him, and I remember him fondly.
Between 1972 and 1975, I was in an apprenticeship. A friend at trade school told me about a place called OT, Offene Tür (open door), run by Saint Mary's Church on Heumarkt. I always really liked it there. The director saw that I sometimes took pictures, and she told me about the OT darkroom, where I then began to print my own black-and-white photographs.
When I photographed my mother in 1977, I wanted to capture her at work as a seamstress. She didn't notice me taking the picture.

im Kapitol am Heumarkt. Ich fand es dort immer sehr schön. Die Leiterin sah, dass ich ab und zu fotografierte, und erzählte mir vom Fotolabor in der OT. Ich habe dort angefangen, meine Schwarz-Weiß-Fotos selber abzuziehen.
Als ich 1977 meine Mutter bei ihrer Arbeit als Schneiderin fotografierte, wollte ich ein Bild, wie sie arbeitet. Sie hat nicht mitbekommen, dass sie fotografiert worden ist. Ich wollte lernen, wie man an Menschen herantritt. Bei einem Menschen, den man wirklich sehr gut kennt, der Mutter, muss man nicht Angst haben, dass jemand sagt: ‚Hau ab' oder ‚Was machen Sie da?' Ich wollte gute Bilder machen, ich wollte intensive Bilder machen, ich wollte nah ran an die Leute. Und das ist meines Erachtens die große Kunst der Fotografie. Henri Cartier-Bresson hat sie in Perfektion beherrscht. Mit einer kleinen Kamera, ohne jemanden aufzuscheuchen, ranzugehen, Vertrauen zu schaffen, eine entspannte Situation, und dann auf den Auslöser zu drücken."

I wanted to learn how to approach people. With someone you know very well, like your own mother, there's no need to worry that they might say, 'Get lost!' or 'What are you doing?' I wanted to take good pictures, intense pictures; I wanted to get close to people. In my view, that's what makes great photography. Henri Cartier-Bresson perfected this. With a small camera and without startling anyone, approach, build trust, create a relaxed situation, and then press the shutter."

Fikret Üçgüler im Gespräch mit Ela Kaçel, Dezember 2020

Fikret Üçgüler in conversation with Ela Kaçel, December 2020

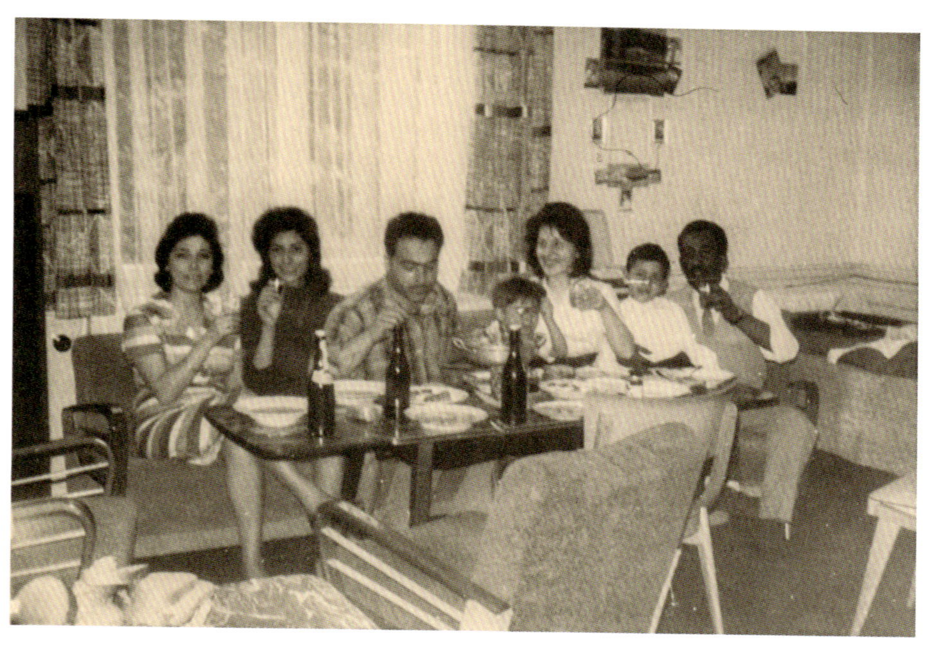

Die Familien Türköz und Üçgüler in der ersten gemeinsamen Wohnung
The Türköz and Üçgüler families in their first shared apartment
Köln, Agnesviertel, Merlostraße, 1963

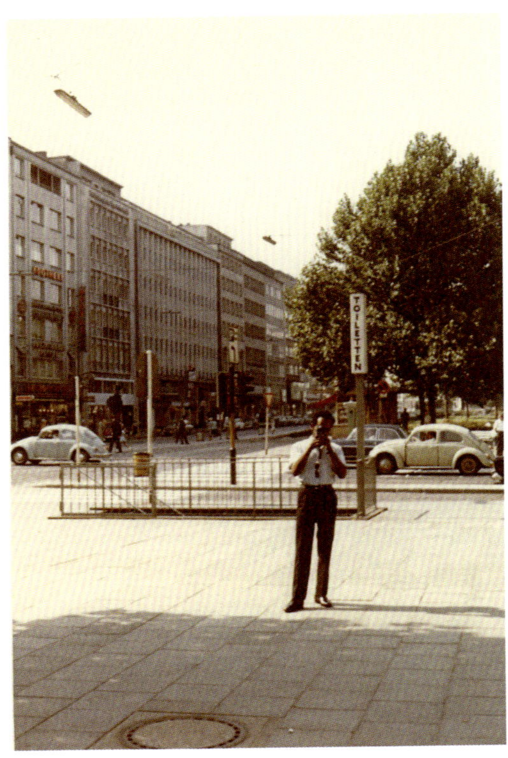

Fikri Üçgüler auf dem Ebertplatz
Fikri Üçgüler on Ebertplatz, Köln, 1966
(Foto photo: „Onkel Kazım", ein Verwandter von Fikri Üçgüler
"Uncle Kazım," a relative of Fikri Üçgüler)

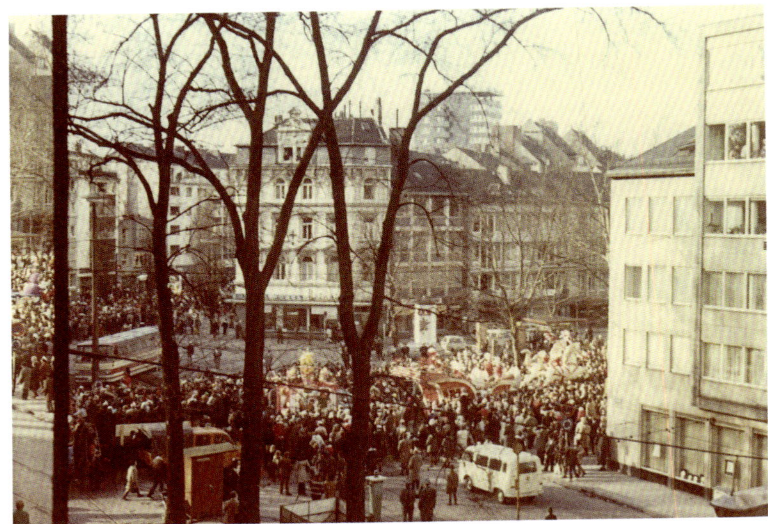

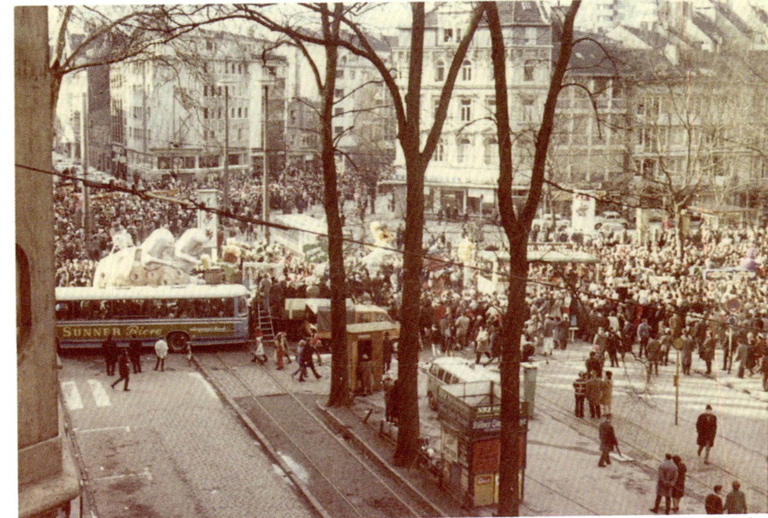

Blick aus dem Fenster der Wohnung an Karneval
View from the apartment window during Carnival
Köln-Südstadt, ca. 1967/68 (Fotos photos: Fikri Üçgüler)

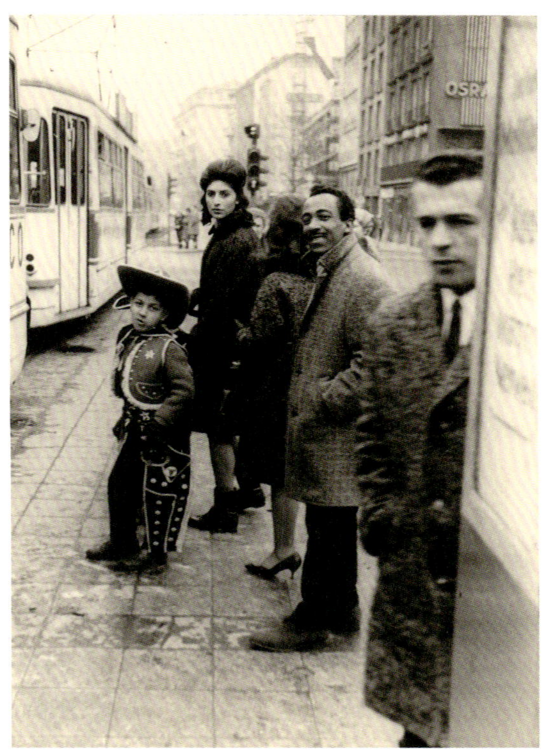

Metin und Necla Türköz, Sevim und Fikri Üçgüler
mit ihrem Sohn Fikret an Karneval an einer Haltestelle
Metin and Necla Türköz, Sevim and Fikri Üçgüler
with their son Fikret at a bus stop during Carnival
Köln, ca. 1965/66

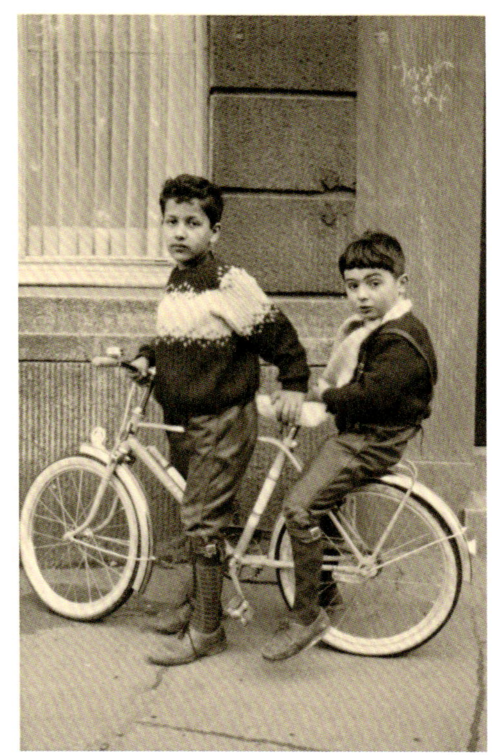

Fikret Üçgüler und Uğur Türköz auf Fikrets Fahrrad
Fikret Üçgüler and Uğur Türköz on Fikret's bicycle
Köln-Südstadt, ca. 1965/66

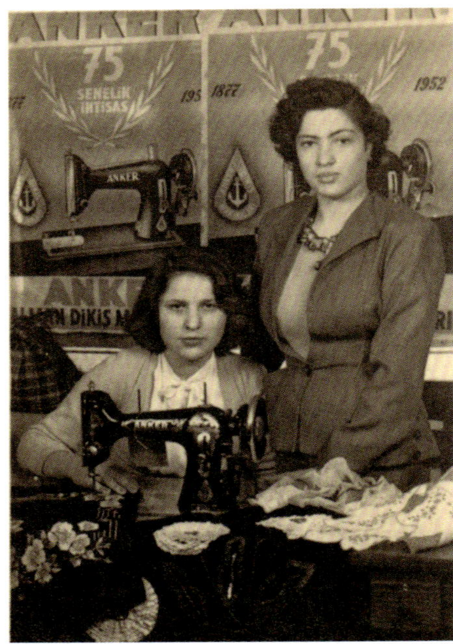

Sevim Üçgüler (l.) im Sticknähkurs
Sevim Üçgüler (left) in an embroidery course
Istanbul-Beykoz, 1954

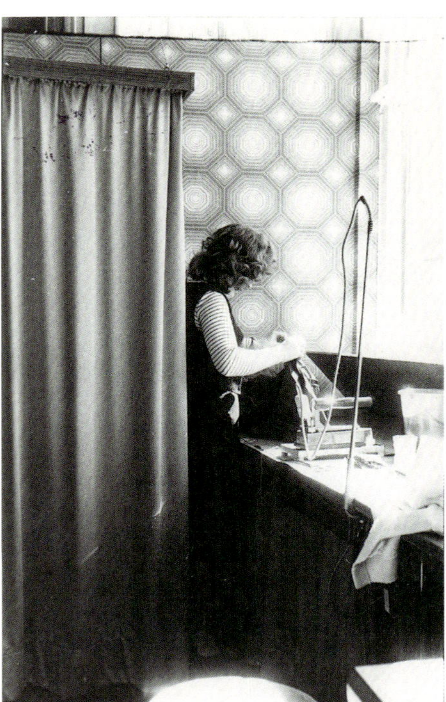

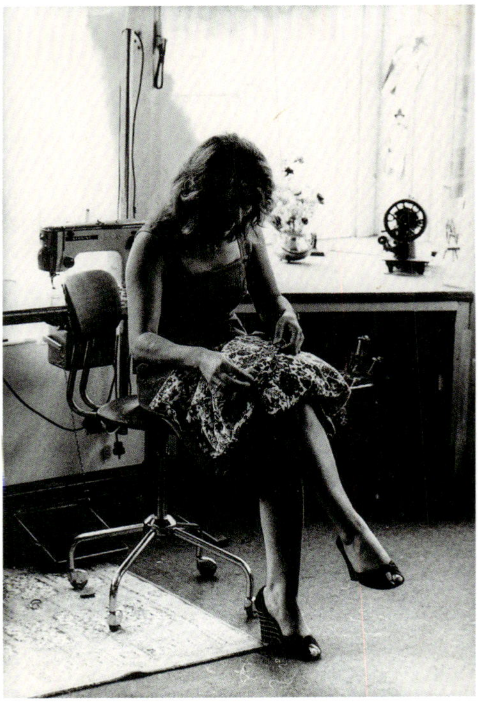

Sevim Üçgüler bei ihrer Arbeit als Schneiderin
Sevim Üçgüler working as a seamstress
Köln-Lindenthal, 1977 (Fotos photos: Fikret Üçgüler)

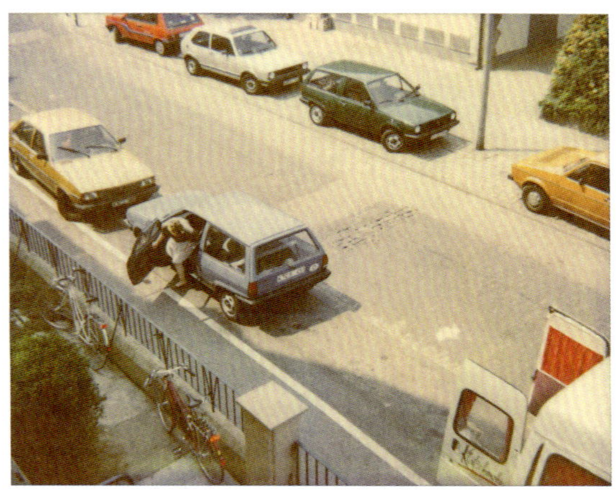

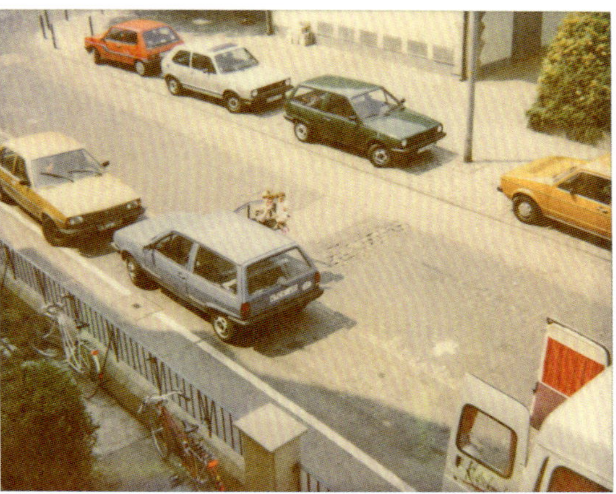

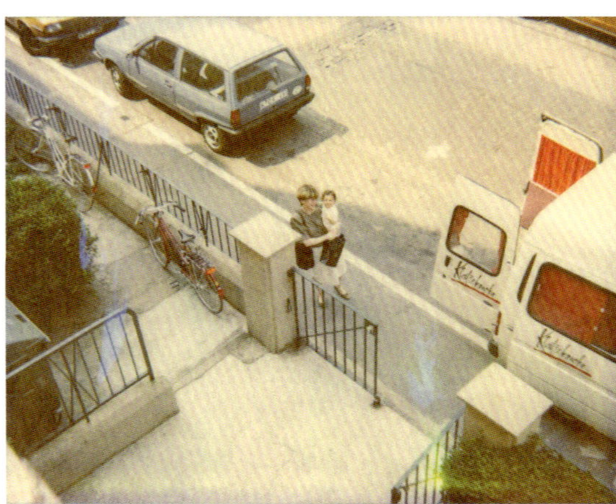

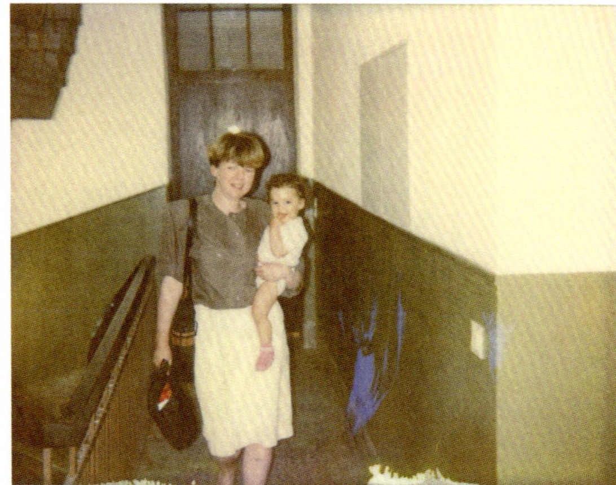

Blick aus der Wohnung der Familie Üçgüler-Rickmann
View from the Üçgüler-Rickmann family apartment
Köln-Sülz, 1989 (Fotos photos: Fikret Üçgüler)

Alpin Harrenkamp
Metin Türköz, geboren 1937 in der Nähe von Kayseri, Türkei, hatte eine Ausbildung als technischer Zeichner und Schlosser, als er 1962 nach Köln zu den Ford-Werken kam. Als seine Frau Necla mit seinem Sohn Uğur kurze Zeit später nachfolgte, wohnte die Familie Türköz mit der Familie Üçgüler zusammen in einer Wohngemeinschaft. 1967 kam die Tochter Alpin zur Welt. Die Kinder beider Familien wuchsen im Kölner Agnesviertel und in der Südstadt gemeinsam auf. Als Sänger und Dichter machte Metin Türköz eine erfolgreiche Musik-Karriere und reflektierte in seinen Werken das Leben seiner Landsleute als „Gastarbeiter*innen". Heute bewahrt Alpin Harrenkamp die zahlreichen Fotoalben der Familie aus dieser Zeit sorgfältig auf.

„Ich kann mich erinnern, dass es die Rheinschifffahrten lange gegeben hat. Sie waren von der Arbeiterwohlfahrt organisiert. Es war ein Ereignis, weil alle türkischen Familien zusammenkamen. Mein Vater, Metin Türköz, machte damals Musik. Er ist relativ schnell in der türkischen Gemeinschaft mit seiner Musik bekannt geworden.
Woran ich mich besonders erinnere, ist, dass mein Vater ein Tischmikrofon und ein Tonbandgerät hatte. Damit hat er spontan eine Melodie entwickelt und dann angefangen, über ein Thema, das ihn gerade interessierte, frei zu texten. Er hat es aufgeschrieben, verworfen, sich viel mit Fikrets Vater (Fikri Üçgüler) und mit meiner Mutter ausgetauscht und immer gefragt: ‚Wie klingt das, ist das gut?' Das war natürlich ein Moment, in dem wir Kinder uns zurückhielten.

Alpin Harrenkamp
Metin Türköz was born in 1937 near Kayseri, Turkey, and trained as a technical draftsperson and metalworker before coming to work at the Ford plant in Cologne in 1962. When his wife, Necla, followed a short time after with their son Uğur, the family shared an apartment with the Üçgüler family. Their daughter, Alpin, was born in 1967. The two families' children grew up together in Cologne's Agnesviertel neighborhood and in Südstadt. As a singer and poet with a successful music career, Türköz often reflected on the lives of his compatriots as "guest workers." Today Alpin Harrenkamp, takes care of the family's many photograph albums from this period.

"These cruises on the Rhine organized by the Workers' Welfare existed for a long time. They were quite an event because all the Turkish families came together. My father, Metin Türköz, would play music, and he quickly became well known within the Turkish community.
I particularly remember his table microphone and tape recorder. He would spontaneously develop a melody and then freely improvise lyrics on a subject that interested him. He would record it, reject it, discuss it at length with Fikret's father (Fikri Üçgüler), and talk to my mother about it. He would always ask: 'How does it sound? Is it good?' At such moments, we children would step back, of course. Later, when my parents had a shop, this largely stopped, but the early period was marked by music.

Später als meine Eltern den Laden hatten, gab es das kaum noch. Aber die frühere Zeit war von Musik bestimmt.
Als mein Vater 1966 vom damaligen türkischen Ministerpräsidenten Demirel bei dessen Deutschlandbesuch in der Kölner Stadthalle begrüßt wurde, war das eine besondere Auszeichnung. Es war ungewöhnlich, denn mein Vater hat sehr spitze Texte geschrieben. Er erzählt gerne, wie Demirel ihm gratulierte und sagte: ‚Du bist ein brandgefährlicher Mann. Mit dem muss man sich gut stellen.' Er war sehr beeindruckt davon, wie mein Vater auf die deutsche Gesellschaft und die Türken in der deutschen Gesellschaft schaute – sehr ironisch, auch sehr lustig.
Mein Vater war mit dem Anwerbeabkommen nach Köln zu Ford gekommen. Er hat dort drei, vier Jahre gearbeitet und dann seine Musikkarriere angefangen. Meine Mutter, Necla Türköz, hatte zuerst privat gearbeitet, in Haushalten ausgeholfen, und kam dann zu Klöckner-Humboldt-Deutz. Sie hat in der Fabrik als Qualitätsprüferin gearbeitet. Sie war sehr stolz darauf, sie sagte: ‚Ich muss nicht diese schwierigen Sachen machen, ich kontrolliere nur, ob die Ware gut ist.' Und das hat sie gemacht, bis sie mit mir schwanger war.
Meine Mutter hat viel von den Wohnungen erzählt, in denen wir gewohnt haben. Sie berichtete, dass es in der Merlostraße unter

When my father was greeted by Süleyman Demirel, the prime minister of Turkey, at Cologne's Stadthalle during a visit to Germany in 1966, it was a great privilege. It was also surprising because my father had written some very barbed lyrics. He likes to tell the story of how Demirel congratulated him and said: 'You're a dangerous man. Someone to keep on the right side of.' He was impressed by the humor and irony of my father's reflections on German society and the Turks within it.
My father came to work at Ford in Cologne through the recruitment agreement. He worked there for three or four years and then began his music career. My mother, Necla, was a domestic worker before becoming a quality inspector at the Klöckner-Humboldt-Deutz factory. She was very proud of this role and would say: 'I don't have to do these difficult things. I just check whether the products are good.' And that's what she did until she became pregnant with me.
My mother spoke a lot about the different apartments we lived in. She said it wasn't easy on Merlostrasse, up under the roof, but they lived with other people and supported one another, which made it affordable. Later, at An der Bottmühle, she said she often had

dem Dach nicht einfach war, dass sie aber mit Leuten zusammenwohnten, man sich unterstützte und es dadurch bezahlbar war. Später, An der Bottmühle, erzählte sie, musste sie meinen Bruder oft alleine zuhause lassen, weil sie arbeiten ging. Es war eine Souterrainwohnung. Mein Bruder lief am Fenster auf und ab wie eine Katze, die wartet, dass die Mutter wieder nach Hause kommt. Später war er im Kindergarten.
In einer späteren Wohnung, am Ubierring, gab es ein Hinterhaus, und ganz unten wohnte eine Familie mit vielen Kindern. Das war sehr interessant, weil es dunkel und etwas unheimlich war. Ich war noch klein; ich habe nicht richtig verstanden, wie man dort wohnen kann. Wir haben im ersten Stock gewohnt und konnten auf die Straße schauen. Wir waren drei Familien in dieser Wohnung.
Für mich ist Köln besonders, weil es der Ort ist, wo die Familie sich gegründet hat. Mein Bruder war sehr klein, als meine Eltern 1962 hierhergekommen sind. Ich bin fünf Jahre später geboren. Köln ist die Stadt mit dem Wasser, dem Rhein, mit den vielen Parks. Der Rheinpark ist nur ein Symbol für das Grün, ebenso der Volksgarten. Ich merke, dass es mir viel bedeutet, eine Stadt mit so viel Wasser zu haben. Aus diesem Grund wohne ich auch am Rhein."

to leave my brother at home alone while she went to work. It was a basement apartment, and he would walk back and forth past the window, like a cat, waiting for her to return. Later, he went to kindergarten.
In a later apartment on Ubierring, there was a house in the back courtyard where a family with lots of children lived on the ground floor. It was very interesting because the place was dark and rather spooky, and it intrigued me because I was still small and didn't understand how anyone could live like that. We were living on the first floor, in an apartment shared by three families that looked out onto the street.
Cologne is special to me because it's where my family was founded. My brother was very young when my parents moved here in 1962, and I was born five years later. Cologne is a city with water, the Rhine, and many parks; the Rheinpark is just one symbol of all those green spaces, like the Volksgarten. I've realized it means a lot to me to be in a city with so much water, which is also why I live near the river."

Alpin Harrenkamp im Gespräch mit Ela Kaçel, Dezember 2020
Alpin Harrenkamp in conversation with Ela Kaçel, December 2020

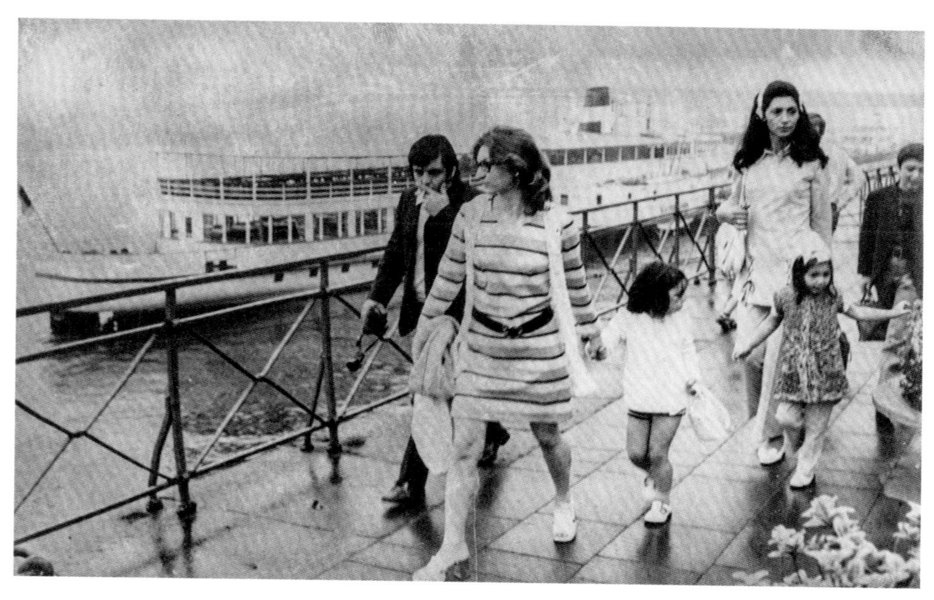

Necla Türköz (r.) mit Tochter Alpin, Sohn Uğur und Freund*innen auf einer Rheinfahrt
Necla Türköz (right) with her daughter Alpin, son Uğur, and friends on a Rhine cruise
Köln, ca. 1972

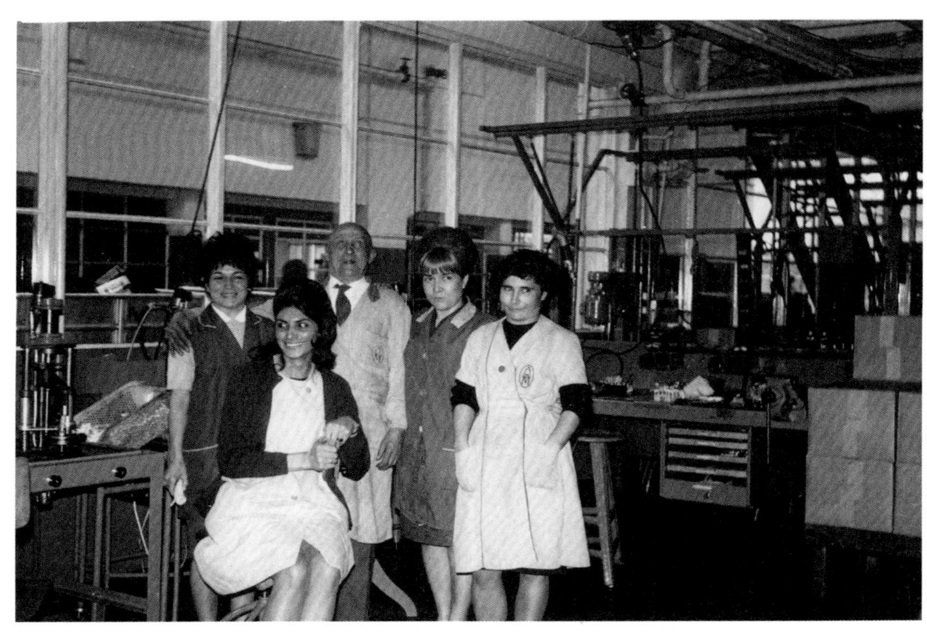

Necla Türköz mit Kolleginnen bei Klöckner-Humboldt-Deutz
Necla Türköz with coworkers at Klöckner-Humboldt-Deutz
Köln, ca. 1966

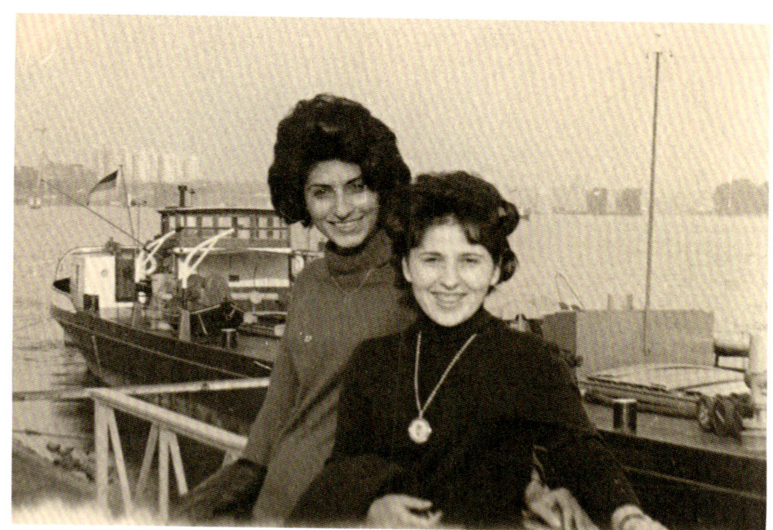

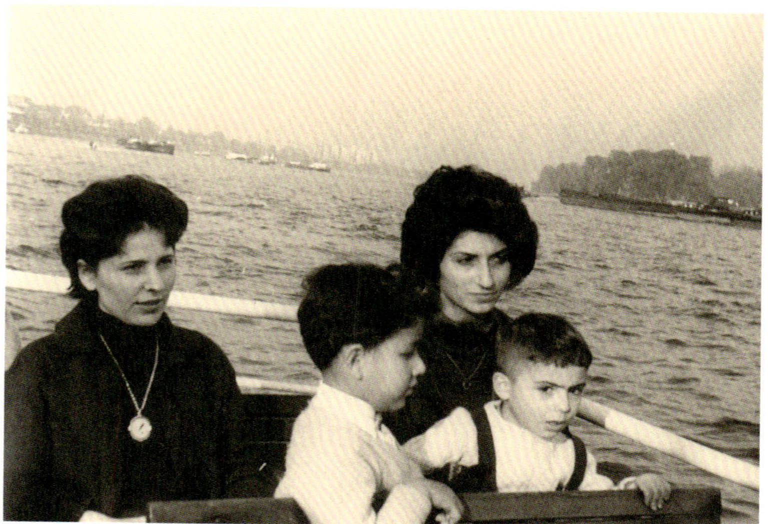

Sevim Üçgüler mit Fikret und Necla Türköz mit Uğur bei einer Rheinfahrt
Sevim Üçgüler with Fikret and Necla Türköz with Uğur on a Rhine cruise
Köln, ca. 1965

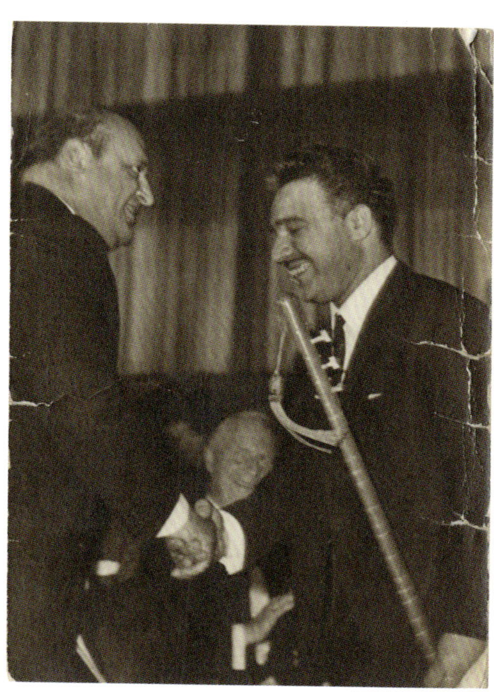

Metin Türköz wird vom türkischen Ministerpräsidenten Demirel in der Kölner Stadthalle begrüßt
Metin Türköz is greeted by Süleyman Demirel, the prime minister of Turkey, at Cologne's Stadthalle
Köln, 1966

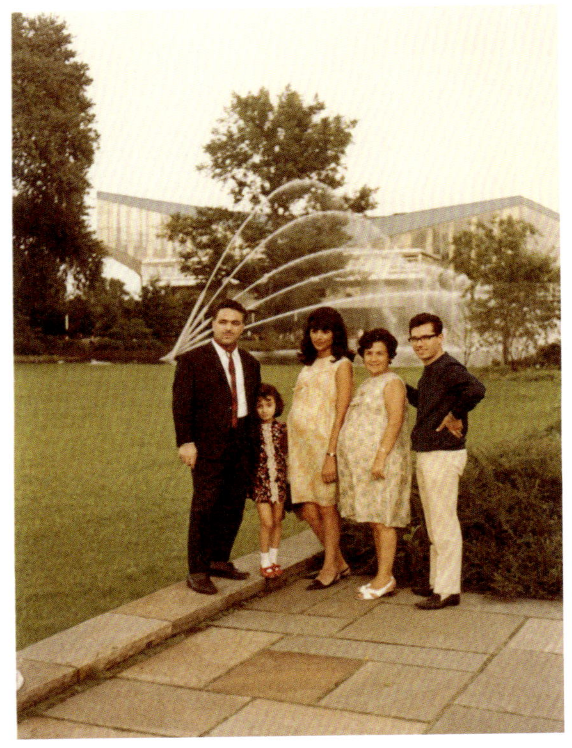

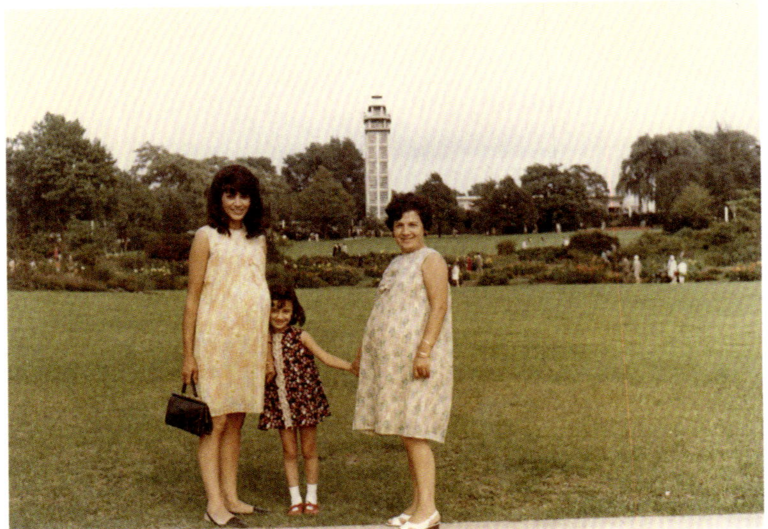

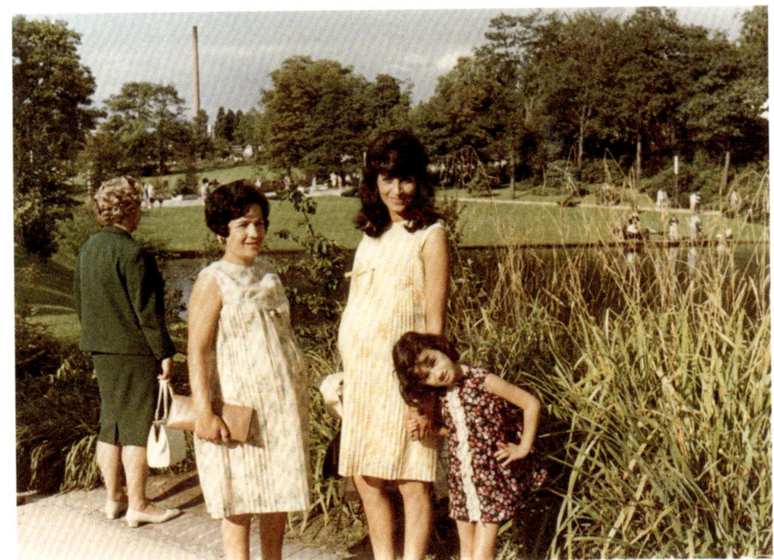

Metin und Necla Türköz mit Freund*innen und deren Tochter aus der Türkei im Rheinpark
Metin and Necla Türköz with friends from Turkey and their daughter in the Rheinpark
Köln, 1967

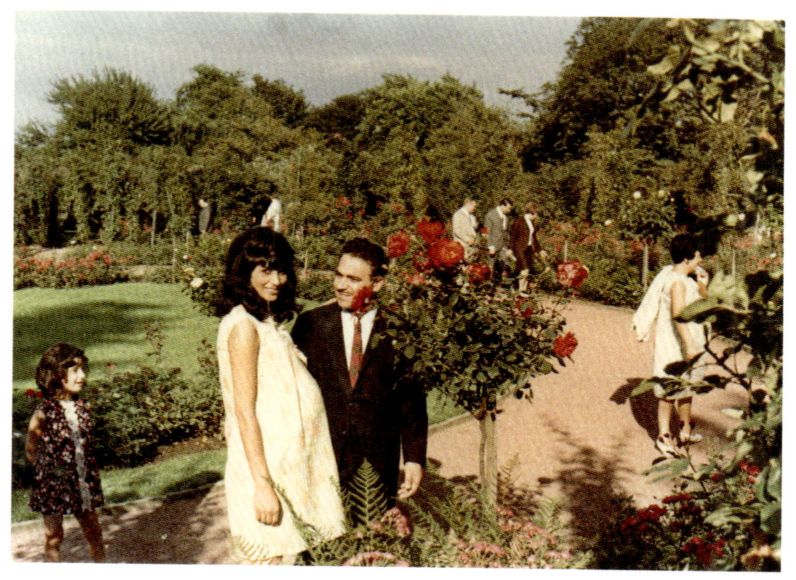

Rosa Spitaleri
kam 1966 als Achtjährige aus dem sizilianischen Dorf Bronte nach Köln. Ihre Eltern waren 1964 vorausgegangen und lebten zunächst in einer Barackensiedlung in Gremberg. Rosa und ihren Bruder Vincenzo hatten sie bei Verwandten zurückgelassen, schließlich wollten sie nur wenige Jahre in Deutschland bleiben, Geld verdienen und dann nach Sizilien zurückkehren. Doch sie blieben, und Rosa und Vincenzo absolvierten ihr Studium in Deutschland. In ihrer Diplomarbeit „Bilingualität und Identität der zweiten Generation" beschäftigt sich Rosa Spitaleri mit den Diskriminierungserfahrungen der sogenannten „Gastarbeiter*innenkinder". Heute arbeitet sie als Sozialarbeiterin bei der Caritas, liest gerne und schreibt Gedichte. Ihr Gedicht „Colonia" wurde bei einem Literaturwettbewerb in Bronte mit dem ersten Preis ausgezeichnet.

„Mein Bruder und ich kamen am 19. März nach Gremberg. Es war so ein grauer Tag. Ich hatte das Licht verlassen und fand hier Dunkelheit und Düsternis. Es waren Baracken, in denen direkt nach dem Zweiten Weltkrieg die Deutschen gewohnt hatten. Ich weiß noch, wie wir ankamen und Mama auf uns wartete. Es war sechs Uhr morgens, wir klopften, sie war ganz fröhlich, öffnete die Tür, umarmte uns und dann ging sie nach ein paar Stunden zur Arbeit.
Es gab dort viele Verwandte, den Onkel und die Cousins ersten Grades meines Vaters und dann viele andere Italiener. Letztlich war es ein Ghetto. Aber dank dieses Ghettos habe ich mich aufgenommen gefühlt.
Es gab diesen Herrn, der die Kamera gekauft hatte. Er gab sie mir, weil sie mir gefiel. Mich hat die Fotografie schon

Rosa Spitaleri
When Rosa Spitaleri came to Cologne from the Sicilian village of Bronte in 1966, she was eight years old. Her parents had gone ahead, arriving in 1964 and initially living in the barracks in Gremberg. Thinking they would be in Germany just a few years to earn money and then return to Sicily, they left Rosa and her brother Vincenzo behind with relatives. But they ended up staying, and the siblings attended university in Germany. In her diploma thesis "Bilingualism and identity in the second generation," Spitaleri wrote about the discrimination faced by the so-called "guest-worker children." Today, she is a social worker for Caritas, enjoys reading, and writes poetry. Her poem "Colonia" was awarded first prize in a literary competition in Bronte.

"My brother and I arrived in Gremberg on March 19, 1966. It was a very gray day. I had left the light behind, and here I found darkness and gloom. I remember arriving at the barracks where Germans had lived immediately after World War II and our mother there waiting for us.
It was six in the morning. When we knocked, she cheerfully opened the door, hugged us, and then went off to work a few hours later.
We had many relatives at the barracks, my father's uncle and cousins, and many other Italians. It was a ghetto, but thanks to this ghetto, I felt welcome.
There was this man who owned a camera, which he gave to me because I liked it.
I had always been attracted to photography, even though I didn't yet understand much about it. You always had to wind

immer angezogen, auch wenn ich sie als solche noch nicht verstand. Du musstest den Film immer weiterdrehen. Und dieses Weiterdrehen machte so ein Geräusch: tick, tick. Ich mochte das, und so drehte ich ab und zu den Film weiter, ohne ein Foto zu machen, nur um dieses Tick zu hören. Das Radio hatte mein Vater meiner Mutter gekauft, weil sie sich sehr einsam fühlte, als mein Bruder und ich noch in Italien waren. Es gab die Sendung Radio Colonia in italienischer Sprache. Oder Radio Prag, wo Leute Hinz und Kunz ein Lied widmen konnten. Ich habe viele italienische Lieder bei Radio Prag gehört.

Meine Mutter hat mich immer in Rosa gekleidet. Normalerweise kauften wir die Kleidung in Italien, denn wenn wir mit unseren deutschen Klamotten in den Urlaub fuhren, haben sie sich über uns lustig gemacht. Das mit der Mode ist so eine Sache, denn wenn wir dann hierherkamen, waren wir die Ausländer, in dem Sinne, dass man den Unterschied zu den Kleidern der deutschen Kinder sehen konnte. Die waren viel schlichter. Auf einem Foto habe ich Söckchen an, die Söckchen sind durchsichtig, aus Nylon, wie man damals sagte. Die Mädchen hier trugen Strümpfe bis unter das Knie, weiße Baumwollstrümpfe, und mich haben sie in der Schule wegen meiner Nylonsöckchen ausgelacht.

on the film, which made a 'tick, tick' sound. I liked that, and I would sometimes wind on the film without taking a picture, just to hear the ticking. My father bought that radio for my mother because she felt very lonely while my brother and I were still in Italy. There was Radio Colonia, which was broadcast in Italian, and Radio Prague, where you could dedicate a song to someone. I heard lots of Italian songs on Radio Prague.

My mother always dressed me in pink. Usually, we bought our clothes in Italy because if we went on vacation with our German clothes, they would make fun of us. Fashion is one of those things—when we came here, we were foreigners because people saw the difference between our clothes and what German children wore. Their clothes were far plainer. In one picture, I'm wearing transparent ankle socks, made of what we called nylon at the time. German girls wore white cotton knee socks, and at school they laughed at me because of my nylon ankle socks.

The photograph of us standing beside the car is just a coincidence; it's not our car. We're in a side street off Kalk-Mülheimer Strasse, near St. Joseph's Church. It was not a good place. There were lots of pubs, and on Fridays there was always trouble because it's

Das Foto mit dem Auto, das war zufällig, es ist nicht unser Auto. Da sind wir in einer Seitenstraße der in Kalk-Mülheimer Straße in der Nähe der Josefkirche. Das war keine gute Adresse. Es gab viele Bierkneipen und freitags immer Auseinandersetzungen, da gingen die Deutschen trinken. Später begann sich die Straße ein bisschen zu verändern. Der erste italienische Lebensmittelladen eröffnete.
Es gab auf der Kalker Hauptstraße auch ein Kinderkino, in deutscher Sprache. Wir sind nach der Messe dort hingegangen. Der Pfarrer wusste, dass alle Kinder ins Kino gehen. Also versuchte er, die Predigt kurz zu halten. Das war wirklich schön.
Hier sind wir in unserem Innenhof, vor unserem Haus in Bronte. Ich werde es meinen Eltern nie verzeihen, dass ich meine Erstkommunion in Italien gemacht habe. Aber für sie war es sehr wichtig, im engsten Familienkreis zu feiern. Der Kommunionunterricht allerdings war hier in Köln. Ich war an diesem Tag ganz allein in der Kirche, ohne die Freunde in Köln, und man sieht, dass ich wirklich sehr unglücklich war. Deshalb sage ich: Niemals die Kommunion dort machen lassen. Wenn sie Dir sagen: die Vorbereitung hier und die Kommunion dann in Italien mit den Verwandten: Macht ihr Witze? Die Kinder sollen sie hier machen, wo ihre Freunde sind.

where the Germans went drinking. Later, the street began to change. The first Italian grocery stores opened. There was also a children's cinema on the main street in Kalk, with films in German. We would go there after Mass. The priest knew we went to the cinema, so he would try to keep his sermon short. That was marvelous.
Here we are in the courtyard outside our house in Bronte. I will never forgive my parents for choosing to celebrate my First Communion in Italy. For them, it was very important to be with their closest relatives. But the preparatory classes took place in Cologne. On the day, I was all alone in the church, without my Cologne friends, and you can see how miserable I felt. That is why I believe you should never be made to receive First Communion in Italy. They say, 'preparatory classes here and then First Communion in Italy with relatives.' Are you joking? Children should do it here, where their friends are.
Here we're in Ognina, at the seaside in Catania. It's one of the few rocky beaches where the whole family could swim. Also, my uncle, my father's younger brother, lived there. He would say that he emigrated not to Germany but to Catania. The light there means a

Hier sind wir in Ognina am Meer in Catania. Es ist einer der wenigen Felsstrände, wo man mit der ganzen Familie baden kann. Außerdem lebte mein Onkel hier, der jüngere Bruder meines Vaters, der ist nicht nach Deutschland ausgewandert, sondern nach Catania, wie er immer sagte. Das Licht ist für mich sehr wichtig, diese Lichtreflexe. Wenn die Sonne vom Meer reflektiert wird, die Spiegelungen im Meer – die sind anders als bei einem Fluss, der ja schmaler ist. Es ist nicht weniger schön, aber anders. Es ist das Licht meiner Stadt."

great deal to me, its reflections. When light reflects off the sea, it's different from a river, which is narrower. It's no less beautiful; it's just different. It's the light of my city."

Rosa Spitaleri im Gespräch mit Aurora Rodonò, Dezember 2020. Übersetzung aus dem Italienischen von Aurora Rodonò.

Rosa Spitaleri in conversation with Aurora Rodonò, December 2020. Translated from Rodonò's German translation of the Italian.

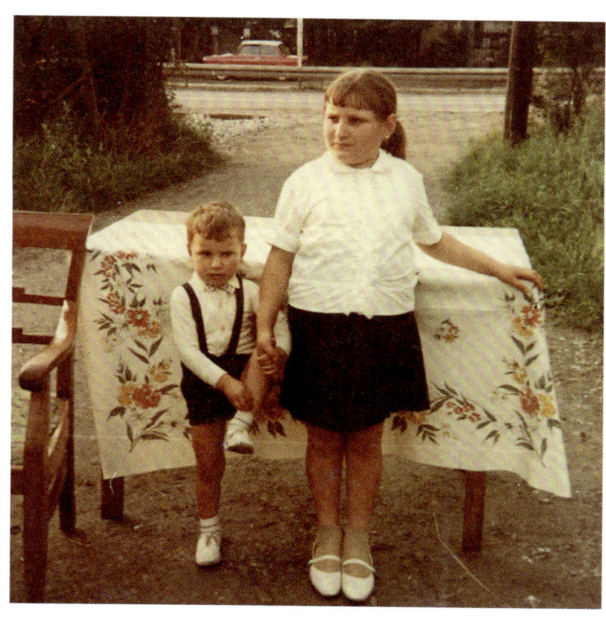

Rosa Spitaleri und ihr Bruder Vincenzo auf dem Gelände der Familienbaracken-Siedlung in Gremberg
Rosa Spitaleri and her brother Vincenzo at the family barracks in Gremberg
Köln-Gremberg, 1966

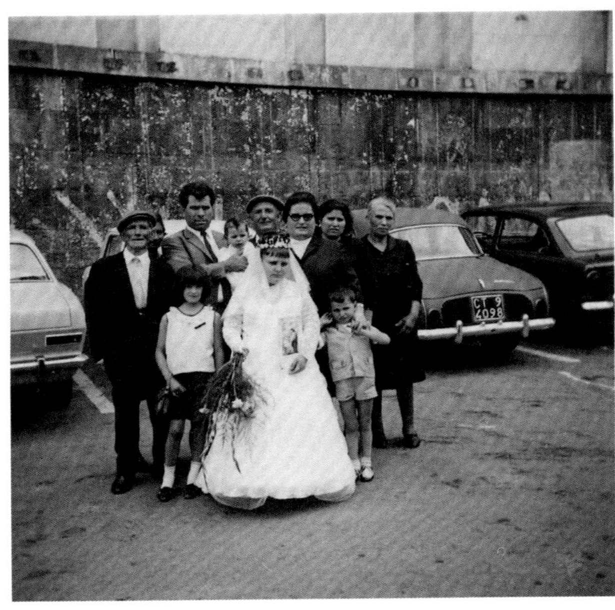

Kommunionsfeier von Rosa Spitaleri
First Communion, Rosa Spitaleri
Bronte, Sizilien, 1967

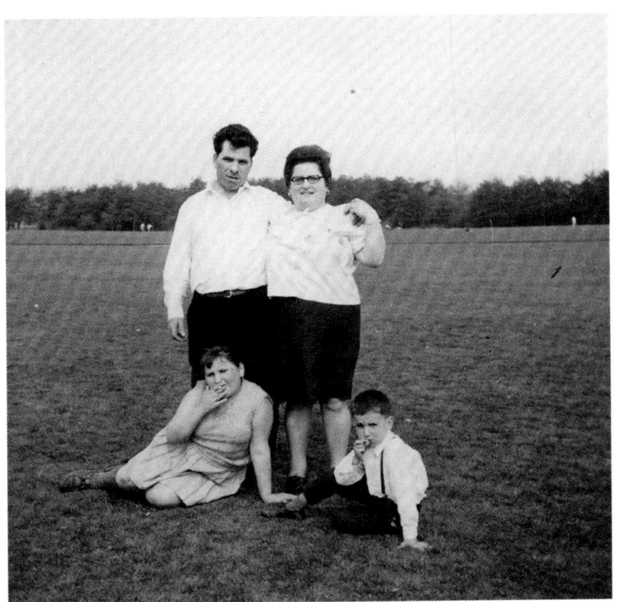

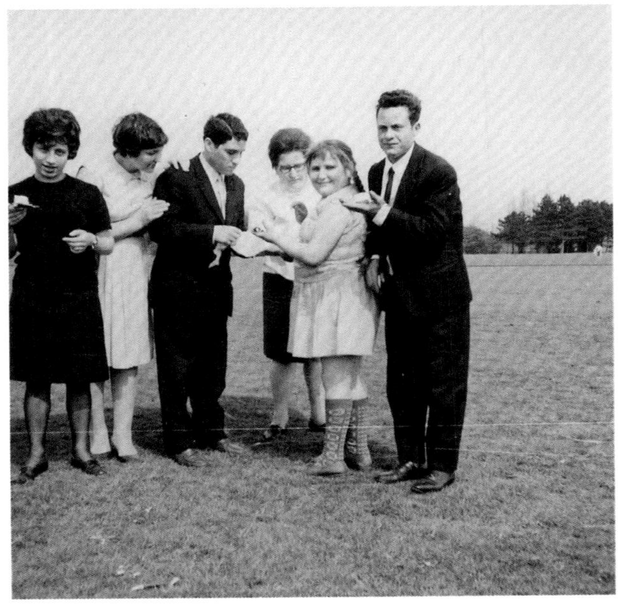

Sonntagsausflug in die Merheimer Heide
Sunday excursion to Merheimer Heide
Köln, ca. 1969

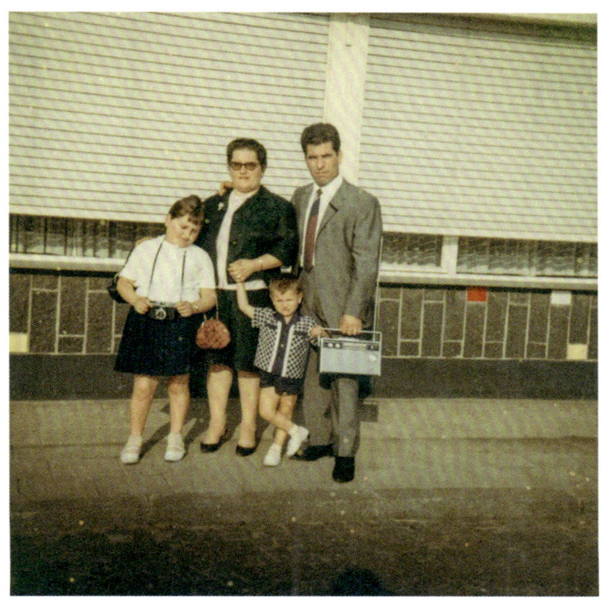

Die Familie Spitaleri beim Sonntagsspaziergang
The Spitaleri family on a Sunday stroll, Köln-Kalk, ca. 1967

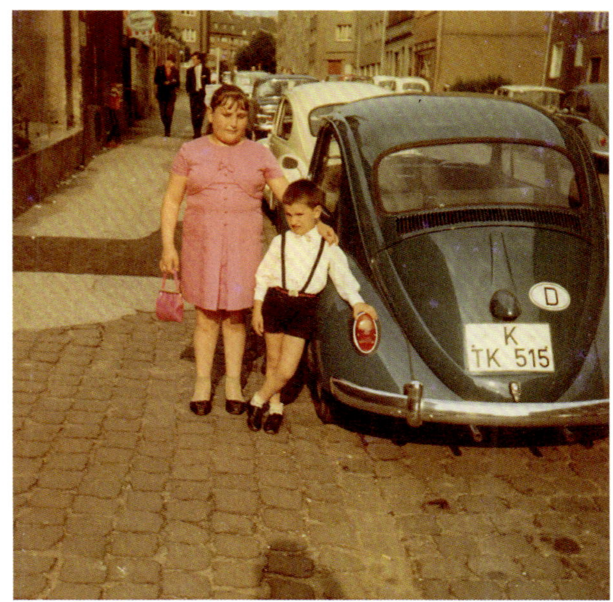

Rosa Spitaleri und ihr Bruder Vincenzo beim Sonntagsspaziergang
Rosa Spitaleri and her brother Vincenzo on a Sunday stroll
Köln-Kalk, ca. 1967

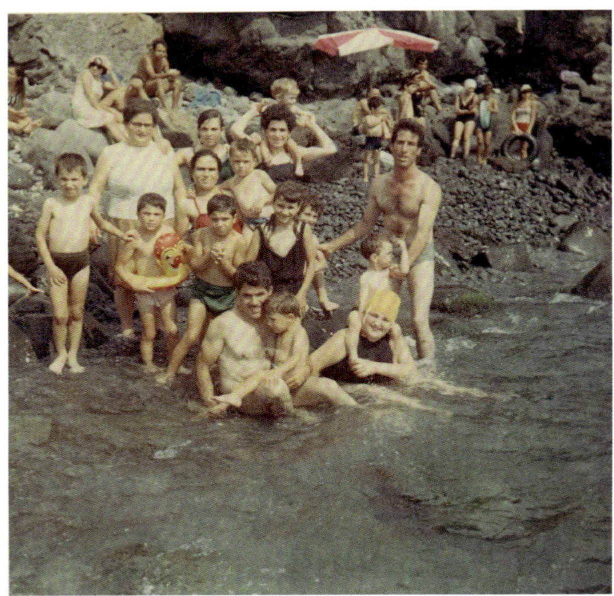

Sommerferien in Sizilien Summer vacation in Sicily
Catania Ognina, 1969

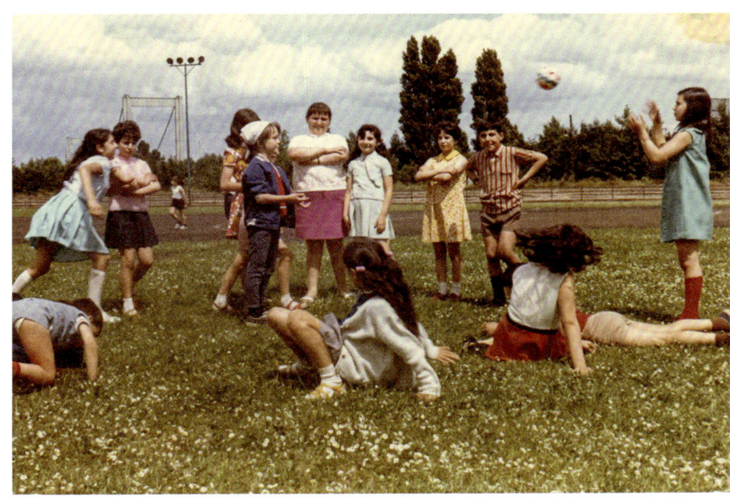

Kinderausflug der Katholischen Mission
Catholic Mission tour for children
Köln, ca. 1970

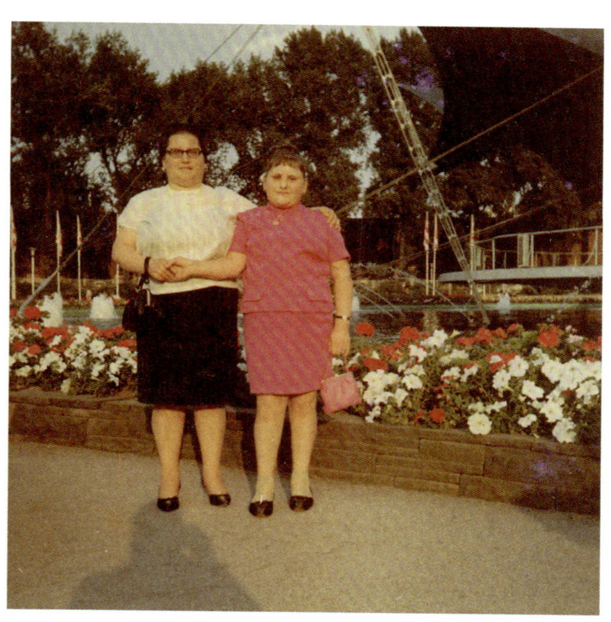

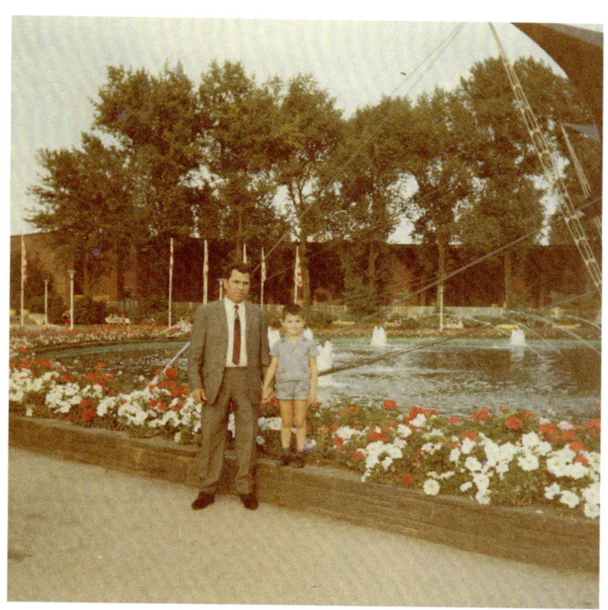

Sonntagsausflug zum Tanzbrunnen
Sunday excursion to the Tanzbrunnen
Köln-Deutz, ca. 1973

Angela L.
und ihre Mutter Carmela kamen 1961 aus Stigliano, Basilicata, in Italien nach Deutschland. Ihr Vater war 1960 vorausgegangen und arbeitete zunächst beim Seilbahnhersteller Pohlig in Berzdorf in der Nähe von Brühl. Eigentlich wollte er Schauspieler werden und Filme drehen. In den Anfängen bewohnte die Familie ein Zimmer in der Piusstraße 84 in Köln-Ehrenfeld. Später zogen sie innerhalb von Ehrenfeld um und wohnen bis heute dort. Angela L. ist Dolmetscherin und singt gerne – eine der Passionen, die ihr Vater an sie weitergegeben hat. In seiner Freizeit fotografierte er viel und drehte Super-8-Filme, die das Freizeitleben dokumentieren.

„Mein Vater hat nicht gerne ohne meine Mutter gelebt. Sie haben 1958 geheiratet. 1960 ist mein Vater im November nach Köln gekommen. Ich bin 1959 geboren. Wir haben ihm gefehlt. Er hat gesagt: ‚Ich habe nicht geheiratet, um von meiner Frau und meinem Kind getrennt zu sein. Ich möchte sie bei mir haben.' 1961 im April sind wir nach Köln gekommen. Mein Vater hat sofort eine Wohnung für uns gefunden. Wohnung kann man eigentlich nicht sagen. Es war ein Zimmer. Wir hatten eine Gemeinschaftstoilette mit all den Leuten, die auf demselben Flur gewohnt haben. Nicht mal ein Bad. Gebadet haben wir im Zimmer in einer Plastikwanne, indem wir uns reingehockt und nacheinander gebadet haben. Meine Mutter hat auf dem Brikettofen das Wasser warm gemacht. Die Wohnbedingungen waren noch Ende der 1970er

Angela L.
and her mother Carmela came to Germany from Stigliano, Basilicata, Italy in 1961. Her father had gone ahead, in 1960, to work for the cable car manufacturer Pohlig in Berzdorf near Brühl. At first, the family lived in a single room at Piusstrasse 84 in the Ehrenfeld neighborhood of Cologne. They later moved but remained in the district, where they still live today. Angela L. is an interpreter and likes singing—one of the various passions passed on to her by her father, who had wanted to become an actor and make movies. In his free time, he documented their life through many photographs and Super 8 films.

"My father didn't like living without my mother. They married in 1958, and I was born in 1959. My father came to Cologne in November 1960. He missed us. He said: 'I didn't get married just to be separated from my wife and child. I want to have them with me.' My mother and I came to Cologne in April 1961. My father immediately found us an apartment—although you couldn't really call it an apartment, as it was just one room. We shared a toilet with all the people who lived on the same corridor. It was not even a bathroom. We bathed in our room, taking turns to squat down in a plastic tub. My mother would heat the water on a coal-fired oven. At the end of the 1970s, the living conditions were still miserable, which is why so many Italians left Ehrenfeld.

Jahre miserabel. Deshalb sind auch so viele Italiener aus Ehrenfeld weggegangen.
Auch mein Onkel ist in dasselbe Haus gekommen und andere Italiener. Es war schon ein Gastarbeiterhaus. Nur die Hausbesitzer und deren Schwester haben noch als Deutsche im Haus gewohnt. Es waren alles Ausländer, hauptsächlich Italiener. Sonntags und an Feiertagen ist man zusammen gesessen. Man zog sich gut an. Wenn man aus dem Haus geht, muss man adrett angezogen sein, sauber und fein und schick, weil man ja gesehen wird.
Wir liebten die frische Luft. Wir kommen aus einem Dorf, wo sich das Leben draußen abgespielt hat. Drin wurde nur gekocht, gegessen und geschlafen. Alles andere wurde draußen gemacht. Wenn die Frauen fertig waren mit der Hausarbeit, saßen sie draußen, haben vielleicht gestrickt, gehäkelt, geplaudert und getratscht, toll. In Köln war es auch eine Möglichkeit, sich mit anderen Leuten zu treffen, weil zu Hause kein Platz war. Du siehst ja die Fotos, die wir zu Hause geschossen haben. Da sitzen wir alle übereinander wie die Vögelchen.
Ich denke mir, die Leute haben das genossen. Heute noch. Die Leute genießen, wenn sie Ausflüge machen können, weil sie viel während der Woche arbeiten. Die Ringe waren wirklich schön. Es gab viele Pflanzen, Bäume. Man konnte gut bis zum Dom spazierengehen.

Other Italians, including my uncle, came to live in the same house. It was a guest workers' house. The owners and their sister were the only Germans still living there, and the rest were foreigners, mainly Italians. On Sundays and public holidays, we would sit together, wearing our best clothes. When you go outside, you need to be well dressed, clean and smart, because you will be seen.
We loved fresh air. We came from a village where life took place outside. Inside was only for cooking, eating, and sleeping, and everything else was done outdoors. When the women had finished the housework, they would sit outside, maybe knitting or embroidering, chatting and gossiping. It was great. In Cologne, being outdoors was also a way of meeting other people because there was no room inside, as you can see from the pictures taken at home where we're sitting all squashed together like birds.
I think people enjoyed going outside. Even today, people like to go on excursions because they work a lot during the week. The ring roads were very beautiful, with many plants and trees. You could walk all the way to the cathedral. We often went to the park, toward the Aachener Weiher and the Italian Consulate.

Wir sind auch oft in den Park gegangen in Richtung Aachener Weiher und italienisches Konsulat.
Ich finde, auf den Fotos siehst du, dass die Leute voller Hoffnung sind. Das sind Leute, die sagen: Wir sind jetzt hier, und das Leben wird besser werden. Sie hatten ein schweres Leben, aber trotzdem der Hoffnungsschimmer.
Eine wichtige Sache für die Gastarbeiter allgemein war, auch diese Wertschätzung zu spüren. Nein, man ist nicht der Dumme, der vom Land kommt und nichts kann und nichts weiß, bloß weil man die Sprache nicht kennt. Man ist eine Person, und wenn du dir ein bisschen Zeit nimmst, um diese Person kennenzulernen, dann merkst du: aha, das ist ein ganz feiner Mensch.
Mein Vater liebte es zu fotografieren. Er liebte Filme. Er liebte alles, was damit verbunden war. Er hat das als eine Form der Kunst empfunden. Er hat mir eine Kamera geschenkt, als ich alt genug war, mir diese Liebe zum Fotografieren zu vermitteln und auch, dass die Fotos schön werden."

I think the photographs show people full of dreams, people who say, 'We're here now, and life will get better.' They had a hard life, but it glimmered with hope.
It was important for guest workers to feel appreciated and not to be treated like idiots from the countryside with no skills or knowledge just because they didn't speak German. This is a person, and if you take a little time to get to know this person, you will notice that, indeed, they are a very fine human being.
My father loved taking pictures. He loved films and everything connected with it. For him, it was a form of art. He gave me a camera as a present when I was old enough for him to pass on his love of photography and for me to take nice pictures."

Angela L. im Gespräch mit Aurora Rodonò, Dezember 2020
Angela L. in conversation with Aurora Rodonò, December 2020

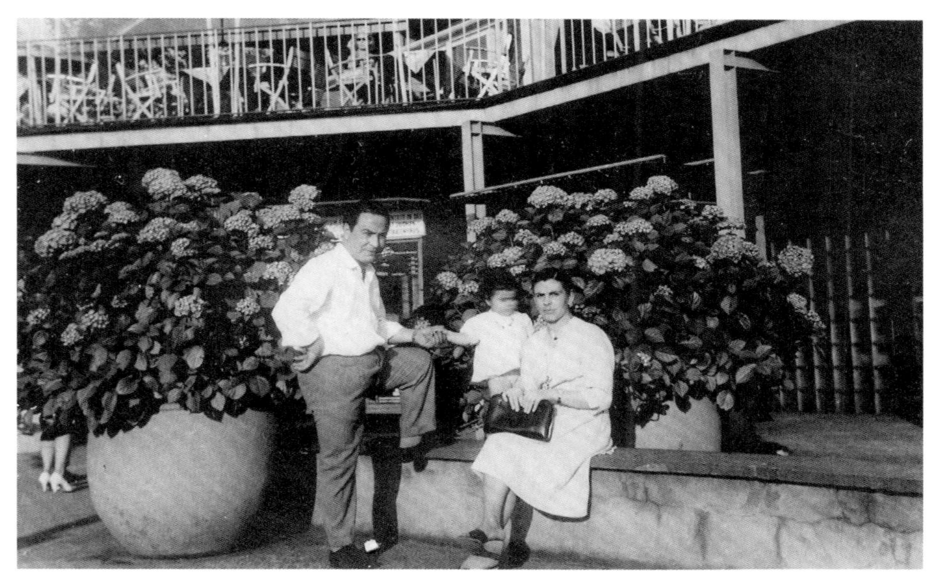

Familie L. im Stadtgarten
The L. family in the Stadtgarten park
Köln, 1961

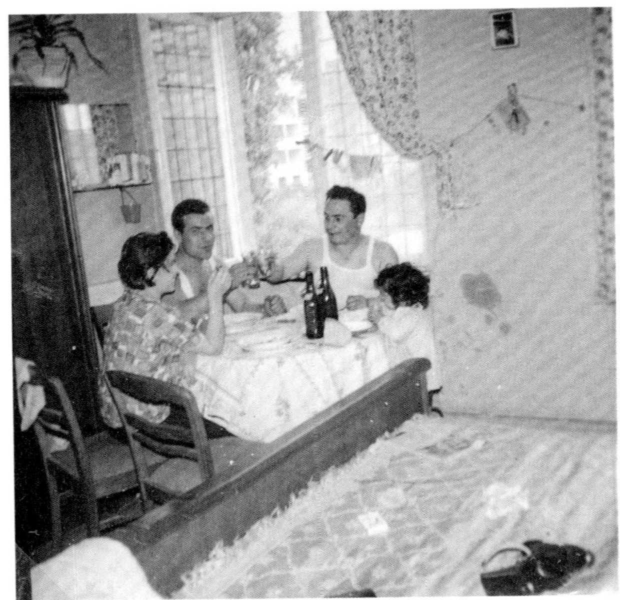

Gemeinsames Mittagessen zum Namenstag von Giovanni L.
mit dessen Bruder und einem Freund
Lunch to celebrate the name day of Giovanni L. with his brother and a friend
Köln-Ehrenfeld, Piusstraße, 1961

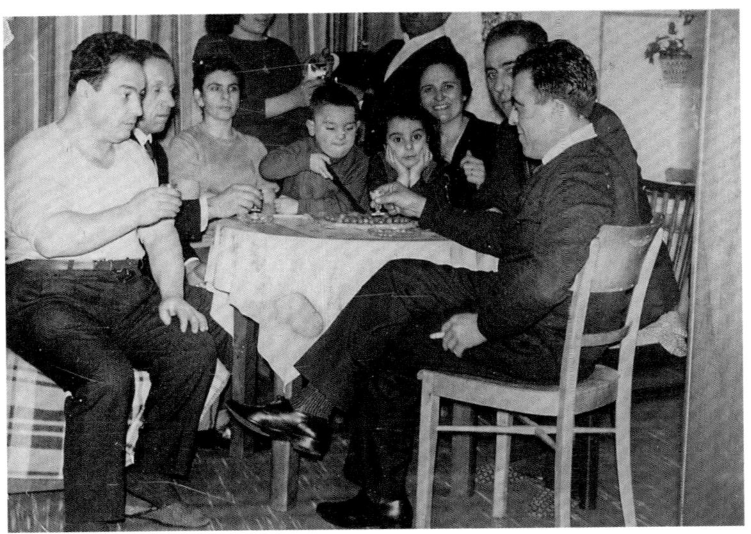

Die Familie L. und ihre italienischen Freund*innen
The L. family with their Italian friends
Köln, ca. 1960

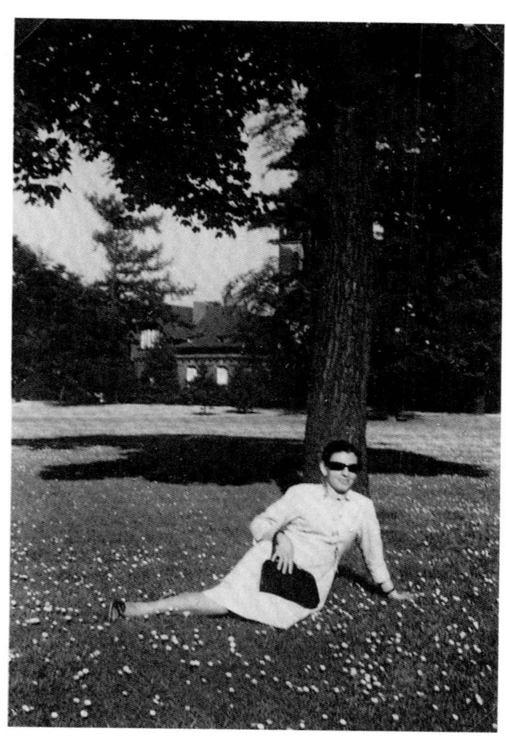

Carmela L., Köln-Ehrenfeld, 1961

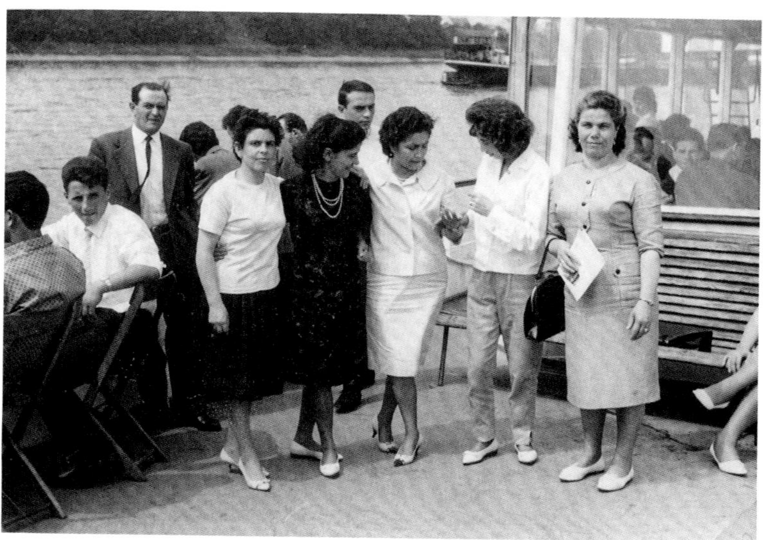

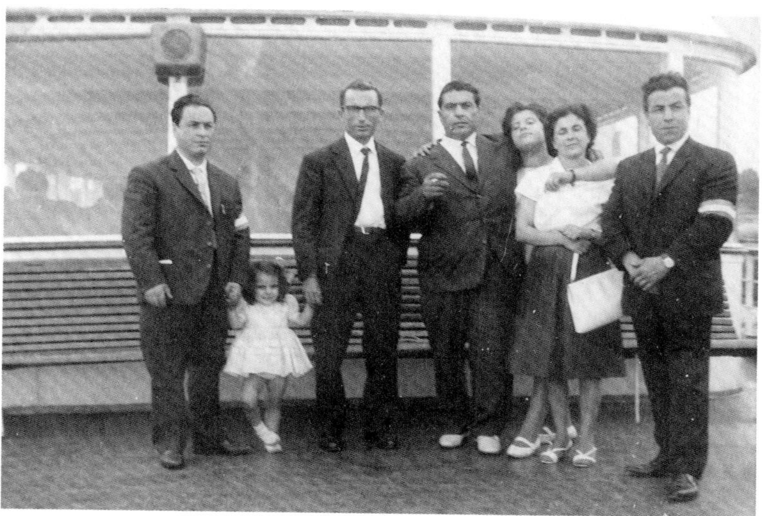

Eine von der Caritas organisierte Schifffahrt auf dem Rhein.
Die Familie L. mit Verwandten und Freund*innen.
A Rhine cruise organized by Caritas. The family L. plus relatives and friends.
Köln, ca. 1962

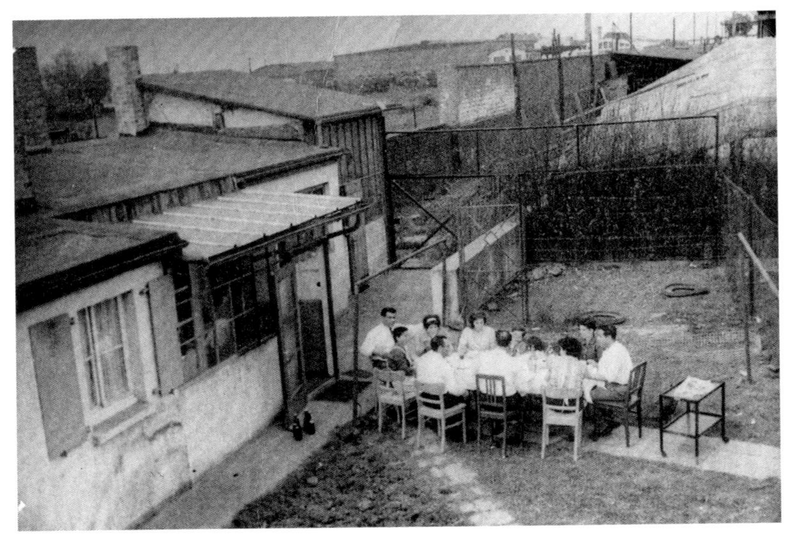

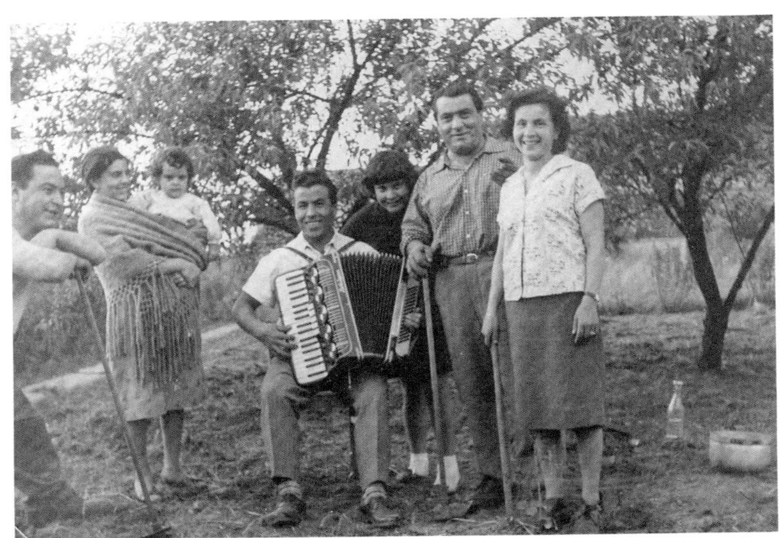

In den Barackenunterkünften der Firma Pohlig in der Nähe von Brühl,
wo der Bruder von Giovanni L. mit seiner Familie lebte
In the Pohlig company barracks near Brühl, where Giovanni L.'s brother lived with his family
Berzdorf, Wesseling, 1961–1962

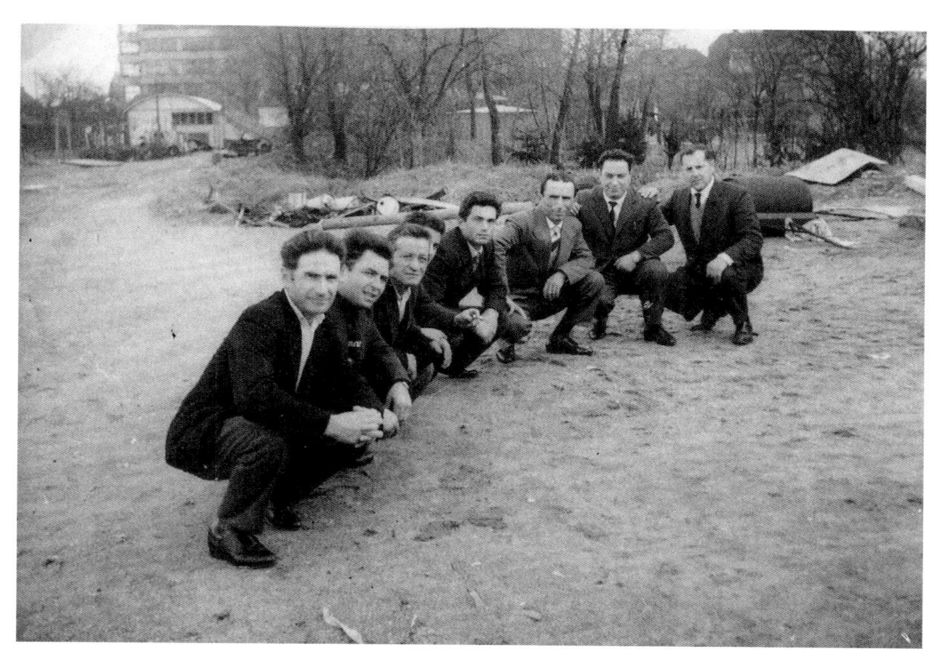

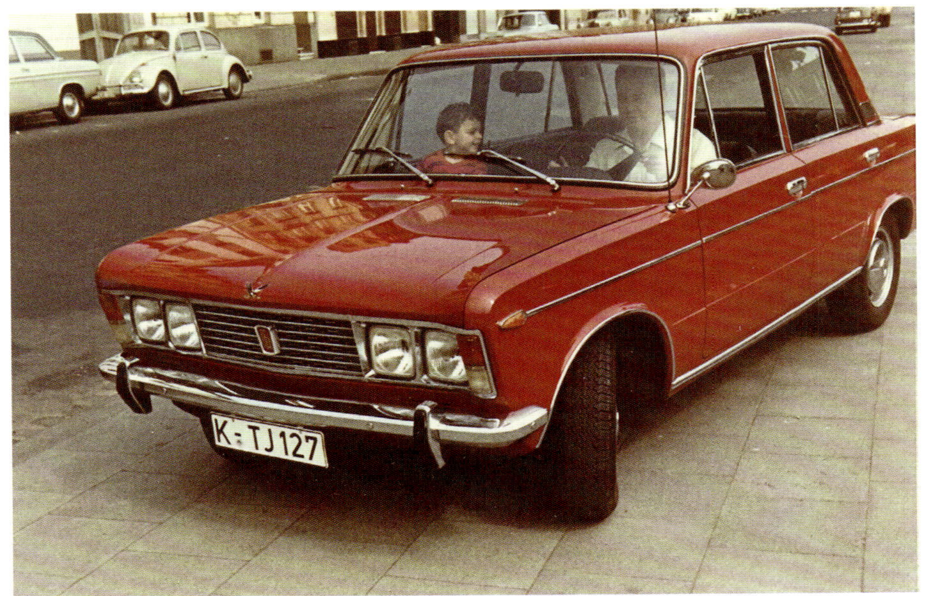

Giovanni L. mit seinem Sohn im Fiat seines Bruders
Giovanni L. with his son in his brother's Fiat
Köln, ca. 1967

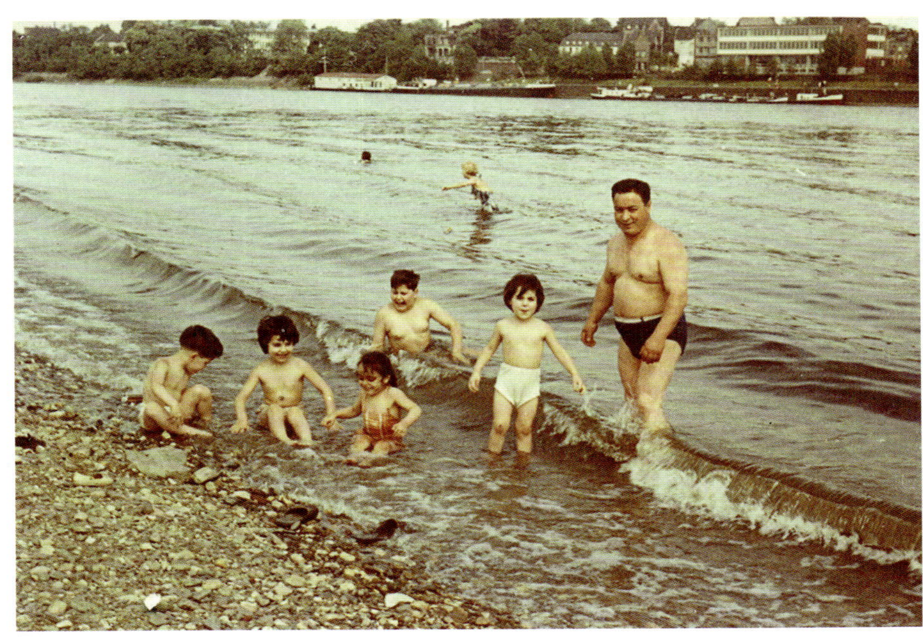

Familienausflug am Rhein Family outing on the Rhine, Köln, ca. 1962

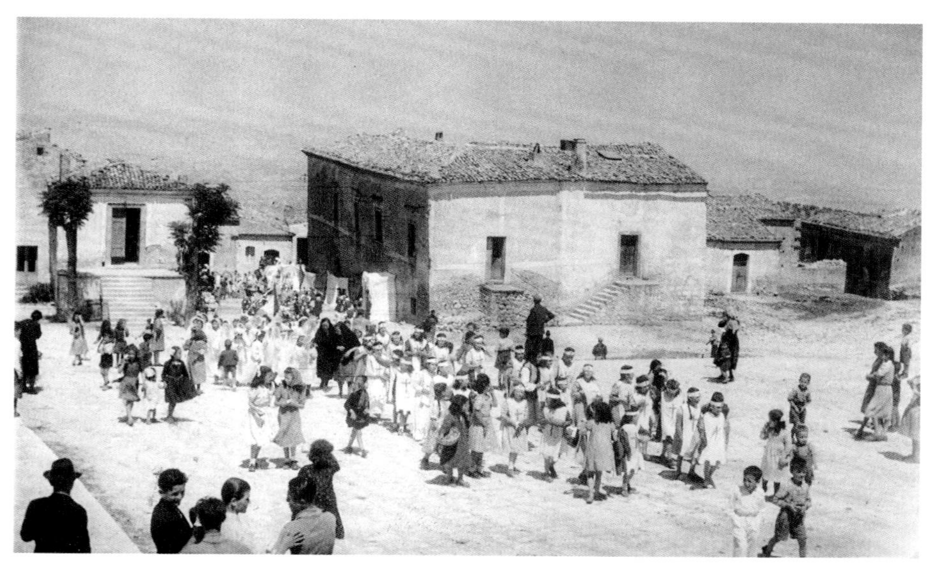

Fronleichnamsprozession im Herkunftsort der Familie L.
Corpus Christi procession in the hometown of the L. family
Stigliano, Matera, Basilicata, 1948

Asimina Paradissa
wurde in Vrasta, Chalkidiki, Griechenland, geboren. Ihre Eltern arbeiteten saisonal als Landwirte oder Köhler. Als Mädchen stickte sie gegen Geld, 1000 Stiche gaben drei Drachmen. Später arbeitete sie im Straßenbau und in einem Steinbruch. Als sie nach Deutschland kam, fand sie die Arbeit nicht schwer. Bei der Firma Olympia in Wilhelmshaven stellte sie Schreibmaschinen her. Sie kaufte sich selbst eine mit griechischer Tastatur und begann Gedichte zu schreiben. Ihre Gedichte verfasste sie im Kopf während der Arbeit am Fließband und schrieb sie später nieder. Asimina Paradissa hatte schon in Griechenland dem örtlichen Fotografen bei der Entwicklung von Filmen geholfen. In Deutschland wurde sie in den Wohnheimen von ihren Kolleginnen damit beauftragt, Hochzeiten, Feste und Zoobesuche zu dokumentieren.

„Ich war neunzehn Jahre alt, als wir im Steinbruch bei Vavdos arbeiten mussten. Wir sind eineinhalb Stunden mit dem Lastwagen gefahren. Um vier Uhr sind wir von zu Hause losgefahren, um sechs Uhr haben wir angefangen und bis drei, vier gearbeitet. Der Lastwagen war offen. Du kannst dir ja vorstellen, wie das war: frühmorgens, kalt, Staub. Und die Arbeit war auch hart. Wir mussten die Steine mit dem Hammer zerkleinern und die Minieralien rausholen. Da gab es einen Gummikorb, den mussten wir auf die Schultern hieven und tragen. Mit zwanzig bin ich dann nach Deutschland gegangen.
Als wir hierher kamen, war es auch nicht leicht. Aber alles hat mich fasziniert. Meine erste Stelle in Wilhelmshaven war so ländlich. Wiesen. Kühe. Da hab ich meiner Mutter geschrieben: ‚Mach dir

Asimina Paradissa
was born in Vrasta, Chalkidiki, Greece. Her parents were seasonal farmworkers and also made charcoal. As a girl, she sewed for money—1000 stitches for three drachmas. Later, she worked in road construction and at a quarry. When Paradissa came to Germany, she made typewriters for the Olympia company in Wilhelmshaven and found the work quite easy. She bought a typewriter with a Greek keyboard and began writing poetry, composing poems in her head while working on the assembly line and typing them out later. In Greece, Paradissa had helped a local photographer develop films. So in Germany, her coworkers at the women's dormitory would ask her to document their weddings, parties, and excursions to the zoo.

“I was nineteen when we worked at the quarry near Vavdos. We had to drive ninety minutes in a truck, leaving home at four in the morning and starting at six, working until three or four in the afternoon. The back of the truck was open. You can imagine what it was like, early morning, cold and dusty. And the work was hard, too. We had to break rocks with a hammer to extract the minerals. There was a sort of rubber basket we had to heave onto our shoulders and carry. When I was twenty, I went to Germany.
When we arrived, it wasn't easy either, but I found everything fascinating.
My first job in Wilhelmshaven was very rural, with fields and cows. I wrote to my mother: ‘Don't worry. We have a big house.’ There were seventy-six women

keine Sorgen. Wir haben ein großes Haus.' Es waren 76 Frauen, und zwei Wohnungen für Ehepaare. Insgesamt arbeiteten 700 Leute, Griechen, in der Firma Olympia.
Hierher bin ich mit 21 Jahren gekommen. Da lerne ich *podilato* – Fahrradfahren. Wir durften als Mädchen in Griechenland nicht Fahrradfahren. Das war in den 1960ern noch verboten. Ich habe gelernt zu fahren, aber ich konnte nicht absteigen. Ich bin immer gefallen.
Als ich nach Wuppertal gehen sollte, sagte mir der Hausmeister: ‚Ach, Frau Paradissa, nach Wuppertal? Da können sie sich erst mal gar nicht verständigen! Da gibt es Leute, die sprechen Platt!' ‚Warum soll ich die nicht verstehen? Im *chorió* (Dorf) sprechen wir ja auch platt!' Zuerst war ich bei der Hutfabrik Küpper, dann fünf Monate bei der Autoschlüssel-Fabrik Elora, danach habe ich bei Bomoro 32 Jahre Schlösser für VW, Ford, Mercedes gebaut und nebenbei zehn Jahre bei der Schraubenzieher-Fabrik Schröder geputzt. Bei Bomoro war eine sehr laute Maschine. Irgendwann haben sie gemessen, dass es neunzig Dezibel waren. Als wir einen Hörschutz bekommen haben, war es zu spät. Dadurch habe ich meinen Tinnitus bekommen.
Die Fotos sind mit meinem Fotoapparat gemacht worden. Ich habe zwar immer fotografiert, aber ich wollte ja auch dabei sein. Damals

and two apartments for married couples. In total, 700 Greeks worked for Olympia.
I came to Wilhelmshaven when I was twenty. I learned *podilato*—to ride a bike. As girls, we were never allowed to ride bikes in Greece. In the 1960s, it was still forbidden. I learned how to ride, but I couldn't get off. I would always fall.
When I was about to leave for Wuppertal, the janitor said: 'Ah, Ms. Paradissa, to Wuppertal? You won't be able to make yourself understood! There are people there who speak a dialect!' 'Why wouldn't I understand?' I replied. 'In my *chorió* (village), we also speak a dialect.' At first, I worked at the Küpper hat factory, then at the Elora car key factory for five months. After that, I worked at Bomoro for thirty-two years, making locks for VW, Ford, and Mercedes, and for ten of those years, I also cleaned the Schröder screwdriver factory. There was an extremely loud machine at Bomoro. At some point, they measured its noise level, and it was ninety decibels. They gave us safety earmuffs after that, but it was too late. That's where I got my tinnitus.
The photos were taken with my camera. I always took pictures myself, but I also wanted to be in them. There were no selfies back

gab es diese ‚Selfies' nicht. Du musstest jemanden bitten: ‚Hier, mach mal ein Bild!' Wir haben die Bilder nach Hause geschickt, damit sie sehen, wie wir hier leben, und sie haben auch von dort Bilder geschickt, damit wir uns alle in Erinnerung haben und nicht vergessen.

Wo immer ich war, hatte ich die Kamera dabei. Ich fotografiere gerne. Ich filme auch gerne. 1966 bin ich gekommen, ein Jahr später muss ich mir schon einen Fotoapparat gekauft haben. Eine Kamera habe ich gekauft, weil ich nach Australien wollte. Ich wollte das Leben in Australien fotografieren oder filmen, um meinem Vater zu zeigen, wie sein Bruder dort lebt. Ich hatte offene *orízontes*. Ich wollte was sehen, viel Reisen. Das war meine Leidenschaft.

Es gab eine Cousine von uns, die viel fotografiert hat. Sie war damals achtzehn; ich war dreizehn, vierzehn Jahre alt. Sie hatte ein Portemonnaie und hat ihre Fotos reingelegt. Ich dachte, irgendwann mal werde ich vielleicht auch so viele Bilder machen und ein Portemonnaie kaufen. Und das habe ich auch geschafft."

then. You were forever asking someone, 'Here, take a picture!' We would send the pictures home so our families could see how we were living, and they also sent us pictures so we would remember each other and not forget.

I always had a camera wherever I went. I like taking pictures and making films. I arrived here in 1966, and by the following year, I must have already purchased a camera. I bought it because I wanted to visit Australia and take pictures of life there or make films of it so my father could see how his brother lived. I had open *orízontes*. I wanted to see a lot, do a lot of traveling. That was my passion.

I had a cousin who took lots of photographs. She was eighteen at the time; I was thirteen or fourteen. She would put her pictures in a purse. Maybe one day I'll take as many photographs as her and buy myself a purse, I thought. And I did!"

Asimina Paradissa im Gespräch mit Manuel Gogos, Dezember 2020

Asimina Paradissa in conversation with Manuel Gogos, December 2020

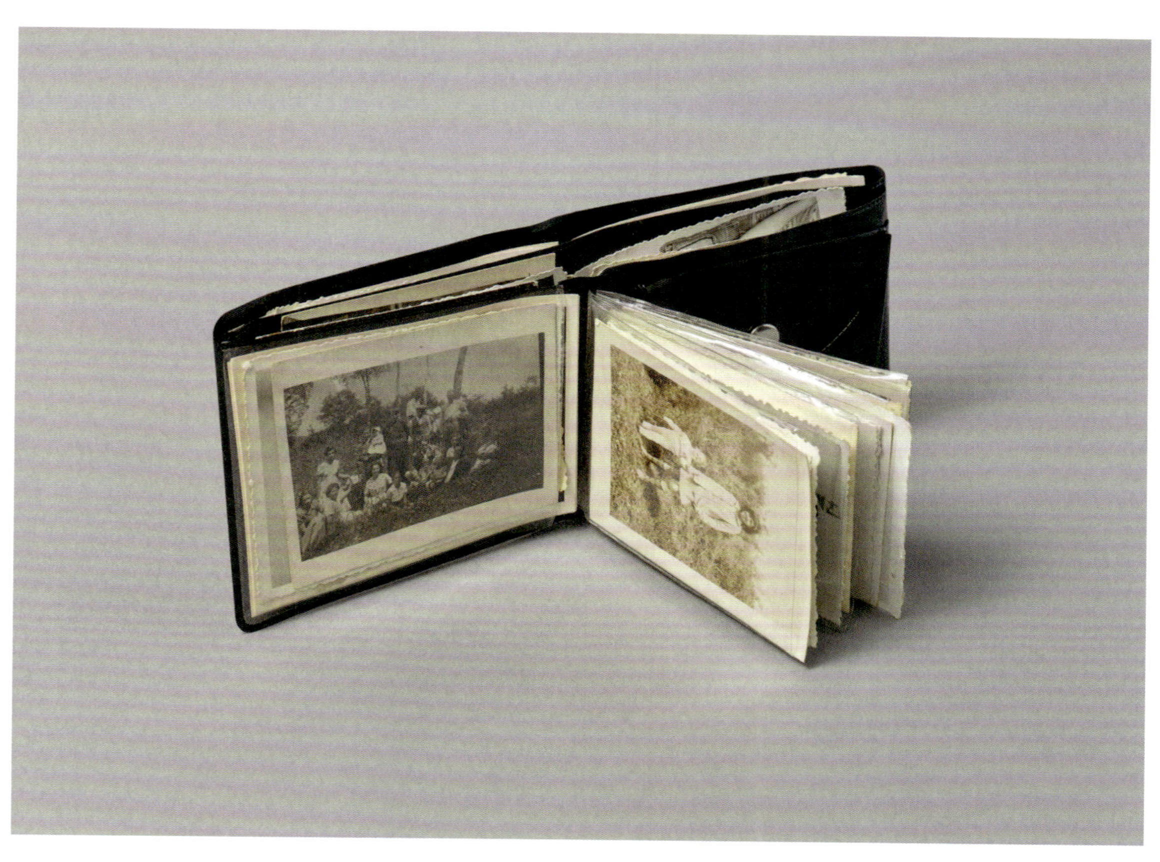

Foto-Album für die Westentasche
Photo album for a waistcoat pocket

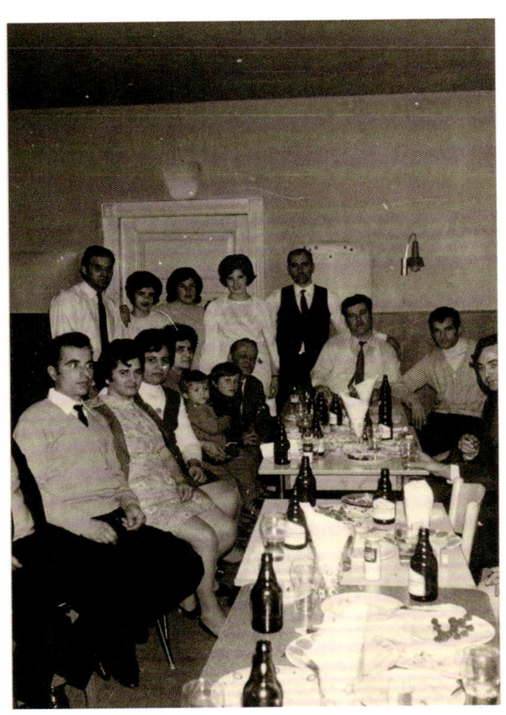

Asimina Paradissa (hinten, 3.v.l.) mit Kolleg*innen
im Aufenthaltsraum der Firma Olympia
Asimina Paradissa (back row, third from left) with coworkers
in the break room at the Olympia company
Wilhelmshaven, 1966

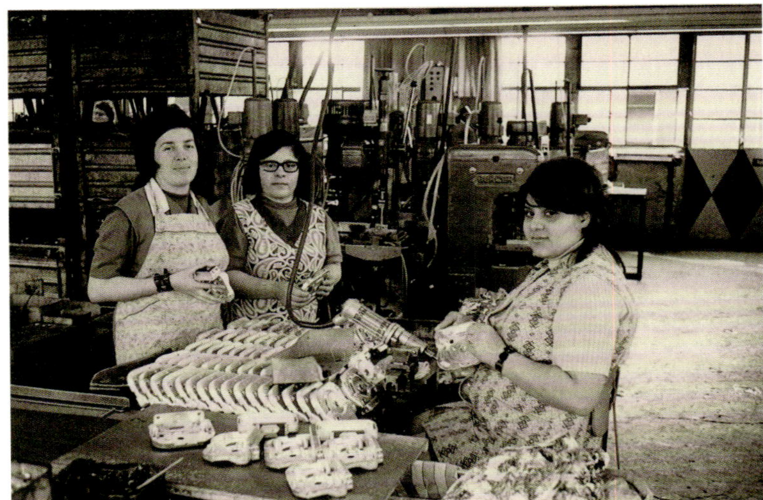

Asimina Paradissa bei der Fertigung von Autoschlössern
im Automobilzuliefererbetrieb Bomoro
Asimina Paradissa making car locks at the parts supplier company Bomoro
Wuppertal, 1971

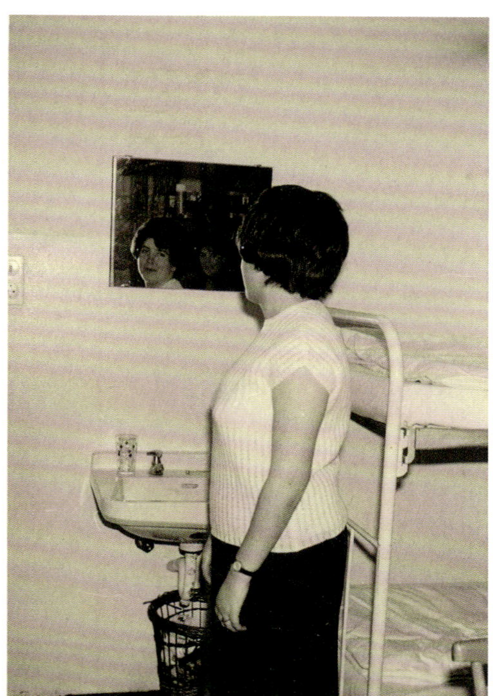

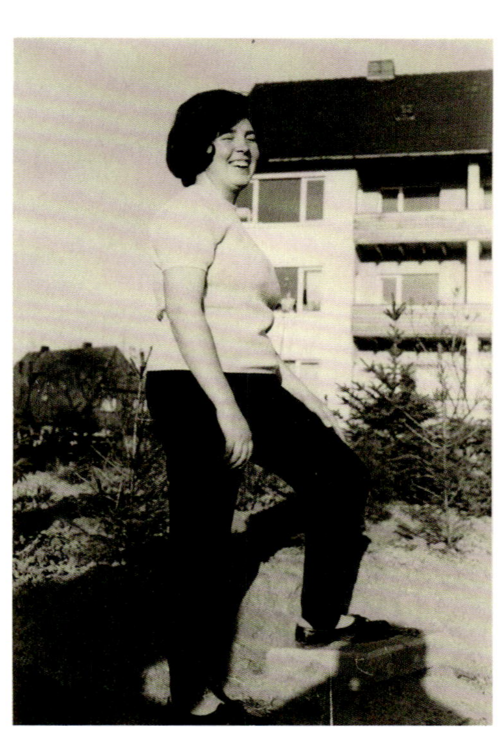

Asimina Paradissa vor und in dem Frauenwohnheim
der Firma Olympia
Asimina Paradissa outside and inside
the women's dormitory of the Olympia company
Wilhelmshaven, ca. 1966

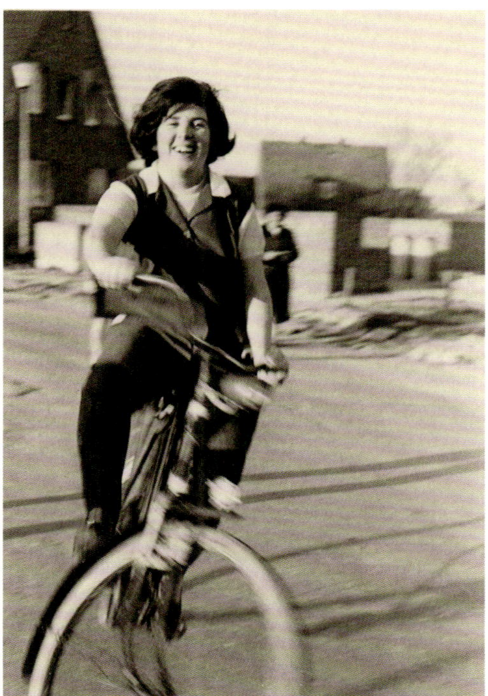

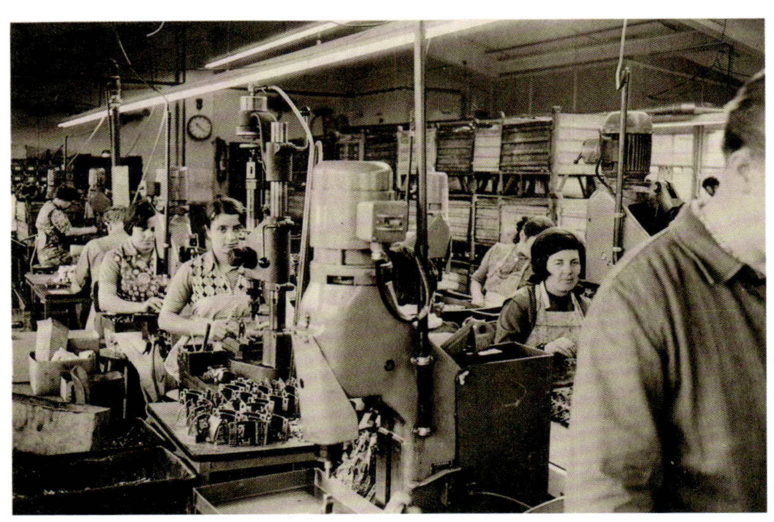

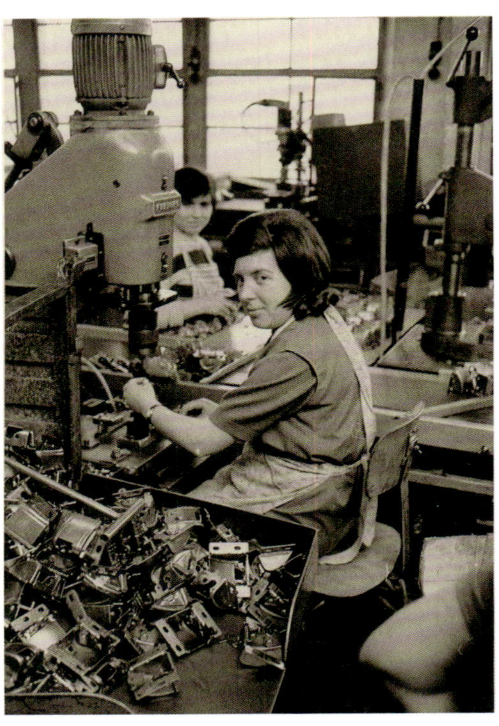

Asimina Paradissa bei der Fertigung von Autoschlössern im Automobilzuliefererbetrieb Bomoro
Asimina Paradissa making car locks at the parts supplier company Bomoro
Wuppertal, 1971

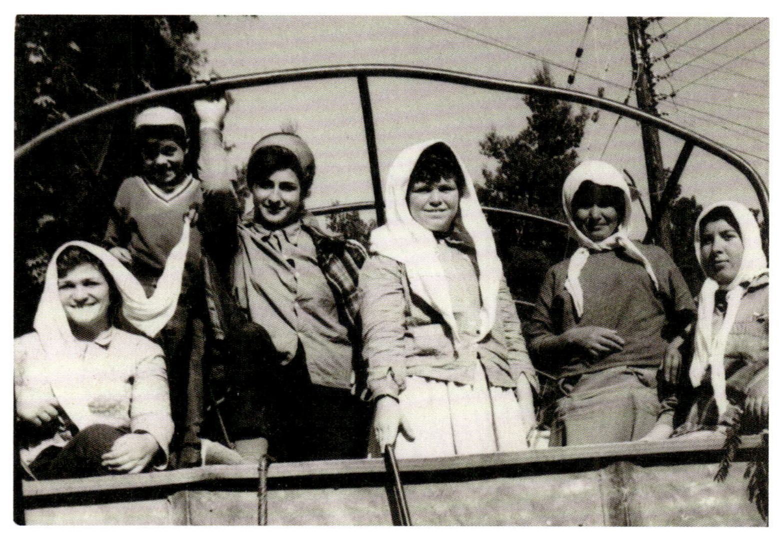

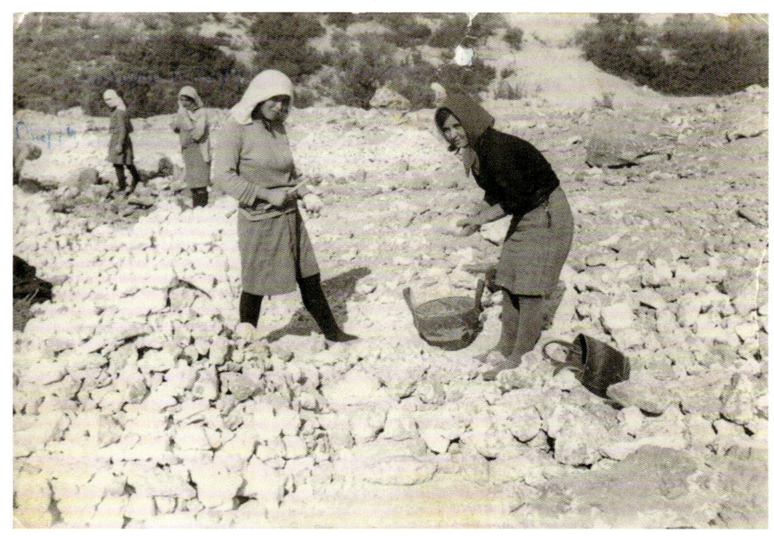

Asimina Paradissa auf dem Weg zum und bei ihrer Arbeit im Steinbruch
Asimina Paradissa on her way to and at work in a quarry
Vavdos, Chalkidiki, ca. 1960

Antonios Gogos
wurde 1949 in Kavala, Griechenland, geboren. Als er 1971 nach Deutschland kam, lebte er dort für einige Jahre im Haushalt seines älteren Bruders Leo Gogos in Gummersbach/Derschlag. Antonios Gogos durchlief eine Ausbildung zum Reprografen und Druckvorlagenhersteller. Dazu gehörte die Arbeit in einer Dunkelkammer. Auch privat ging Antonios Gogos gern mit der Kamera um, fotografierte nicht nur pittoreske Sujets, sondern suchte auch nach abstrakteren Motiven und experimentierte mit den fototechnischen Mitteln. Heute lebt Antonios Gogos mit seiner Frau Christa in Gummersbach/Derschlag als zweifacher Vater und Großvater.

„Viele Bilder habe ich von zu Hause mitgebracht, um Erinnerungen mitzunehmen und damit sie nicht verloren gehen. Deswegen habe ich auch angefangen, sie aufzukleben und zu sortieren. Ich bin mit 21 Jahren hierhergekommen. Ich komme aus Kavala. Dort vorgelagert ist die Insel Thassos, wo meine Mutter herkommt. Auf Thassos gab es immer Fotografen. Sie liefen mit ihrer Kamera über die Strände oder abends durch die Lokale, um Fotos zu machen, die du dann bestellen konntest. Denn damals hatte ja noch keiner eine Kamera. Ich habe mich immer in Pose gestellt, wenn ich fotografiert wurde. Ich wusste schon damals, wie das geht.
Ich bin am 26. Juni 1971 von Kavala nach Gummersbach gekommen. 2021 habe ich also meine fünfzig Jahre Deutschland voll. Mein Bruder war damals schon

Antonios Gogos
was born in 1949 in Kavala, Greece. When he came to Germany in 1971, he lived with the family of his older brother Leo in Gummersbach/Derschlag. He trained as a reprographics technician and typescript editor, which included work in a darkroom. He also enjoyed using a camera to take personal images, not only photographing picturesque motifs but also searching out more abstract subject matter and experimenting with darkroom techniques. Today, Gogos lives with his wife Christa in Gummersbach/Derschlag and is a father of two and a grandfather.

"I brought many pictures with me as a way of bringing memories from home and of preserving them, which is why I started putting them up and sorting them. I was twenty-one when I came here from Kavala. The town is opposite the island of Thassos, where my mother is from. There were always photographers on Thassos, who would walk along the beach or through the bars in the evenings, taking pictures you could then order. At the time, people didn't have their own cameras. I would always strike a pose when my photo was taken. I already knew how it worked, even back then.
I came from Kavala to Gummersbach on June 26, 1971. In 2021, I'll have been in Germany for fifty years. My brother came here first, and I lived with him

vorausgegangen. Ich habe dann fünf Jahre bei ihm und seiner Familie gewohnt. Wir haben im Reprografiebetrieb seines Schwiegervaters gearbeitet.
Das Erste, was ich mir hier geleistet habe, war eine Kamera. Das war die Nikon F3, die gar nicht so günstig war – 1.300 DM. Ich habe immer experimentiert und selbst Abzüge gemacht. Das war im Betrieb möglich. Als Reprografen waren wir damals in diese Richtung getrimmt. Mich interessierten ‚Sachen', die ich fand und wiedergeben konnte. Zum Beispiel eine Leiter vom Jägerstand oder eine Wurzel. Ich suchte nach Motiven und Gegenständen, die ein gutes Bild abgeben konnten. Die Schornsteine habe ich auf dem Dach fotografiert, als wir die Halle gebaut haben. Als ich das sah, musste ich ganz schnell meine Kamera holen. Der Schornstein ist wie eine Skulptur auf dem Dach.
Ich habe auch mit verschiedenen Schärfen und Objektiven experimentiert. Die Familie meines Bruders war immer ein beliebtes Motiv. Manchmal war die Unschärfe unfreiwillig, manchmal habe ich etwas versucht, zum Beispiel, einen meiner Neffen in Bewegung zu zeigen. Oder ich habe das Fenster der Autotür genutzt, um meinen beiden Neffen einen Rahmen zu geben, damit sie nicht so verloren in der Weltgeschichte sind.

and his family for five years. We worked for his father-in-law's reprographics company.
The first thing I bought myself here was a camera, a Nikon F3. It was 1300 DM, which wasn't cheap at the time. I was always experimenting. I did it at work. Photos of photos, making enlargements, things like that. As reprographics technicians, we were trained in that direction. I was interested in 'things' I found that could be captured, for example, the ladder of an elevated hunting blind or a root.
I looked for motifs and objects that would make a good picture.
I photographed the chimneys when we were building the hall. As soon as I saw them, I quickly fetched my camera. The chimney is like a sculpture on the roof.
I also experimented with blurring and different lenses. My brother's family was always a popular subject. Sometimes the blurring was accidental; sometimes I would try something, such as capturing one of my nephews in motion. Or I used the car window to frame my two nephews, so they didn't look so alone in the world.
In the mid-1970s, color photography arrived. Here you see me in Berlin as a bit of a hippie, with red socks and long hair. Long hair was forbidden at home, at school, and later in the military. When

Mitte der 1970er kam die Farbfotografie auf. Hier bin ich in Berlin zu sehen. Ein bisschen hippiemäßig, mit roten Strümpfen und meinen langen Haaren. Die langen Haare waren zu Hause, in der Schule und dann beim Militär verboten. Als ich hier war, war meine erste Reaktion, meine Haare wachsen zu lassen. Ich war ja aus Griechenland weggegangen, als Militärdiktatur war. Die Freiheiten waren sehr eingeschränkt.
Im Sommer haben wir oft auf Thassos Urlaub gemacht. Es hat uns immer wieder hingezogen, weil wir dort groß geworden sind. Einige Fotos sind auf der Akropolis entstanden. Auf dem Kap Sounion war es ein richtiger griechischer Sommer, und wir haben uns entsprechend angezogen. Auf einem Foto habe ich ein sogenanntes Griechenhemd an, das aber für die Touristen produziert wurde. Die Haare sind noch länger. Die Rebellion hat nicht aufgehört.
Mein Blick auf Griechenland hat sich eigentlich nicht verändert. Ich habe das immer so praktiziert: Sobald ich die griechische Grenze überschritten habe, war ich dort zu Hause. Hier aber, in Deutschland, war ich genauso zu Hause.“

I arrived here, my first reaction was to let my hair grow. I left Greece during the military dictatorship, where freedoms were very restricted.
We often spent summer vacations on Thassos. It always drew us back because we had grown up there. Some of the pictures were taken at the Acropolis. It was a real Greek summer at Cape Sounion, and we are dressed accordingly. In one picture I'm wearing a so-called 'Greek shirt' that was produced for tourists. Our hair is even longer here. We never stopped rebelling.
My view of Greece hasn't really changed. I've always acted the same way: as soon as I cross the Greek border, I feel at home. But I feel equally at home here in Germany."

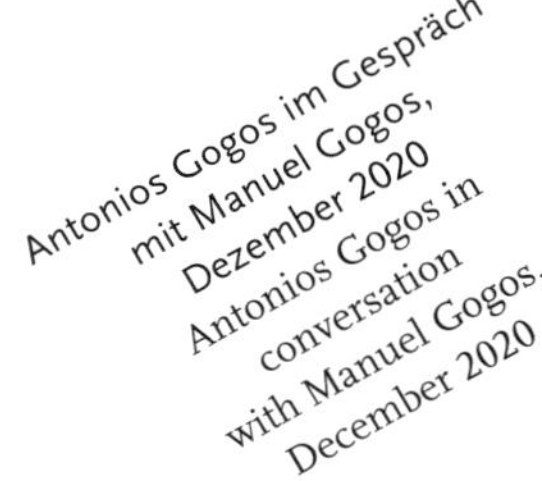

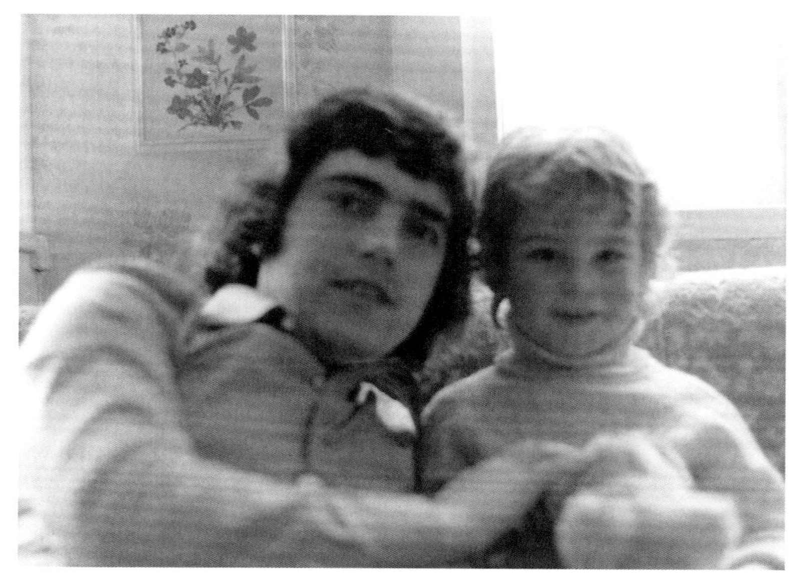

Antonios Gogos mit seinem Neffen
Antonios Gogos with his nephew
Gummersbach/Derschlag, 1973
(Foto photo: Antonios Gogos)

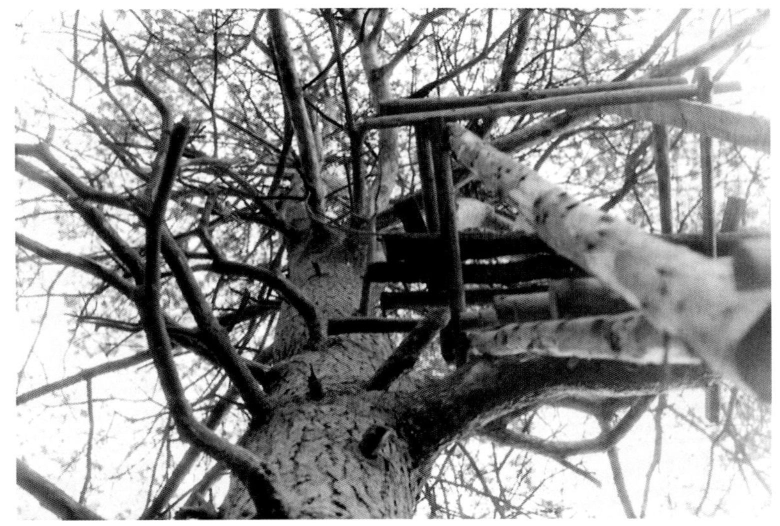

Jägerstand Elevated hunting blind, Oberberg, 1973 (Foto photo: Antonios Gogos)

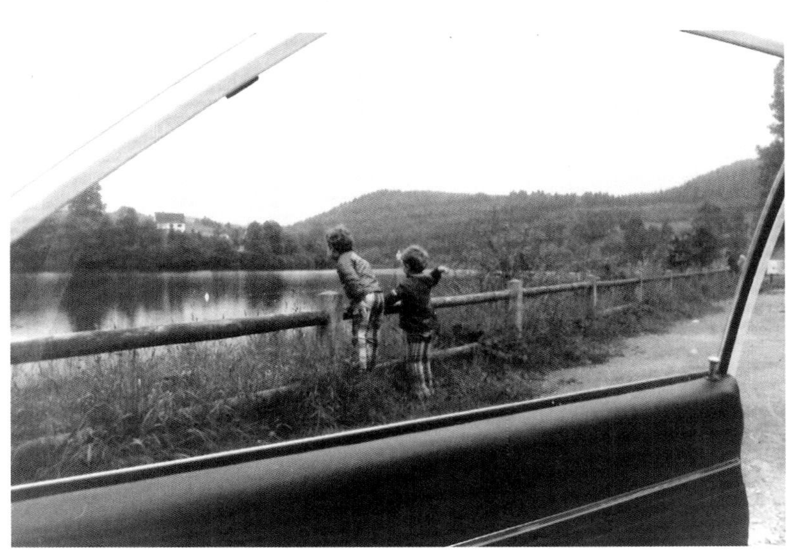

Ausflug mit seinen Neffen Excursion with his nephews, Bergisches Land, 1974
(Foto photo: Antonios Gogos)

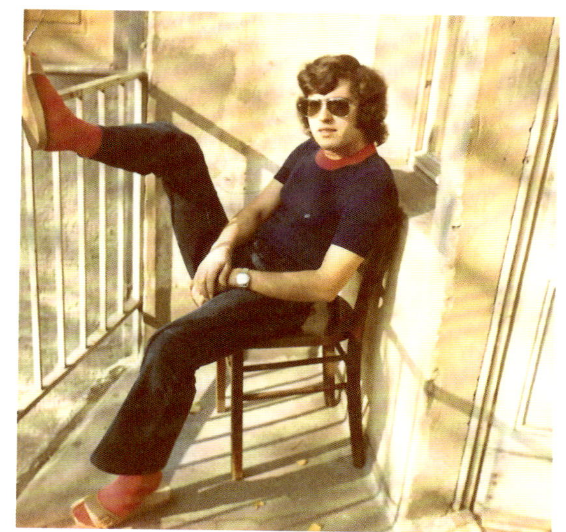

Antonios Gogos in Berlin, ca. 1973

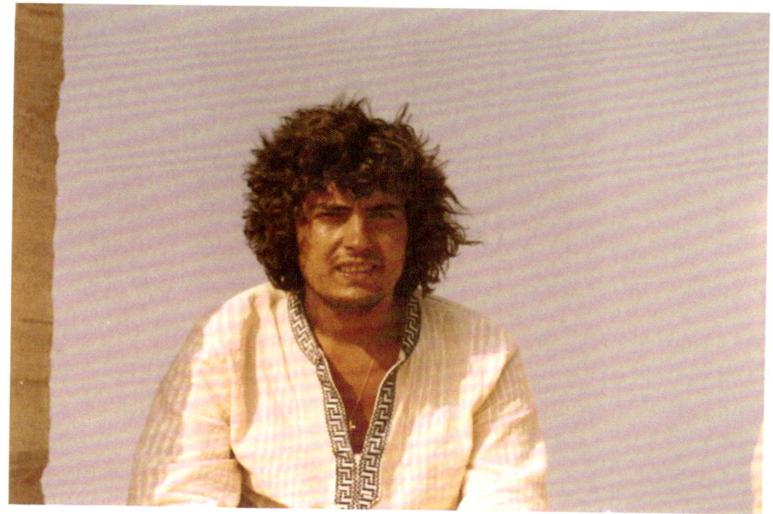

Kap Sounion Cape Sounion, 1974

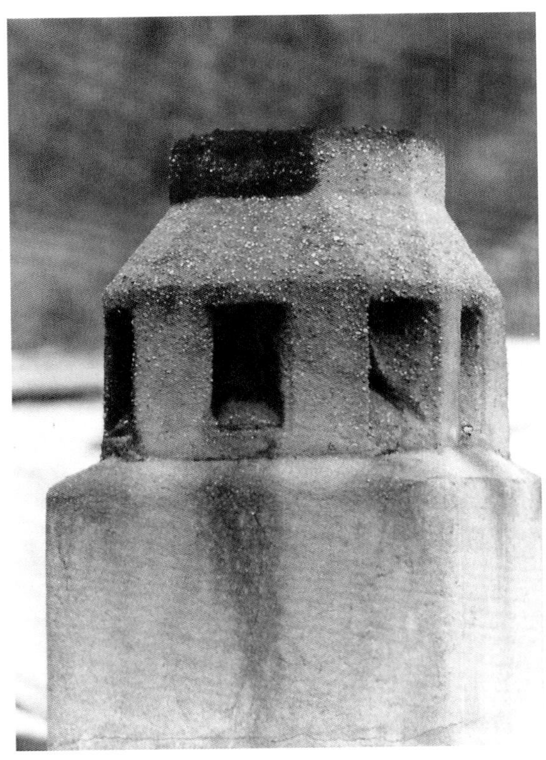

Schornstein (Detail) Chimney (detail)
Gummersbach/Derschlag, 1973 (Foto photo: Antonios Gogos)

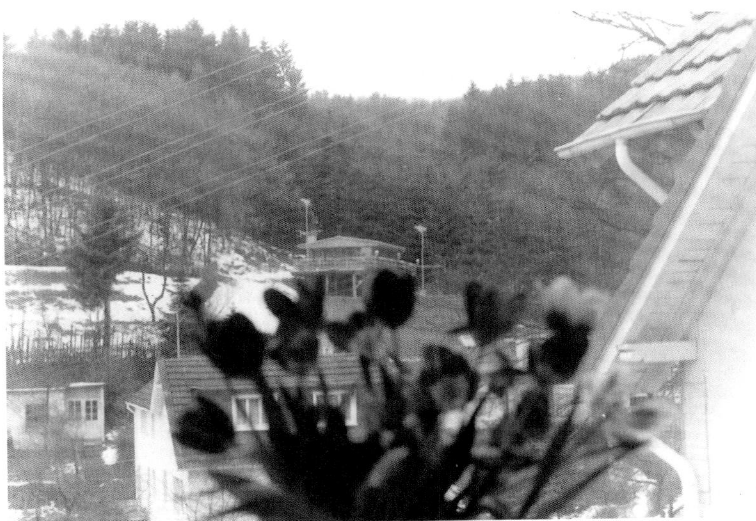

Stillleben, Schnittblumen Still life with cut flowers
Gummersbach/Derschlag, 1973 (Foto photo: Antonios Gogos)

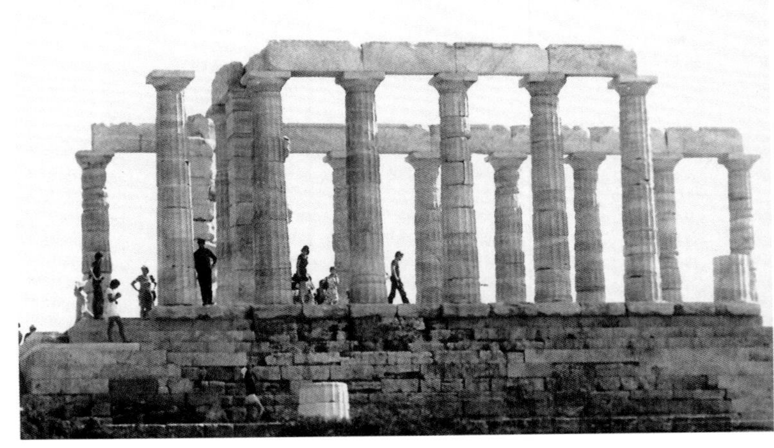

Poseidon-Tempel Temple of Poseidon
Kap Sounion Cape Sounion, 1973 (Foto photo: Antonios Gogos)

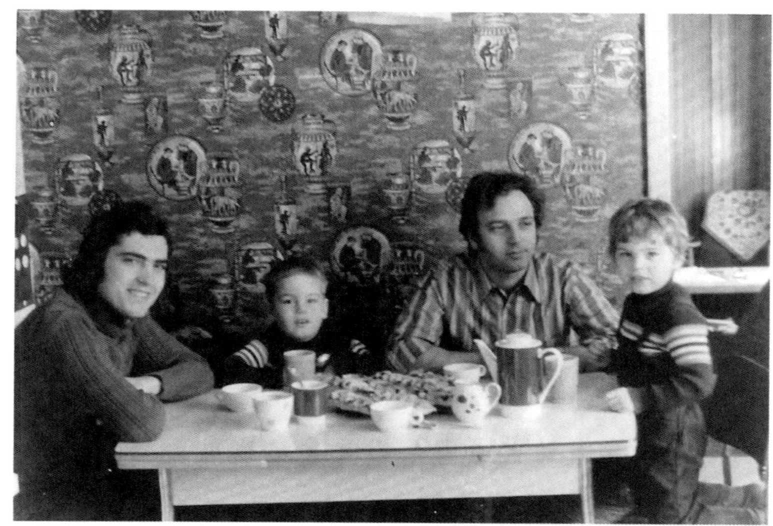

Antonios Gogos mit seinem Bruder Leo und dessen Söhnen
Antonios Gogos with his brother Leo and Leo's sons
Gummersbach/Derschlag, 1974 (Foto photo: Helene Gogos)

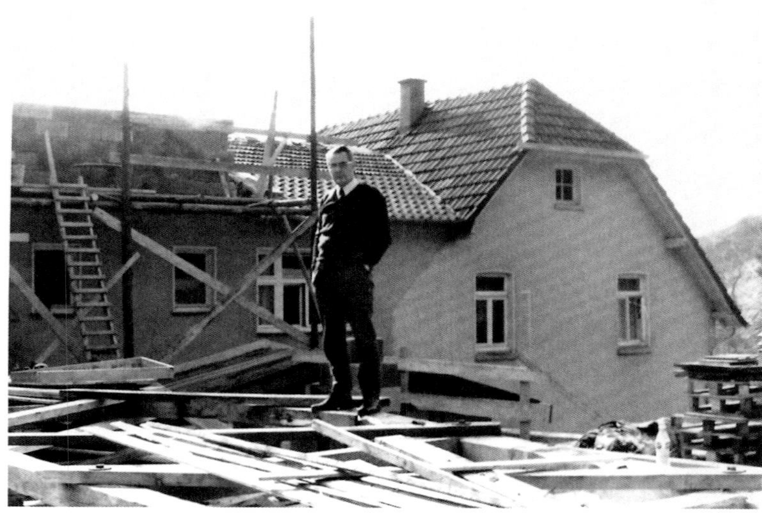

Erich Arntz, Schwiegervater von Leo Gogos
Erich Arntz, Leo Gogos's father-in-law
Gummersbach/Derschlag, 1973 (Foto photo: Antonios Gogos)

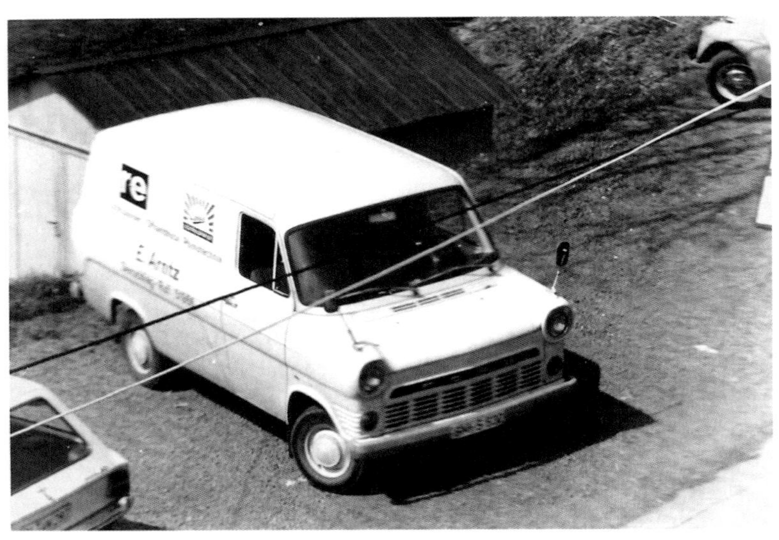

Firmenwagen der Reprografieanstalt E. Arntz, später Arntz und Co.
Company car of the reprographic company E. Arntz, later Arntz & Co.
Gummersbach/Derschlag, 1973 (Foto photo: Antonios Gogos)

Bengü Kocatürk-Schuster
Dengin Kocatürk, geboren 1942 in Bursa, Türkei, lernte seine 1950 in Ankara geborene Frau Süheyla (Ruziye) in Ankara kennen. Als sie 1969 nach München ging, folgte er ihr wenig später nach. 1972 kam dort ihre Tochter Bengü auf die Welt. Ein Jahr später zogen sie nach Krefeld. Ab 1976 lebte Bengü bei ihren Großeltern in Ankara. Begüm, die elf Jahre später Geborene, wuchs bei den Eltern in Krefeld auf. Heute arbeitet Bengü Kocatürk-Schuster als wissenschaftliche Mitarbeiterin im DOMiD-Archiv, wo auch die Fotografien und Dias ihrer Familie aufbewahrt sind.

„Meine Eltern waren sehr häufig umgezogen und dann mit der Wohnung und dem Garten sesshaft geworden. Der Garten war der Grund, warum sie die Wohnung nicht aufgeben konnten und wollten. Sie haben fast 35 Jahre dort gewohnt und sind erst ausgezogen, als sie den Garten nicht mehr versorgen konnten. Und weil die alten Nachbarn langsam weggezogen waren. Die Wohnungen waren stark renovierungsbedürftig.
Meine Eltern haben immer sehr viele Samen aus der Türkei mitgebracht, die hier nicht zu kriegen waren. Zum Beispiel Kräuter wie Rucola mit einem kräftigen Geschmack, wie man ihn heute noch nicht hier findet, oder grüne schlanke Kohlsorten, die es im Norden der Türkei gibt. Der Garten war eine Welt für sich. Vielleicht war es auch eine Verbundenheit mit der Türkei, die sie dort erleben

Bengü Kocatürk-Schuster
Dengin Kocatürk was born in 1942 in Bursa, Turkey, and met his wife Süheyla (Ruziye) in Ankara, where she was born in 1950. When Süheyla moved to Munich in 1969, he soon followed. A year after their daughter Bengü was born in 1972, they moved to Krefeld. In 1976, Bengü went to live with her grandparents in Ankara, while Begüm, born eleven years later, grew up with her parents in Krefeld. Today, Kocatürk-Schuster works as scientific officer in the DOMiD Archiv, where her family's photographs and slides are also kept.

"My parents moved very often until they settled down in an apartment with a garden. This garden was the reason they couldn't or wouldn't leave the apartment. They lived there for almost thirty-five years and only moved out when they could no longer look after the garden and because their old neighbors had gradually moved away. The apartments they had lived in were desperately in need of renovation.
My parents would always bring seeds back from Turkey that they couldn't get here, such as herbs, like an intensely flavored type of rocket you still can't find here, or tall, thin cabbages from the north of Turkey. The garden was a world of its own. Perhaps they also felt a connection with Turkey there. Later, they grew quinces, apples, pears,

konnten. Später hatten sie auch Quitten, Äpfel, Birnen, Erdbeeren, Johannisbeeren, Brombeeren, Stachelbeeren, aber auch sehr viele Blumen, viele Rosensorten – meine Mutter hat sogar Rosenmarmelade gemacht.

Meine Mutter kam 1969 alleine als Achtzehnjährige nach München. Sie arbeitete bei Siemens und wohnte dort im Wohnheim. Meine Mutter konnte dann meinen Vater holen lassen über einen Bauunternehmer in München, wo er zuerst gearbeitet hat. Sie kannten sich schon aus Ankara. Es war nicht selten, dass die Frauen die Männer nachgeholt haben, das ist wenig bekannt.

Einer der ersten Gegenstände, die sich meine Mutter in Deutschland gekauft hat, war eine Kamera. Bestimmt wollte sie Fotos in die Türkei schicken, damit die Verwandtschaft sich weniger Sorgen macht. Ich weiß nicht, ob ich mich mit achtzehn Jahren ohne Sprachkenntnisse, ohne Berufskenntnisse in ein fremdes Land getraut hätte. Das finde ich ziemlich mutig. Meine Mutter sagt auch, dass die erste Zeit sehr schwierig für sie war, weil sie Angst hatte, sich nicht traute und eigentlich ein sehr zurückhaltender Mensch war. Sie erzählt, dass sie sich sehr häufig in den Pausen auf der Toilette eingeschlossen und geweint hat und nicht wusste: Soll ich zurück, soll ich hierbleiben, was soll ich machen, warum bin ich gekommen? Aber sie hat dann

strawberries, redcurrants, blackberries, and gooseberries, and many flowers, many kinds of roses—my mother would even make rose jam.

My mother came to Munich alone in 1969, at the age of eighteen. She worked for Siemens and lived in the company dormitory. She was then able to have my father brought to Germany through a building contractor in Munich, where he first started to work. They knew each other from Ankara. It's a little-known fact that the women often arrived first, fetching the men later.

One of the first things my mother bought in Germany was a camera. She must have wanted to send photographs back to Turkey so that her relatives would be less worried about her. I don't know whether I would have been brave enough at the age of eighteen to move to a foreign country with no knowledge of the language and no work experience. I think that's quite courageous. My mother has said that things were very hard for her at first because she was afraid, lacked confidence, and is actually quite a reserved person. She describes how she would often lock herself in the bathroom during her breaks and cry and ask herself: Should I go home? Should I stay? What should I do? Why did I come here? But then she met people

Leute getroffen, die sie aufgenommen und beruhigt haben. Das hat es ihr etwas erleichtert, und irgendwann ging es dann.
Mein Vater hat das Fotografieren sehr ernst genommen. Er wollte eine Bibliothek aufbauen und hat sich spezielle Diakästen gekauft, bei denen der Deckel wie ein Buchrücken aussah. Er wollte sie nebeneinander ordnen und beschriften. Dass mein Vater so viel fotografiert hat, hat mich beeinflusst. Meinen ersten Fotoapparat habe ich von ihm geschenkt bekommen, als ich ungefähr zwölf Jahre alt war. Das war eine Yashica – das weiß ich noch ganz genau. Ich war total glücklich über dieses Geschenk, und ab diesem Punkt habe ich immer versucht zu fotografieren, wenn es möglich war.
Ich bin mit einem Jahr zum ersten Mal zu meinen Großeltern nach Ankara gekommen. Meine Eltern hatten im ersten Jahr versucht, sich die Betreuung zu teilen, indem sie in Schicht gearbeitet haben, aber das ging einfach nicht. Die Trennung war für meine Eltern auch schwierig. So ging es hin und her. Als ich dann etwa vier Jahre alt war, bin ich von meinen Großeltern abgeholt worden. Ich war schon Schulkind und in den Sommerferien in Krefeld, als ich auch eine Zeitlang eine ‚deutsche Oma' hatte, eine Nachbarin, die auf mich aufgepasst hat. Aber das war keine Dauerlösung und ich bin bei meinen Großeltern geblieben. Es hieß auch, wir kommen sowieso

who took her in and reassured her. That made things easier, and eventually, things worked out.
My father took photography very seriously. He wanted to build up a library, and he bought special slide cases that looked like books, which he would line up on the shelf and label. The fact that he took so many photographs influenced me. He gave me my first camera when I was around twelve years old. It was a Yashica, and I distinctly remember it. I was so happy with the gift and tried to take photographs whenever possible.
When I was a year old, I went to live with my grandparents in Ankara for the first time. My parents had tried to share the childcare by working shifts, but it just didn't work. The separation was hard for my parents, too. I went back and forth. When I was around four years old, my grandparents came to fetch me. I was already at school and on summer vacation in Krefeld, where I had a 'German grandma' for a while, a neighbor who looked after me. But that wasn't a long-term solution, and so I went to live with my grandparents. My parents had said they would return, but that ended up not happening. This went on for decades: when she starts elementary school, when she finishes school. They wanted to either fetch me or return to Turkey.

zurück, aber dann kam es nicht dazu. Das ging einige Jahrzehnte so: Wenn sie in die Grundschule kommt, wenn sie die Schule beendet. Entweder wollten sie mich holen oder wieder in die Türkei zurückkommen. Als meine Schwester zur Welt kam, hat meine Mutter versucht, ein Jahr in der Türkei zu leben, währenddessen hat mein Vater in Deutschland gepackt – zu der Zeit gab es die Rückkehrförderung. Aber dann fand meine Mutter es in der Türkei nicht so toll, und sie sind doch in Krefeld geblieben. In einem bestimmten Alter wollte ich dann nicht mehr nach Deutschland, denn ich hatte meine Freunde in Ankara. Kurz vor meinem 16. Geburtstag kam mein Vater tatsächlich mit Flugtickets und leeren Koffern und wollte mich holen, weil es diese gesetzliche Bestimmung gab, dass bis zum 16. Lebensjahr die Familienzusammenführung stattfinden konnte, danach hätte ich nicht mehr offiziell kommen können. Sie bekamen Torschlusspanik. Aber nun wollte ich nicht, und sie waren sehr enttäuscht. Ich habe ihnen versprochen, dass ich zum Studieren komme, wenn ich die Schule abgeschlossen habe. Was ich dann auch gemacht habe. Man hat sich immer wieder neue Ziele gesetzt, aber dann hat es immer nicht geklappt."

When my sister was born, my mother tried living in Turkey for a year while my father remained in Germany to pack up—at the time, there was money for people to return. But my mother ended up not liking it in Turkey, and they stayed in Krefeld after all. Once I reached a certain age, I no longer wanted to go to Germany because my friends were in Ankara. Just before my sixteenth birthday, my father actually came to fetch me with plane tickets and empty suitcases because the law allowed children to join their family in Germany up to age sixteen. After my birthday, it would no longer be possible for me to legally stay. They had a last-minute panic. But I didn't want to leave, and they were very disappointed. I promised them I would come for my studies when I finished school, which I did. We were always setting new plans, which never worked out."

Bengü Kocatürk-Schuster im Gespräch mit Barbara Engelbach und Ela Kaçel, Dezember 2020

Bengü Kocatürk-Schuster in conversation with Barbara Engelbach and Ela Kaçel, December 2020

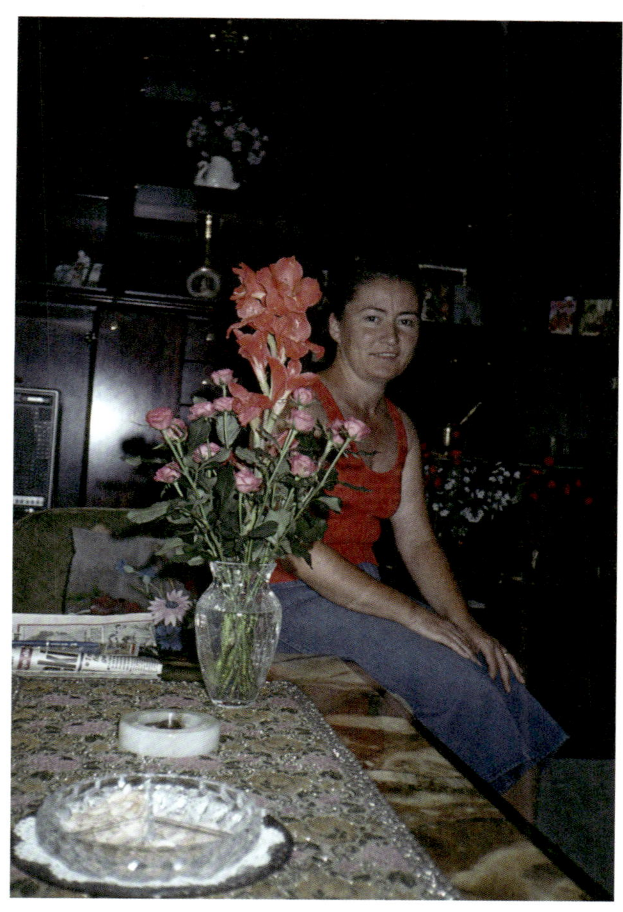

Süheyla (Ruziye) Kocatürk in der Wohnung der Familie
Süheyla (Ruziye) Kocatürk in the family apartment
Krefeld, 1981 (Foto photo: Dengin Kocatürk)

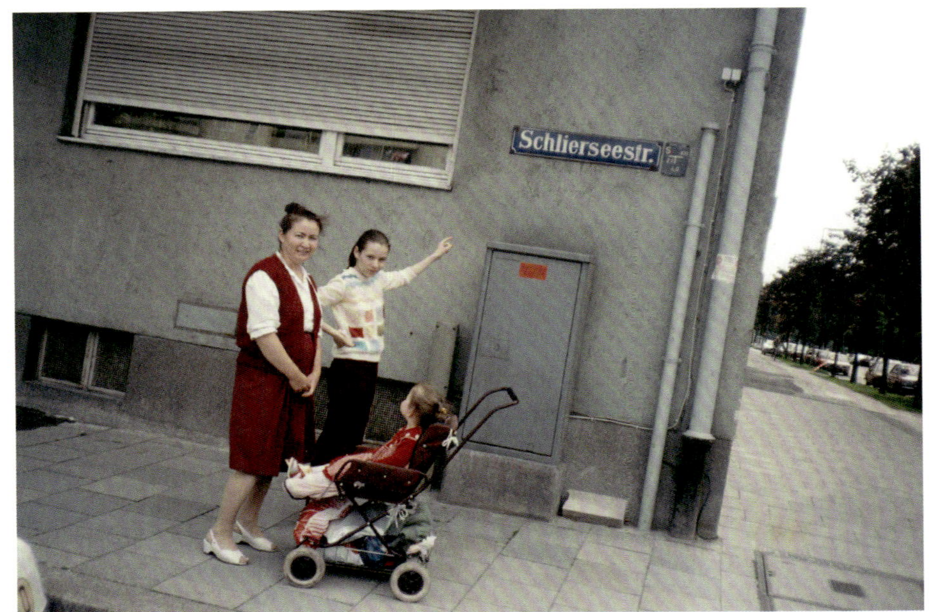

Besuch der Familie Kocatürk in München The Kocatürk family in Munich, München, ca. 1985

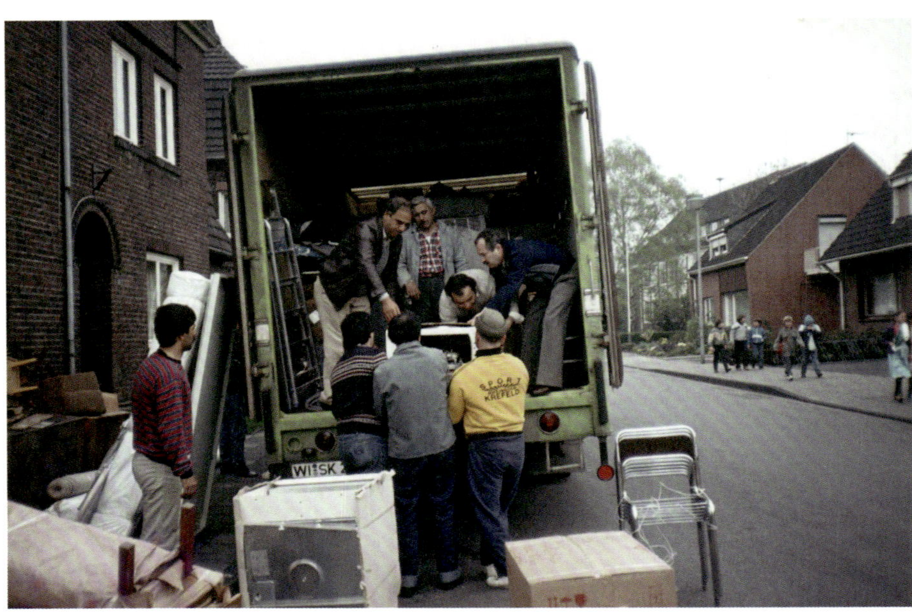

Familie Kocatürk beim Umzug The Kocatürk family moving house, Krefeld, ca. 1980 (Foto photo: Dengin Kocatürk)

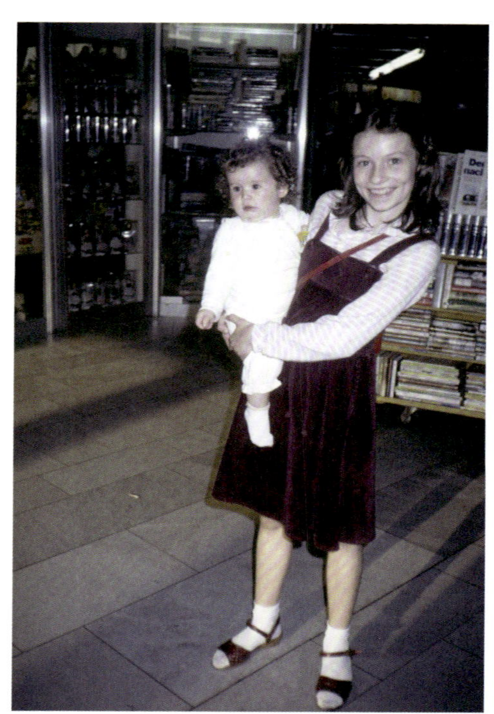

Bengü und Begüm Kocatürk am Flughafen
Bengü and Begüm Kocatürk at the airport
Düsseldorf, 1984 (Foto photo: Dengin Kocatürk)

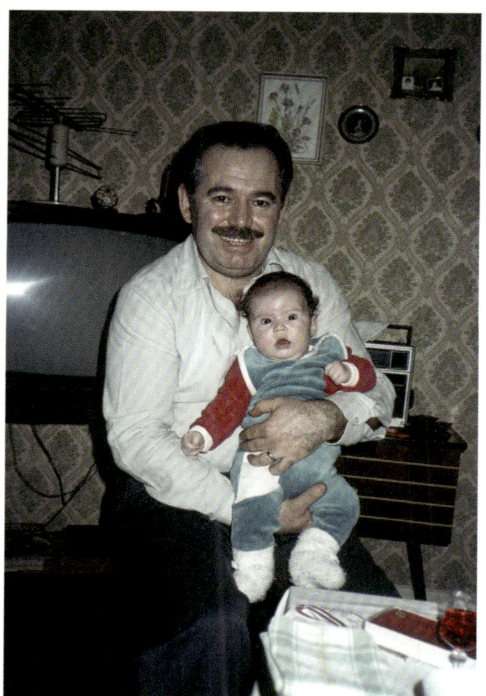

Dengin Kocatürk mit seiner Tochter Begüm
Dengin Kocatürk with his daughter Begüm
Krefeld, 1984
(Foto vermutlich photo probably: Süheyla [Ruziye] Kocatürk)

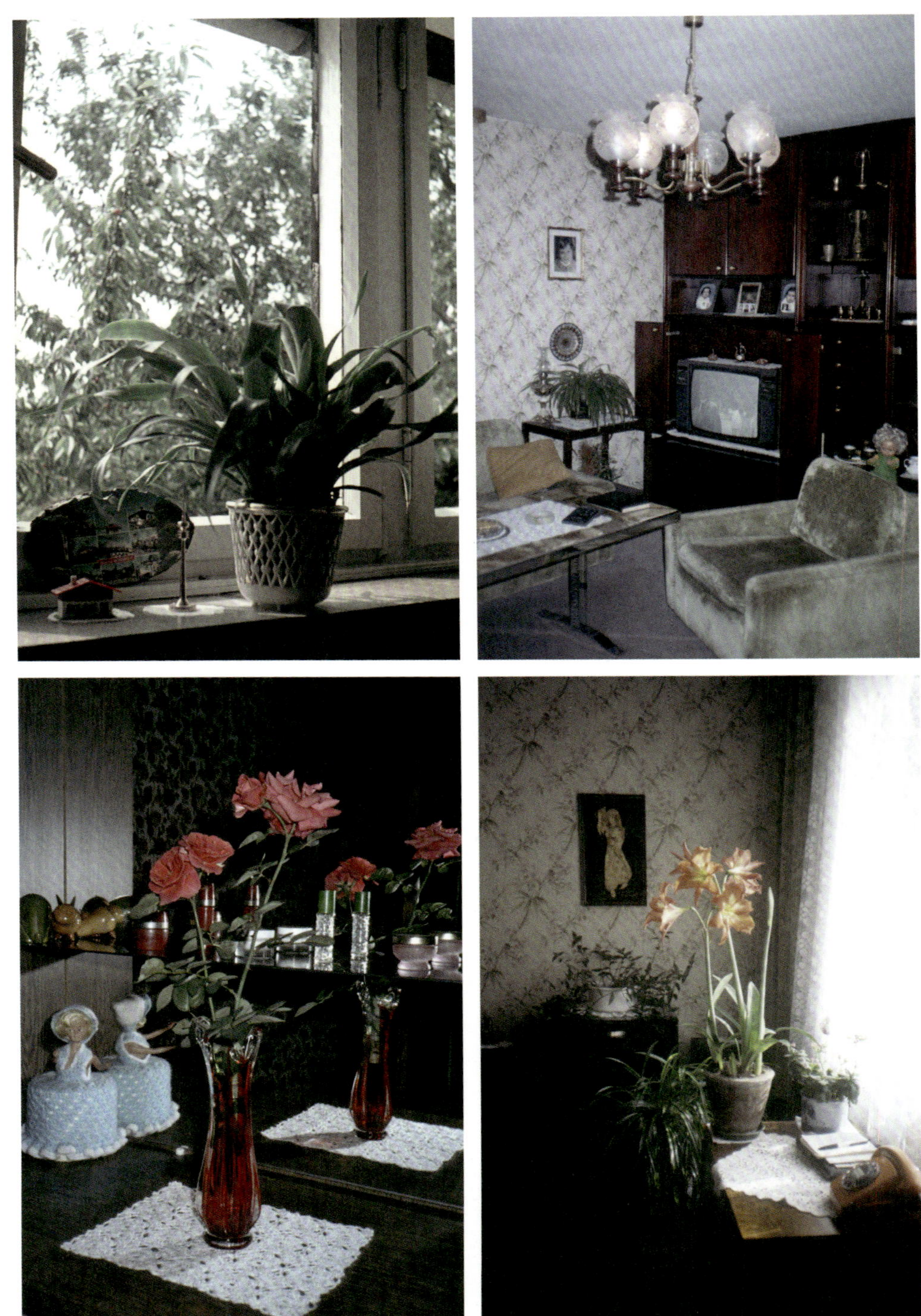

Die Wohnung der Familie Kocatürk The Kocatürk family apartment, Krefeld, ca. 1979–1989 (Fotos photos: Dengin Kocatürk)

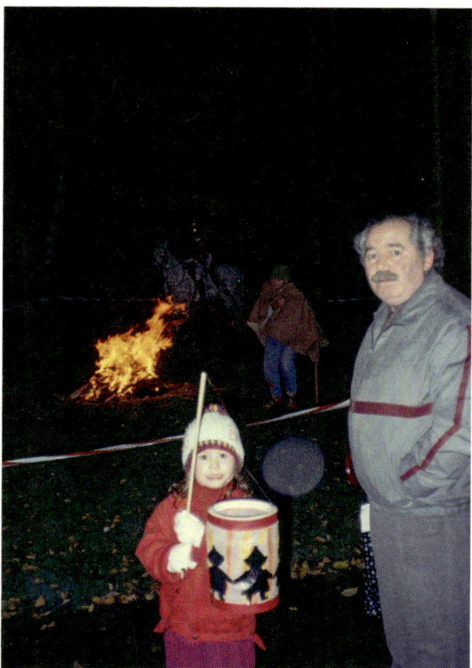

Dengin Kocatürk und seine Tochter Begüm am Laternenfest
Dengin Kocatürk and his daughter Begüm at a lantern parade
Krefeld, 1987–1989
(Foto vermutlich photo probably: Süheyla [Ruziye] Kocatürk)

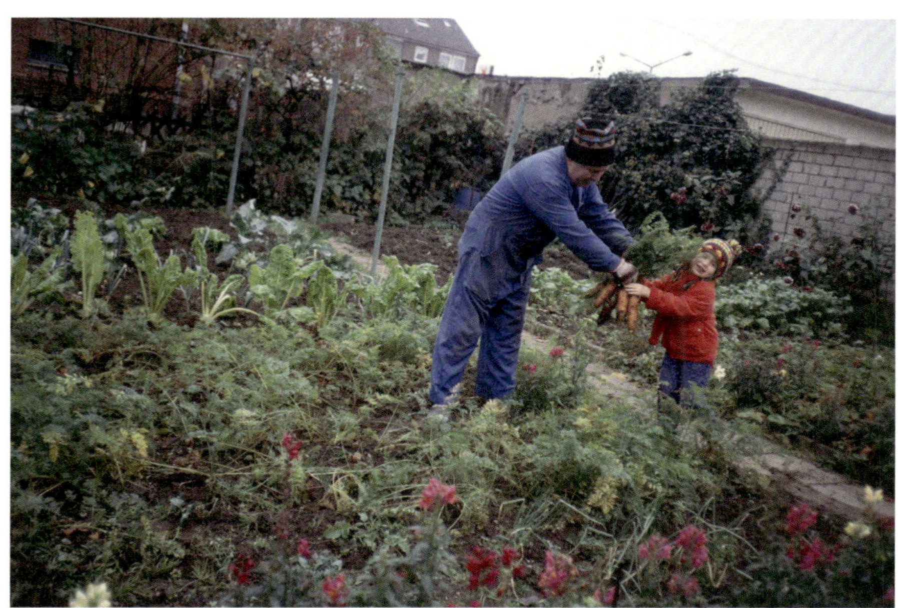

Ernte im eigenen Garten Harvesting in their garden, Krefeld, 1987
(Foto vermutlich photo probably: Süheyla [Ruziye] Kocatürk)

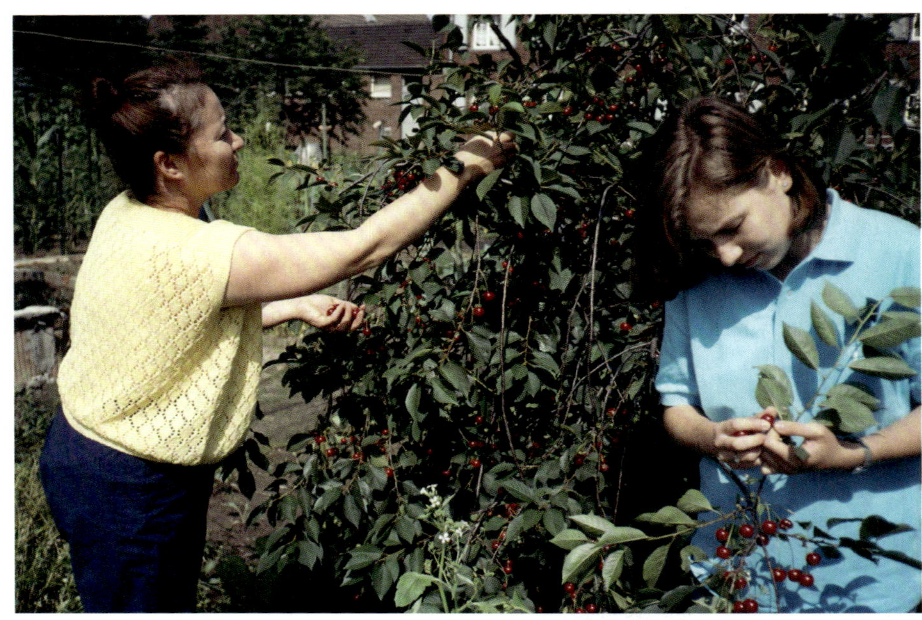

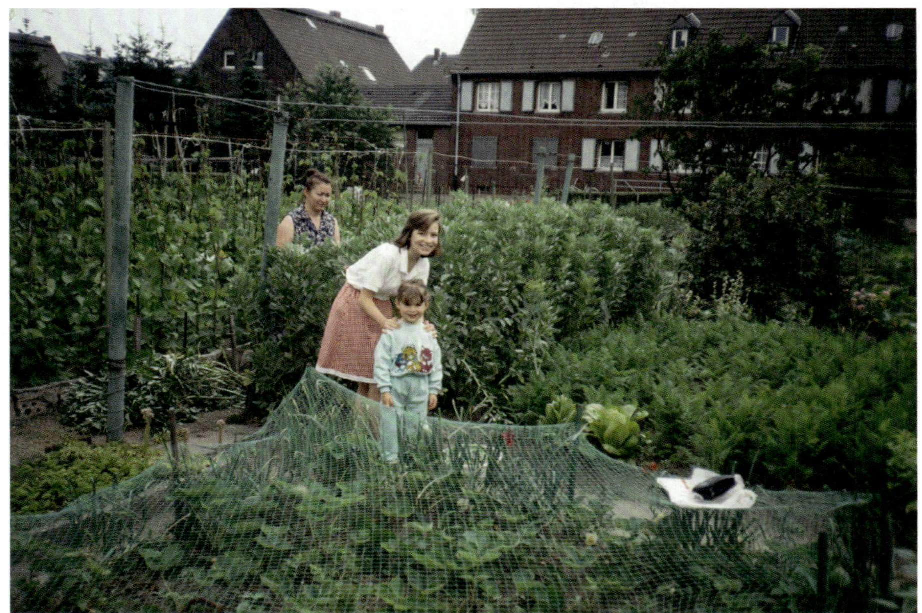

Ernte im eigenen Garten Harvesting in their garden
Krefeld, 1987 (Fotos photos: Dengin Kocatürk)

SCHAFFEN VON MÖGLICHKEITS-RÄUMEN:

CREATING SPACES OF POSSIBILITY:

Jörg Boström
Geboren 1936 in Duisburg, lebt in Minden

„Meine Kamera diente mir als Instrument eines Zugangs der Kunst zur sichtbaren Realität, die in der damals herrschenden Kunstszene durch ideologische Sperren verschlossen schien. Der Gegenstand sei nicht mehr tragfähig, behauptete einer der damaligen Chefideologen, Werner Haftmann. Das Fotografieren wurde für mich ein künstlerischer Lebensprozess, unmittelbar angeschlossen an die Funktion der Augen, mit dem damit verbundenen Suchtcharakter jeder künstlerischen Tätigkeit." – Jörg Boström, 2007

Zwischen 1956 und 1963 studierte Jörg Boström zunächst Malerei und Kunsterziehung an der Staatlichen Kunstakademie in Düsseldorf sowie Geografie und Kunstgeschichte an der Universität zu Köln und begann als Kunsterzieher in Duisburg zu arbeiten. Mitte der 1960er Jahre wandte er sich von der Malerei ab, die zu diesem Zeitpunkt noch von der Abstraktion als vermeintlicher „Weltsprache" (Werner Haftmann) bestimmt war, und suchte nach angemessenen künstlerischen Mitteln, um gesellschaftliche Entwicklungen und Konflikte abzubilden. Er fand sie in der Fotografie und im Film. Um mit den

Jörg Boström
Born 1936 in Duisburg, lives in Minden

"My camera served as a way of artistically capturing a visual reality, which the art scene at the time appeared to rule out due to ideological barriers. According to Werner Haftmann, one of the main ideologues, representation was no longer viable. For me, taking photographs was an artistic learning process directly connected to the functioning of the eyes, and with the addictive quality related to any artistic activity." – Jörg Boström, 2007

Between 1956 and 1963, Jörg Boström studied painting and art education at the Düsseldorf Academy as well as geography and art history at Cologne University, and began working as an art teacher in Duisburg. In the mid-1960s, he turned away from painting, which at the time was still dominated by the supposed "world language" (Werner Haftmann) of abstraction, and looked for suitable artistic means of portraying social developments and conflicts, which he eventually found in photography and film. In order to intervene in the art sphere with direct images of reality, he cofounded the group

Dokumenten der Wirklichkeit in die Kunstsphäre zu intervenieren, gründete er mit der Fotografin Eva Wolter (seiner damaligen Frau) sowie Manfred Koenig und Rosemarie Stein die Gruppe PSR (Politisch Soziale Realität), die mit einem Go-in anlässlich der *Minmal Art*-Ausstellung in der Kunsthalle Düsseldorf 1969 bekannt wurde. 1970 beteiligten sie sich an der Ausstellungsreihe *between* mit dem Projekt „Umfeld-Repro – Obdachlosigkeit in Düsseldorf" über die Obdachlosenunterkunft Tichauer Weg. In einer Art Archivausstellung präsentierten sie das Ergebnis ihrer Langzeituntersuchung mit Fotografien, Interviews auf Tonbändern und Film sowie mit soziologischen Analysen. In der Folge widmete sich Boström immer wieder dem Thema Stadtentwicklung und Wohnpolitik am Beispiel von vernachlässigten Stadtteilen. So nahm er mit seiner fotografischen Arbeit auch an der von Roland und Janne Günter gegründeten Bürger*inneninitiative „Rettet Eisenheim – eine Bergarbeitersiedlung in Oberhausen" teil. Die Arbeiter*innensiedlung wurde nach langen Kämpfen der Bewohner*innen gegen den geplanten Abriss 1972 unter Denkmalschutz gestellt.
Auch Bruckhausen in Duisburg gehört zu den Stadtteilen, die Anfang der 1970er Jahre aufgegeben wurden und entweder ersatzlos abgerissen oder durch Schnellstraßen und Neubauten ersetzt werden

PSR (Politisch Soziale Realität—political social reality) with photographer Eva Wolter (his ex-wife), Manfred Koenig, and Rosemarie Stein. The group drew public attention with their go-in at the Kunsthalle Düsseldorf's *Minimal Art* exhibition in 1969. In 1970 they took part in the *between* exhibition series with the project "Umfeld-Repro – Obdachlosigkeit in Düsseldorf" about the homeless hostel at Tichauer Weg. In an exhibition that functioned as a kind of archive, they presented the results of their lengthy study with photographs, film and audio interviews, and sociological analyses. After this, Boström often returned to the theme of urban development and housing policy, using the example of neglected neighborhoods. In this context, he contributed photographs to the citizens' initiative "Save Eisenheim: a housing project for miners in Oberhausen," founded by Roland and Janne Günter. In 1972, after a long struggle by local residents, the houses were given the status of listed buildings, avoiding their planned demolition.
Bruckhausen in Duisburg is another neighborhood abandoned in the early 1970s and either simply demolished or replaced by expressways and new buildings. Bruckhausen is located between the August Thyssen Steelworks (now thyssenkrupp Steel Europe AG)

sollten. Bruckhausen ist zwischen der August Thyssen-Hütte (heute thyssenkrupp Steel Europe AG) und der stark befahrenen A42 gelegen. Anfang der 1970er Jahre setzte die Stadt Duisburg auf die „passive Entwohnung“ des Stadtteils. Sie nahm es hin, dass die unter anderem im Eigentum der August Thyssen-Hütte befindlichen Wohnkomplexe nicht instandgehalten wurden, langsam verfielen und bei Leerstand nicht neu vermietet wurden. Dagegen organisierte die evangelische Gemeinde Bruckhausen unter der Leitung des Pfarrers Michael Höhn eine Versammlung, aus der sich die Bürger*innen-initiative BIB entwickelte, in die auch migrantische Bewohner*innen einbezogen waren. Im Auftrag der Gemeinde dokumentierten Jörg Boström, Werner Busch und Eckhard Möller in ihrem PSR-Film *Bruckhausen – ein Stadtteil kämpft* das Engagement im Viertel. In diesem Zusammenhang entstand auch Boströms Fotoserie *Bruckhausen*. Anders als der Film, in dem die Anwohner*innen zu Wort kommen, dokumentieren die Fotografien die räumliche und strukturelle Nähe von Schwerindustrie und Wohngebiet in atmosphärisch eindringlichen Bildern.

and the busy A42 highway. In the early 1970s, the City of Duisburg pursued a “passive emptying” policy in the area, and housing, some of it owned by the steelworks, was allowed to fall into disrepair. As it slowly decayed and was vacated, it was not rented to new tenants. In opposition to this policy, Bruckhausen’s Protestant church, led by Pastor Michael Höhn, organized a meeting that led to the founding of the citizens’ initiative BIB, which also included migrant residents. Commissioned by the parish, Jörg Boström, Werner Busch, and Eckhard Möller documented this neighborhood activism in their PSR film *Bruckhausen – ein Stadtteil kämpft* (Bruckhausen: a neighborhood struggles). In this context, Boström also made his *Bruckhausen* series. Unlike the film, where the voices of residents are heard, his photographs document the spatial and structural closeness of heavy industry to the residential area in strikingly atmospheric pictures.

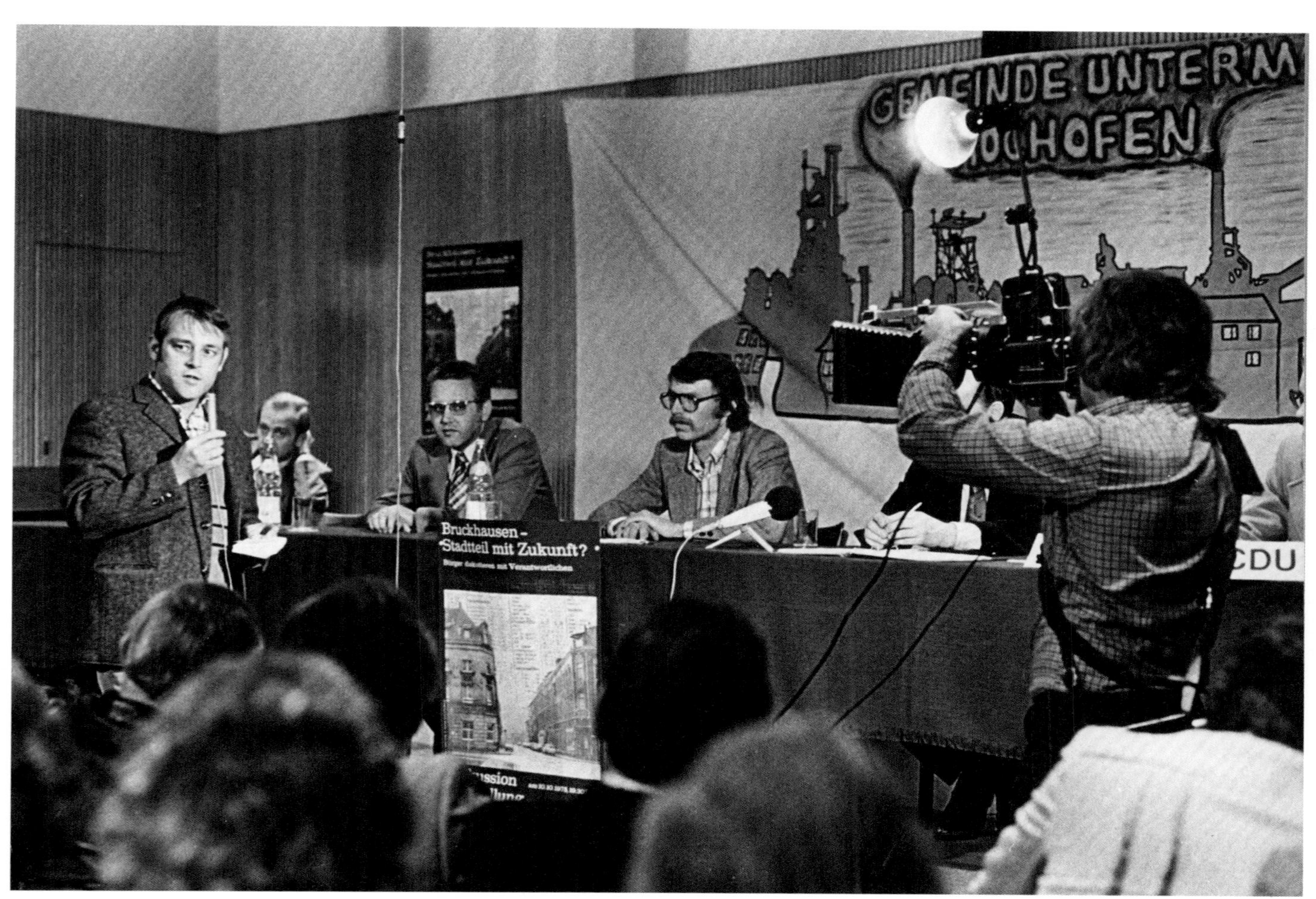

Bürgerversammlung Citizens assembly
Alle Fotos aus der Serie All photos from the series
„Bruckhausen“, Duisburg, 1974

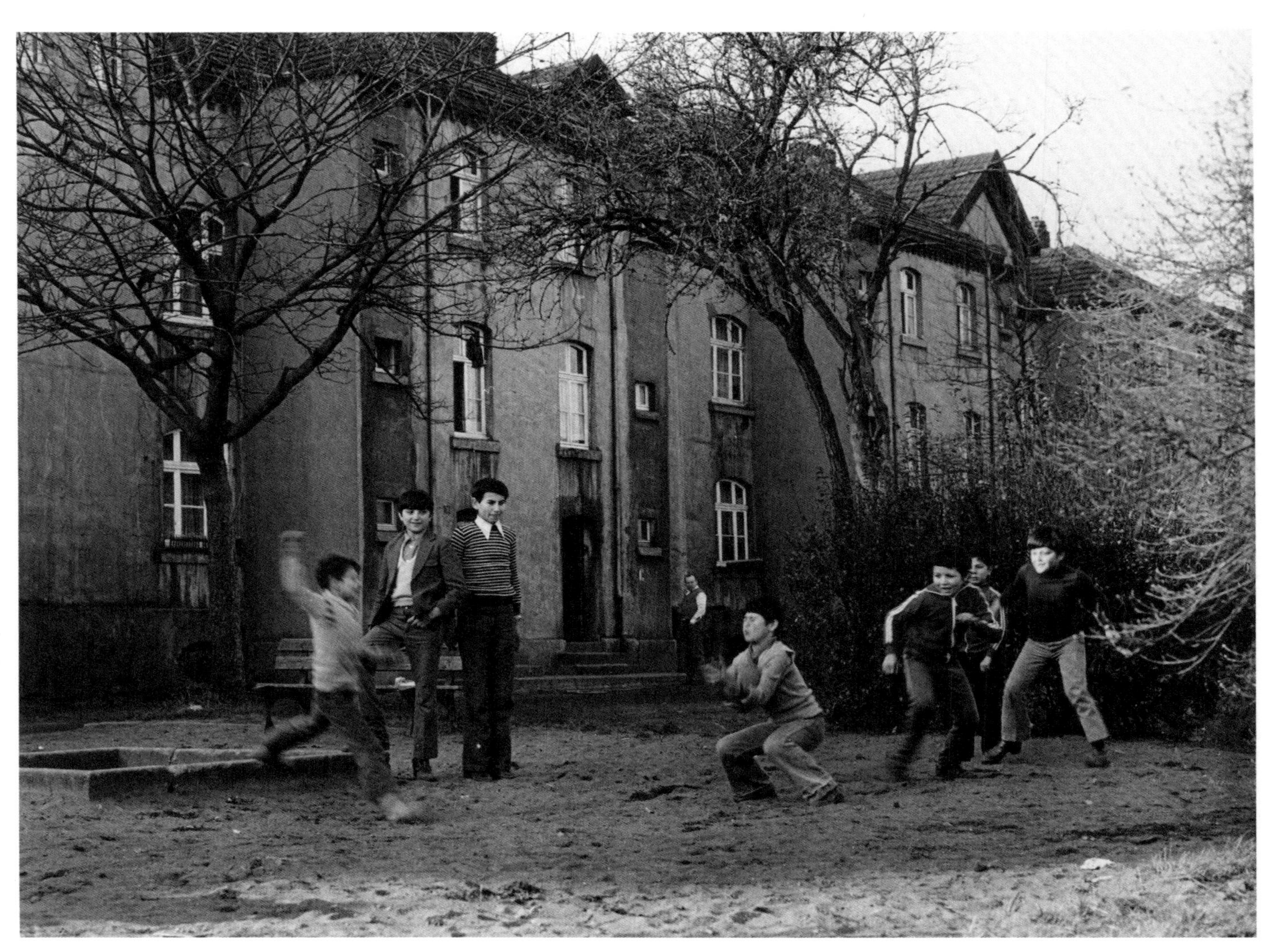

Innenhof Courtyard, Schulstraße, Duisburg

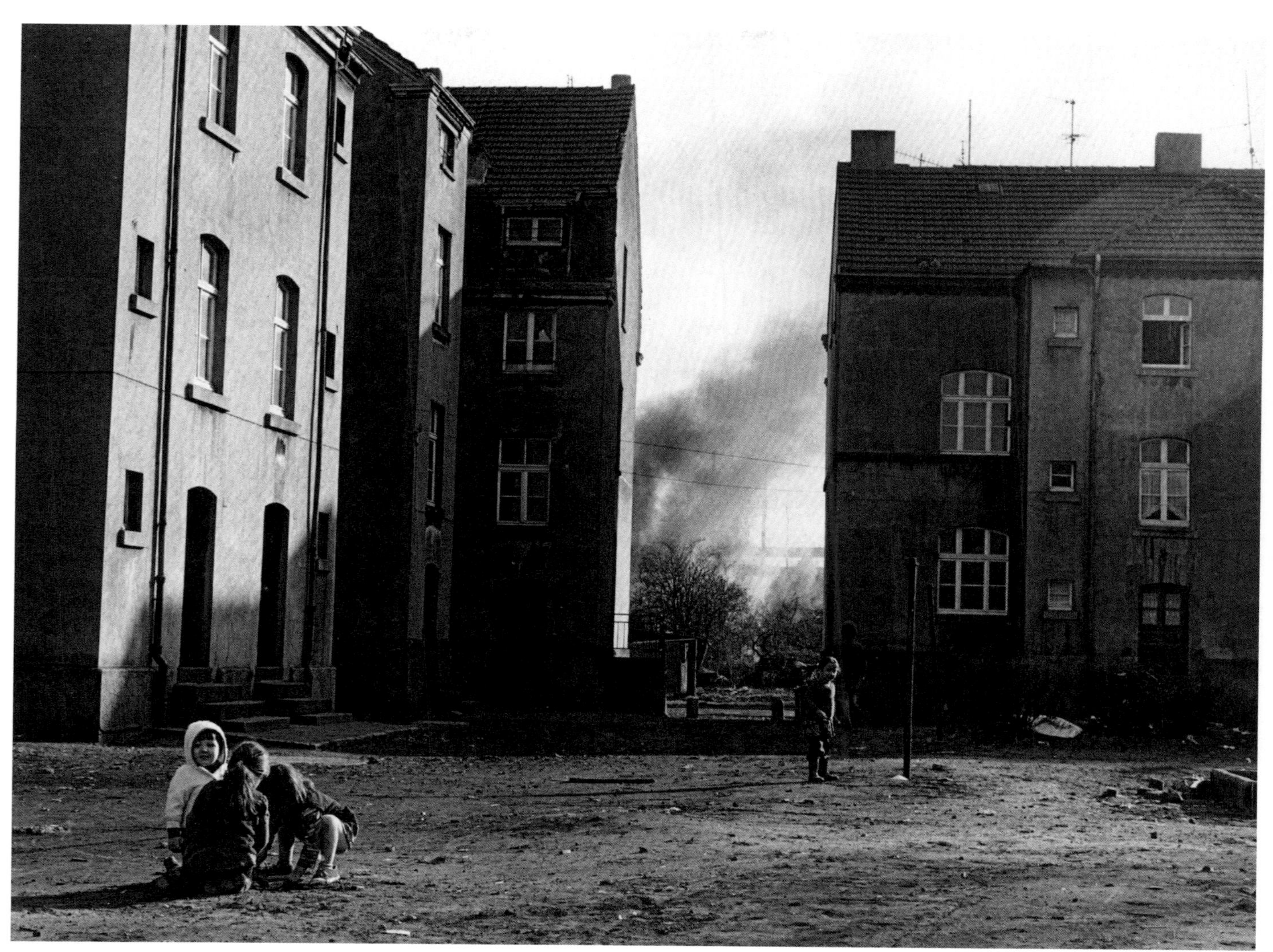

Innenhof Courtyard, Duisburg

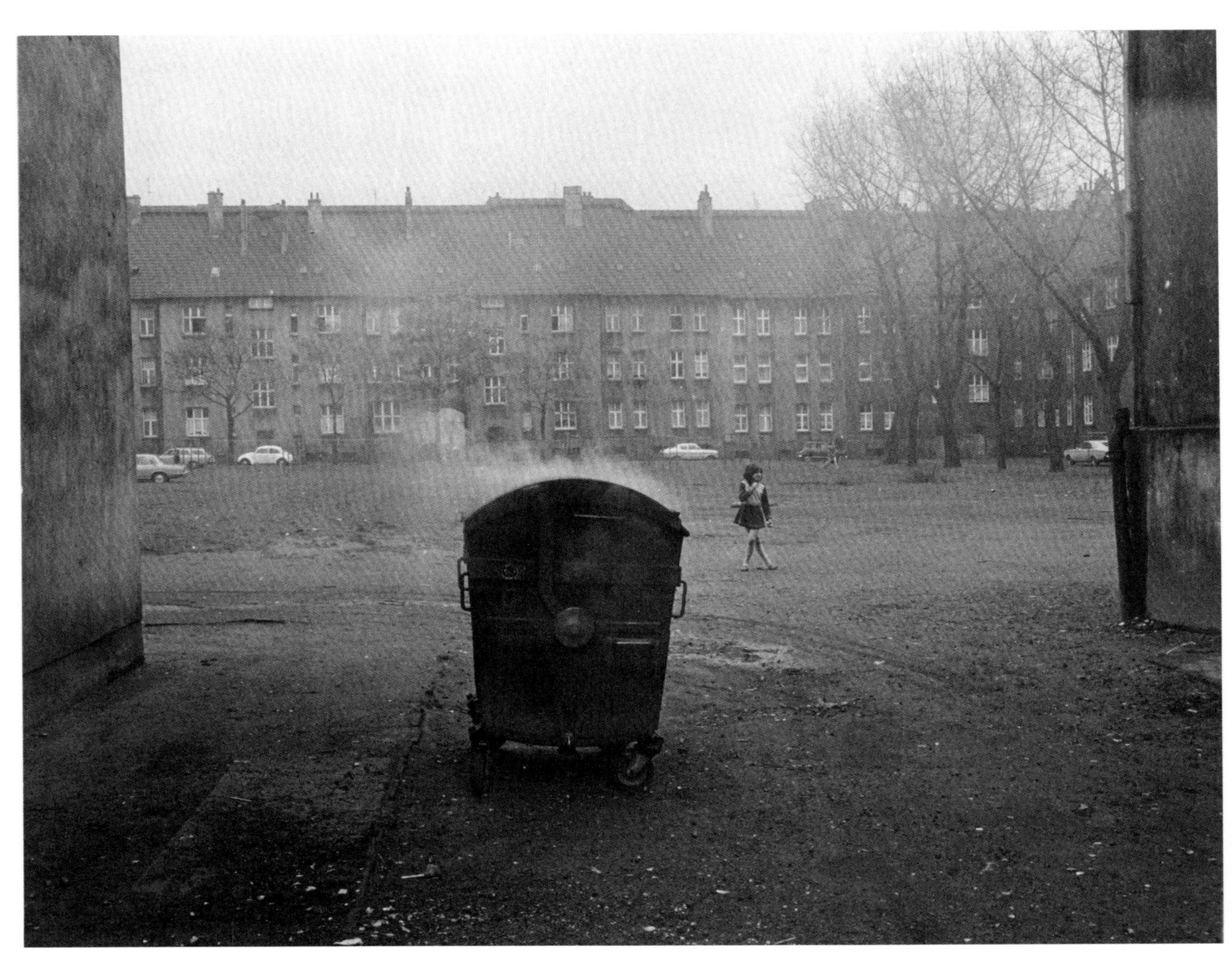

Innenhof Courtyard, Duisburg

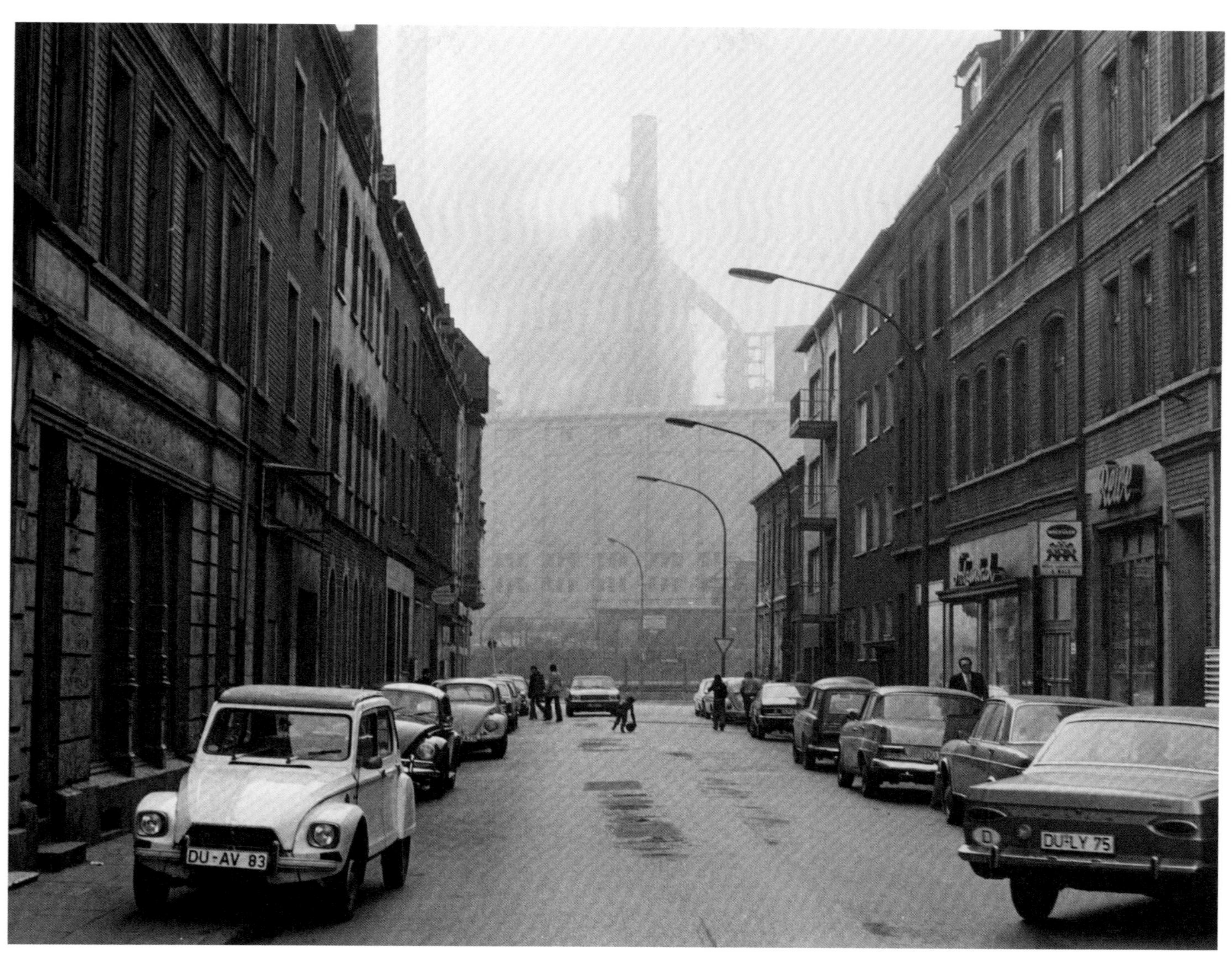

Edithstraße, Duisburg

Tayfun Demir
wurde 1950 in Ahlat, Türkei, geboren und emigrierte 1976 nach Deutschland. Er ist Autor, Verleger (Dialog-Edition), Bibliothekar und Herausgeber diverser Publikationen. Von 1979 bis 1981 leitete er das Projekt „Mobiles Informations- und Beratungszentrum für türkische Familien" in Duisburg. Neben der interkulturellen Kultur- und Bildungsarbeit organisierte er zahlreiche Lesungen, Veranstaltungen und Ausstellungen zur Literatur mit internationalen Autor*innen. Von Duisburg aus initiierte er eine türkisch-deutsche Literaturszene im Ruhrgebiet, die bis heute prägend ist. Seit seiner Zeit in der Türkei als Journalist und Verleger fotografierte er unter anderem Veranstaltungen, deren Organisator oder Mitorganisator er war. Tayfun Demir ist Träger des Fakir-Baykurt-Kulturpreises 2020 der Stadt Duisburg.

„Als ich 1976 zum ersten Mal nach Duisburg mitgenommen wurde, setzte man mich vor der evangelischen Kirche in Bruckhausen ab. Die Leute, die ich besuchte, nahmen an einem Podiumsgespräch über Frauenfragen im Gemeindehaus der Kirche teil. Hier lernte ich Michael Höhn kennen und mit ihm auch den idealistischen Typus eines sozialistischen Kirchenmannes, eines Pfarrers.
Bruckhausen liegt im Norden der Stadt. Hier stehen die Hochöfen von Thyssen, hohe Schornsteine und stählerne Kühltürme. Daneben gibt es die Leitungen der Fernheizung, und alles wird umschlungen von der privaten Eisenbahn des Unternehmens. Es war ein Stadtteil, in dem die katholische und die evangelische Kirche miteinander konkurrierten, so wie die heutigen Moschee-Gemeinden. Die Kälte und das Grau des Novembers ließen in

Tayfun Demir
was born in 1950 in Ahlat, Turkey, and emigrated to Germany in 1976. He is a writer, publisher (Dialog-Edition), librarian, and editor of various publications. From 1979 to 1981, he ran the project "Mobile Information and Advice Center for Turkish Families" in Duisburg. Beside his intercultural educational work, he organized many readings, events, and exhibitions on literature with international authors. From Duisburg, he initiated a Turkish-German literary scene in the Ruhr Valley that is still active today. Since his time as a journalist and photographer in Turkey, he has taken pictures of the events he (co-)organized. In 2020, Demir was awarded the Fakir Baykurt Culture Prize by the City of Duisburg.

"When someone took me to Duisburg for the first time in 1976, they dropped me off outside the Protestant church in Bruckhausen. The people I was visiting were taking part in a panel discussion about women's issues at the church's community center. That's where I met Michael Höhn and with him the idealistic type of the socialist pastor.
Bruckhausen is a district in the north of the city, near the furnaces at Thyssen, with their tall chimneys and steel cooling towers. Running alongside are pipes for the district heating system, and it is encircled by the company's private railroad track. It was a neighborhood where the Catholic and Protestant churches competed, like the different mosques do today. The cold and gray of November didn't permit any other color in the area.

diesem Stadtteil keine andere Farbe zu. In der folgenden Zeit sollte ich noch oft hierher kommen. Dann nahm ich an den Veranstaltungen und Straßenfesten der Bürgerinitiative Bruckhausen BIB teil und lernte türkischstämmige Arbeiter aus Duisburg kennen. [...]
Am Neujahrstag des Jahres 1977 befand ich mich in jener Stadt im Norden Deutschlands. In einer Stadt also, von der ich damals noch nicht wusste, dass sie der erste längere Aufenthaltsort meines Deutschland-Abenteuers werden sollte. Außer mit meinem Freund Ercüment, bei dem ich in der ersten Zeit in Deutschland gewohnt hatte, verband mich nichts mit den Menschen hier. Mehr als an eine Stadt erinnerte mich Duisburg an eine gigantische Fabrik, aus deren unzähligen Schloten Rauch aufstieg, der alles im Nebel erstickte. [...]
1977 renovierten wir in der Stadtmitte Duisburgs einen heruntergekommenen Raum, der zuvor als Werkstatt gedient hatte, und richteten darin einen Hilfsverein für ausländische Arbeiter ein. [...]
Zusammen mit Ali Temel und seiner Frau Alime (auf dem Foto vom 1. Mai 1979 in Duisburg-Hochfeld sind auch ihre beide Kindern abgebildet) bereiteten wir die Eröffnung unseres Vereinslokals vor. Die meisten Gäste, die den Verein regelmäßig besuchten, waren Arbeiter mit einem gewissen politischen Bewusstsein. Die anderen klopften an unsere Tür, weil sie ein aktuelles Problem beschäftigte:

After this first visit, I returned often and took part in the events and street parties put on by the Bruckhausen citizens' initiative BIB and met Turkish workers from Duisburg. . . .
On New Year's Day 1977, I found myself once again in that northern city. I didn't know at the time that it would be my first prolonged stay during my German adventure. Apart from my friend Ercüment, with whom I stayed when I first arrived in Germany, I had no links to the people in Duisburg. Rather than a city, it reminded me of a gigantic factory, where the smoke from its countless chimneys suffocated everything in its smog.
In 1977, we renovated a dilapidated space in the center of Duisburg that had previously been used as a workshop, and we set up an Aid Association for Foreign Workers. . . . With Ali Temel and his wife Alime [the picture dated May 1, 1979, shows their two children in Hochfeld, Duisburg], we prepared to open our clubhouse. Most of our regular visitors were workers with a certain political awareness. The others knocked on our door because of some particular problem: they were doing their taxes, needed a translator, had received a letter they didn't understand, or had to fill out some forms. Teenagers would also come to read newspapers and meet up at the clubhouse.

Sie mussten den Lohnsteuerjahresausgleich machen, brauchten einen Übersetzer, hatten einen Brief bekommen, den sie nicht verstanden, oder mussten irgendwelche Formulare ausfüllen. Unter den Besuchern waren auch Jugendliche, die die Tageszeitungen lasen und sich im Vereinslokal trafen. Durch den Kontakt mit den Jugendlichen kam es zur Gründung einer Fußballmannschaft. Wir nannten das Team ‚Emek Spor'. In den ersten Jahren haben wir auf Stadtfesten und anderen Massenveranstaltungen auch Essen und Getränke verkauft und mit diesen oder ähnlichen Aktivitäten das geleistet, was man von einer Organisation ausländischer Arbeiter erwartete. [...]
Im Mai des Jahres 1979 nahm das Projekt ‚Mobiles Informations- und Beratungszentrum für türkische Familien' (die Leitung hatte ich im Rahmen meiner Arbeit in der Duisburger Stadtbibliothek übernommen) seine Arbeit auf. Mit dem speziell ausgestatteten Bus fuhr ich über einen Zeitraum von zwei Jahren die Duisburger Vororte an, in denen zahlreiche Türken lebten. Ich nahm Verbindung zu Kindern, Jugendlichen und Erwachsenen sowie zu Moscheegemeinden auf. Ich brachte Menschen aus vielen verschiedenen Bereichen in die türkischen Vororte. Unser Kursprogramm war vielfältig: Schreiben und Lesen lernen, Deutsch lernen, Hilfe bei den Hausaufgaben,

Their presence led to the founding of a soccer team we called 'Emek Spor.' In the early years, we would sell food and drink at fairs and other large events, and with these and similar activities, we fulfilled people's expectations for an organization of foreign workers. . . .
In May 1979, the project 'Mobile Information and Advice Center for Turkish Families' was launched and run by me as part of my work at Duisburg's municipal library. For two years, I drove a specially equipped bus to those districts of Duisburg where many Turks lived, establishing contact with children, teenagers, and adults, as well as mosque communities. I brought people from many different fields into the Turkish neighborhoods. Our cultural program was varied: reading and writing and German lessons, help with homework, and advanced seminars. Social workers, doctors, and experts on nutrition, parenting, and dealing with authorities often accompanied the program. Writers like Aziz Nesin and Fakir Baykurt also traveled on the bus. Baykurt emigrated to Duisburg in 1979, and we realized many projects together. When I began the bus project, he took over the editorial of *Merhaba*, a regional newspaper in Turkish, founded in 1978, which was an important

weiterführende Seminare. Immer wieder begleiteten Sozialarbeiter, Ärzte, Fachberater zu den Themen Ernährung, Kindererziehung, Umgang mit den Behörden das Programm. Auch Autoren wie Aziz Nesin, Fakir Baykurt reisten mit dem Bus mit. Fakir Baykurt emigrierte 1979 nach Duisburg. Wir haben gemeinsam viele Projekte realisiert. Als ich mit dem Busprojekt begann, übernahm er die Redaktionsleitung der *Merhaba* – diese 1978 gegründete Regionalzeitung in türkischer Sprache war ein wichtiges Informationsblatt. Er fuhr öfter mit dem Bus und las für Kinder, unterhielt sich mit den Erwachsenen und recherchierte für sein literarisches Schreiben."

source of information. He often rode on the bus and read to the children, talked to the adults, and conducted research for his literary writing."

Auszüge aus *Huzursuz Misafir – Der rastlose Gast* von Tayfun Demir, übersetzt aus dem Türkischen von Wolfgang Riemann
Excerpts from *Huzursuz Misafir – Der rastlose Gast* by Tayfun Demir. Translated into English from Wolfgang Riemann's German translation of the Turkish.

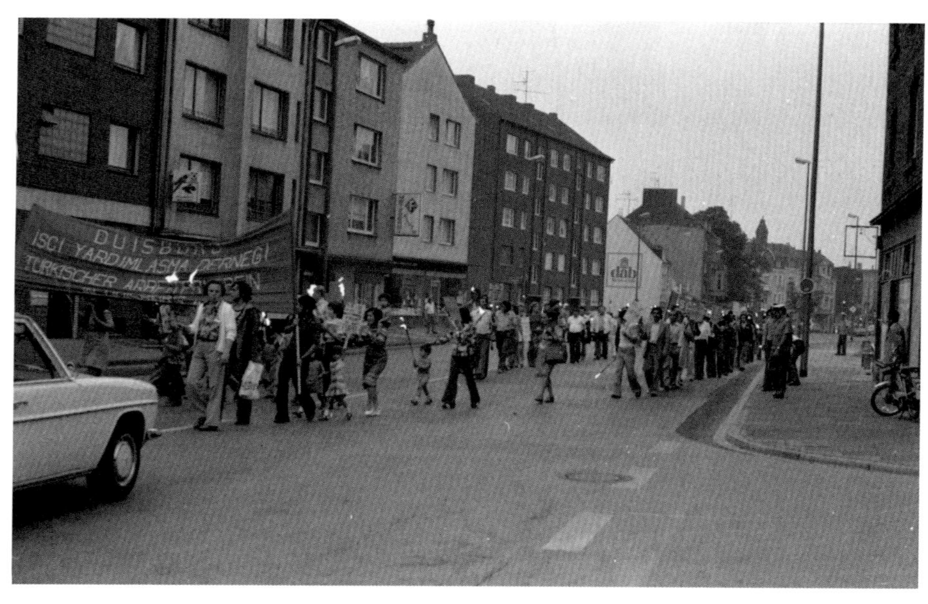

Demonstrationszug des Arbeiter- und Solidaritätsvereins
Demonstration by the Workers' Solidarity Association
Duisburg, ca. 1977/78 (Foto photo: Tayfun Demir)

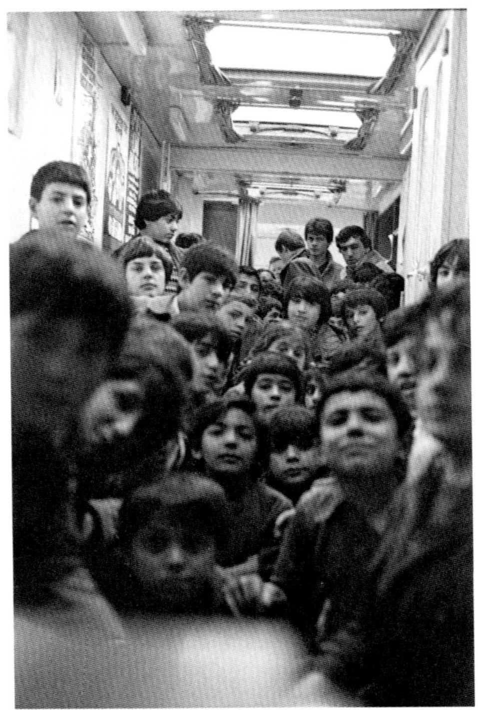

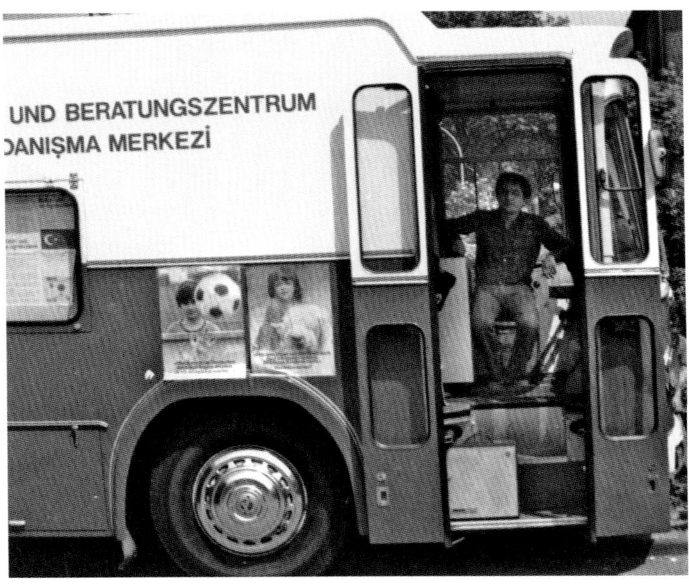

Das Mobile Informations- und Beratungszentrum für türkische Familien
The Mobile Information and Advice Center for Turkish Families
Duisburg, ca. 1980 (Fotos rechts photos right: Tayfun Demir)

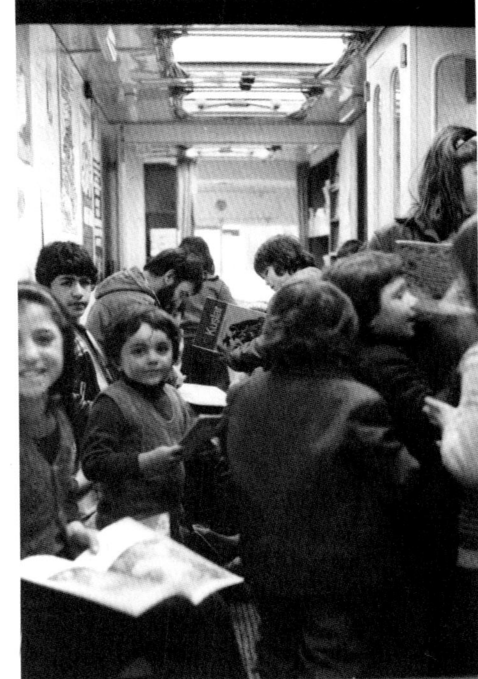

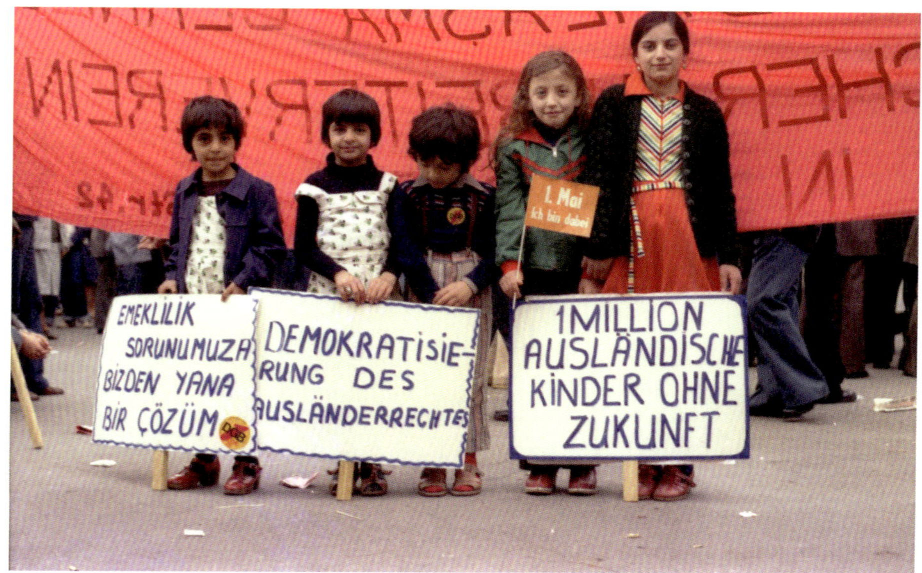

1. Mai-Demonstration May Day demonstration, Duisburg-Hochfeld, ca. 1979 (Foto photo: Tayfun Demir)

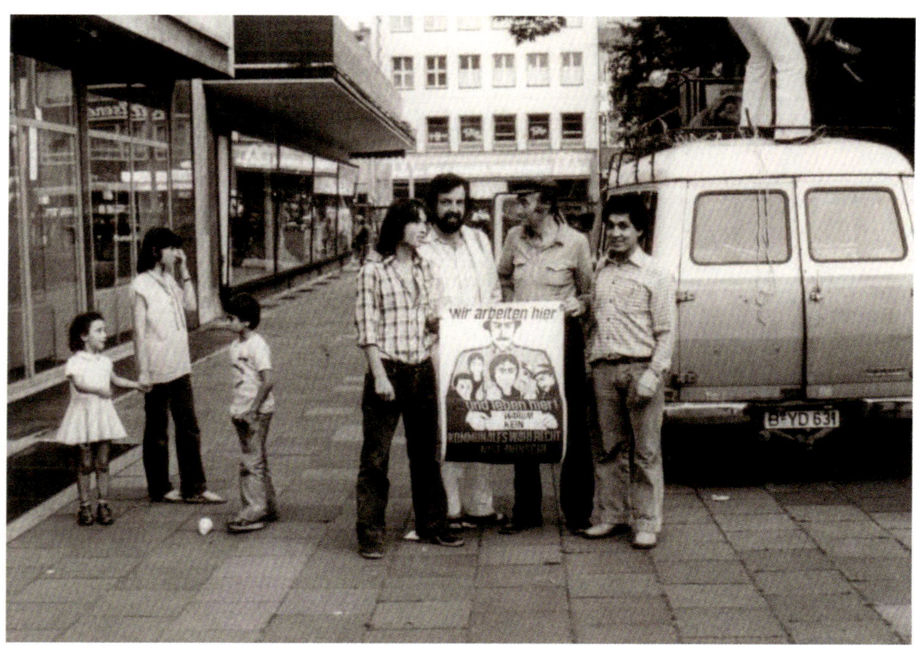

Dreharbeiten für den Film *Kara Kafa* (Schwarzkopf) Making the film *Kara Kafa* (Black Head)
Duisburg, ca. 1979 (Foto photo: Tayfun Demir)

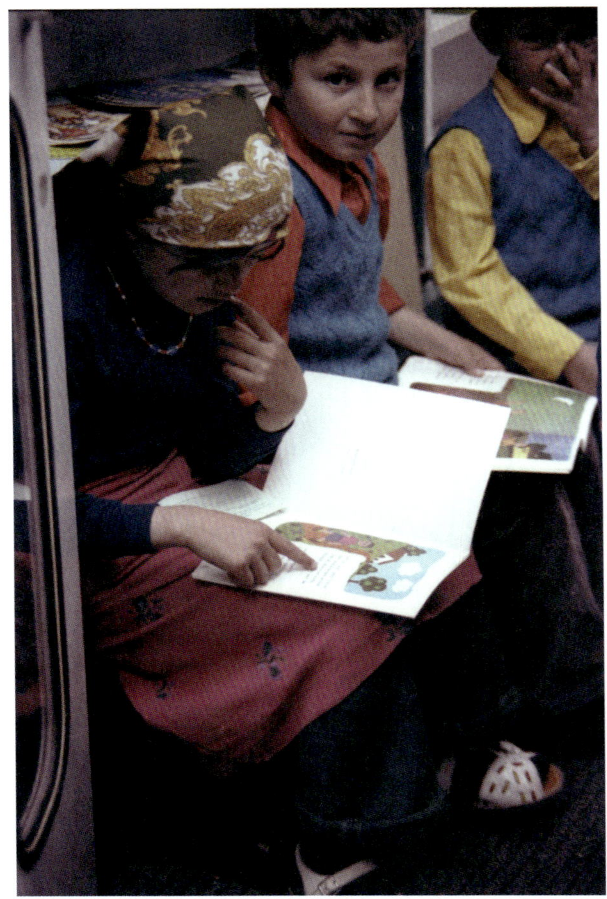

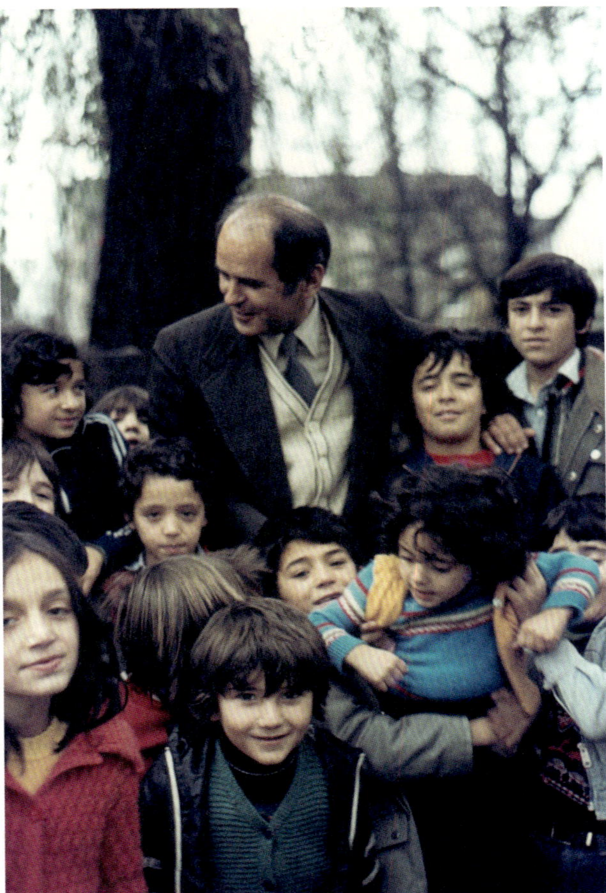

Mobiles Informations- und Beratungszentrum. Rechts: der Lehrer und Autor Fakir Baykurt nach einer Lesung
The Mobile Information and Advice Center. Right: Teacher and writer Fakir Baykurt after a reading
Duisburg, ca. 1980 (Fotos photos: Tayfun Demir)

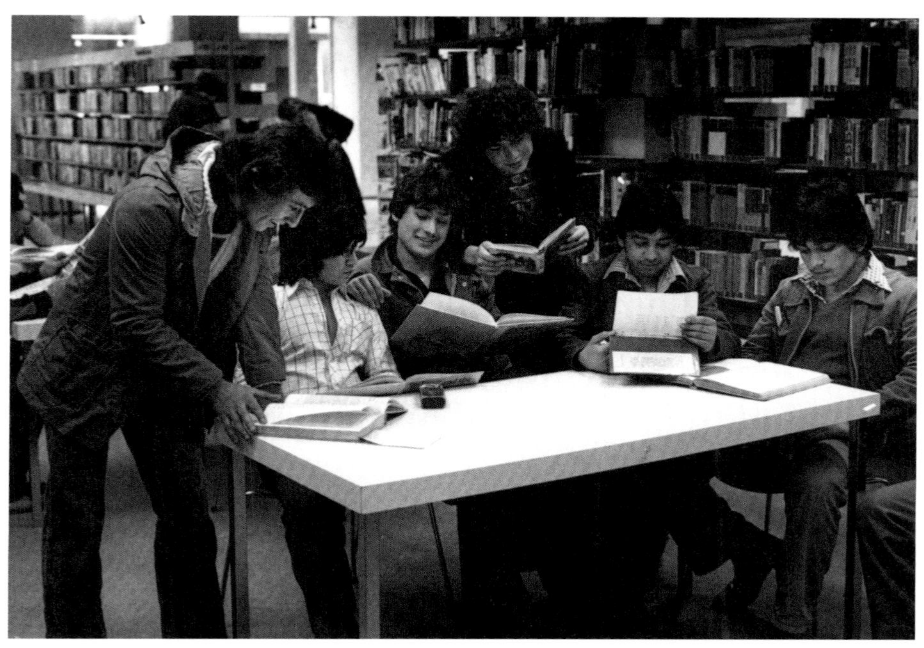

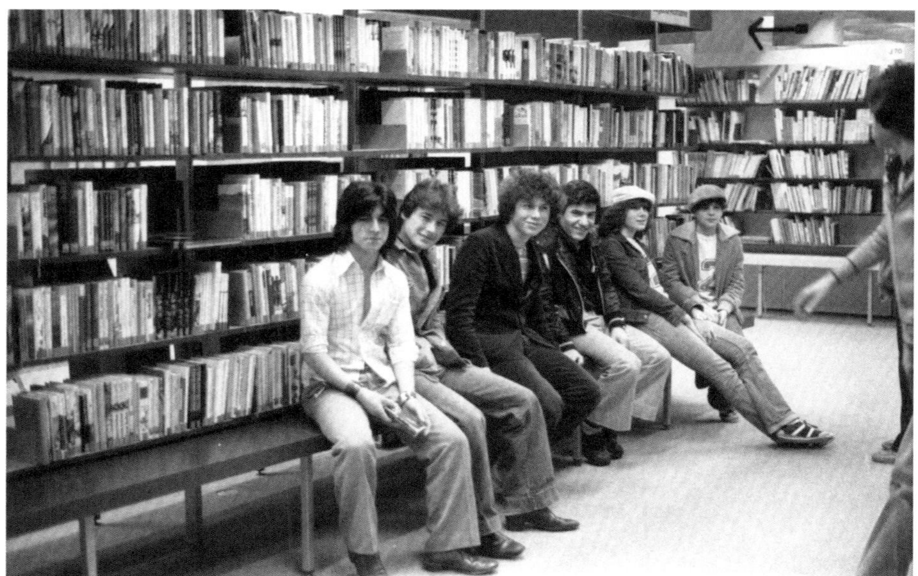

In der Stadtbibliothek
At the municipal library
Duisburg, ca. 1980 (Fotos photos: Tayfun Demir)

Chargesheimer
Geboren 1924 in Köln, gestorben 1971 in Köln

„Köln, 5 Uhr 30. Eine Stadt ohne Menschen. Weshalb fehlen sie in diesem Buch? Ihre Anwesenheit und ihre Individualität würde die Bildabsicht verschleiern. Knotenpunkte, Straßen und Plätze, tagtäglich von Tausenden Menschen und Fahrzeugen benutzt und belegt, sind auf ihr Skelett reduziert. Die Kamera steht dabei bewusst im Korsett einer immer gleichen Brennweite und einer immer gleichen Stativhöhe. Nicht aus formalen Gründen. Es ist der Versuch um größtmögliche Objektivität. Das nackte Bild einer Stadt – Umwelt und Heimat ihrer Einwohner – soll transparent werden, quasi ein Röntgenbild zur Diagnose. Die Summe und Vielfalt anrührender menschlicher Einzelschicksale – um die es in letzter Absicht hier dennoch geht – sind optisch ausgeklammert. Signalsysteme, Pfeile, Linien, Zebrastreifen markieren Funktion und Funktionierung, den Ersatz für menschliches Leben. Ist das Gegeneinander von Mensch, Technik und Verkehr das einzig Denkbare? Sind Reglement und Programm, Entmündigung, Konsumstreben und Profitdenken Ersatz für verlorene Brüderlichkeit? Fragen und Gedanken dazu wollen diese Fotos freimachen." – Chargesheimer, 1970

Chargesheimer
Born 1924 in Cologne, died 1971 in Cologne

"Cologne, 5:30 am. A city without people. Why are they absent from this book? Their presence and individuality would obscure the intention. Intersections, streets, and squares, used and occupied by thousands of people and vehicles every day, are reduced to their bare bones. The camera deliberately remains within the limits of a single aperture and the height of a tripod. Not for formal reasons. It is an attempt to achieve the greatest possible objectivity. The naked image of a city—the environment and home of its inhabitants—should be made transparent, like a diagnostic X-ray. The totality and diversity of connected human fates—which ultimately remain the subject here—are optically excluded. Signs, arrows, lines, and crosswalk stripes mark function and functioning, acting as a substitute for human life. Is the conflict between humans, technology, and traffic the only conceivable option? Are regulations and programs, disenfranchisement, consumerism and striving for profit any substitute for lost fraternity? These photographs are intended as food for thought and questions on these issues." – Chargesheimer, 1970

Chargesheimer wurde um 1960 mit Fotobüchern bekannt, von denen viele der Stadt Köln gewidmet sind. Seine Fotografien zeichnen sich durch einen ungewohnten und direkten Blick auf das Alltagsleben aus. In seinen Büchern setzte er sie zu kontrastreichen Motivserien zusammen. Dabei nutzte er Ausschnitte, Unschärfe und grobkörnigen Film, um den Eindruck von Momentaufnahmen zu verstärken. Das 1958 erschienene Buch *Unter Krahnenbäumen* zeigt in diesem Stil das Straßen- und Kneipenleben eines intakten, vitalen Viertels. Drei Jahre später wurde mit dem Bau der Nord-Süd-Fahrt begonnen, einer Stadtautobahn, die den Eigelstein durchschnitt und vom Kunibertsviertel abtrennte. Chargesheimers letztes, 1970 veröffentlichtes Fotobuch, *Köln 5 Uhr 30*, zeigt Köln nach der Umwandlung in eine „autofreundliche Stadt". Die menschenleeren Straßen und Plätze nahm er mit einer Brooks-Plaubel Veriwide-Kamera so auf, dass die Stadtmöblierung und Straßenmarkierungen in den Fokus rücken. Identitätsstiftende Architekturen und lebendiges Straßenleben fehlen. Über die publizierten Fotografien hinaus existieren Negative, die Chargesheimer im Kontext von *Köln 5 Uhr 30* aufgenommen, aber nie abgezogen hat. Aus diesem Grund ist nur eine Aufnahme im Positiv abgebildet, die anderen erscheinen als Negative. Sie zeigen den Eigelstein als menschenleeren Ort im Umbruch.

Chargesheimer came to prominence around 1960 with books of photographs often devoted to the city of Cologne. His pictures are characterized by an unusual and direct view of everyday life. In his books, he assembled them into contrasting series, using cropping, blurring, and graininess to reinforce the impression of snapshots. *Unter Krahnenbäumen*, published in 1958, uses this style to depict the street and bar life of an intact, lively neighborhood. Three years later, construction work began on a north-south highway that would cut through the Eigelstein neighborhood and separate it from the adjacent Kunibertsviertel area.

Chargesheimer's last book, published in 1970, *Köln 5 Uhr 30*, shows Cologne after its transformation into a "car-friendly city." Chargesheimer photographed the deserted streets and squares with a Brooks-Plaubel Veriwide camera, focusing on street furniture and markings. The images are devoid of any recognizable architecture or bustling street life. In addition to the published photographs, negatives exist of pictures Chargesheimer shot in the context of *Köln 5 Uhr 30* but never printed. For this reason, only one image is presented as a positive; the others all appear as negatives. They show Eigelstein as a deserted place in transition.

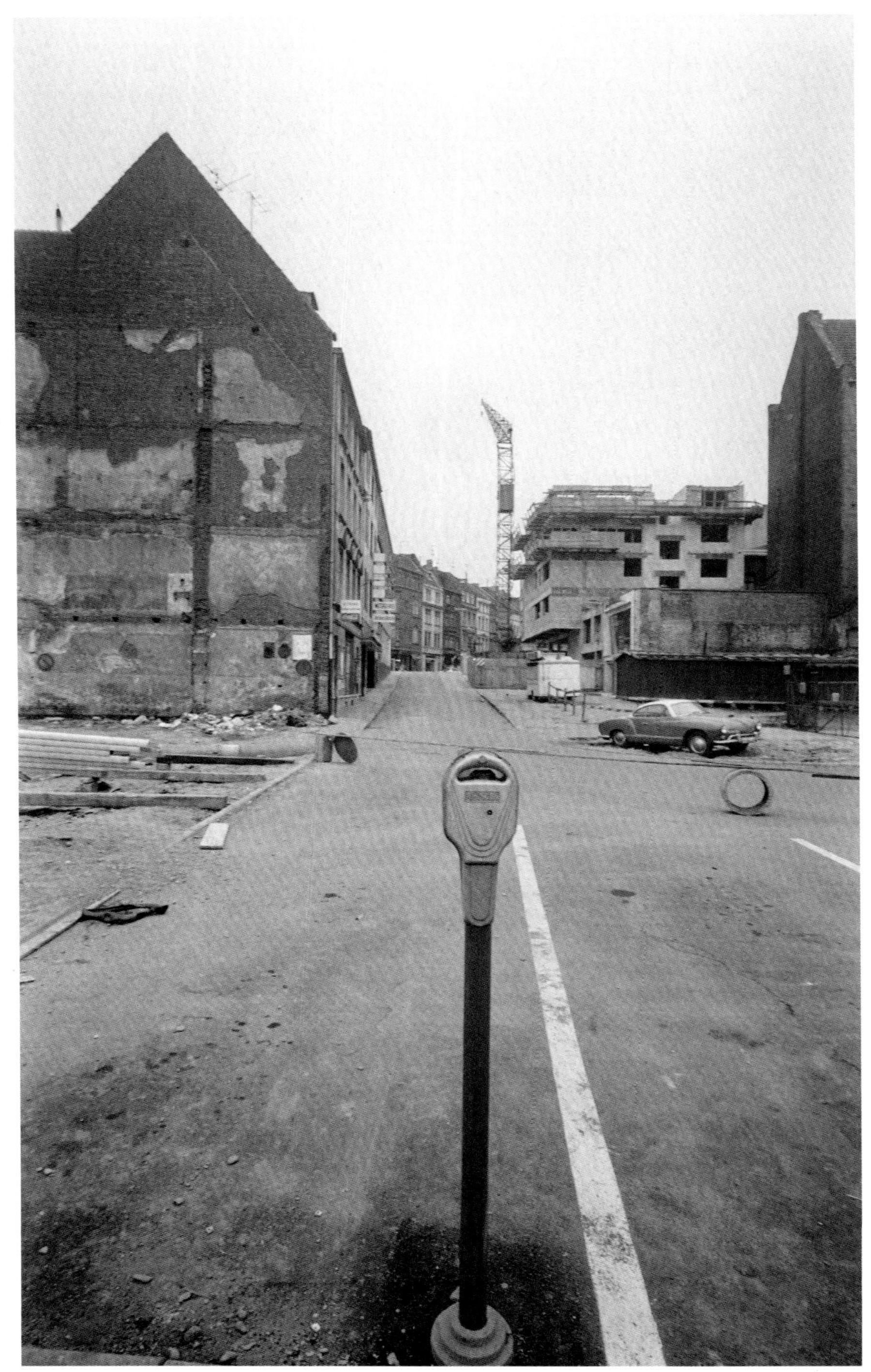

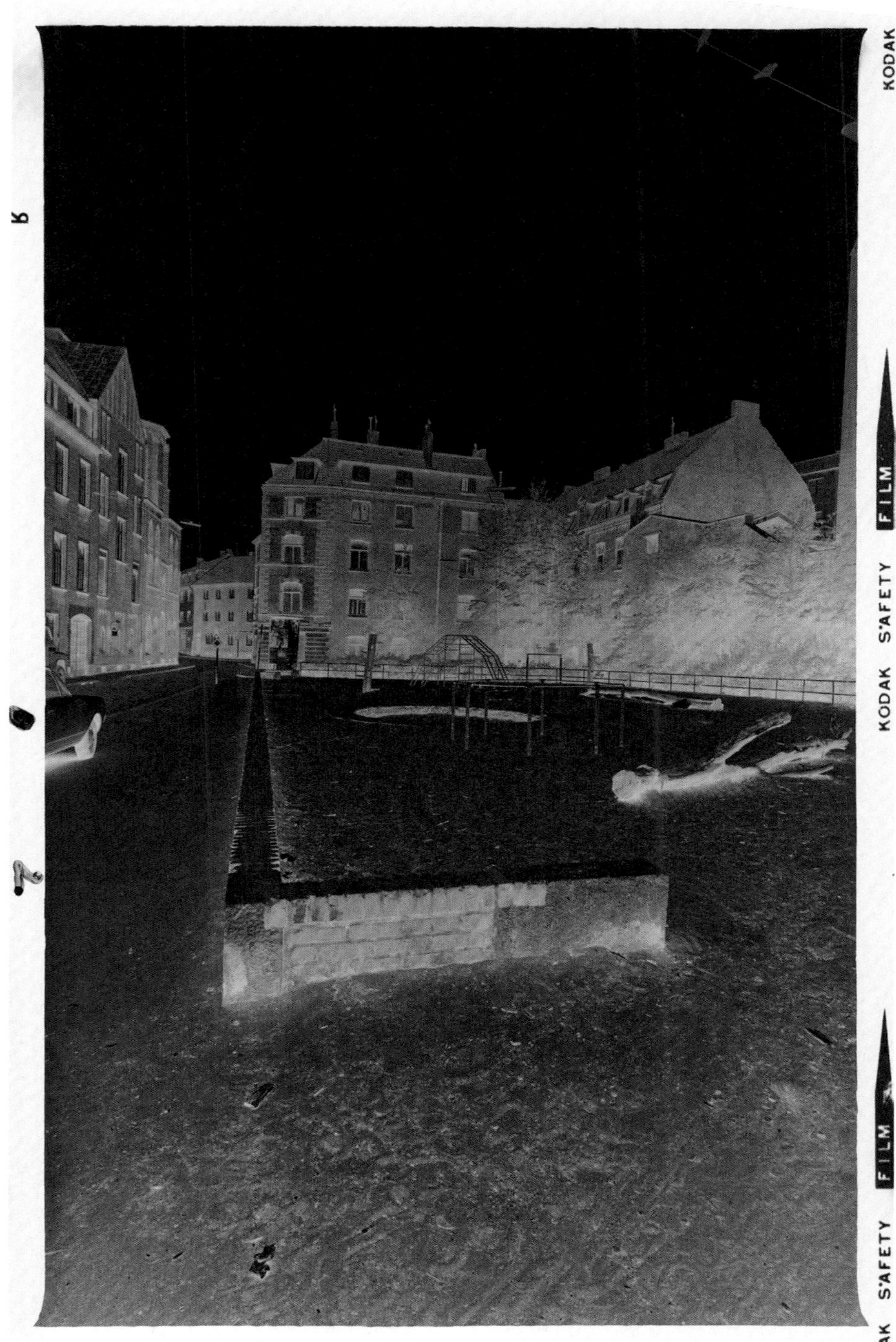
KODAK
KODAK SAFETY FILM
KODAK SAFETY FILM

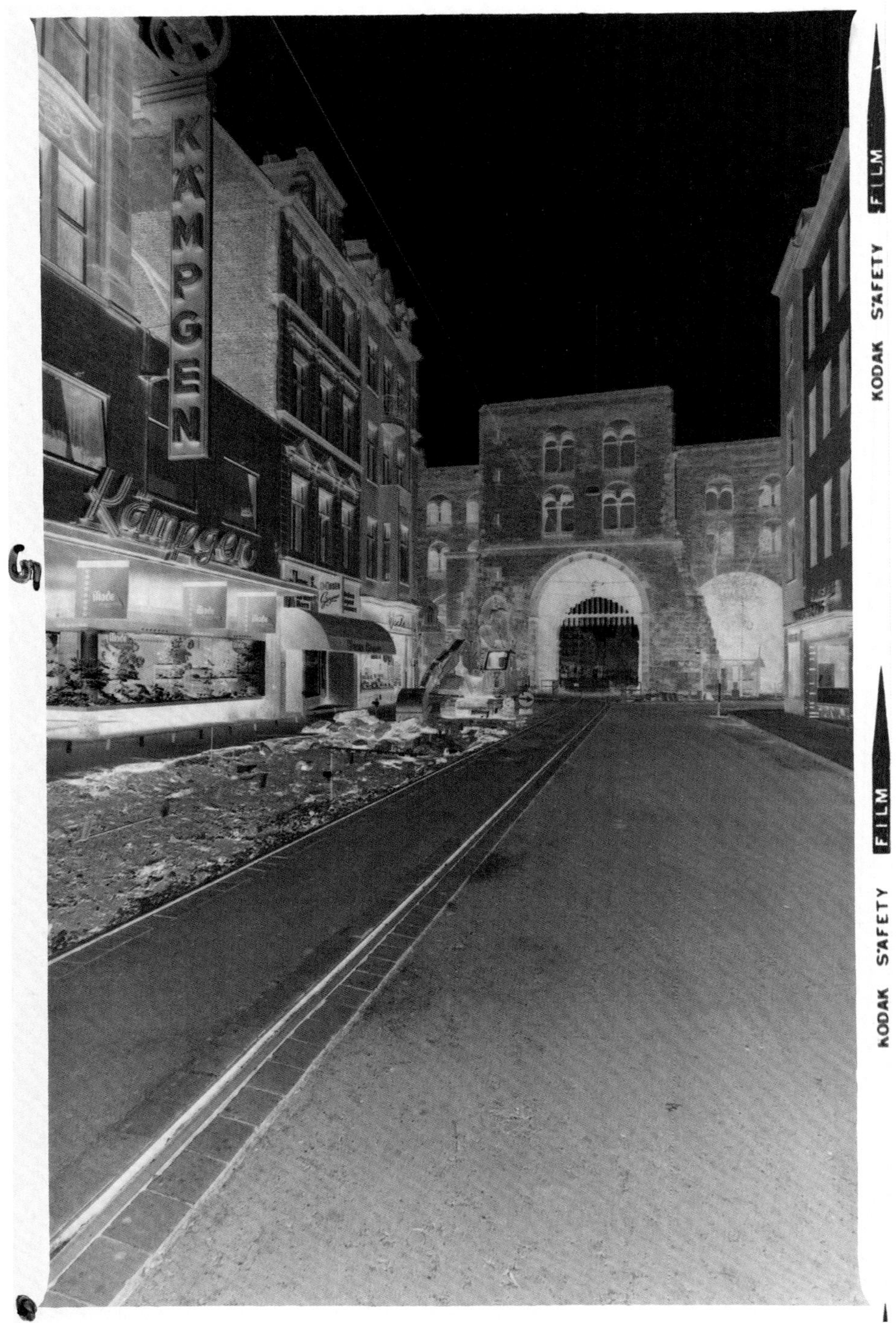
KÄMPGEN
Kämpgen
KODAK SAFETY FILM
KODAK SAFETY FILM

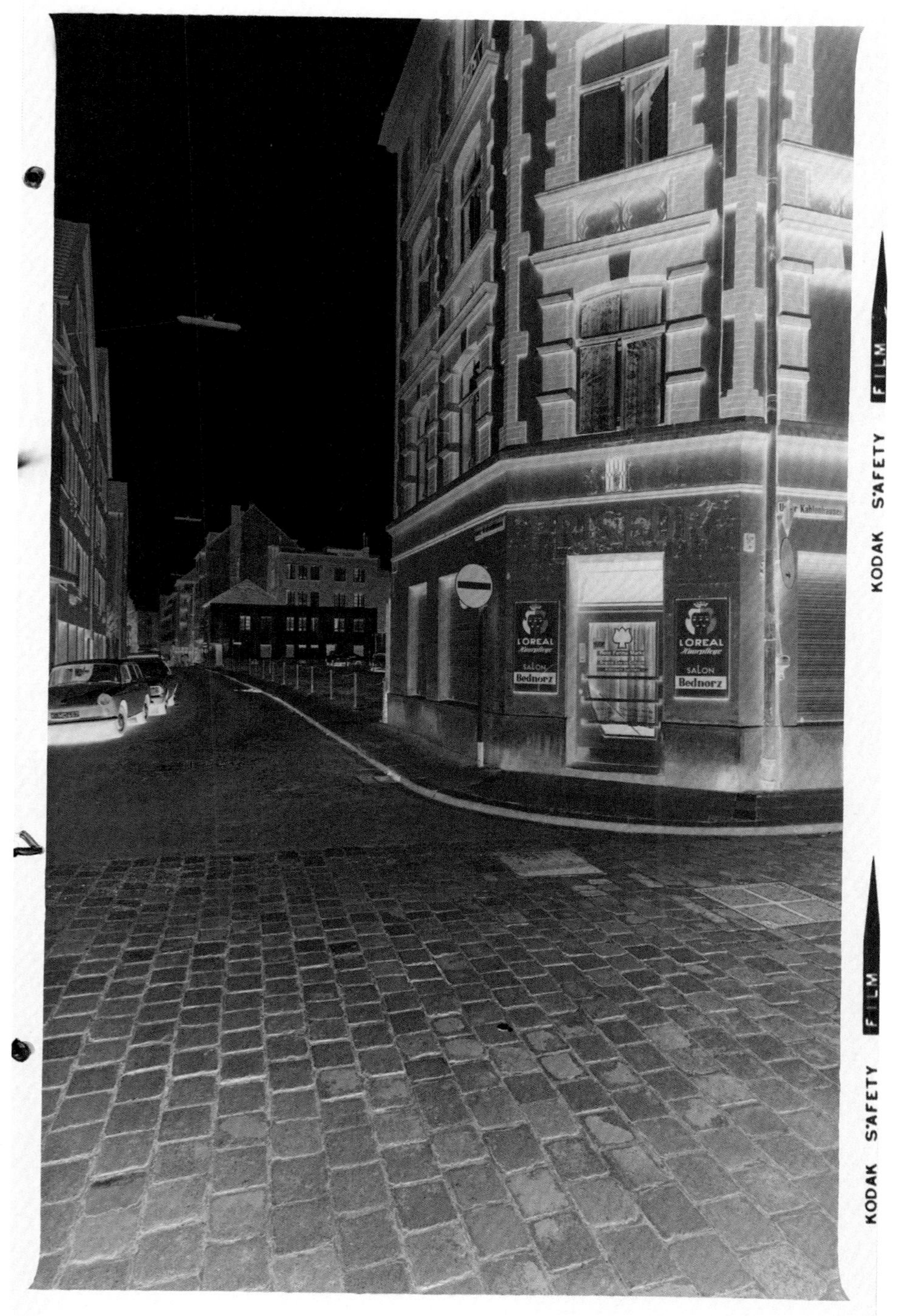
LOREAL
SALON
Bednorz
LOREAL
SALON
Bednorz
KODAK SAFETY FILM
KODAK SAFETY FILM

Guenay Ulutuncok
Geboren 1954 in Istanbul, lebt in Köln

„Während meines Architekturstudiums, Ende der 1970er Jahre, arbeitete ich ehrenamtlich als Fotograf und Layouter beim *Kölner Volksblatt*. Themen dieser Zeit waren der Häuserkampf, die Bedingungen in der Psychiatrie, Frauenbewegung, Gleichberechtigung für Schwule und Lesben, sogenannte ‚Gastarbeiter*innen', Gewerkschaften, Umwelt usw. Während des Plenums (Redaktionssitzung) diskutierte man über die Themen; Texter*innen und Fotograf*innen produzierten die Geschichten, die eine Mehrheit gefunden hatten. Unser Anliegen war, Dinge aufzudecken, für die die bürgerlichen Medien kein Interesse hatten.
1981 gründete ich mit drei Kolleg*innen die laif Agentur für Photos und Reportagen, als Teil der alternativen Szene, die sich damals formierte und weiterentwickelte. In dieser Zeit entstanden viele Kleinbetriebe mit dem Ziel, kostendeckend zu arbeiten und mit Einheitslohn gleichberechtigte Existenzen zu schaffen. Die Themenbereiche bei laif erweiterten sich schnell. Neben den Aufträgen suchte ich meine eigenen Themen, unter anderem die türkischen ‚Gastarbeiter' bei Ford, bei der Müllabfuhr oder unter den Bergarbeitern in der Zeche.

Guenay Ulutuncok
Born 1954 in Istanbul, lives in Cologne

"During my architecture studies at the end of the 1970s, I volunteered as a photographer and layout designer on the *Kölner Volksblatt* newspaper. The issues at the time were squatting, conditions in psychiatric hospitals, the women's movement, equal rights for gay and lesbian people, so-called 'guest workers,' unions, the environment, etc. We discussed topics at editorial meetings, and writers and photographers produced the stories that were agreed on. Our aim was to expose things the middle-class media ignored.
In 1981, with three colleagues, I cofounded laif, the photography and reportage agency, as part of an alternative scene that was emerging and evolving at the time. Many small companies were being formed to cover costs and create egalitarian livelihoods with a basic wage. The range of themes covered by laif quickly grew.
In addition to commissions, I looked for topics of my own, including the Turkish 'guest workers' at Ford, miners, and garbage disposal workers.

Mittlerweile gab es bundesweit Stadtzeitungen und andere alternative Zeitschriften, in denen wir publizieren konnten. Schnell wurden dann doch die großen Verlagshäuser auf uns und unsere Themen aufmerksam und begannen uns zu beschäftigen. Dabei spielte auch die *taz* als überregionale Tageszeitung eine große Rolle.
Die Tätigkeit für Stadtmagazine brachte bescheidene Einnahmen, aber dafür war sie kontinuierlich und kollegial, weil man sich bei der Produktion bis hin zum Layout einmischen konnte. So entstand mit dem Kollegen und Freund Jürgen Bevers, Herausgeber und Chefredakteur des Magazins *Schauplatz*, im Jahre 1982 eine Reportage zum Stadtleben am Eigelstein/Weidengasse. Das kölsche Leben am Eigelstein und das türkische in der Weidengasse kamen auf ganz kleinem Raum zusammen. In unserer Geschichte wollten wir die Gegensätze darstellen und in ihrer Vielfalt zusammenbringen.
Jürgen Bevers und ich waren oft dort unterwegs, um Vertrauen zu schaffen und näher an die Menschen heranzukommen. Mit den vor ihrer Stammkneipe stehenden Jungs, den Geschäftsleuten, dem Vorführer des türkischen-italienischen Kinos, dem türkischen Metzger, dem italienischer Maßschneider und auch den Prostituierten in den Eckkneipen. Teile der Weidengasse mit den Querstraßen waren ja damals eine Rotlichtzone. Jürgen Bevers hat

By now, cities across Germany had their own local newspapers and other alternative magazines where we could get our material published. Soon the big publishing houses became aware of laif and its themes, and they began to give us work. As a national newspaper, the *taz* (*die tageszeitung*) played a significant role.
The work for listings magazines brought in only modest pay, but it was steady and collegial because you could get involved in all stages of production right through to layout. In 1982, I worked with my colleague and friend Jürgen Bevers, publisher and editor-in-chief of *Schauplatz* magazine, on a feature about the Eigelstein/Weidengasse neighborhood. In this small area, Germans living in Eigelstein and the Turkish community on Weidengasse came into close contact. We wanted to show the contrasts this produced and present these together in all their diversity in our story.
Bevers and I often spent time in the neighborhood, building trust and getting to know the residents: the young men standing outside their pub, the businesspeople, the projectionist at the Turkish-Italian cinema, the Turkish butcher, the Italian tailor, and the prostitutes in the corner pubs. At the time, parts of Weidengasse and its side streets were a red-light district, which is why Bevers titled the

deswegen der Reportage den Titel ‚Kebab, Kölsch und Kneipenstrich' gegeben.
Die Weidengasse war damals als ‚Klein-Istanbul' bekannt, dabei waren es sehr unterschiedliche Geschäfte, zum Beispiel ein Weinladen, den es schon lange gab, oder San Remo, ein uraltes italienisches Restaurant, daneben türkische Restaurants, Kneipen und Läden für Lebensmittel oder Import-Export usw. Der Verkäufer mit einem Rollwagen am Eigelsteintor war auch ein fester Bestandteil des Viertels. So etwas kannte ich aus meiner Kindheit in Istanbul. Die Leute, die aus Anatolien nach Istanbul kamen, haben sich dort mit Kleinwaren auf der Straße selbstständig gemacht.
Die Kneipe, vor der die drei Männer mir stolz ihre Fotos zeigen, war wahrscheinlich ein türkisches Vereinslokal. Es gab viele davon, weil Türk*innen damals kein Gewerbe anmelden konnten. Tagsüber haben sie dort Tee getrunken und Fernsehen geguckt. Abends verwandelte sich dann der Ort in eine Bar mit Live-Musik, vergleichbar mit den Musiklokalen in der Türkei. Eine Sängerin hat dort gesungen; die Gäste waren ausschließlich Männer.
Das türkisch-italienische Kino hatte am Eingang eine schöne Vitrine aus den 1950er Jahren. Irgendwann wurde es abgerissen, und es wurden dort neue Häuser gebaut mit Restaurants. Als ich das Foto

feature 'Kebab, Kölsch und Kneipenstrich' (Kebab, beer, and pub prostitution).
Weidengasse was known at the time as 'Little Istanbul.' However, the businesses there were actually quite varied and included a long-established wine shop and San Remo, a very old Italian restaurant, alongside Turkish restaurants, pubs, grocery stores, and import-export traders, etc. The salesman with a trolley at Eigelsteintor was also an established part of the neighborhood. I recognized such things from my childhood in Istanbul, where people who came from Anatolia created their own businesses selling small goods on the street.
The three men proudly showing me their photographs are standing outside a pub that was probably a Turkish clubhouse. There were many of these because Turks were not allowed to register a business at the time. During the day, they would meet there to drink tea and watch television. In the evenings, the place turned into a bar with live music, like the music venues in Turkey. A woman would sing; the guests were all men.
At the entrance to the Turkish-Italian cinema was a nice vitrine from the 1950s. Eventually, the theater was demolished and replaced by

Anfang der 1980er Jahre gemacht habe, kamen gerade die Videokassetten auf, die man sich ausleihen konnte. Dieses Kino hatte keine Chance zu überleben, weil die Leute in ihren Lokalen oder zu Hause nonstop Heimatvideos schauen konnten. Irgendwann war das Kino leider dort überflüssig.“

new buildings with restaurants. When I took this photograph in the early 1980s, it was the beginning of video rental shops. The cinema had no chance of surviving because people could now watch videos from their home countries nonstop in cafés or at home. In the end, the cinema became superfluous.”

Guenay Ulutuncok
im Gespräch mit Barbara
Engelbach und Ela Kaçel,
Februar 2021

Guenay Ulutuncok in
conversation with Barbara
Engelbach and Ela Kaçel,
February 2021

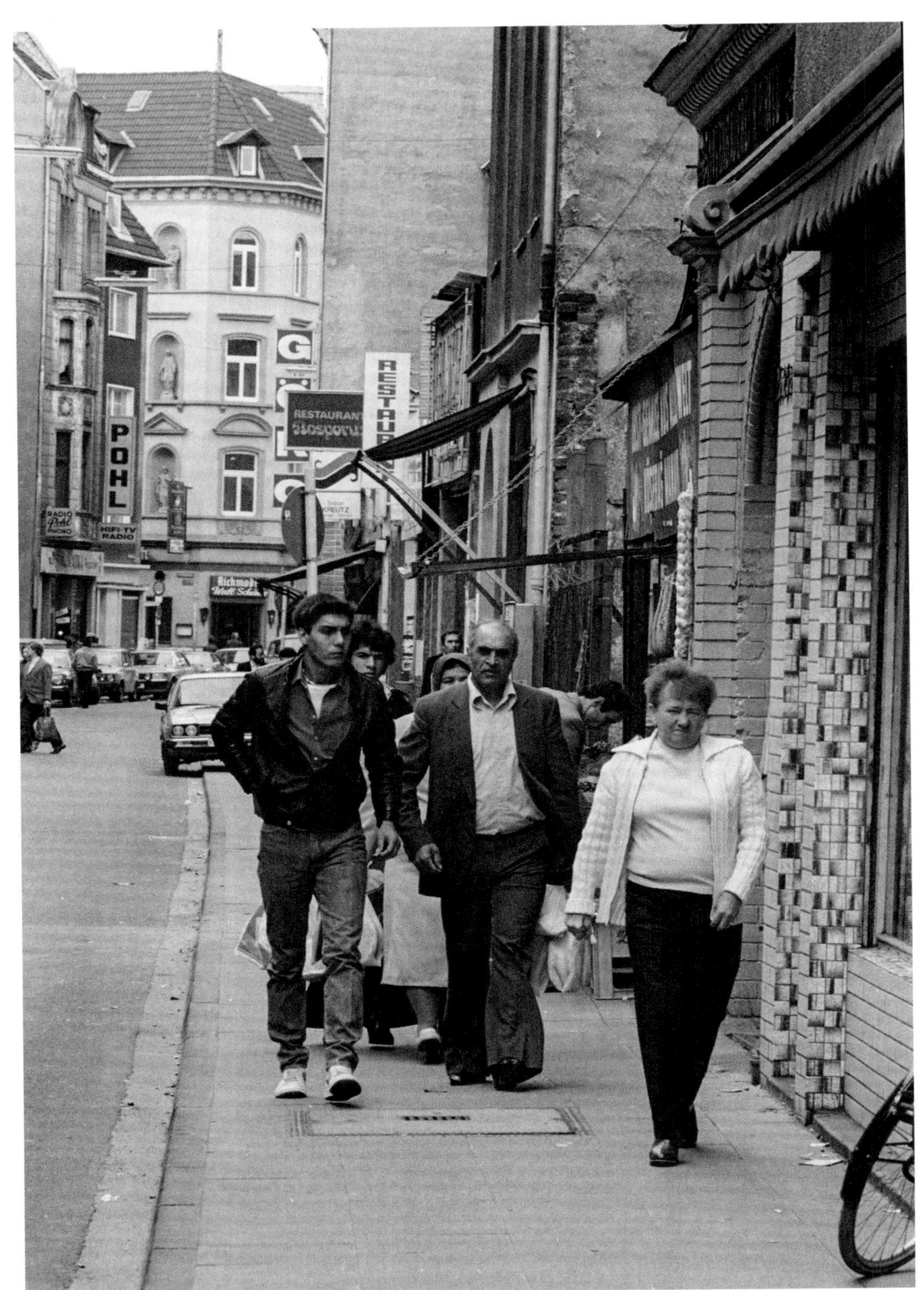

Alle Fotos aus der Serie All photos from the series „Eigelstein“, Köln, 1982

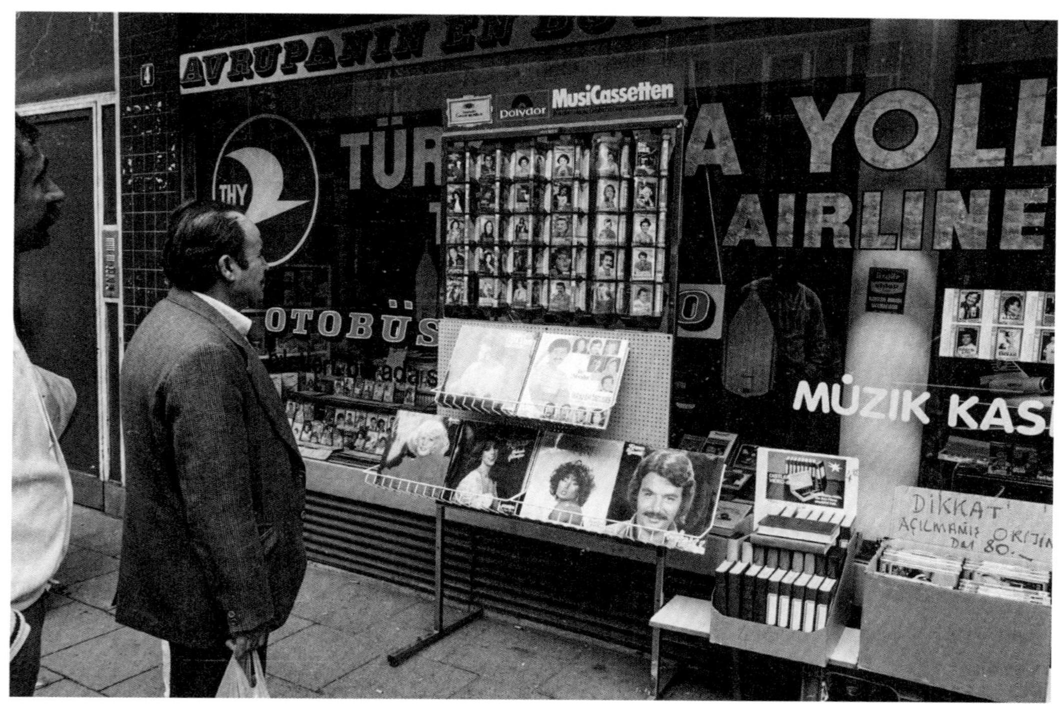
THY
Polydor
MusiCassetten
OTOBÜS
DIKKAT
DM 80.-

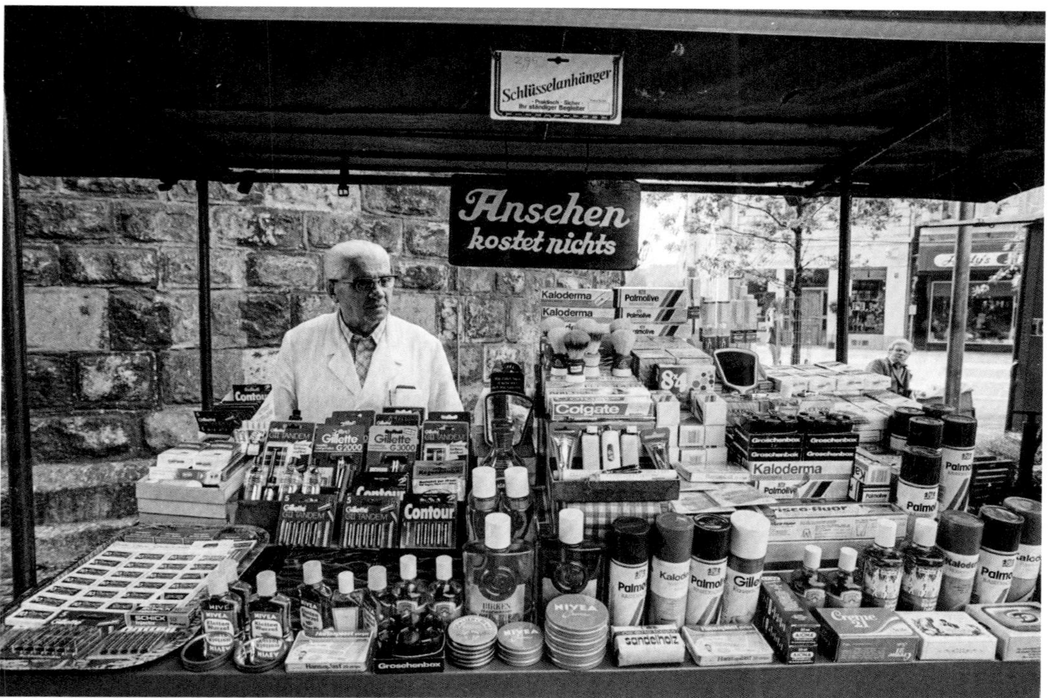
Schlüsselanhänger
Ansehen
kostet nichts
Kaloderma
Palmolive
Colgate
Gillette
Contour
Groschenbox
NIVEA
sandelholz
Creme 21

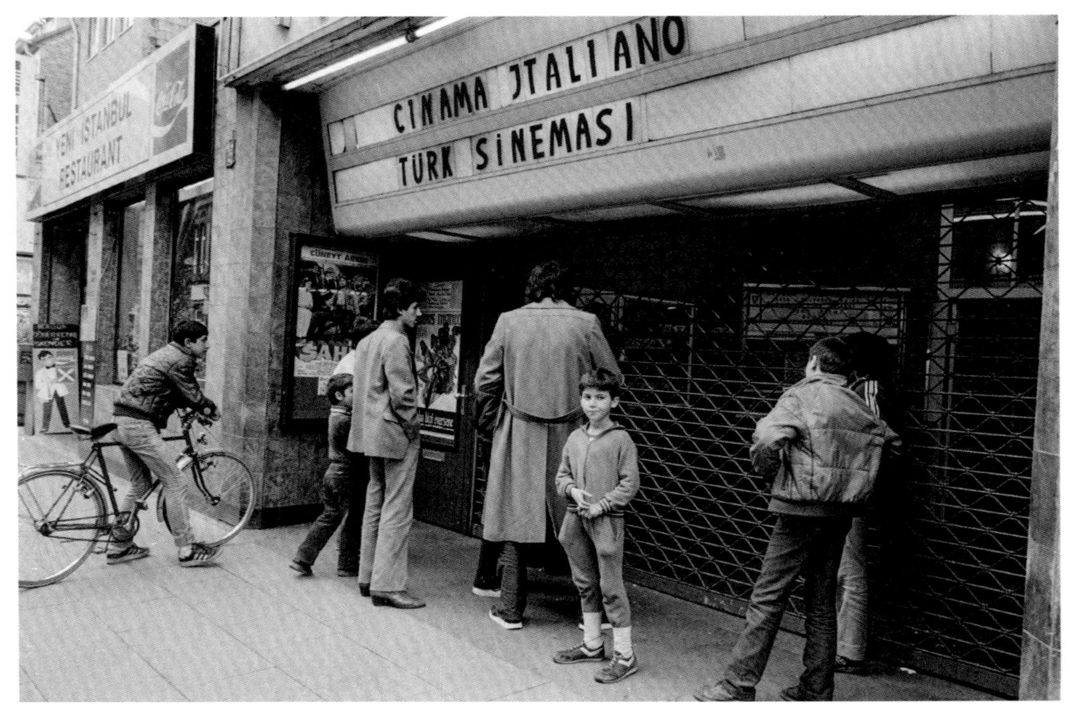
CINAMA JTALIANO
TÜRK SiNEMASI
YENİ İSTANBUL
RESTAURANT

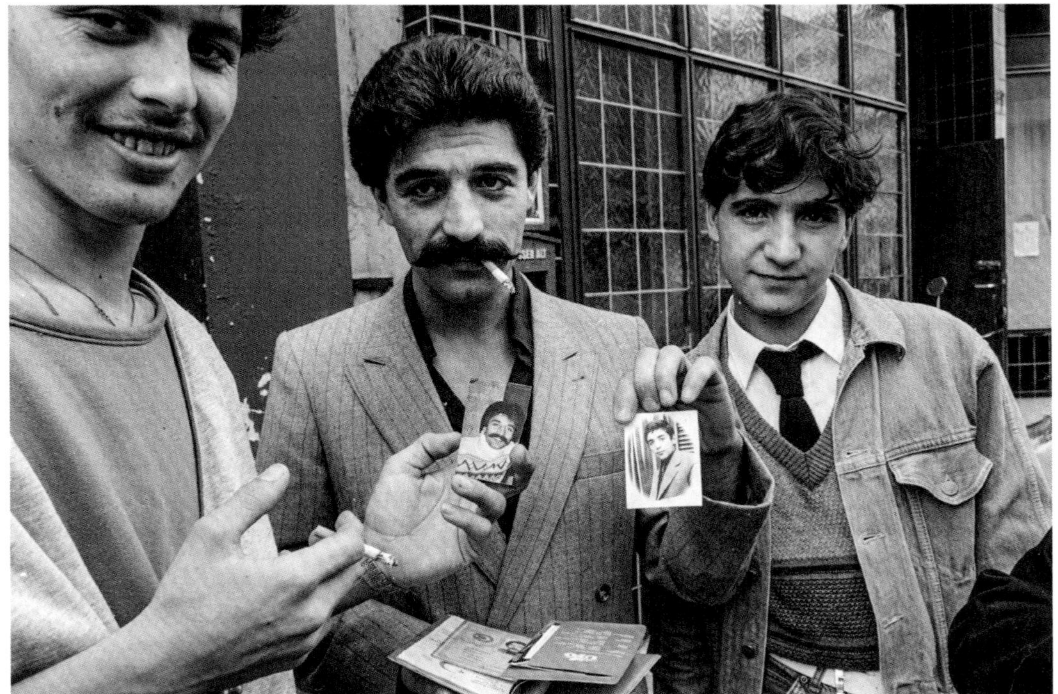

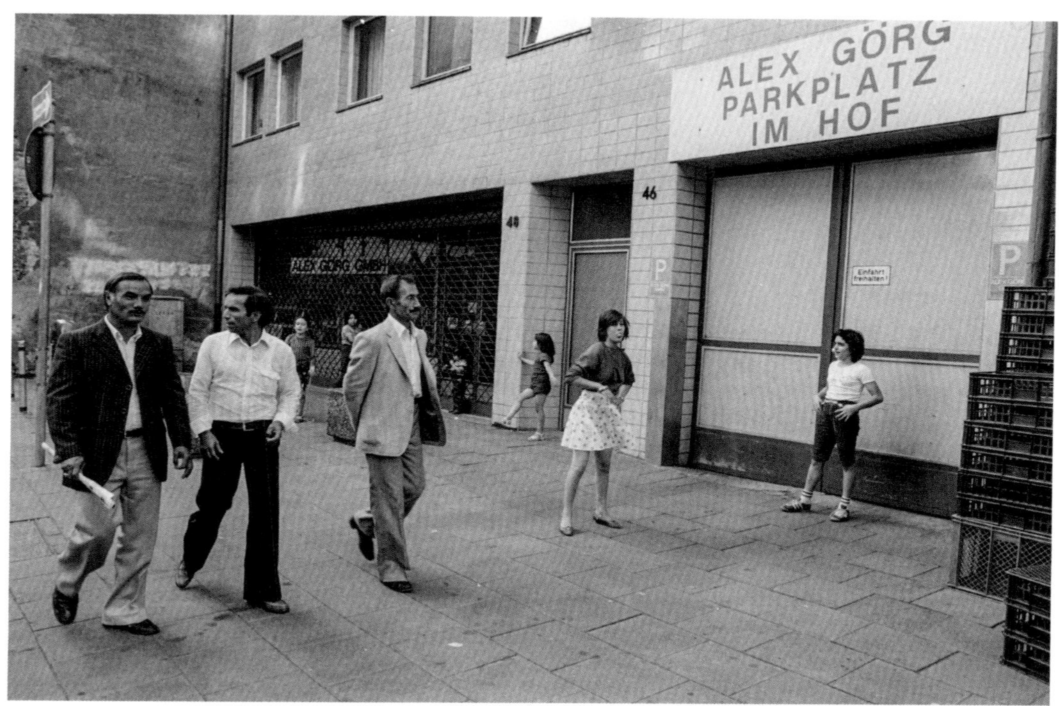
ALEX GÖRG
PARKPLATZ
IM HOF
46
ALEX GÖRG GMBH

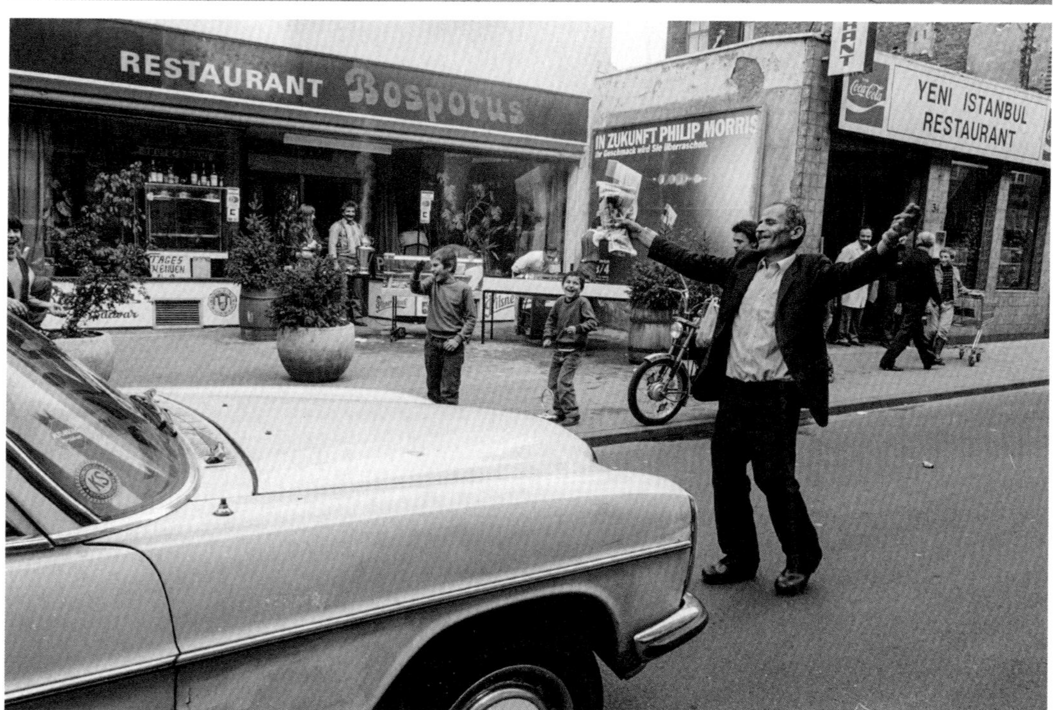
RESTAURANT Bosporus
IN ZUKUNFT PHILIP MORRIS
YENI ISTANBUL
RESTAURANT
Coca-Cola

Candida Höfer
Geboren 1944 in Eberswalde, lebt in Köln

„Welchen fotografischen Vorbildern fühlen Sie sich verpflichtet, wird Ihre Arbeit von diesen Vorbildern beeinflusst und wenn ja, in welcher Weise?"
„Dem Alltag." – Candida Höfer, Auszug aus einem Fragenkatalog von Klaus Honnef, 1979

Candida Höfer ist insbesondere für ihre großen Farbfotografien von menschenleeren öffentlichen und privaten Innenräumen bekannt, die sie unter den vorgefundenen Lichtverhältnissen distanziert und sachlich aufnimmt. Das Alltagsleben vermittelt sich nur über die Raumgestaltung und die Gebrauchsspuren der Nutzer*innen und Bewohner*innen. In ihrem Frühwerk um 1970 sind dagegen noch die Menschen selbst zu finden, und es wird erkennbar, wie deren tagtägliches Handeln die städtische Umgebung prägt. Ein Beispiel dafür ist die 44-teilige Serie *Türken in Deutschland*, an der Höfer 1973 zu arbeiten begann. Über sechs Jahre fotografierte sie türkische Migrant*innen im öffentlichen Raum der Großstädte: auf der Straße, in Parks, in Geschäften und Restaurants, später, nach dem

Candida Höfer
Born 1944 in Eberswalde, lives in Cologne

"What are your photographic models? Do they influence your work, and if so, how?"
"Everyday life." – Candida Höfer, excerpt from a questionnaire by Klaus Honnef, 1979

Candida Höfer is best known for her large-scale color photographs of deserted public and private interiors. In these distanced and matter-of-fact images, made using available light, everyday life is conveyed through the organization of space and the traces of those who frequent or occupy it. By contrast, in her early works from around 1970, people can still be found, and the way their day-to-day activities mark their urban surroundings is made clear. One example of this is the forty-four-part series *Türken in Deutschland*, which Höfer began in 1973. For more than six years, she photographed Turkish migrants in urban public spaces: on the streets, in parks, in shops and restaurants, and later, having met individual families, in their living rooms. Thus, with this series, she also documented

Kennenlernen einzelner Familien, auch in deren Wohnzimmern. Höfer dokumentierte mit ihrer Serie also auch ihre eigene schrittweise Annäherung. Ende der 1970er Jahre bereiste sie die Türkei, um die dortigen Lebensverhältnisse kennenzulernen und zu fotografieren.

Ihre Fotografien fallen in die Zeit einer regen fotografischen Aufzeichnung des Alltagslebens, die auffällig häufig türkischen Arbeitsmigrant*innen gewidmet war. Höfer wollte allerdings weder eine Sozialreportage erstellen noch typische Feste und Gebräuche abbilden, sondern versuchte, gängige Klischees durch bewusst distanzierte Fotografien zu vermeiden. So zeigen die Schwarz-Weiß-Aufnahmen der Serie zum Beispiel türkische Geschäftsleute in ihren Läden: Lebensmittelgeschäfte, Metzgereien, Gemüse- und Stoffläden sind aus räumlicher Distanz so aufgenommen, dass der Fokus auf der Warenvielfalt und ihrer Präsentation liegt, mit den Einzelhändler*innen im Zentrum. Deren Blicke sind auf die Fotografin gerichtet, ohne dass ein Moment des Austauschs zu erkennen wäre. Auch die Titel der Aufnahmen geben lediglich darüber Auskunft, um welche Städte und Straßen es sich handelt, aber nicht, wer die abgebildeten Personen sind und welche Geschichten sich hinter den Fotografien verbergen. Zwölf der Fotografien erschienen 1980 in einer pädagogischen

the gradual rapprochement between her and her subjects. At the end of the 1970s, Höfer traveled across Turkey to learn about and photograph the local way of life.

The photographs in *Türken in Deutschland* were taken at a time when photographers in Germany were busy recording everyday life, and it is striking how often the focus was on Turkish migrant workers. But rather than social reportage or documentation of typical festivities and customs, Höfer aimed to avoid the usual clichés through deliberate distancing. The black-and-white pictures in the series show, for example, Turkish traders in their shops: the grocers, butchers, and drapers are photographed in the middle of their stores but at a distance, placing the focus on their merchandise and its presentation. The shopkeepers look directly at the camera without any discernible sense of engagement. The titles identify the city and street name of each store, but not the people in them, nor the story behind the image. Twelve of these photographs appeared in 1980 in a series for elementary schools published by Vista Point, Cologne. In the accompanying text for German teachers, Hatice Özerturgut describes the links between Turkish migrant working conditions, living conditions, and ways of life.

Reihe für den Grundschulunterricht im Vista Point Verlag, Köln. Im Begleittext, der sich an deutsche Lehrer*innen richtet, beschreibt Hatice Özerturgut die Zusammenhänge der Arbeitsbedingungen und Wohnverhältnisse sowie Lebensgewohnheiten.
Candida Höfer, die an der Kunstakademie Düsseldorf die Klasse von Bernd und Hilla Becher besuchte, steht in der Tradition des Fotografen August Sander. Dieser hatte um 1920 begonnen, in einem sachlichen Stil Porträts aufzunehmen und im Atlas *Menschen des 20. Jahrhunderts* zu ordnen. Die ihm meist persönlich bekannten Personen fotografierte er als Stellvertreter*innen der in Klassen getrennten Gesellschaft der Weimarer Republik. Die Idee eines solch umfassenden Gesellschaftsporträts verfolgte Höfer nicht. Die ausdrücklich nur einer Gesellschaftsgruppe gewidmete Serie blieb in ihrem Werk singulär, auch wenn die menschenleeren Innenaufnahmen von Geschäften und Restaurants ihr späteres Werk vorbereiteten, in dem nur noch die Spuren der Menschen, nicht aber sie selbst festgehalten sind.

Höfer, who studied at the Düsseldorf Art Academy in the class of Bernd and Hilla Becher, can be placed in the tradition of the photographer August Sander. Around 1920, Sander began making portraits in a matter-of-fact style, arranging them in his *People of the 20th Century* atlas. His subjects, most of whom he knew personally, were photographed as representatives of the classes into which the Weimar Republic was divided. Höfer did not pursue Sander's concept of a comprehensive portrait of society. This series explicitly dedicated to a single social group remains an exception within Höfer's oeuvre, even if the deserted interiors of shops and restaurants anticipate her later work in which the traces of human life are captured but not the people themselves.

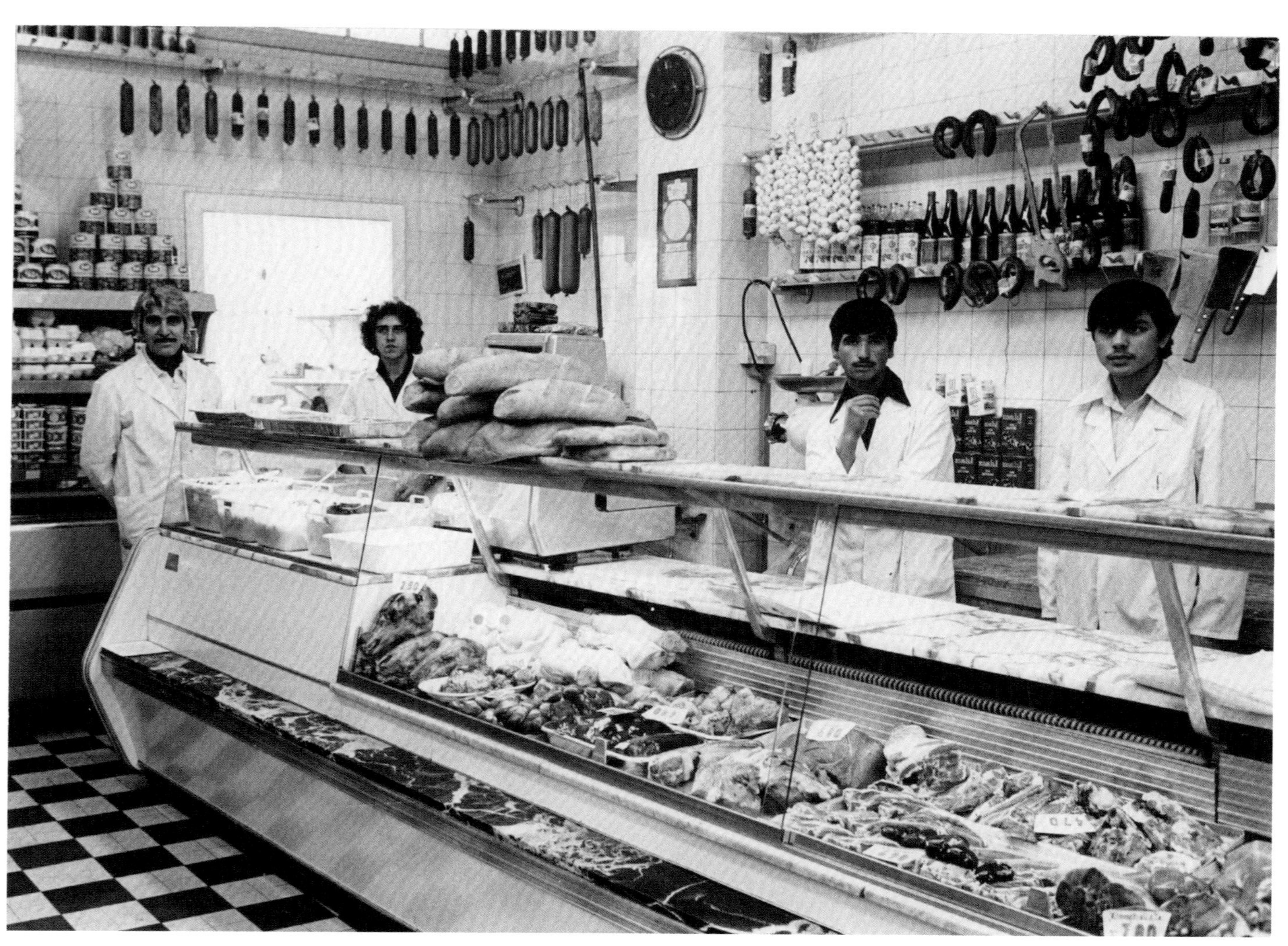

Alle Fotos All photos
Weidengasse Köln 1975–1978
aus der Serie from the series
„Türken in Deutschland“

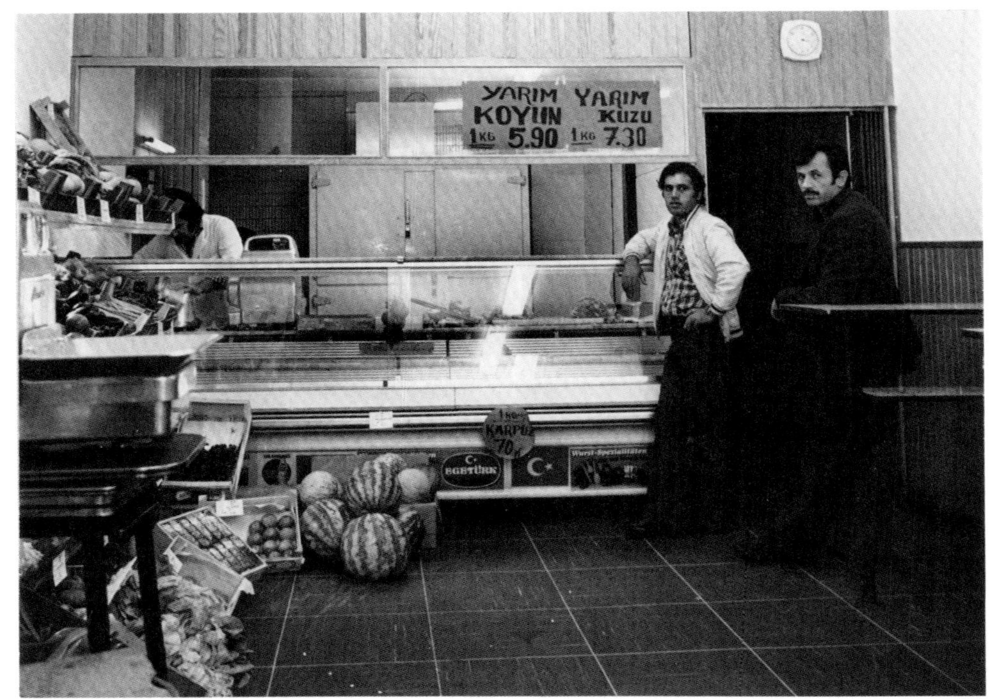
YARIM KOYUN
1KG 5.90
YARIM KUZU
1KG 7.30
KARPUZ
EGETÜRK

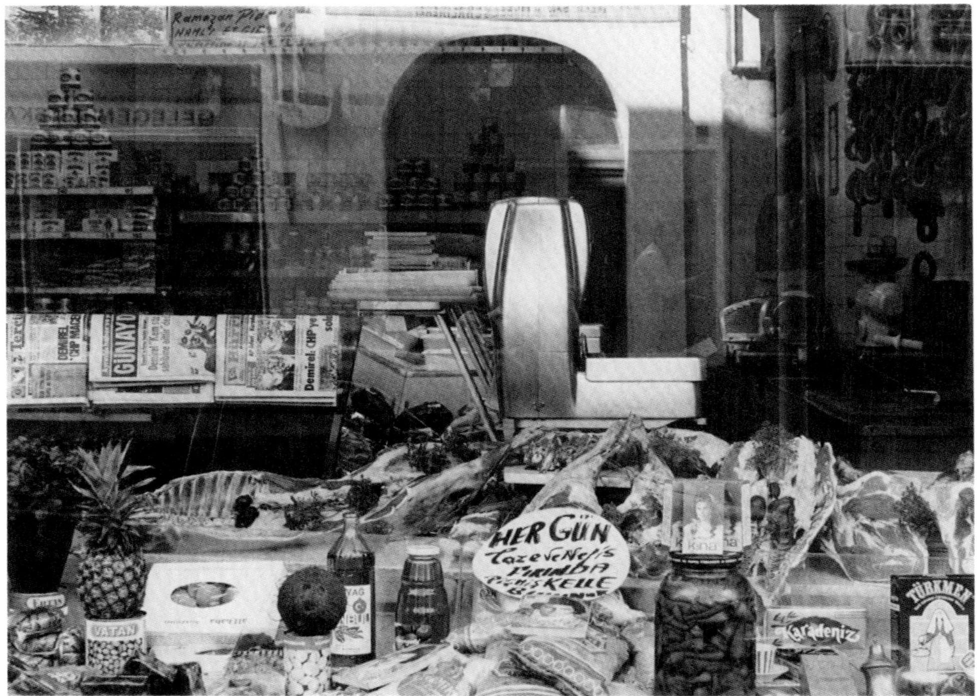
GÜNAYDIN
HER GÜN
VATAN
Karadeniz
TÜRKMEN

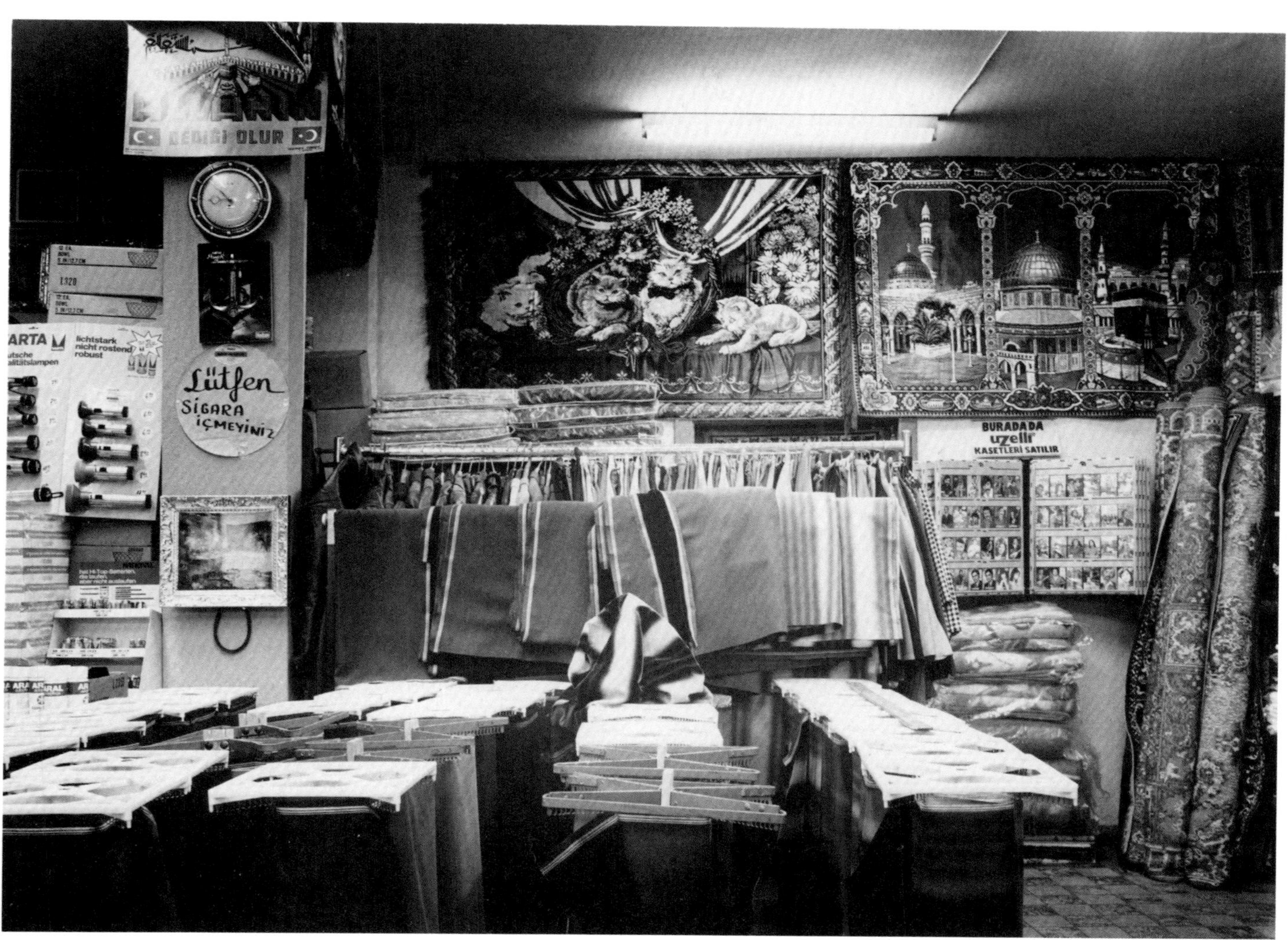
DEDİĞİ OLUR
lichtstark
nicht rostend
robust
Lütfen
SİGARA
İÇMEYİNİZ
BURADA DA
uzelli
KASETLERİ SATILIR

Christel Fomm
Geboren 1948 in Linde bei Köln, lebt in Köln

„Ich kam 1968 in einer politisierten Zeit an die Kölner Werkschulen [heute Köln International School of Design der TH Köln], um Fotografie zu studieren. Wir haben sehr schnell angefangen, die gesellschaftlichen Verhältnisse an der Schule zu analysieren und welcher elitäre Kunstbegriff nicht nur in der Malerei, sondern auch in der Fotografie herrschte. Entscheidend war das künstlerisch gestaltete Einzelbild, das aber nicht kritisch analysiert und verhandelt, sondern weitgehend sprachlos durch den Professor für Fotografie Arno Janßen für gut oder schlecht befunden wurde. Dazu gehörte auch, dass wir im Studium sehr vereinzelt waren, weil die Konkurrenz untereinander gefördert wurde. Dagegen haben wir uns in einer Gruppe von Studierenden organisiert, zu denen Gaby Jacoby, Wilfried Kaute, Gernot Huber und Yoash Tatari und ich gehörten. Wir haben uns praktisch selbst ausgebildet: Wir haben uns Themen gesetzt, untereinander unsere Bilder gezeigt und diskutiert, aber auch unsere Rolle als Fotograf*innen. Wir wollten nicht bloß den Zugang zur Fotografie, sondern die Gesellschaft ändern, und die Fotografie sollte das Medium dazu sein. Aus diesem Grund haben wir uns auch politisch

Christel Fomm
Born 1948 in Linde near Cologne, lives in Cologne

"I came to the Werkschulen [now the Köln International School of Design at Cologne's University of Applied Sciences] to study photography in 1968, in politicized times. We very quickly began to analyze the prevailing social relations within the institution, noting the elitist definition of art that reigned not only in painting but also in photography. The focus was on the individual artistic image, which was not subjected to critical analysis or discussion, but declared good or bad by the professor of photography, Arno Janssen, largely without words. This also meant that we were very isolated, as rivalries were fostered between us. In response, we organized a group of students that included Gaby Jacoby, Wilfried Kaute, Gernot Huber, Yoash Tatari, and myself. We basically trained ourselves: we set our own topics, showed our pictures to each other, and discussed both our work and our role as photographers. We wanted access to photography and to change society, and photography was to be our medium. For this reason, we also educated ourselves politically. We formed a photographic collective and dreamed of working together and

gebildet. Wir nannten uns Fotokollektiv und hatten den Traum, als Kollektiv zu arbeiten und auch wirtschaftlich auf eigenen Füßen zu stehen. Letztlich sind wir dann beruflich alle getrennte Wege gegangen.
Eine Ausnahme im Lehrangebot war um 1972 das zweisemestrige Seminar über das Severinsviertel von dem Kunsthistoriker und Denkmalpfleger Roland Günter und dem Fotografen Jörg Boström, die damals schon viel zusammengearbeitet haben. Die Südstadt war zum Sanierungsgebiet erklärt worden. Wir sind ins Viertel gegangen und haben mit Fotografie, Video, Interviews herausfinden wollen, wie die Leute lebten und wie sie leben wollten.
Als Abschlussarbeit habe ich eine Fotoserie zur Hochhaussiedlung in Bocklemünd-Mengenich gemacht. Mir ging es um die Lebenssituation der Menschen, die ich nicht dramaturgisch plakativ, sondern empathisch erzählerisch vermitteln wollte. Aus diesem Grund habe ich auch kein extremes Weitwinkelobjektiv verwendet. Außerdem waren Texte Teil der Arbeit; ich habe in die Ausstellung Aussagen der Fotografierten einbezogen. All das wurde damals von den Prüfenden als Affront verstanden: gegen das künstlerische Einzelbild die Fotoserie und dann auch noch mit Texten gegen die scheinbare Selbstgenügsamkeit der Bilder.

being financially independent. Ultimately, our professional paths took us in different directions.
One exception in the official lecture program was a two-semester seminar in 1972 on the Severinsviertel neighborhood with art historian and conservationist Roland Günter and photographer Jörg Boström, who had both worked together in the past. The Südstadt district was designated as a redevelopment zone, and we used photography, video, and interviews to find out how its residents lived and how they wanted to live.
As my graduation piece, I submitted a series of photographs on the high-rise housing development in Bocklemünd-Mengenich. I was interested in people's living conditions and conveying these, not through eye-catching dramaturgy, but with narrative empathy. For this reason, I did not use an extreme wide-angle lens. The series also included texts and statements by the subjects, displayed in the exhibition next to the pictures. At the time, all of this was perceived as an affront by the examiners: rather than individual artistic works, this series accompanied by texts countered the supposed autonomy of the image.

Dass ich schon sehr früh in Serien gearbeitet habe und immer auch Geschichten erzählen wollte, brachte mich letztlich zum Film. Bei einer Fotokamera ist das Fotografierte im Moment der Aufnahme ja schon Geschichte. Mich aber interessierte, dass du bei der Filmkamera den Auslöser drückst und es damit erst losgeht. Was sich alles vor der Kamera entwickelt, hat mich immer am meisten interessiert.
Ich wollte also unbedingt Kamerafrau werden, aber das war ein extrem steiniger Weg, weil ich als Frau keinerlei Unterstützung bekam, keine Praktika, keine Jobs. Also habe ich mir Geld geliehen und eine 16-mm-Kamera gekauft, mir ein Thema gesucht und den Film *Die Jungs von der jäl Stang* an das ZDF verkauft. So wurde ich Kamerafrau und Filmproduzentin.
Mitte der 1970er Jahre habe ich Fotokurse an der Volkshochschule angeboten. Ich nannte sie ‚Mit der Kamera sehen lernen', weil es mir darum ging, mit dem Fotoapparat gesellschaftliche Verhältnisse zu entdecken und aufzudecken, aber zugleich sich selbst als Teil der Situation zu erkennen. Aus diesem Grund habe ich den Kursteilnehmer*innen die Teleobjektive weggenommen, damit sie sich nicht dahinter verstecken konnten. Es ging darum, in den Austausch zu treten, zuzuhören – und eine räumliche Nähe zu haben, die den Leuten auch ermöglicht hätte, einen wegzudrücken. Es ging um eine

I finally arrived at film after working in series from very early on and having always wanted to tell stories. Whatever is photographed with a still camera becomes history the moment the picture is taken, whereas with a film camera, pressing 'record' is just the beginning. I have always been most interested in what unfolds in front of the camera. So, I really wanted to become a cameraperson, but it was a very steep career path because, as a woman, I could get no support, no work experience, no jobs. I ended up borrowing some money to buy a 16mm camera, found myself a subject, and sold the film, *Die Jungs von der jäl Stang,* to ZDF. That's how I became a cameraperson and film producer.
In the mid-1970s, I taught photography courses at the adult education college. I called them 'Learning to see with a camera' because I was interested in using the camera to discover and expose societal conditions while identifying oneself as part of the situation. I took telephoto lenses away from the participants so they couldn't hide behind them. It was about entering into dialog, listening, and having a spatial proximity that would have allowed people to push you away. It was about participatory observation. For the first session, we went out without cameras and then relayed to each other what we had

teilnehmende Beobachtung. In der ersten Sitzung sind wir ohne Kamera losgezogen, um uns gegenseitig zu erzählen, was wir gesehen haben. So sind wir auch in das türkische Vereinsheim für Fahrer und Transportarbeiter gekommen.
Ich habe mich damals in der Südstadt mit der Wohnsituation in den Kaußen-Häusern befasst, aber mich nicht getraut, das zu fotografieren. Ich habe ja am Ubierring gelebt, wo Familien zu sechst in einem Zimmer wohnten und ich und mein damaliger Freund gegenüber eine 100-Quadratmeter-Wohnung hatten. Das war beschämend für mich. Ich wollte aber auf jeden Fall einen exotisierenden Blick auf das Leid anderer vermeiden und vielmehr die Menschen dort fotografieren, wo sie ihre selbstgewählte Umgebung hatten, wo sie weitgehend selbstbestimmt sein konnten und weniger fremdbestimmt, so wie zum Beispiel im Vereinsheim.“

seen. That's how we ended up in the Turkish clubhouse for drivers and transport workers.
At the time, I was interested in the living conditions at the Kaussen buildings in Südstadt, but I didn't feel confident enough to take photographs there. I was staying on Ubierring with my then-boyfriend in a 100-square-meter apartment across the street from where families were living six to a room. I felt ashamed, but I also wanted to avoid an exoticizing view of other people's suffering. Instead, I wanted to photograph people in the surroundings they had chosen for themselves, where they could be largely self-determined and less dictated to, and the Turkish clubhouse was such a place.”

Christel Fomm im Gespräch
mit Barbara Engelbach,
Januar 2021
Christel Fomm in conversation
with Barbara Engelbach,
January 2021

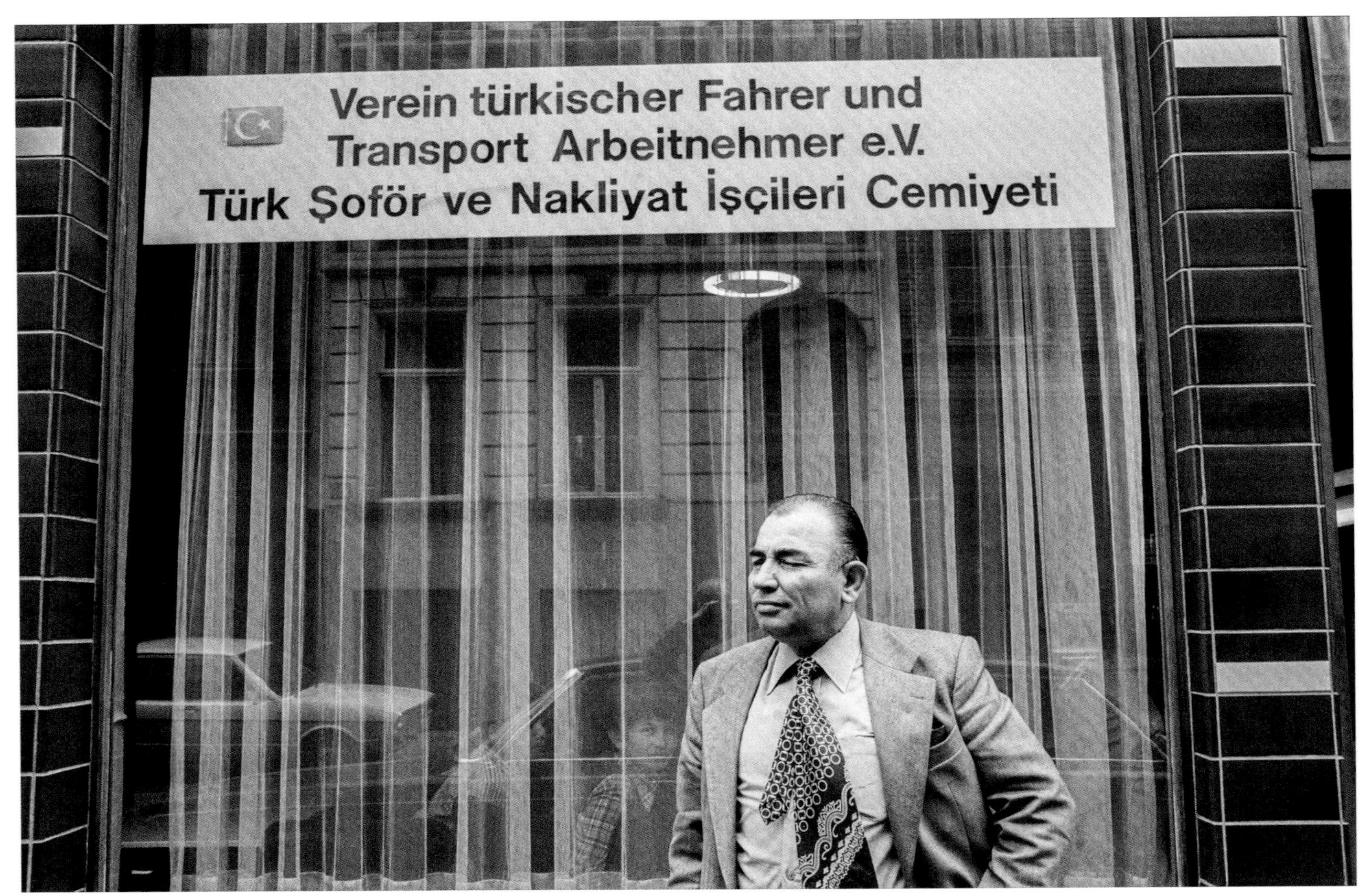

Vorsitzender Mehmet Baskan Chairman Mehmet Baskan
Alle Fotos aus der Serie „Türkisches Vereinsheim“ All photos from the series “Turkish clubhouse”

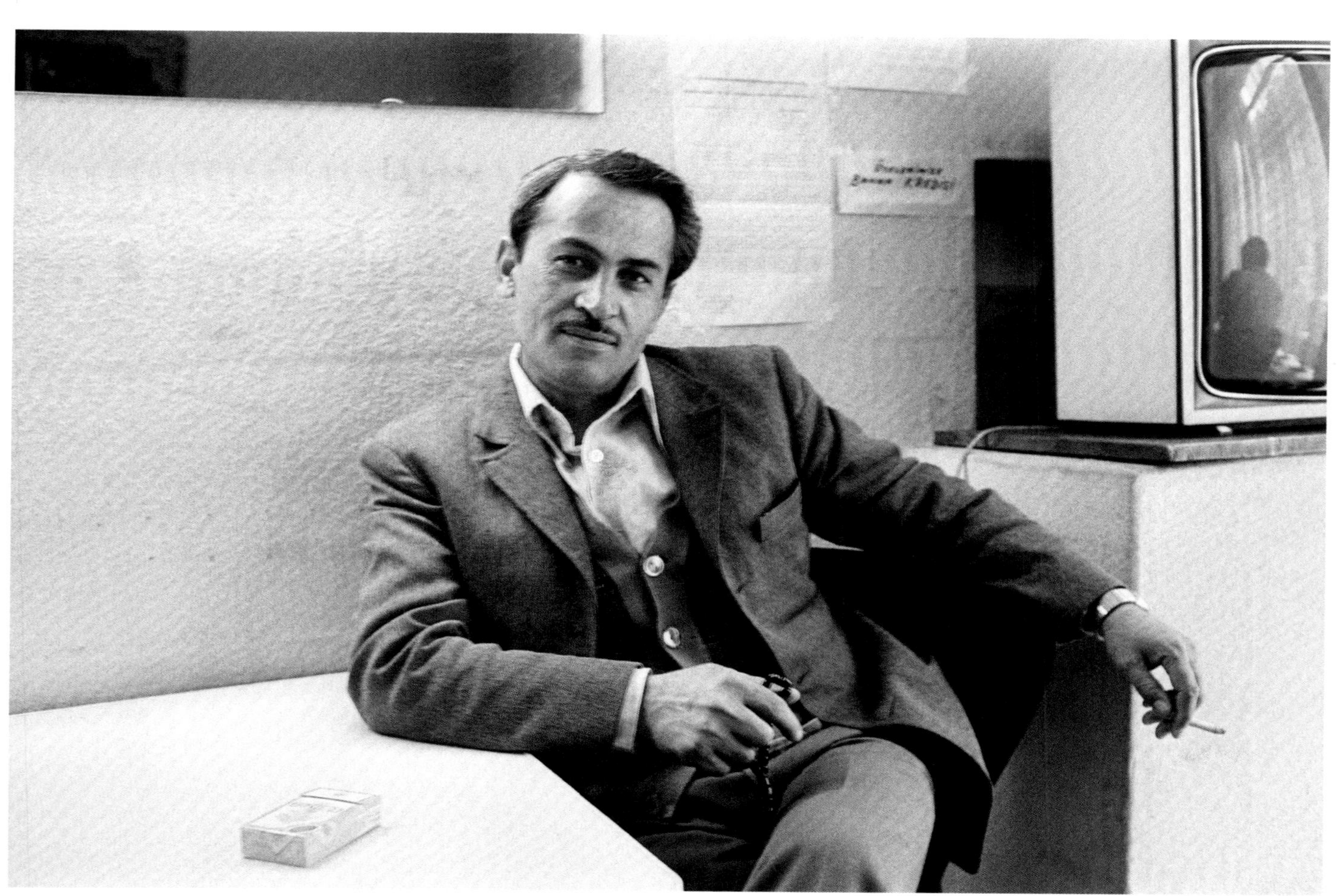

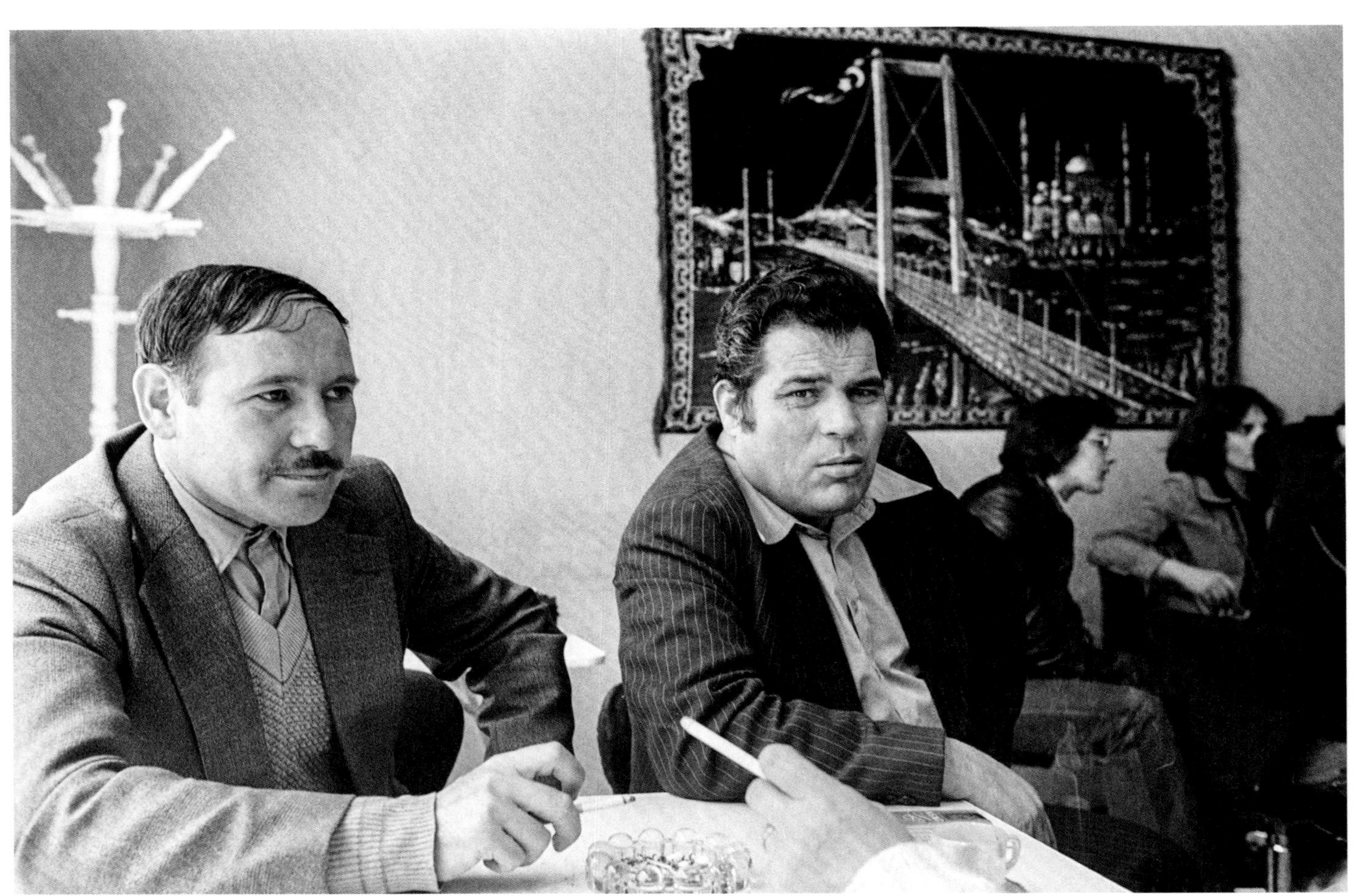

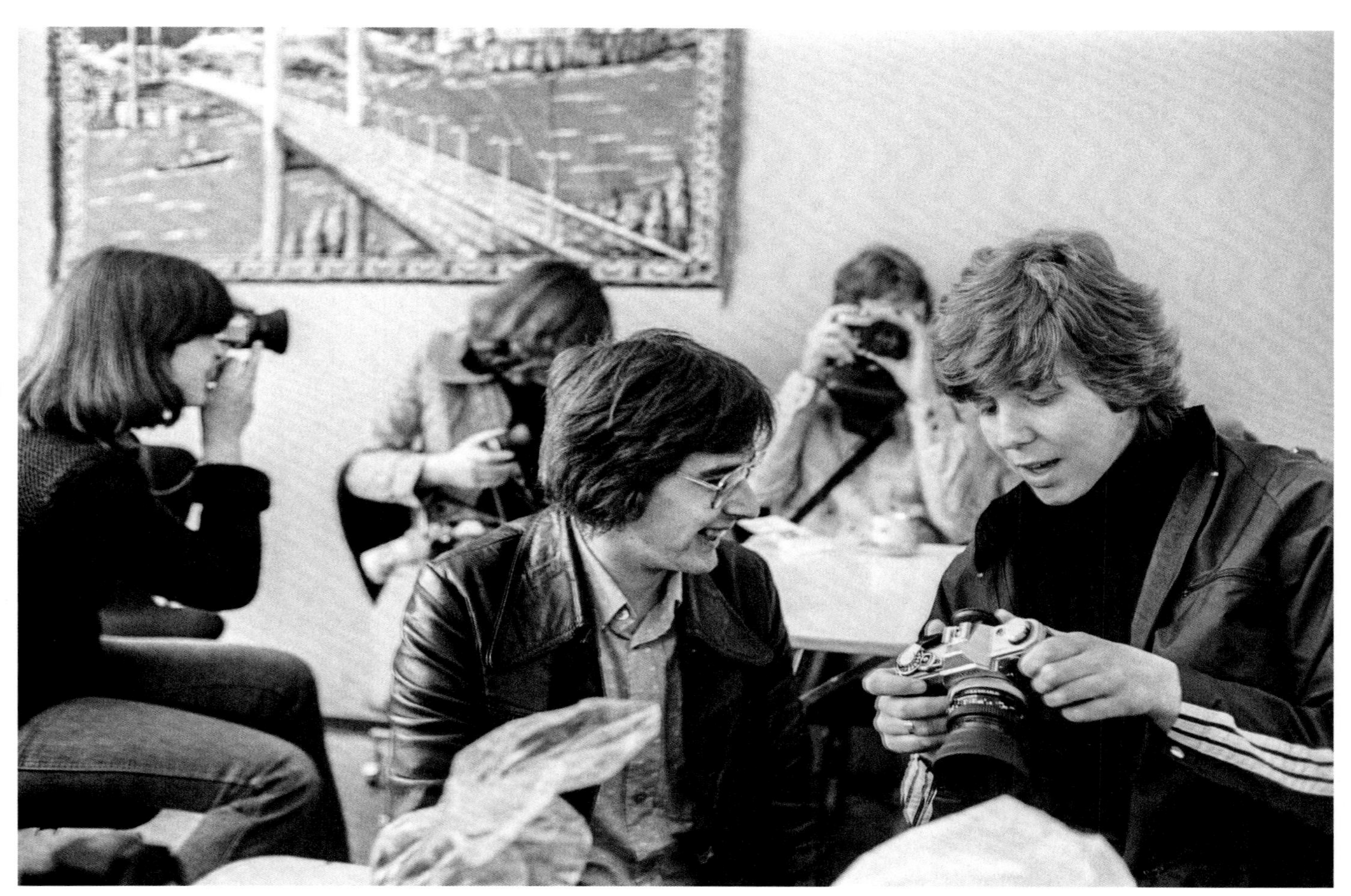

Ulrich Tillmann
Geboren 1951 in Linnich, gestorben 2019 in Köln

„1976 habe ich in Zusammenarbeit mit Volkmar Schulz vom Presseamt der Stadt Köln eine Reportage über das Severinsviertel (außer Stollwerk-Gelände) erstellt. Anlass waren die Vorbereitungen zur Sanierung des Viertels. Es wurden etwa 600 Schwarzweiß-Kleinbild-Negative belichtet. Für das Presseamt vergrößerte ich etwa 100 ausgewählte Bilder auf 30 × 40 cm-Barytpapier. Die Originalserie ist nach Aussage des Presseamtes wahrscheinlich beim Einsturz des Historischen Archivs zerstört worden, jedenfalls ist sie nicht mehr auffindbar." – Ulrich Tillmann, 2018

Ulrich Tillmann studierte von 1971 bis 1976 Fotografie an den Kölner Werkschulen (heute Köln International School of Design der TH Köln) sowie bis 1981 Kunstgeschichte, Theater-, Film- und Fernsehwissenschaften an der Universität zu Köln. Bereits 1974 entschied er sich, als freier Künstler tätig zu sein. Die präzise Anwendung fotografischer Techniken, die er als Diplomingenieur mitbrachte, verband er mit einer von Fluxus beeinflussten künstlerischen Haltung. Er initiierte um 1980 die Gallery without a Gallerist und erfand zur gleichen

Ulrich Tillmann
Born 1951 in Linnich, died 2019 in Cologne

"In 1976, I worked with Volkmar Schulz from the City of Cologne press office on a report about the Severinsviertel district (excluding the Stollwerk site), prompted by the imminent rehabilitation of the neighborhood. I shot around 600 photographs on black-and-white negative film and printed a selection of around one hundred images on 30 × 40 cm Baryta paper for the press office. According to them, the original prints were probably destroyed in the collapse of Cologne's Historical Archives building; in any case, they cannot be found." – Ulrich Tillmann, 2018

Ulrich Tillmann studied photography at the Werkschulen (now the Köln International School of Design at Cologne's University of Applied Sciences) from 1971 to 1976, and then art history, theater, film, and television studies at Cologne University until 1981. He started making art as early as 1974, combining precise photographic techniques from his training as an engineer with an artistic attitude influenced by Fluxus. Around 1980, he opened Gallery Without

Zeit die Kunstfigur Klaus Peter Schnüttger-Webs. In seinen Arbeiten bezog er sich mit hintergründigem Humor immer wieder auf die Geschichte der Fotografie und ihre institutionelle Rahmung. Dokumentarische Fotografie blieb die Ausnahme in seinem künstlerischen Werk. Noch während seines Studiums entstand 1973, vermutlich im Zusammenhang mit dem zweisemestrigen Angebot des Gastdozenten Roland Günter zum Severinsviertel in Köln als Sanierungsgebiet, die freie Arbeit *Soziale Brennpunkte*. 1976 beauftragte ihn der damalige Leiter des Presseamtes der Stadt Köln, das Severinsviertel zu fotografieren. In seinen Aufnahmen hielt er den baulichen Zustand der Häuser und Hinterhöfe, aber auch das Alltagsleben auf den Straßen fest.

A Gallerist and invented the character Klaus Peter Schnüttger-Webs. His subtly humorous works often refer to the history of photography and its institutional framing. Documentary photography remained the exception in his oeuvre. In 1973, while still a student, he began work on his *Soziale Brennpunkte* series, presumably connected to Roland Günter's two-semester course on Cologne's Severinsviertel neighborhood and its rehabilitation. In 1976, the director of the City of Cologne press office commissioned him to photograph the Severinsviertel district. In his images, Tillmann recorded the condition of the houses and courtyards and everyday life on the streets.

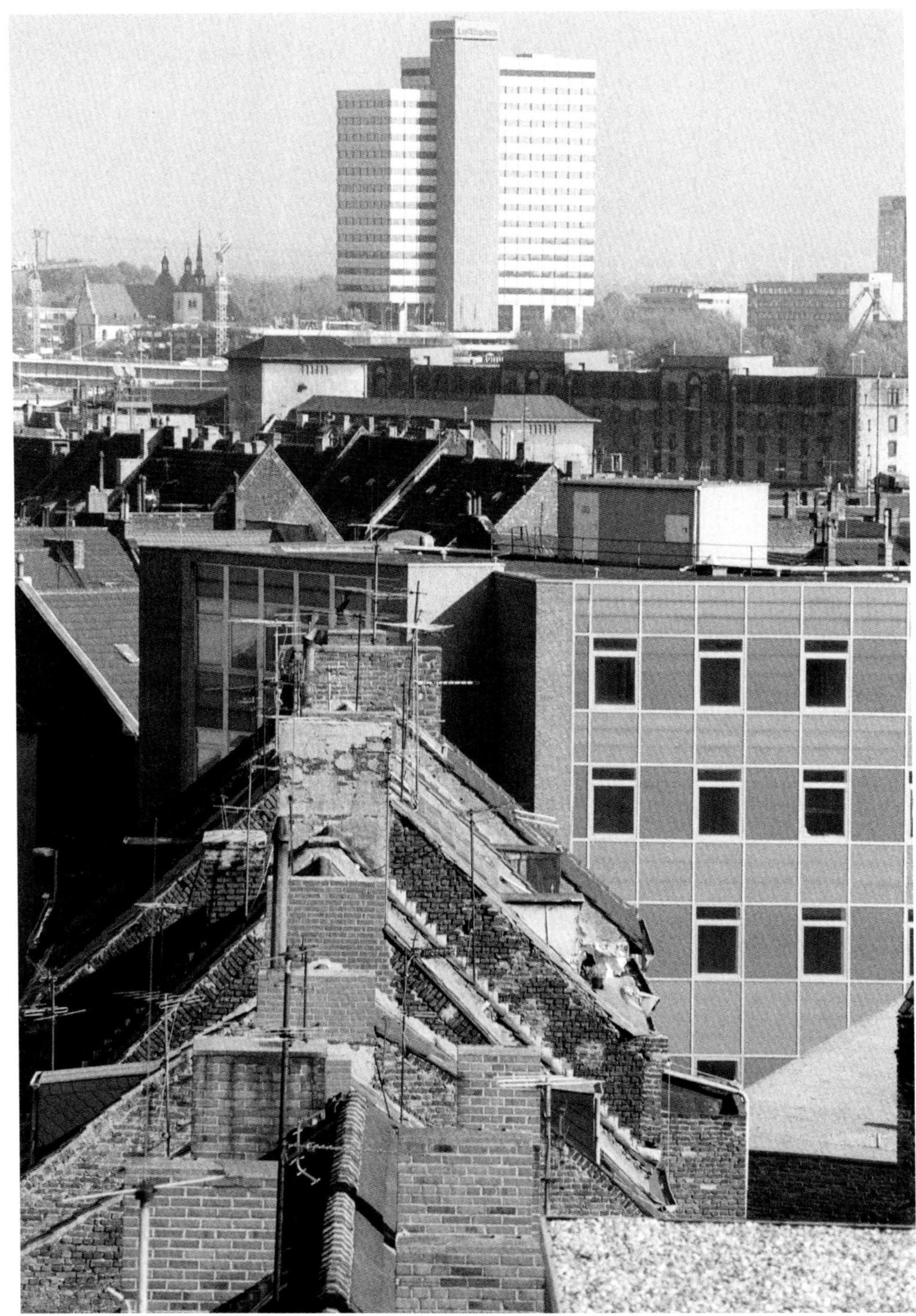

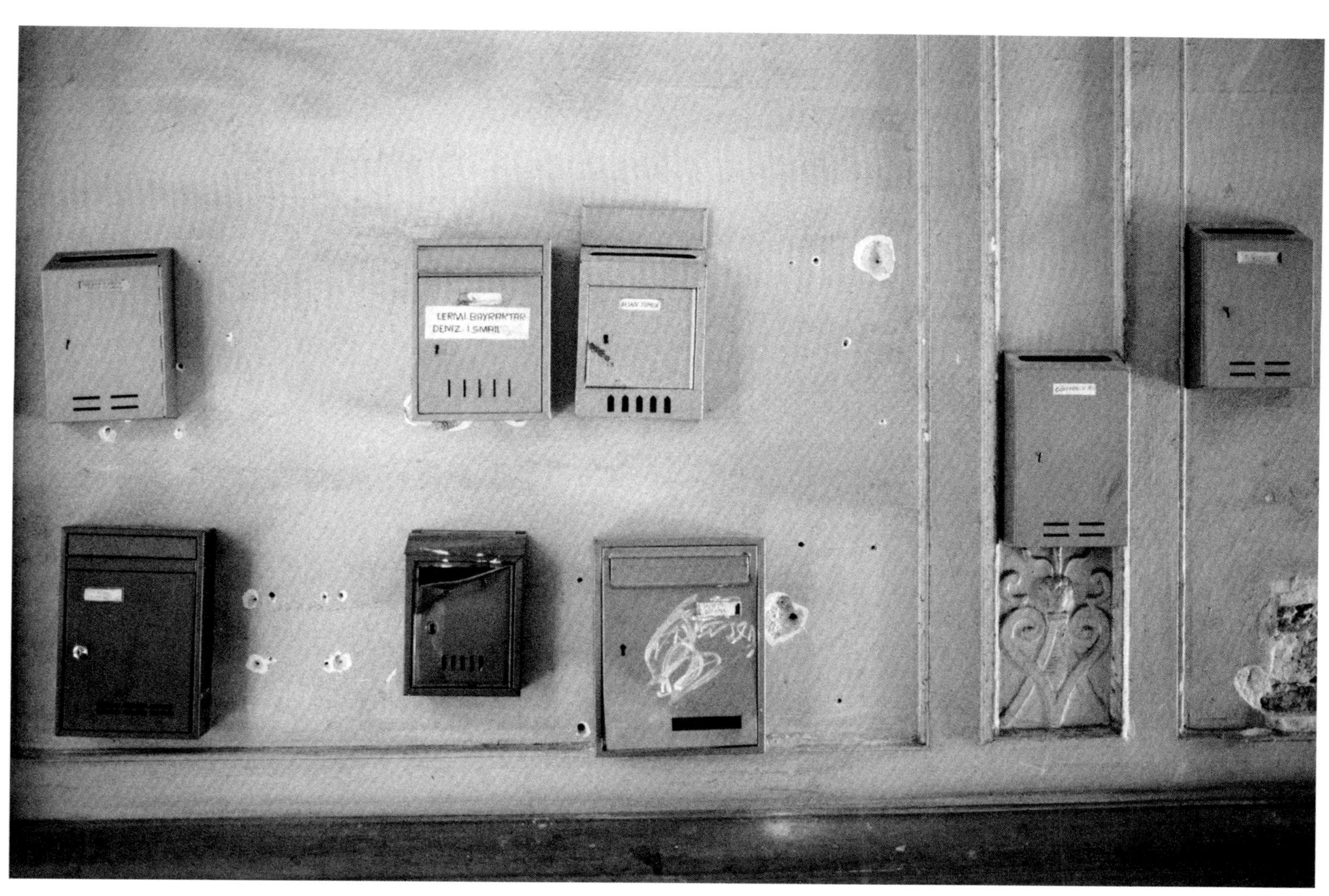

Alle Fotos aus der Serie „Severinsviertel vor der Sanierung 1976“
All photos from the series “The Severinsviertel prior to its rehabilitation, 1976”
Köln, 1976

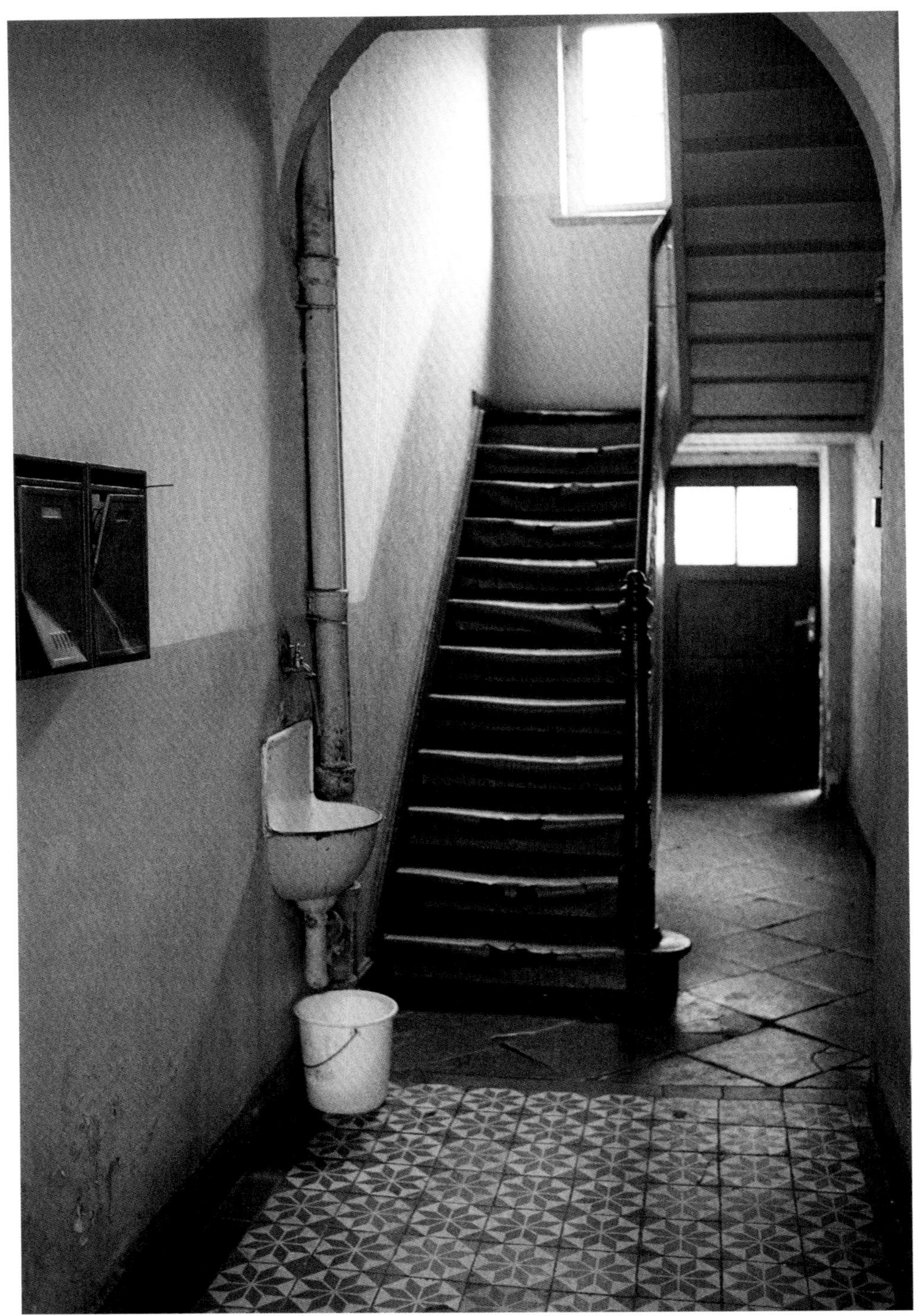

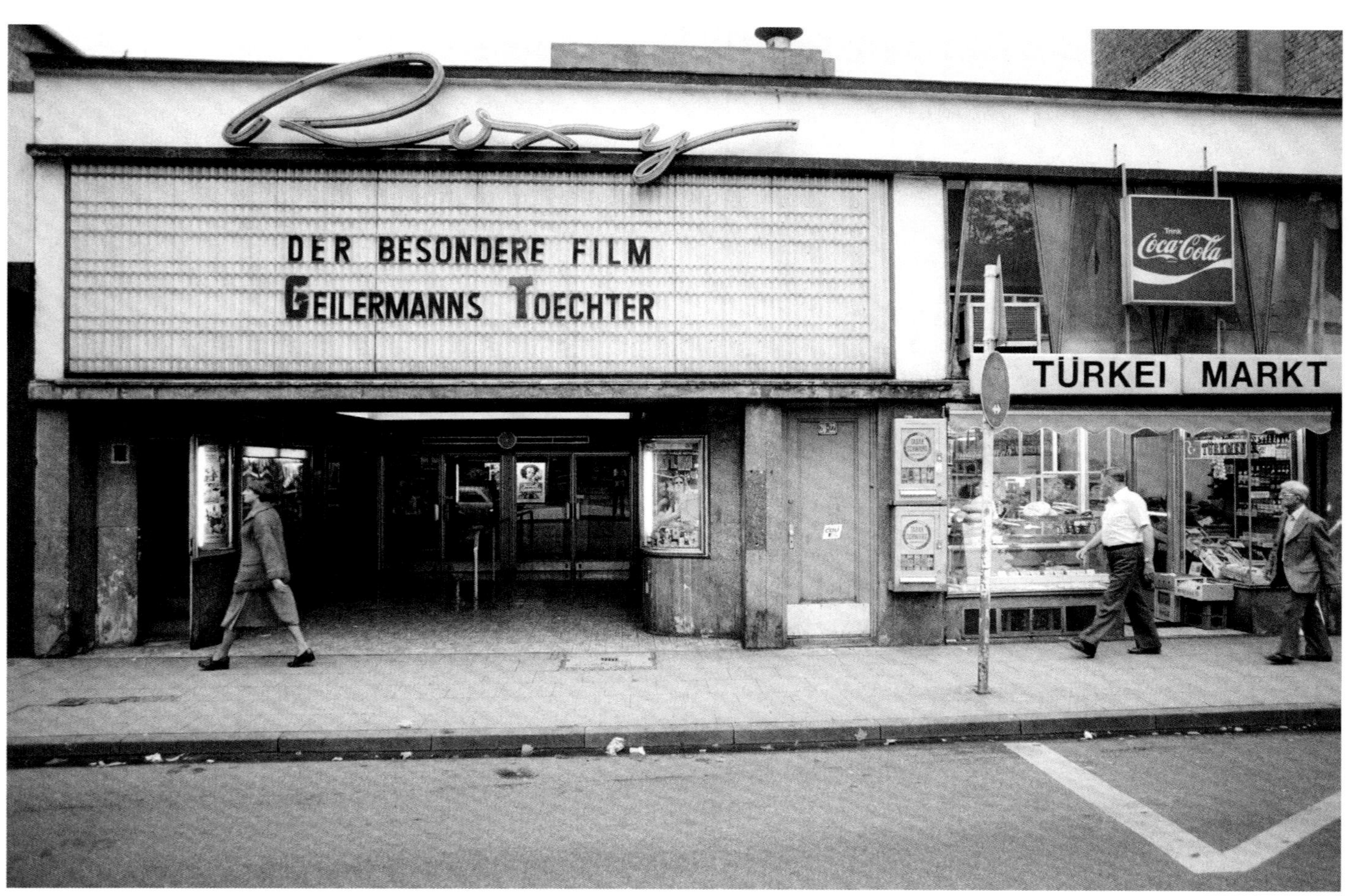
Roxy
DER BESONDERE FILM
GEILERMANNS TOECHTER
Trink
Coca-Cola
TÜRKEI MARKT

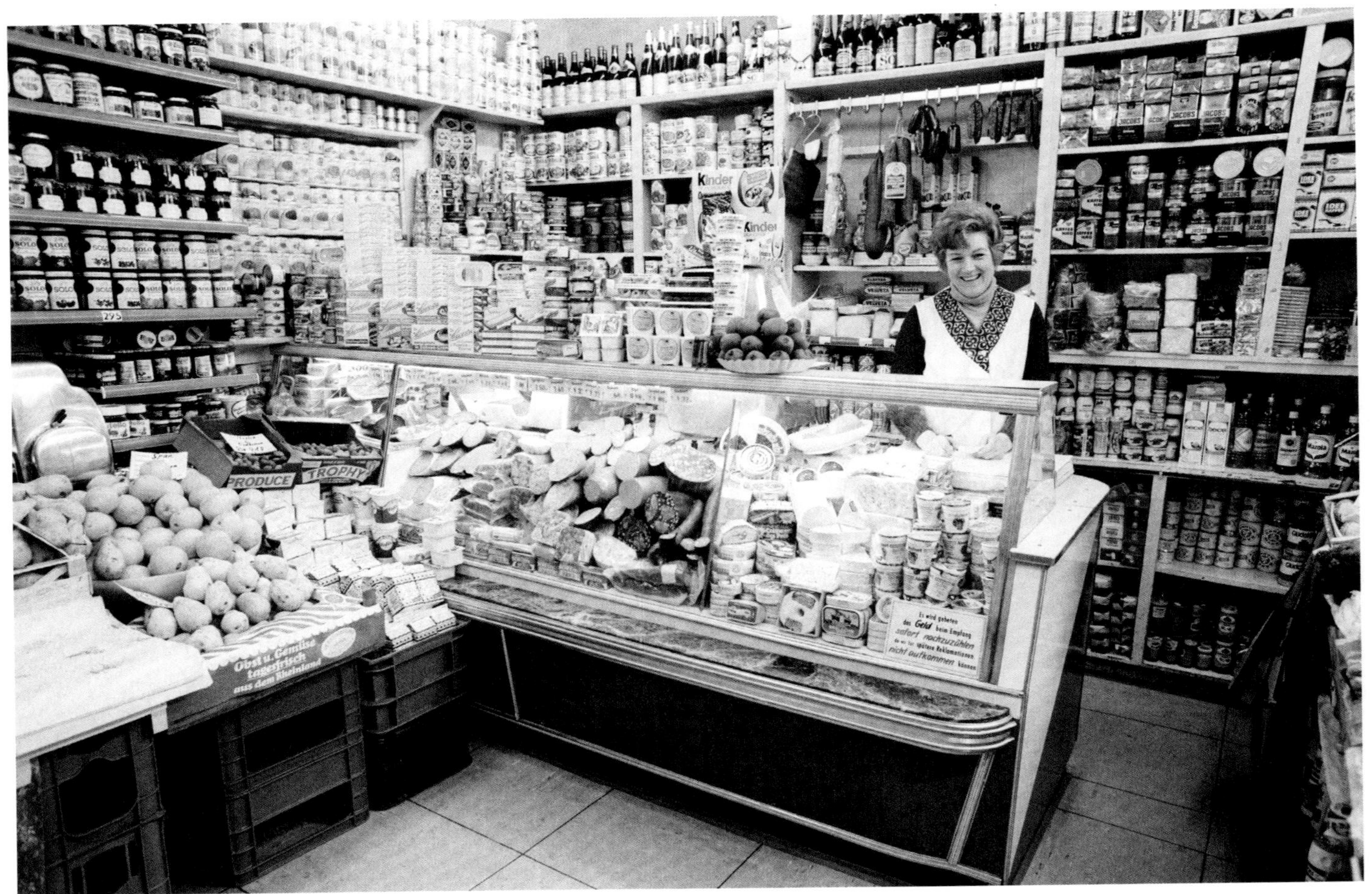
SOLO
JACOBS
Kinder
PRODUCE
TROPHY
Obst u. Gemüse
tagesfrisch
aus dem Rheinland
Es wird gebeten
das Geld beim Empfang
sofort nachzuzählen
spätere Reklamationen
nicht aufkommen können

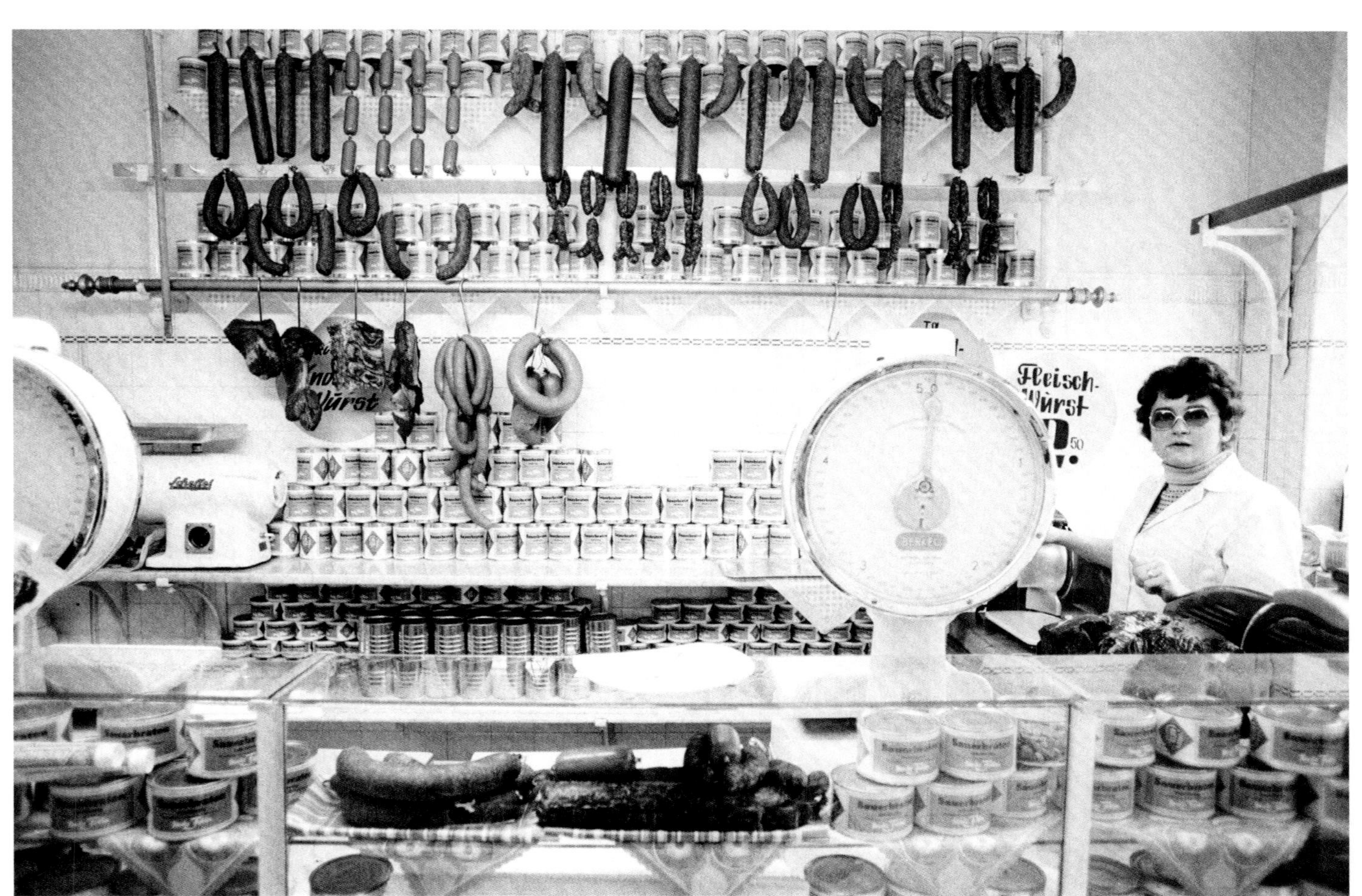
Fleisch-
Würst
Würst

Antonella Giurano
Nachdem ihre Eltern Anfang der 1960er Jahre aus Nulvi auf Sardinien nach Deutschland gegangen waren, folgte Antonella Giurano ihnen 1974 nach Köln. Schon in Sardinien war sie politisiert und Mitglied in der Kommunistischen Partei Italiens (KPI). Auch in Köln schloss sie sich der KPI an. Ihre politische Arbeit beschränkte sich jedoch nicht nur auf die italienische Community. Vielmehr galt ihr Engagement der internationalen Solidarität. In den Folgejahren arbeitete Antonella Giurano als freie Mitarbeiterin bei der WDR-Sendung „Vom Bosporus bis Gibraltar" und in der Erwachsenenbildung. Viele Jahre war sie im Integrationsrat Köln aktiv und gründet den Verein Buntes Frauen-Netzwerk e.V. mit. Heute leitet sie das Interkulturelle Zentrum Mondo Aperto/Offene Welt e.V. in der Kölner Südstadt.

„Als ich älter wurde und meine Eltern besucht habe, habe ich immer gefragt, was gibt es denn hier? Ich wollte ja unter den Italienern schauen, was es alles gibt. Und da sagte mein Vater: ‚Es gibt hier in Köln An der Bottmühle ein Treffen, einen Ort, einen kleinen Begegnungsort, wo man sich als Italiener wiederfinden kann.' Ich bin hingegangen und habe natürlich mit Freude wahrnehmen können, dass es auch Linksgerichtete, auch Kommunisten waren.
An der Bottmühle fand sehr viel Soziales statt, sehr viel Kulturelles. Es gab die Möglichkeit, für eine italienische Theatergruppe zu proben und aufzutreten; Musiker, die An der Bottmühle die Möglichkeit hatten, sich zu treffen, Musikaufnahmen zu machen. Das war schon eine sehr wichtige Adresse, vielleicht die wichtigste überhaupt eine Zeit lang in Köln. Damals

Antonella Giurano
Her parents came to Germany from Nunvi in Sardinia in the early 1960s, and she followed them to Cologne in 1974. Giurano had been politicized in Sardinia, joining the Italian Communist Party (KPI). In Cologne, she remained affiliated with the KPI, but her political work was not restricted to the Italian community; instead, she was committed to international solidarity. Giurano worked freelance on the WDR radio broadcast "Vom Bosporus bis Gibraltar" and in adult education. She was also active in Cologne's council for integration for many years and cofounded the Frauen-Netzwerk association. Today, she runs the intercultural center Mondo Aperto/Offene Welt in the Südstadt neighborhood of Cologne.

"As I grew older, whenever I visited my parents, I wondered, 'What is going on here?' I wanted to see what there was among the Italians, and my father said, 'Here in Cologne, on An der Bottmühle, there is a small meeting place where people can rediscover their Italian roots.' I went there, and I was glad to see that they were leftists, including communists.
A great deal of social activity took place at An der Bottmühle, a lot of cultural activity. Italian theater groups would rehearse and perform, and musicians meet and record there. It was a very important address, perhaps the most important in Cologne for a while. At that time, the Bottmühle in Südstadt was Little Italy. It was a great assembly of Italians, mostly from Sicily.

war die Bottmühle in der Südstadt Little Italy. Das war eine große Ansammlung von Italienern, zum größten Teil aus Sizilien.
Damals, das war eine Zeit, in der wir alle die gleiche Vorstellung von einer Welt ohne Krieg, ohne Todesstrafe, mit Gleichberechtigung hatten. Wir haben alle am gleichen Strang gezogen, das war ja das Schöne damals: dass wir alle das gleiche wollten, und dafür war jede Ecke, jede Straße gut genug, um es zu zeigen. Es war so viel Solidarität da, so viel Verständnis für Menschen, egal wo sie herkamen, und diese Lust und Leidenschaft, die Welt besser zu machen, diese Politik zu verändern, sich nicht als Opfer hinzugeben, sondern als Mensch, der das Recht hat, zu allem Zugang zu haben und sich kritisch äußern zu können.
Beim Hungerstreik gegen die Todesstrafe in Spanien waren wir Italiener, da waren Spanier, alle möglichen gemischt. Nicht alle sprachen Deutsch. Wir haben versucht, uns zu verständigen in verschiedenen Sprachen. Und das hat tatsächlich auch meistens geklappt, weil die Ideen gleich waren. Wir waren gegen die Todesstrafe und gegen Franco.
Vom Neumarkt, Alter Markt, bis zum Friesenplatz sind wir gezogen. Damals waren die ganzen Straßen voll besetzt. Es war nicht nur ein Zug von Menschen, die von einem Ort losgezogen sind, sondern

It was a time when we all had the same idea of a world without war, without the death penalty, with equal rights. That was the nice thing about the period, right? We all wanted the same thing, and we were happy to show it on any corner, any street. There was so much solidarity and understanding for people, wherever they came from, and a desire to make the world better, to change politics, to act not like a victim, but like a human being with a right to be given access to everything and to express criticism.
At the hunger strike against the death penalty in Spain were Italians, Spaniards, all mixed. Not everyone spoke German. We kept trying to communicate in various languages, and in most cases it actually worked because we all had the same focus: we were against the death penalty and Franco.
We marched from Neumarkt, Alter Markt, to Friesenplatz. The streets were fully occupied. It wasn't just one procession of people setting off from a single place. We all converged from different directions, and the crowd grew and grew until we got to the square, where there was more space and people could make speeches.
I remember we launched an initiative that visited women who were not allowed to take the contraceptive pill because of their

wir kamen alle aus verschiedenen Straßen, aus verschiedenen Ecken zusammen, und es wurden immer mehr, bis wir zu einem Platz kamen, wo wir mehr Raum hatten, uns hinzustellen konnten und wo jeder auch mal sprechen konnte.
Ich weiß noch, wir haben damals eine Initiative gestartet und Frauen aufgesucht, die nicht die Antibabypille nehmen durften, weil es religiös nicht in Ordnung war. Wir haben sie eingeladen, damit sie der Gynäkologin Fragen stellen konnten, wie die Antibabypille funktioniert, und dass das nichts Schlimmes ist. Da kamen so viele.
Eine schöne Erinnerung habe ich daran, als ich in der Moltkestraße den Frauenbuchladen aufgesucht habe. Da bin ich reingegangen, zwei Frauen kamen auf mich zu und fragten mich, was ich wollte. Ich habe dann auf Italienisch gesagt: ‚Non caspico tedesco.‘ ‚Ah, tu hablas espagñol, un poquito?‘ Ich sagte: ‚si yo comprendo‘. So. Und dann bin ich immer wieder dort hingegangen, das fand ich so toll. Da waren Frauen, die haben sich hingesetzt, die haben gestrickt und trotzdem philosophiert über Feminismus, über alles Mögliche. Da habe ich mich wohlgefühlt.“

religious beliefs. We invited them to meet a gynecologist, who showed them how the pill worked and that it was nothing bad. Many women came.
I have a nice memory of visiting the women's bookshop on Moltkestrasse. When I walked in, two women came over and asked what I was looking for. I said in Italian, 'Non caspico tedesco.' 'Ah, tu hablas espagñol, un poquito?' I replied, 'Si yo comprendo.' Something like that. And then I kept going back. I thought it was great. Some women went there with their knitting, but they also philosophized about feminism, about all manner of things.
I felt comfortable there."

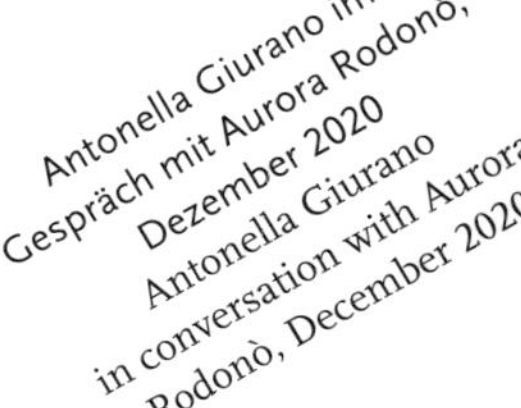
Antonella Giurano im Gespräch mit Aurora Rodonò, Dezember 2020
Antonella Giurano in conversation with Aurora Rodonò, December 2020

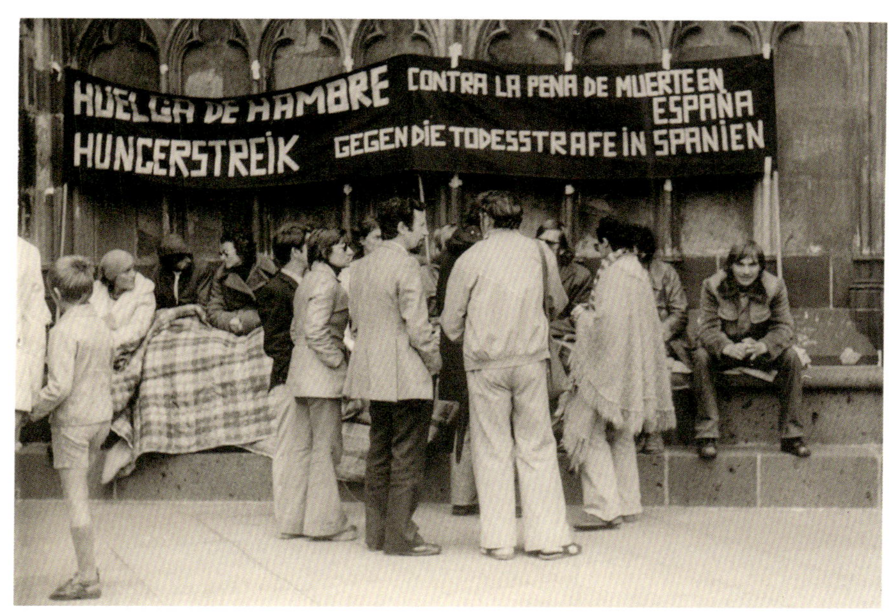

Hungerstreik: Solidaritätsbekundung der italienischen Linken mit den spanischen Genossen gegen die Todesstrafe und das Franco-Regime in Spanien
Hunger strike: a declaration of solidarity by the Italian left with Spanish comrades against the death penalty and the Franco regime in Spain, Köln, ca. 1975

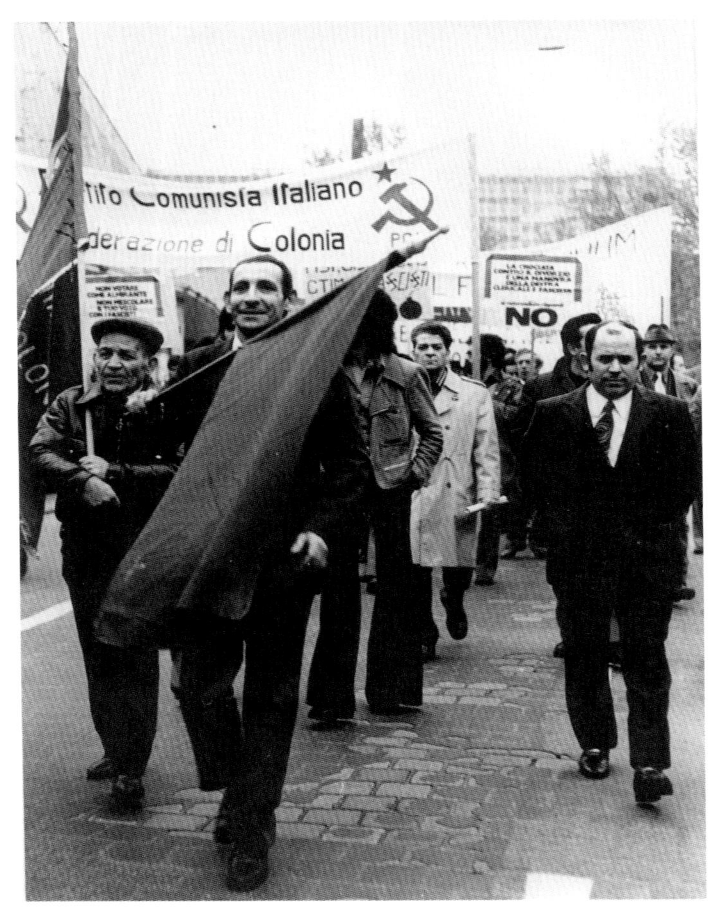

1. Mai-Demonstration: die Kommunistische Partei Italiens (KPI Köln)
May Day demonstration: Italian Communist Party (KPI Köln)
Köln, ca. 1980

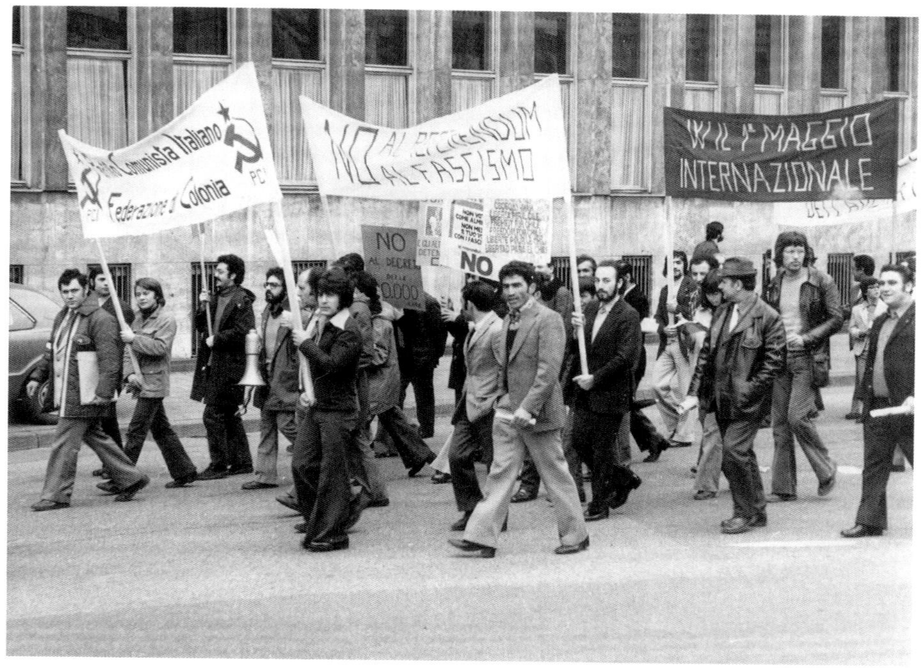

1. Mai-Demonstration: Die Kommunistische Partei Italiens (KPI Köln)
May Day demonstration: Italian Communist Party (KPI Köln), Köln, ca. 1980

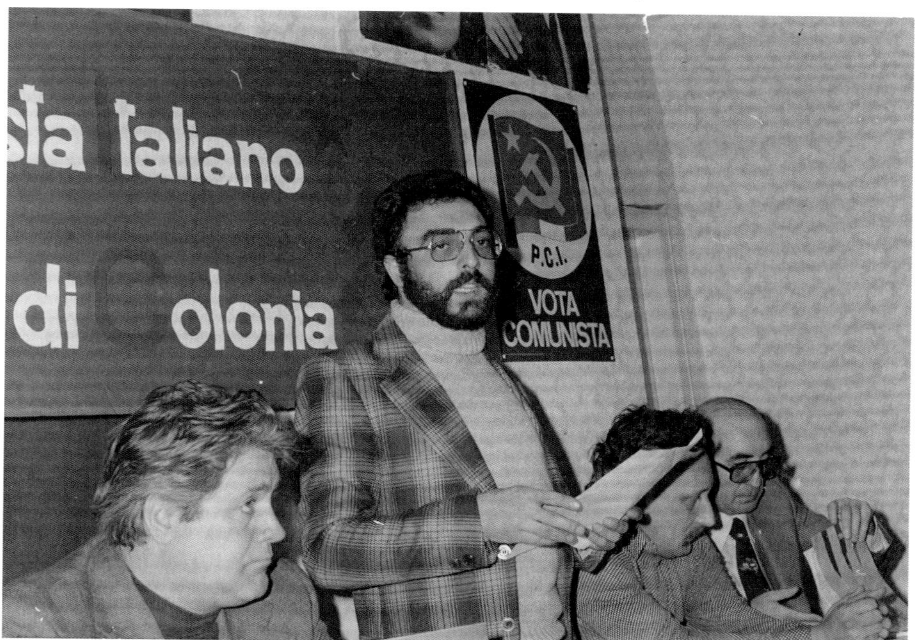

Der Föderationssekretär der KPI Köln, Pietro Ippolito, Sandro Casalino (Radio Colonia) und Genossen in der Parteizentrale in der Südstadt
Pietro Ippolito, Federation Secretary of KPI Köln, Sandro Casalino (Radio Colonia), and comrades at party headquarters in Südstadt
Köln, An der Bottmühle, ca. 1975

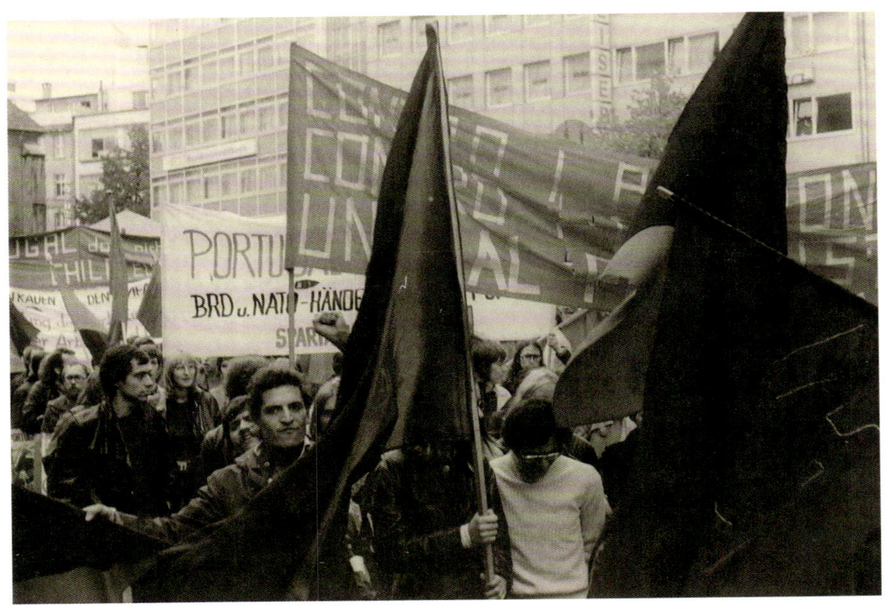

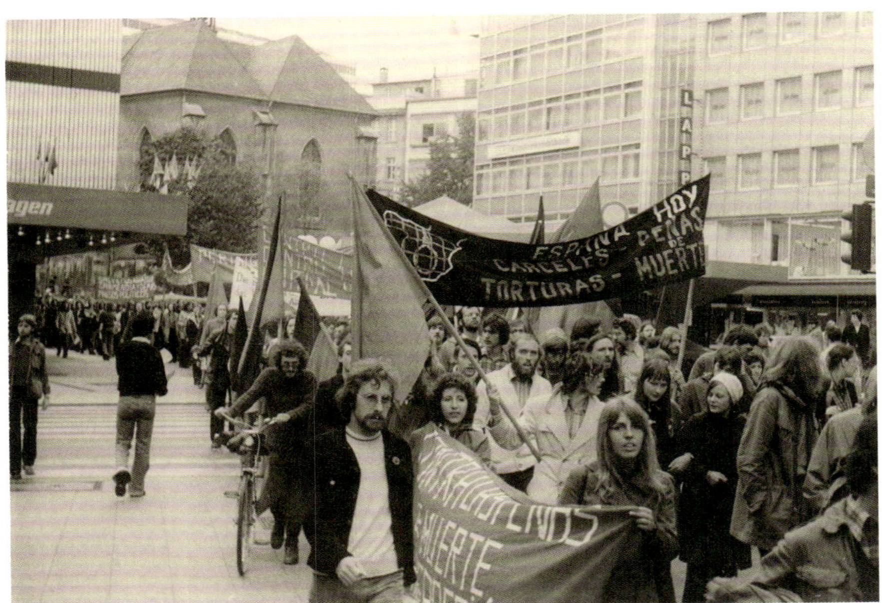

Demonstration gegen die Diktaturen António de Oliveira Salazars in Portugal und Augusto Pinochets in Chile
Demonstration against the dictatorships of António de Oliveira Salazar in Portugal and Augusto Pinochet in Chile
Köln, 1973/74

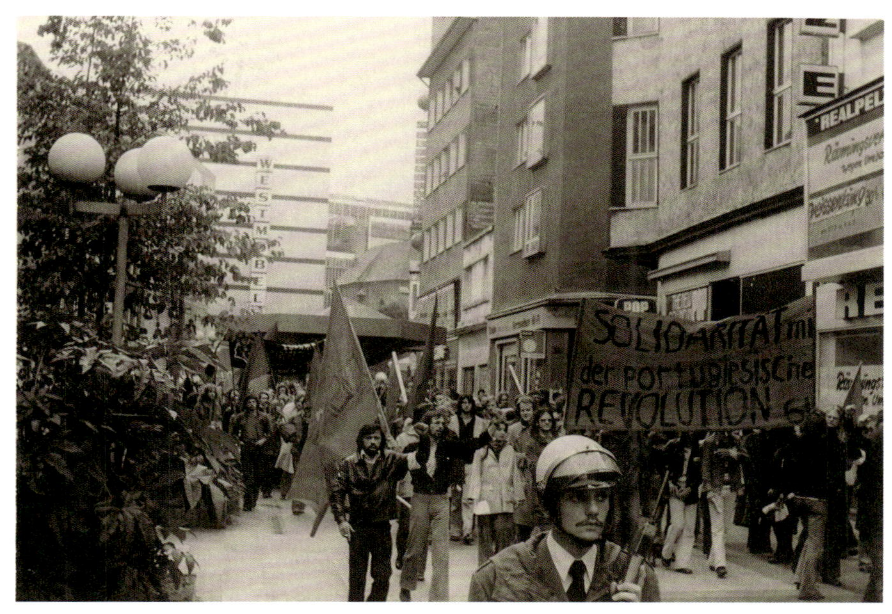
WESTMÖBEL
REALPELZE
Räumungsver
Preissenkung 30%
SOLIDARITÄT mi
der portugiesische
REVOLUTION

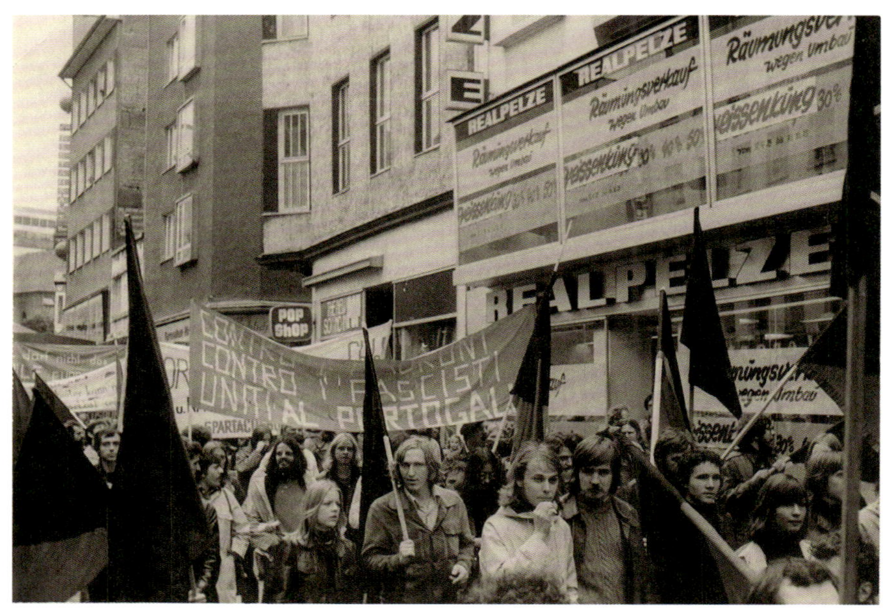
REALPELZE
Räumungsverkauf
wegen Umbau
Preissenkung 30%
POP ShOP
CONTRO I FASCISTI
UNITI AL PORTOGAL
SPARTAC
REALPELZE

Mitat Özdemir
wurde 1948 in Çorum, Türkei, geboren, kam 1966 als Ford-Arbeiter nach Köln und besuchte zeitgleich eine vom IB (Internationaler Bund für Sozialarbeit/Jugendsozialwerk e.V.) organisierte Abendschule, die er mit einem Diplom als Techniker abschloss. Er arbeitete bis 1977 acht Jahre für den IB als Sozialbetreuer in den Wohnheimen und -baracken und im Personalbüro der Klöckner-Humboldt-Deutz AG (KHD). Nach einem Studium des Maschinenbaus an der FH Köln war er von 1980 bis 1988 als Diplomingenieur bei KHD tätig und machte sich 1983 als Geschäftsmann in Mülheim selbständig. Von 2004 bis 2012 saß er der Interessengemeinschaft Keupstraße e.V. vor. Seit dem NSU-Bombenanschlag auf der Keupstraße 2004 engagiert er sich gesellschaftlich. So ist er Mitbegründer der Initiative „Keupstraße ist überall." Am 9. Juni 2018 um 15.58 Uhr erinnerte er mit einer Minute des Gedenkens mitten auf der Straße stehend an die Opfer des rassistischen Bombenanschlags. Dies wurde von dem Künstler Ulf Aminde aufgezeichnet.

Mitat Özdemir
was born in 1948 in Çorum, Turkey, and came to Cologne in 1966 to work for Ford. He also attended evening courses organized by IB (Internationaler Bund für Sozialarbeit/Jugendsozialwerk e. V.), from which he graduated with a technician's diploma. From 1977, he worked for eight years as an IB social worker in workers' dormitories and barracks and in the personnel office at the Klöckner-Humboldt-Deutz AG (KHD) company. Having studied mechanical engineering at Cologne's University of Applied Sciences, he worked as an engineer for KHD from 1980 to 1988. In 1983, he also started his own business in Mülheim. From 2004 to 2012, he was chairman of the local community association Interessengemeinschaft Keupstraße e. V. Since the NSU bomb attack on Keupstrasse in 2004, Özdemir has been socially engaged, including cofounding the initiative "Keupstrasse is everywhere." On June 9, 2018, at 3:58 pm, he observed a one-minute silence in remembrance of the victims of the racist bomb attack, standing in the middle of the street. This was recorded by the artist Ulf Aminde.

„In meiner Zeit beim IB waren wir insgesamt sechs Sozialbetreuer in der KHD-Wohnbarackenanlage in Köln-Poll. Es gab siebzehn aus Holz gebaute Wohnbaracken, wo Jugoslawen, Albaner und Türken wohnten. Ich war verantwortlich für etwa 640 Bewohner in vier Wohnbaracken, in denen Arbeiter aus der Türkei untergebracht waren. Wer damals in der Türkei Urlaub machte, schickte uns eine Postkarte von seinem Heimatort. Hinter meinem Schreibtisch habe ich sie alle an die Wand gehängt. Als Mitarbeiter habe ich in einer Zweizimmerwohnung neben der Wohnung des Heimleiters in den Wohnbaracken gewohnt. Damals war ich noch nicht verheiratet. Die Möbel habe ich selber gekauft. Ich habe einen Weihnachtsbaum geschmückt. So haben wir es hier gesehen, und so haben wir es auch gemacht.

Auf einem Foto unserer Volkstanzgruppe haben wir die Kostüme der Ägäis an. Heimbewohner und auch Mitarbeiter haben mitgetanzt. Wir hatten keinen Trainer und haben improvisiert. Die Heimbewohner konnten sich nur mit solchen Dingen unterhalten. Kein Fernseher, kein Theater, keine Zeitung, keine Nachrichten, wochenlang keine Nachrichten.

Ich war auch verantwortlich für den Sport und hatte ein Fußballteam namens Efes gegründet. Hier bin ich Tormann während eines Trainings.

"During my time at IB, there were six of us social workers at the KHD barracks in Poll, Cologne. Sixteen wooden barracks housed Yugoslavians, Albanians, and Turks. I was responsible for around 640 Turkish workers housed in four barracks. When people went on vacation to Turkey, they would send us postcards of their hometowns, which I hung on the wall behind my desk. As a staff member, I lived in the barracks in a two-room apartment next door to the director. I wasn't married at the time. I bought the furniture myself. I even decorated a Christmas tree—we saw people doing it here, and we did the same.

In one photograph of our folk dance group, which dormitory residents and staff members could join, we're wearing Aegean costumes. We had no teachers; we would improvise. It was one of the only recreations available to dormitory residents. There was no television, no theater, no newspapers, no news for weeks at a time.

I was in charge of sports, and I founded a soccer team called Efes. This is me as the goalkeeper during a training session. Around 1971, a tournament took place at the barracks between residents of the KHD and Ford dormitories. Our team won. The director

Um 1971 fand an diesem Ort ein Turnier zwischen den KHD- und Ford-Wohnheimen statt. Unser Team hat gewonnen. Der damalige Direktor der Ford-Werke hat mir die Trophäe überreicht, da ich sowohl Mannschaftskapitän als auch Betreuer war. Im Ford-Magazin wurde darüber berichtet. Das hat mich sehr gefreut, weil es das erste Mal war, dass mein Foto in einer Zeitschrift erschien.
Seit 1983 bin ich Geschäftsmann in Mülheim. Die Keupstraße war damals ja nicht zu bekannt. Ende der 1960er und Mitte der 1970er Jahre waren in Köln bei Migranten, meist Türken, Alter Markt und Weidengasse bekannt. Am Alter Markt gab es das türkische Konsulat und gegenüber eine deutsch-türkische Metzgerei. Und die Weidengasse befindet sich in der Nähe zum Bahnhof; die Gegend zwischen Brinkgasse und Klingelpütz war aber verrufen.
Ich kann nur am Beispiel von Hasan Özdağ erzählen, wie es war, wenn jemand ein Geschäft eröffnen wollte. Ich habe ihn damals gefragt: ‚Warum möchtest Du nach Mülheim auf die Keupstraße?' Er sagte: ‚Hier kann ich besser akzeptiert werden.' Ich sagte: ‚Du könntest ja in die Weidengasse.' ‚Nein', sagte er. ‚Da fasse ich keinen Fuß.' Das heißt: Die Weidengasse ist eine ältere Straße. So ein Geschäftsmann wie Hasan Özdağ, obwohl er seine Spezialitäten verkaufen wollte, hatte keinen Mut für ein Geschäft auf der

of Ford-Werke presented me with the trophy because I was both captain and coach. *Ford-Magazin* covered the event, which made me happy because it was the first time my picture appeared in print.
I have had a shop on Keupstrasse in Mülheim since 1983. Back then, the street was not so well known. In the late 1960s and early '70s, migrants in Cologne, mostly Turks, knew Alter Markt and Weidengasse. The Turkish Consulate was on Alter Markt, and a German-Turkish butcher was across the street. Weidengasse is near the station, but the area between Brinkgasse and Klingelpütz had a bad reputation.
I can only mention Hasan Özdağ as an example to explain what it was like when someone wanted to open a shop. I asked him at the time, 'Why did you choose Keupstrasse in Mülheim?' He replied, 'I'll be more accepted here.' I said, 'You could open a shop on Weidengasse.' 'No,' he replied. 'I won't be able to get a foothold.' Weidengasse is a more established street. A trader like Özdağ, even though he wanted to sell his delicacies, didn't dare open a shop there because it had a clientele and an atmosphere that were different to Keupstrasse.

Weidengasse, denn sie hat eine andere Kundschaft und Atmosphäre als die Keupstraße.
Wenn man einen Lebensmitteladen oder eine Änderungsschneiderei eröffnen wollte, musste man einen deutschen Freund haben und über ihn das Gewerbe anmelden. Das war bis Ende der 1970er, Mitte der 1980er Jahre so. Irgendwann hat man das geändert. Ein Deutscher musste das Gewerbe anmelden, ein Deutscher musste den Mietvertrag machen. Nur so konnte ein Migrant aus der Türkei ein Geschäftsmann werden. Bei einem Italiener oder einem Griechen war das anders.
Ich glaube, der Bombenanschlag in 2004 hat die Keupstraße total verändert. Ich meine im positiven und negativen Sinne. Dieses Ereignis hat die Keupstraße verändert, aber nicht die Dynamik der Straße. Sonst wäre sie wahrscheinlich nicht so entwickelt wie jetzt. Damals haben wir von politischer Seite Probleme gehabt, die Keupstraße in eine andere und bessere Form zu bringen. Wir haben uns ständig Gedanken gemacht und Sorgen gehabt, dass die Straße kaputtgeht. Wenn die Täter nicht aufgedeckt worden wären, wären die meisten Geschäfte auf der Straße bankrottgegangen.
Meine Beobachtung ist, dass die Geschäfte auf der Weidengasse nicht unbedingt den Zusammenhalt zeigen wie die auf der Keupstraße.

If you wanted to open a grocery store or a tailor's shop, you had to register the business through a German friend. This was the case in the late 1970s and early '80s. At some point, it changed. A German had to register the business, and a German had to sign the lease. This was the only way a migrant from Turkey could start a business. It was different for Italians and Greeks.
I think the bombing in 2004 altered Keupstrasse completely, in both positive and negative ways. It changed the street but not the dynamic—otherwise, it probably wouldn't be as developed as it is now. At the time, we had political problems trying to improve Keupstrasse. We were always concerned that the street would be ruined. If the culprits had not been found, most of the shops would have gone bankrupt.
As I see it, the shops on Weidengasse don't stand together in the same way as those on Keupstrasse. Here, we have more solidarity. Today, second-generation traders are willing and able to contribute to positive change on the street. Keupstrasse became what it is because we took steps together.
Today, some shops from Keupstrasse are relocating to Frankfurter Strasse, but the atmosphere is so rooted that the street will survive.

Es gibt hier mehr Solidarität. Die Geschäftsleute in der zweiten Generation sind heute fähig und bereit, zu der positiven Änderung der Straße beizutragen. Die Keupstraße ist dadurch Keupstraße geworden, dass sie gemeinsame Schritte unternommen haben.
Gerade ziehen manche Geschäfte der Keupstraße in die Frankfurter Straße um. Die Atmosphäre ist aber so verwurzelt, dass die Keupstraße bestehen bleibt. Wenn aber durch das Bauprojekt auf dem Felten & Guilleaume-Gelände neue Geschäfte dazukommen, könnte die Keupstraße im Schatten bleiben. Davor habe ich Angst. Die Keupstraße hat ein Kapital, also dieses Flair ist ihr Kapital.
Nach meiner Meinung steht die Keupstraße gerade an einem Wendepunkt. Das neue Investitionsprojekt wird das Schicksal der Keupstraße verändern. Die entscheidende Frage ist: Wie können die neuen Strukturen die vorhandene Struktur der Keupstraße ergänzen anstatt verdoppeln oder in Konkurrenz sein? Man muss bei der Planung mit diesen Gedanken gehen und darauf achten, dass die Straße nicht zerstört wird. Was die Keupstraße als Atmosphäre verdient hat und was auch die Geschäftsleute miteinander verbindet, muss erhalten bleiben.“

If the recent Felten & Guilleaume development brings new shops, Keupstrasse could be overshadowed. That's something I'm afraid of. The street has flair, and this flair is its capital. In my view, Keupstrasse is at a turning point; the new investment project will determine its fate. The critical question is: How can the redevelopment add to Keupstrasse instead of duplicating or rivaling it? Planning procedures should bear this in mind and ensure it's not destroyed. The atmosphere cultivated by the street, which also connects the traders with one another, must be preserved."

Mitat Özdemir im Gespräch mit Ela Kaçel, Januar 2021. Übersetzung der türkischen Teile des Gesprächs von Ela Kaçel.

Mitat Özdemir in conversation with Ela Kaçel, January 2021. German translation of the parts spoken in Turkish by Ela Kaçel.

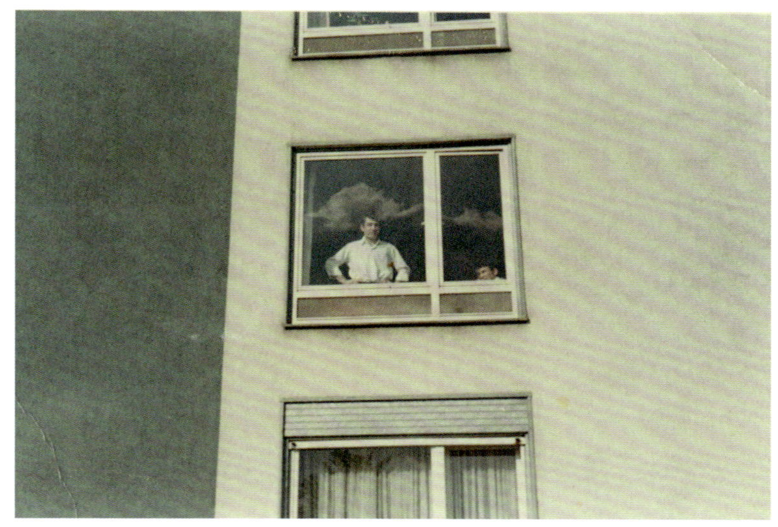

Mitat Özdemir am Fenster im Ford-Wohnheim
Mitat Özdemir at the window of the Ford workers' dormitory
Köln-Vingst, 1967

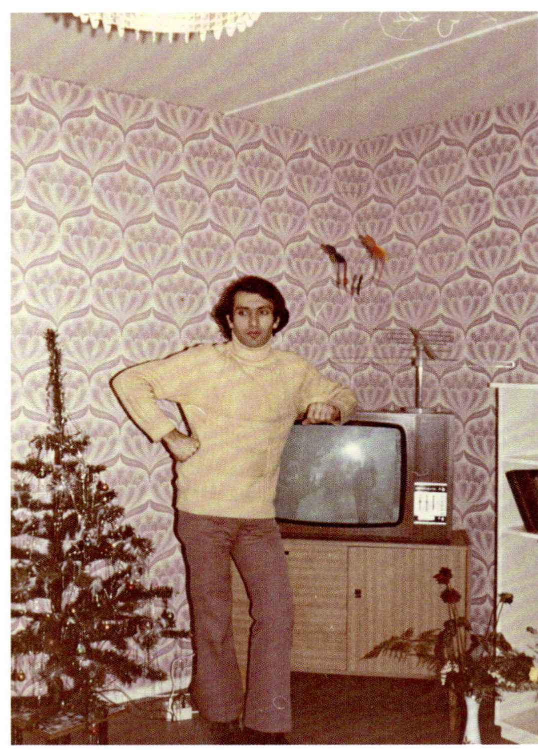

Mitat Özdemir in seiner Wohnung
in den Klöckner-Humboldt-Deutz-Wohnbaracken
Mitat Özdemir in his apartment
at the Klöckner-Humboldt-Deutz barracks
Köln-Poll, 1970

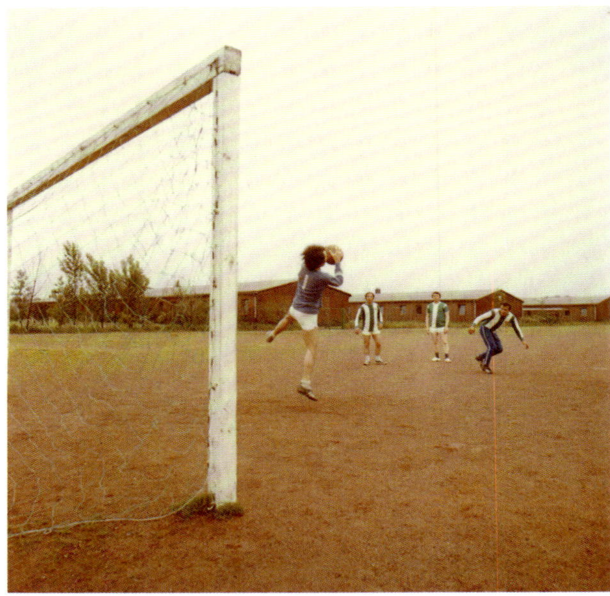

Ebenda als Tormann auf dem Fußballplatz
At the same place as goalkeeper on the soccer pitch, Köln-Poll, 1971

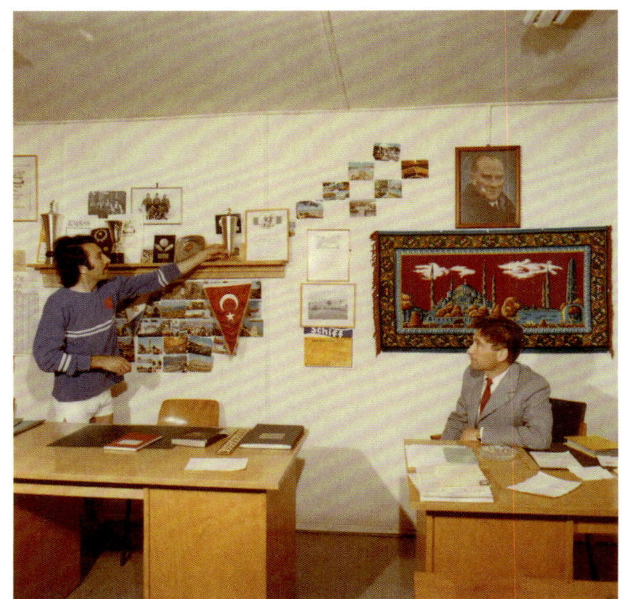

Mit einem Kollegen im Mitarbeiter*innenbüro
With a coworker in the staff office, Köln-Poll, 1971

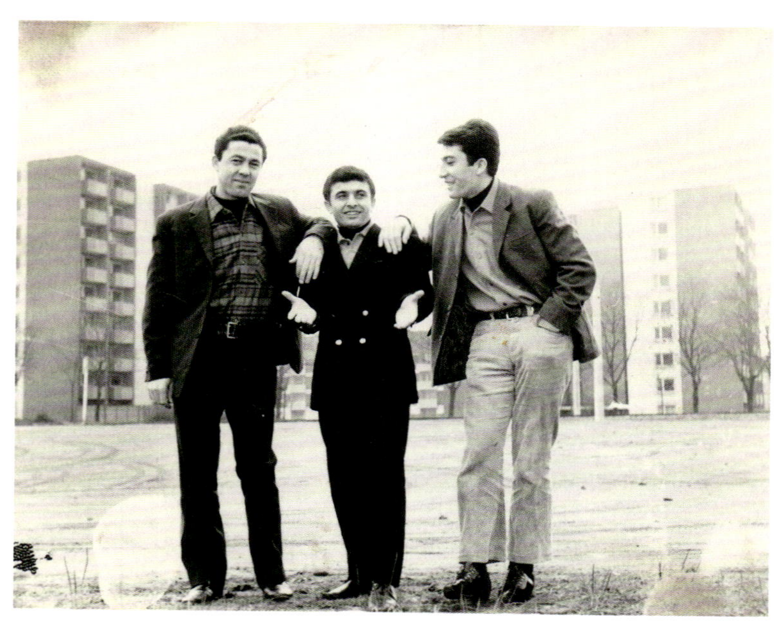

Mitat Özdemir (r.) mit Freunden aus dem Wohnheim
Mitat Özdemir (right) with friends from the workers' dormitory
Köln-Vingst, 1967

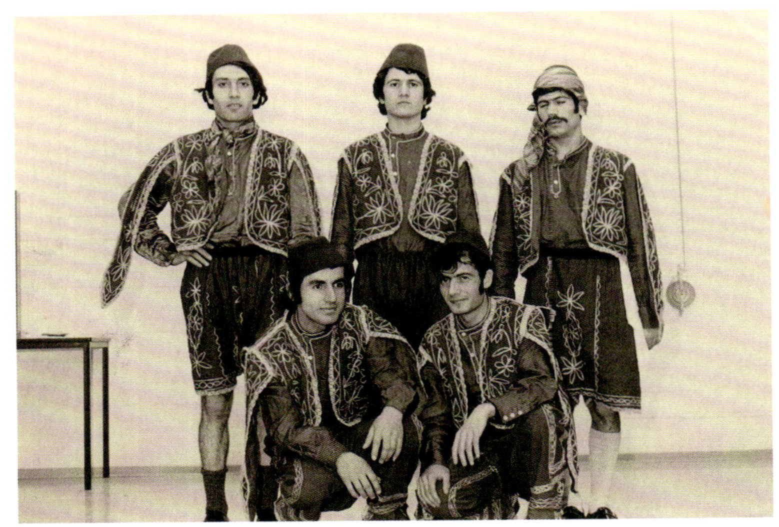

Mit Kollegen in der Volkstanzgruppe in einer der Klöckner-Humboldt-Deutz-Wohnbaracken
With coworkers in a folk dance group at one of the workers' barracks
of the Klöckner-Humboldt-Deutz company, Köln-Poll, 1971/72

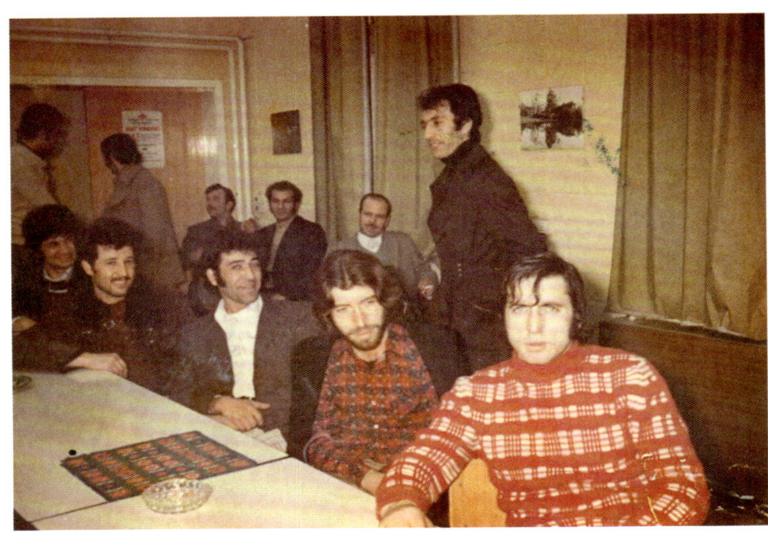

Im Veranstaltungsraum In the function room
Köln-Poll, 1970/71

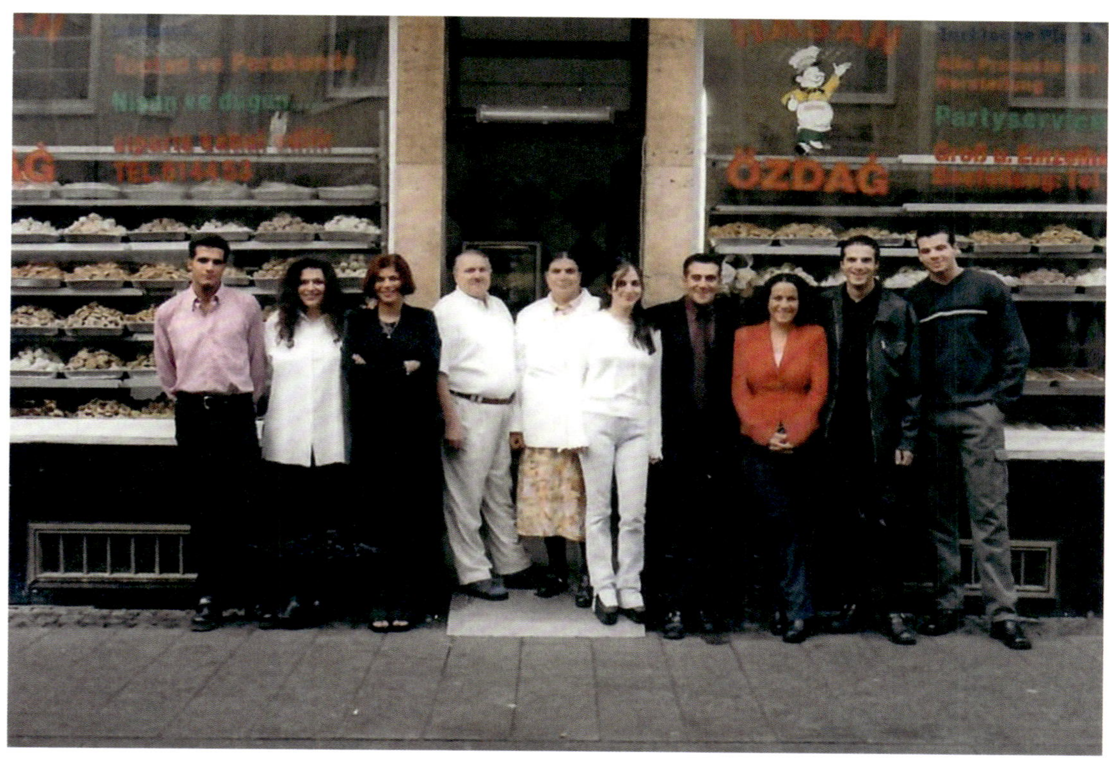

Hasan und Aliye Özdağ mit ihrer Familie vor der Feinkonditorei Özdağ
Hasan and Aliye Özdağ with their family in front of the Özdağ pastry shop
Köln, Keupstraße 84, 1998/99

Rheinisches Bildarchiv Köln
Gegründet 1926

Anfang der 1970er Jahre begann die Denkmalpflege, Bauten aus dem 19. Jahrhundert neu zu bewerten. Um ein Denkmälerverzeichnis anzulegen, wurde das Rheinische Bildarchiv Köln beauftragt, schützenswerte Gebäude aus dieser Zeit zu fotografieren. So entstand auch die 96-teilige Fotoserie von Hausansichten in der Keupstraße.
Zeitgleich wurde 1971 das Städtebauförderungsgesetz in Nordrhein-Westfalen beschlossen, das die Voraussetzung für Sanierungsprojekte schuf. Zu diesem Zeitpunkt zogen viele Bewohner*innen aus den Innenstädten in angrenzende Stadtgebiete. Zurück blieben vor allem diejenigen, die auf günstigen Wohnraum angewiesen waren und diesen in den kaum instandgehaltenen, häufig verfallenen Altbauten fanden. In der Stadtentwicklungsplanung der Stadt Köln wurde zwischen „Problemgebiete[n] mit Veränderungsdruck und hohem Investitionspotential (Funktionswandel)" und solchen „ohne Veränderungsdruck in benachteiligten Lagen" unterschieden. Zu den Ersteren zählten diejenigen, in denen mit neuer Straßenführung die Bereiche des Arbeitens, Wohnens und Konsums konzentriert werden sollten, was den Abriss ganzer Viertel und Häuserzeilen bedeutete.

Rheinisches Bildarchiv Köln
(Photographic Archives of the Rhineland, Cologne)
Founded 1926

In the early 1970s, preservationists began to revalue architecture from the nineteenth century. To create an index of historical buildings, the Rheinisches Bildarchiv was commissioned to photograph structures from the period deemed worthy of protection. This gave rise to the ninety-six-part series featuring houses on Keupstrasse.
In 1971, the federal state of North Rhine-Westphalia passed a law that paved the way for urban redevelopment projects. At this time, many people were moving out of the inner city into neighboring districts. Most of those left behind depended on cheap accommodation, which they found in the barely maintained, often decaying old buildings. In Cologne's urban development plan, a distinction was made between "problem areas with pressure for change and high investment potential (change of function)" and those "without pressure for change in disadvantaged locations." The former areas included those where new street layouts would consolidate industrial,

Zu diesen sollte Ende der 1970er Jahre auch die Keupstraße gehören. Als Zufahrtsweg zum Grundstück der Draht- und Kabelfabrik Felten & Guilleaume sollte die Straße verbreitert werden. Der Abbruch konnte jedoch 1980 durch Proteste verhindert werden, denn mittlerweile hatte die Keupstraße durch den Zuzug von Migrant*innen eine neue Entwicklung genommen. Sie gründeten nach und nach neue Geschäfte und Gewerbe, setzten die Häuser instand und machten die Straße zu einem Zentrum türkischen und kurdischen Geschäftslebens. Am 9. Juni 2004 wurde dort ein Nagelbombenanschlag verübt. Zweiundzwanzig Menschen wurden verletzt, vier von ihnen schwer. Ein rechtsradikaler Hintergrund wurde durch den damaligen Bundesinnenminister Otto Schily ausdrücklich ausgeschlossen. Die ermittelnden Behörden brachten die Tat mit dem Umfeld der Anwohner*innen und Opfer in Zusammenhang. Erst sieben Jahre später, im November 2011, wurde nach der Selbstenttarnung der rechtsterroristischen Vereinigung NSU bekannt, dass diese den Anschlag verübt hatte.

residential, and commercial zones, involving the demolition of entire streets and neighborhoods.
At the end of the 1970s, this was to be the fate of Keupstrasse. As an access route to the Felten & Guilleaume wire and cable factory, the road was to be widened. But in 1980, the demolition was prevented by protests, as the street had entered a new phase with the arrival of migrant workers, who had gradually opened new shops and businesses, renovated the buildings, and turned Keupstrasse into a center of Turkish and Kurdish commercial life. On June 9, 2004, the street was the site of a nail bomb attack in which twenty-two people were injured, some seriously. At the time, the interior minister Otto Schily explicitly ruled out right-wing terrorism, and the investigating authorities linked the crime to the milieu of the victims and local residents. It was not until seven years later that the perpetrators of the attack were discovered to be the far-right NSU terrorist group, after they revealed their existence in November 2011.

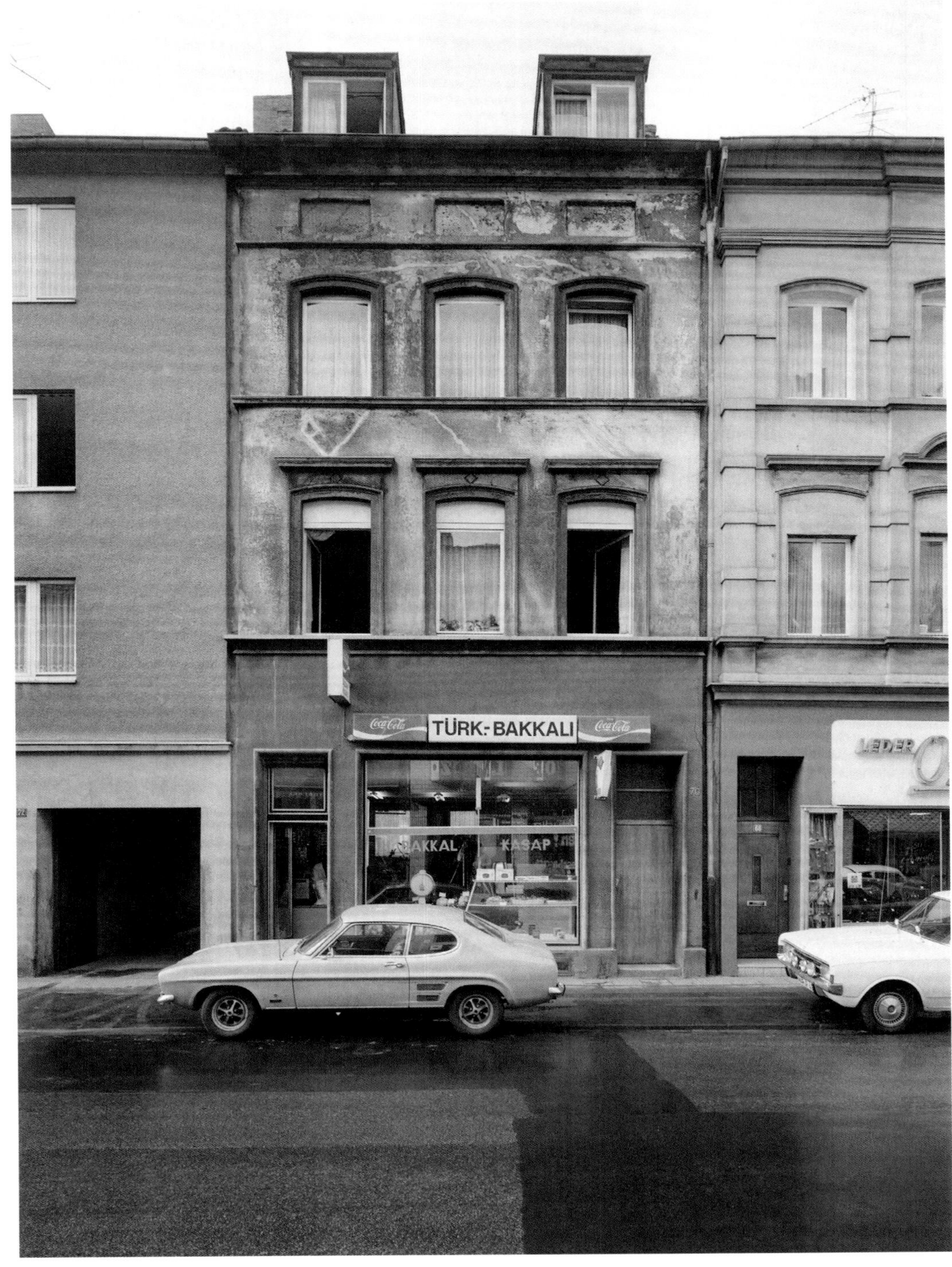
Coca-Cola
TÜRK-BAKKALI
Coca-Cola
BAKKAL
KASAP
LEDER

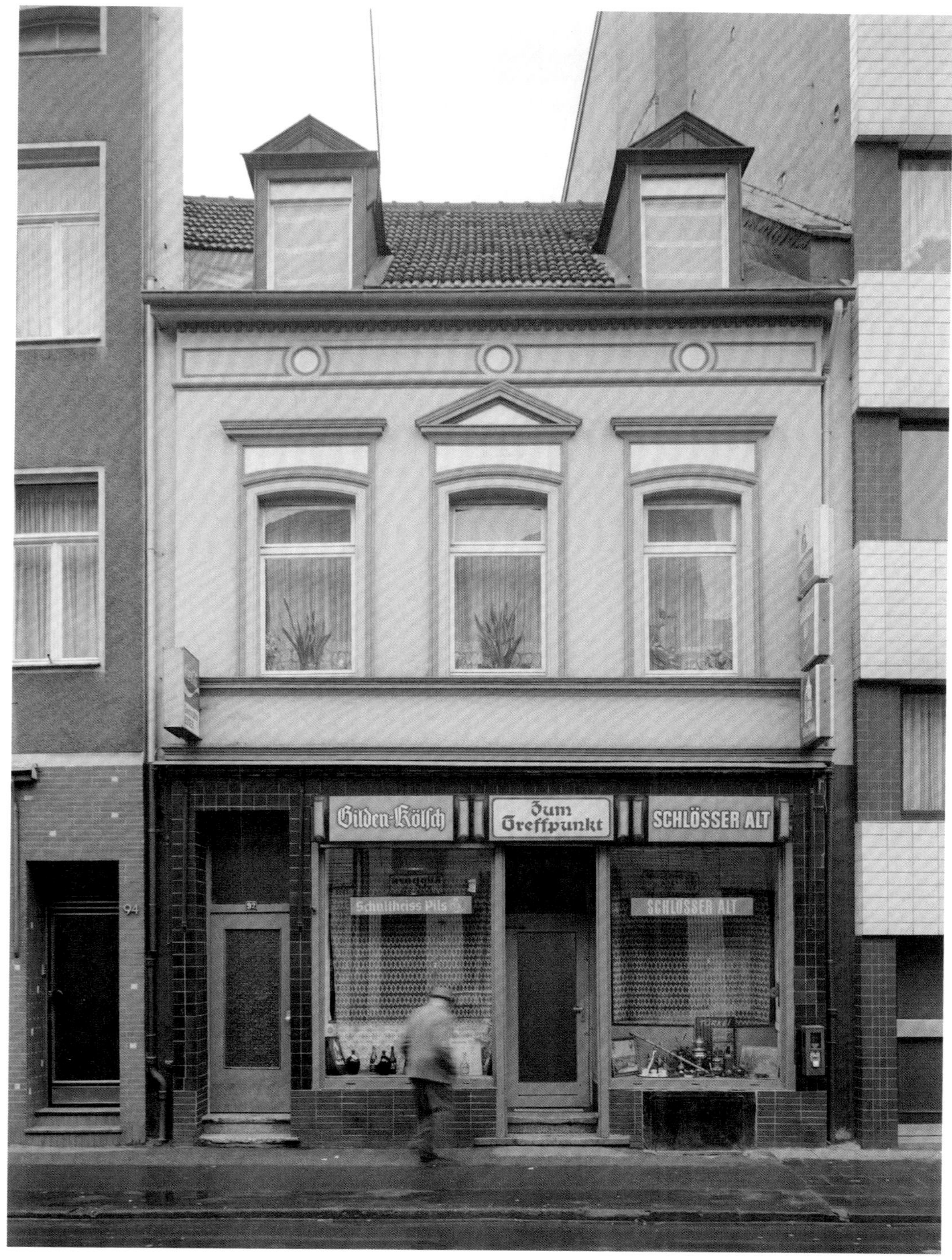
Gilden-Kölsch
Zum Treffpunkt
SCHLÖSSER ALT
Schultheiss Pils
SCHLÖSSER ALT
94

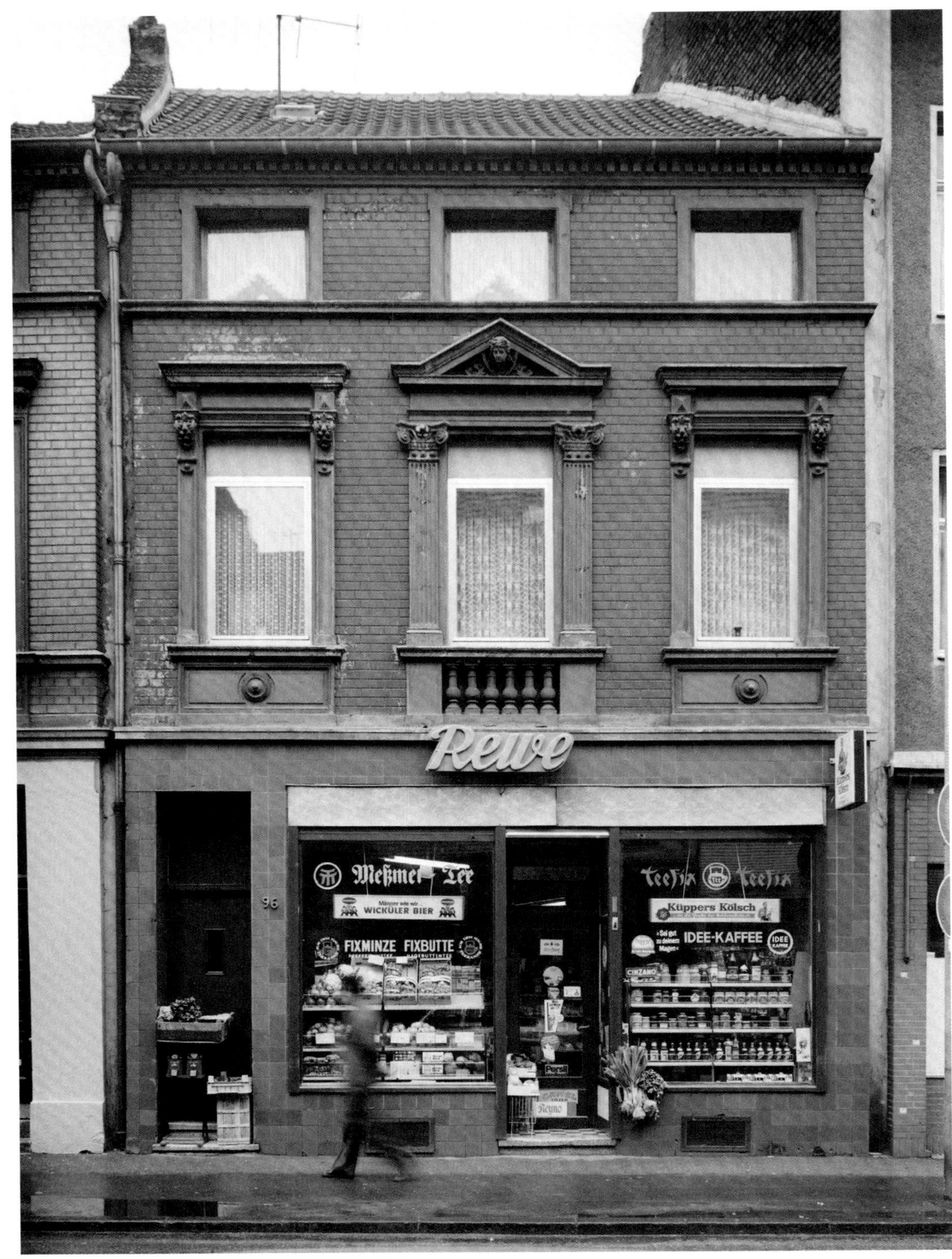
Rewe
96
Meßmer Tee
WICKÜLER BIER
FIXMINZE FIXBUTTE
Teefix Teefix
Küppers Kölsch
IDEE-KAFFEE
CINZANO
Persil

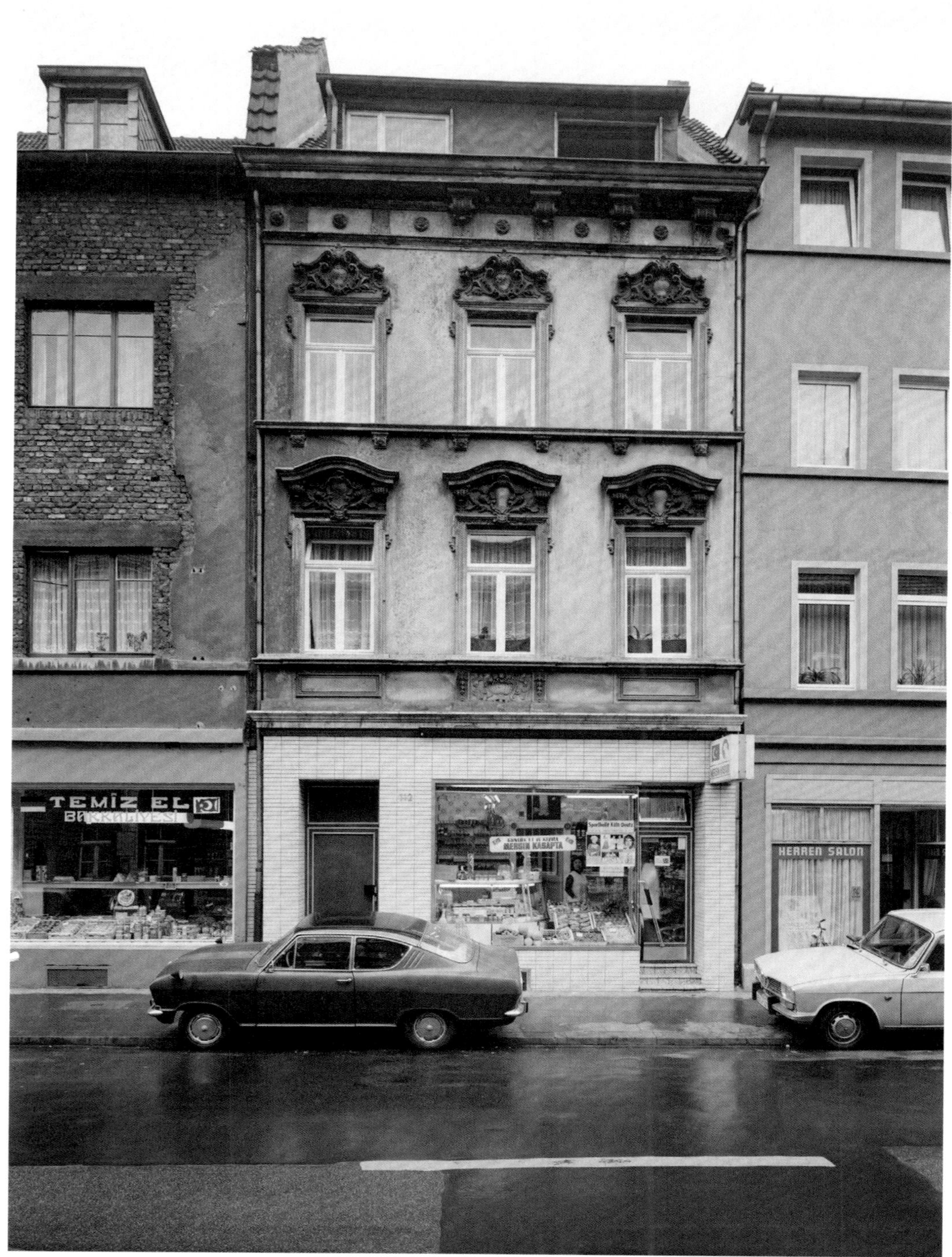
TEMİZ EL
MERGIN KASAPTA
HERREN SALON

Eusebius Wirdeier
Geboren 1950 in Dormagen, lebt in Köln

„Die Fotografien entstanden im Zusammenhang mit dem Buch *noh un noh*, das ich im Frühjahr/Sommer 1996 zusammen mit Wolfgang Niedecken vorbereitet habe. Wir haben uns einen Plan gemacht, uns Themen und Stichworte zugerufen, den Stadtplan von Köln angesehen und für die verschiedenen Viertel Niedeckens Lieder und meine Fotografien ausgesucht. In manchen Fällen bin ich losgezogen, um neue Fotografien aufzunehmen.
Zu den Themen, die uns beschäftigten, gehörten nach den Pogromen und Anschlägen 1991 in Hoyerswerda, 1992 in Rostock-Lichtenhagen und Mölln, 1993 in Solingen und 1996 in Lübeck auch die Stichwörter ‚Deutsche', ‚Ausländer' und ‚Rassismus'.
Ich habe mich an einem Dienstagmittag auf die Kalker Hauptstraße gestellt – an der U-Bahnhaltestelle Kalk Post zwischen Vietorstraße und Rolshover Straße, mit Blick auf die Chemische Fabrik Kalk (CFK) – und habe Passanten fotografiert. So kamen die Frau mit Abaya und Kopftuch, der Radfahrer mit Jackett und Fez auf den Film. Wir haben in den 1950er und 60er Jahren Menschen aus Italien, Portugal, Griechenland und der Türkei als Arbeitskräfte gerufen.

Eusebius Wirdeier
Born 1950 in Dormagen, lives in Cologne

"These photographs were taken in connection with the book *noh un noh* that I worked on with Wolfgang Niedecken in the spring and summer of 1996. We drew up a plan, picked themes and key-words, looked at the map of Cologne, and chose from Niedecken's songs and my photographs content that we felt represented the various neighborhoods. In some cases, I went out and shot new pictures.
After the pogroms and attacks in Hoyerswerda in 1991, Rostock-Lichtenhagen and Mölln in 1992, Solingen in 1993, and Lübeck in 1996, the themes we were interested in included the keywords 'German,' 'foreigner,' and 'racism.'
A Tuesday noon, I stood on the main street in Kalk—near the Kalk Post subway station, between Vietorstrasse and Rolshover Strasse, with a view of the Kalk Chemical Works (CFK)—and took pictures of passersby. That's how I captured the woman in an abaya and headscarf, the cyclist in a jacket and fez. In the 1950s and '60s, Germany called on people from Italy, Portugal, Greece, and Turkey

Sie leben seit mehreren Generationen hier und sind unsere Nachbarn geworden, die Kinder sprechen Kölsch.
Der Stadtteil Kalk hatte mich schon länger beschäftigt – ein Arbeiter*-innenviertel mit vielen Migrant*innen, einer großen Einkaufsstraße und in der Mitte des Viertels die große Chemiefabrik. Sie war zu diesem Zeitpunkt schon halb abgerissen und einige Betriebsteile wie der Wasserturm wurden freigelegt und erhalten. Die Verbindung von Wohnen, Einkaufen und emittierender Chemieindustrie kam mir schon lange anachronistisch vor. Ihre Hinterlassenschaften bleiben uns bis heute erhalten, wie man erst jüngst am Beispiel ‚Kalkberg' neben der Stadtautobahn sieht, eine mehrfach ‚verkappte' Sondermülldeponie, an die östlich unmittelbar das Wohnviertel Buchforst angrenzt."

to come and work here. These migrant workers have been living here for several generations now; they have become our neighbors, and their children speak the Cologne dialect.
I'd long been interested in the Kalk district—a workers' neighborhood with many migrants, a major shopping street, and, right in the middle, a chemical plant. Half of the factory was already demolished by this time, but some parts, like the water tower, had been exposed and preserved. The combination of living, shopping, and polluting chemical industry had long struck me as anachronistic. Its legacy is still with us today as we recently saw with the 'Kalkberg' beside the autobahn, a multiply disguised hazardous waste depot directly adjacent to the Buchforst residential district."

Eusebius Wirdeier,
Dezember 2020
Eusebius Wirdeier,
December 2020

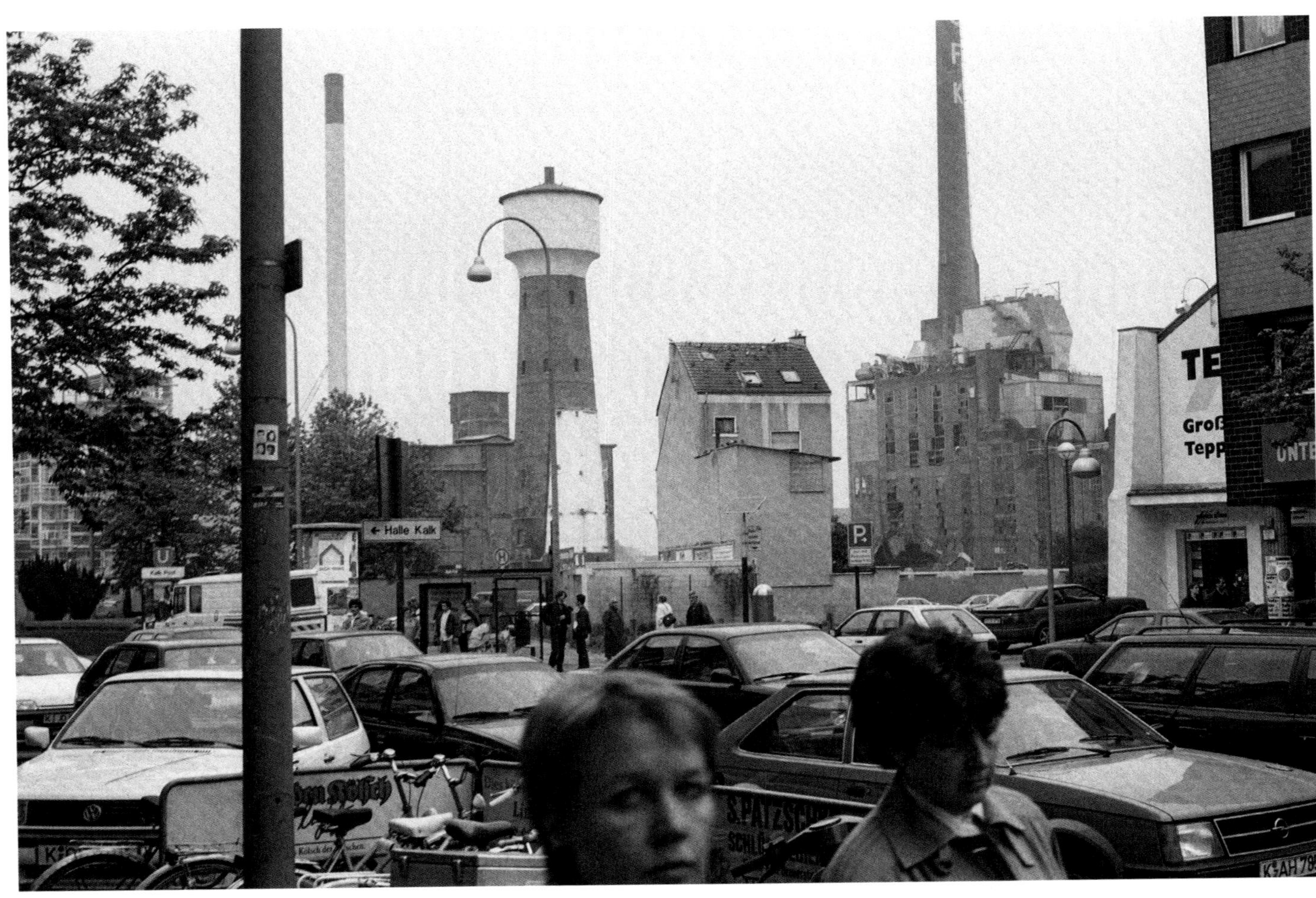

Alle Fotos aus der Serie All photos from the series „Kalker Hauptstraße“, Köln, 1996

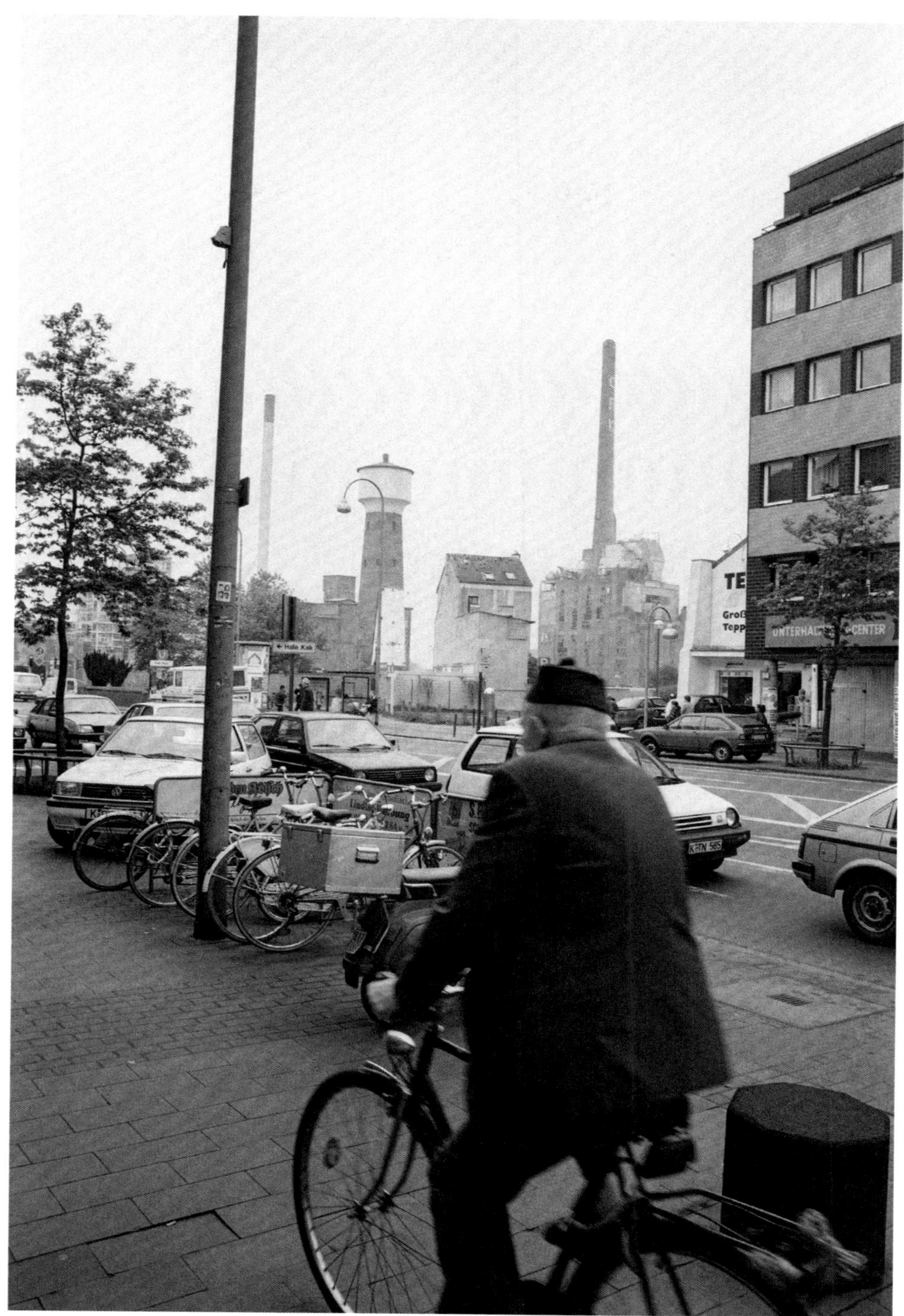
TE
Groß
Tepp
CENTER

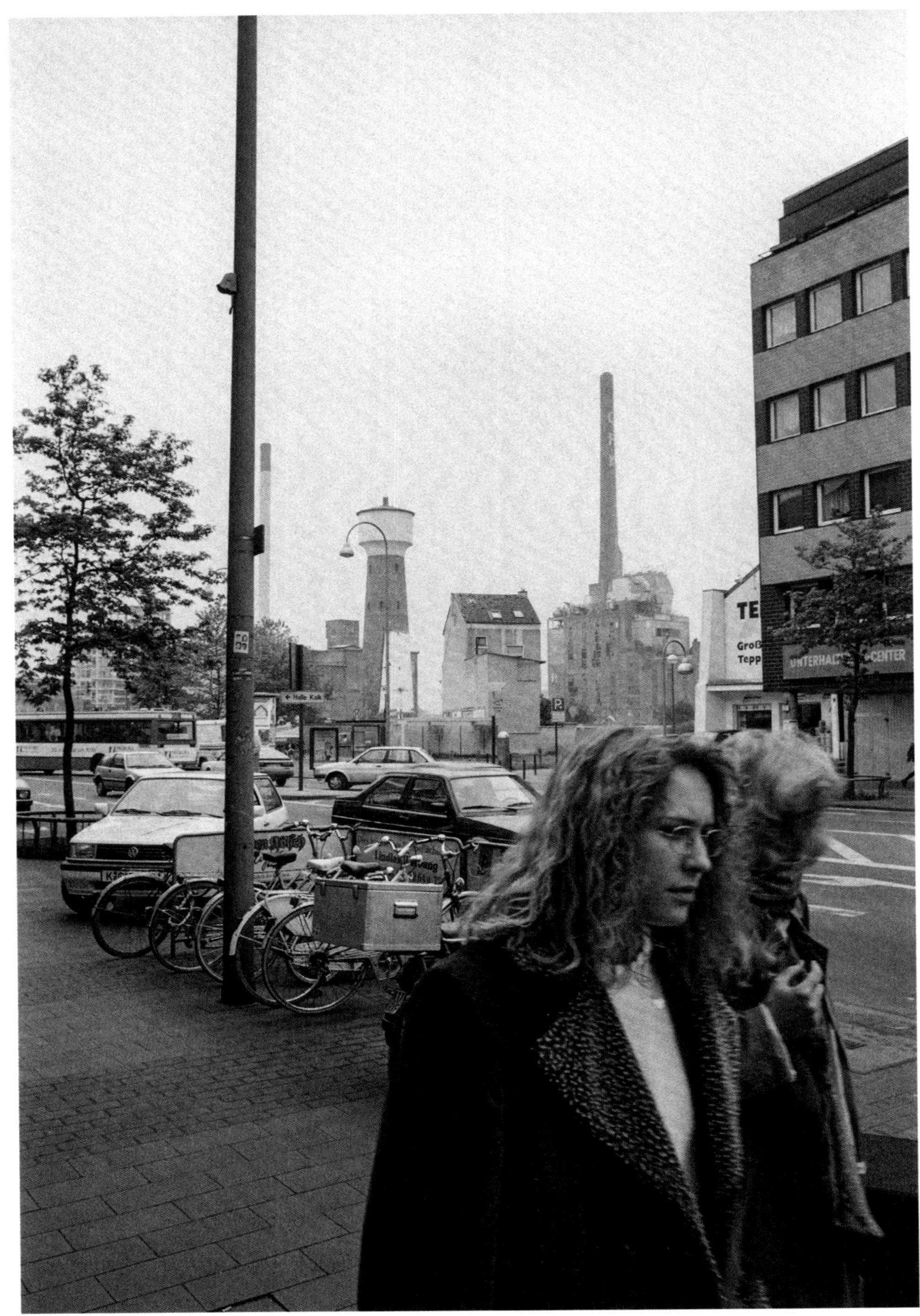
CENTER

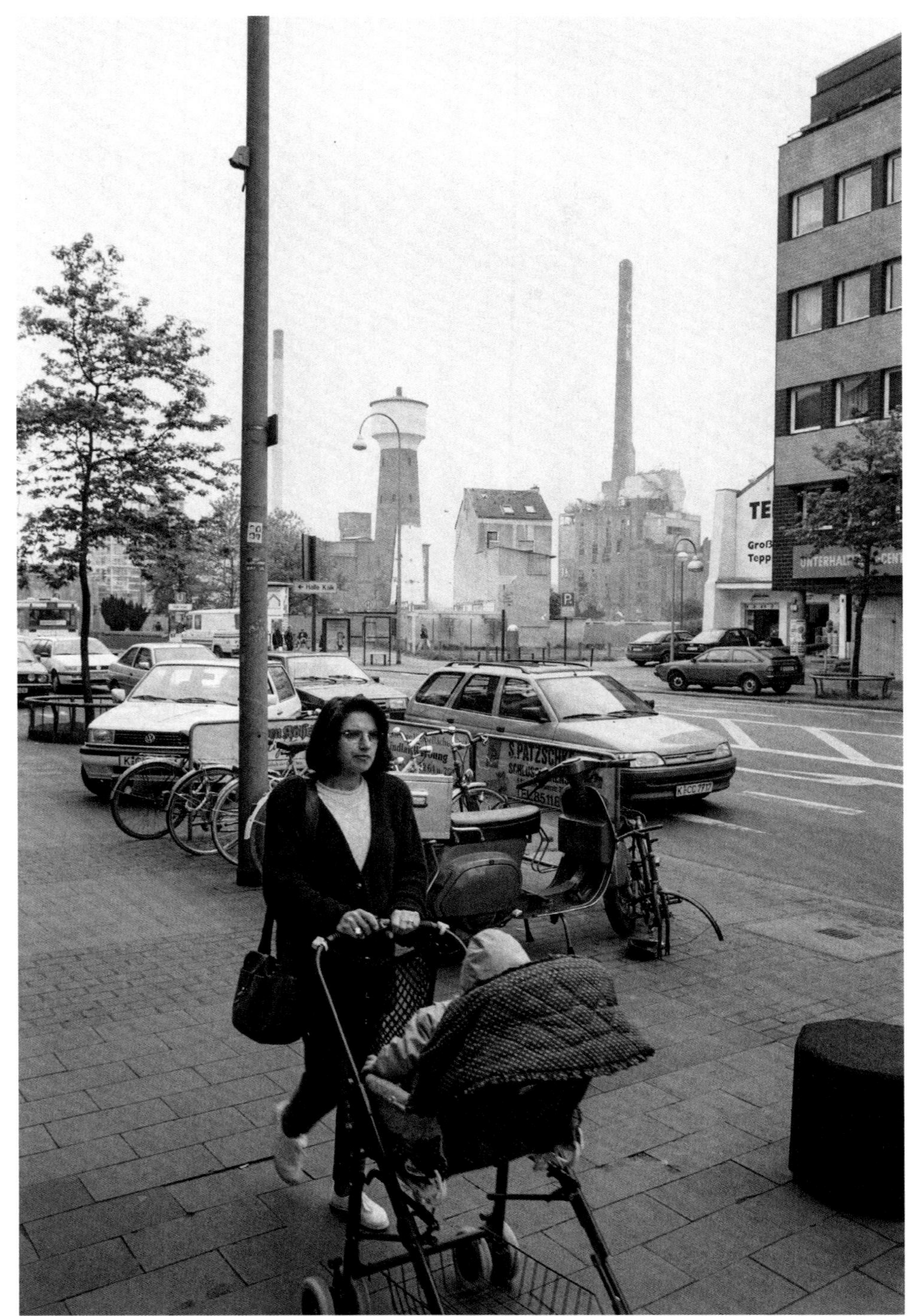

GESCHICHTEN VON SELBST-ERMÄCHTIGUNG:

STORIES OF SELF-EMPOWERMENT:

Zeynep Gürsoy
ist in Aybastı, Ordu, am Schwarzen Meer aufgewachsen. Sie ging als Kind nicht in die Schule. 1969 heiratete sie. Obwohl es eine von ihrer Familie arrangierte Ehe war, hoffte sie auf ein besseres Leben. 1971 folgte sie ihrem Mann nach Neuss nach, wo er bereits seit zwei Jahren bei der Firma Ideal Standard arbeitete. 1972 bis 2019 arbeitete sie bei Pierburg und erlebte den Streik im August 1973 mit. Sie ist eine der Protagonist*innen des Films *Gleis 11* (2021), von Çağdaş Eren Yüksel. Nach dem Tod ihres Mannes 1987 war sie Alleinerzieherin und sorgte für die gute Bildung ihrer Kinder. Ihre Tochter Dilek Gürsoy ist promovierte Herzchirurgin und wurde 2019 als Medizinerin des Jahres ausgezeichnet. Über die Geschichte ihrer Familie schrieb sie in ihrer 2020 erschienenen Autobiografie *Ich stehe hier, weil ich gut bin*.

„‚Eine Mark mehr!', haben wir Frauen während des Pierburg-Streiks alle geschrien. Es waren in der Fabrik mehr Arbeiterinnen. Männer konnten die Handarbeit nicht, die wir machten. Vorarbeiter, Meister und die, die für Warenkontrolle zuständig waren, waren Männer. Siebzig Prozent der Beschäftigten waren Ausländerinnen. Deutsche gab es nur wenige. Es gab italienische, spanische, portugiesische, jugoslawische und auch türkische Arbeiterinnen. Griechinnen waren in der Mehrheit. Wir haben mit ihnen Türkisch gesprochen. Sie haben mir sehr geholfen. Die Arbeiterin mit dem Megafon stammte aus Griechenland, mit ihr arbeitete ich in derselben Halle. Der Arbeitgeber und die Gewerkschaft konnten sich nicht einigen. Zuerst gab es eine Warnung. Danach begann der Streik. Gewerkschafter kamen mit einem Megafon in unsere Abteilung.

Zeynep Gürsoy
grew up in Aybastı, Ordu, on the Black Sea. She did not attend school as a child. In 1969 she was wed in an arranged marriage organized by her parents. She hoped for a better life, and in 1971 followed her husband to Neuss, where he had been working for two years at Ideal Standard. From 1972 to 2019, she worked for Pierburg, taking part in the strike of August 1973. She is one of the characters in the film *Gleis 11* (2021) by Çağdaş Eren Yüksel. Gürsoy became a single parent after her husband's death in 1987, and she strove to ensure her children received a good education. Today, her daughter Dilek Gürsoy is a heart surgeon, and in 2019 was named medic of the year. Dilek wrote about her family's history in her *Ich stehe hier, weil ich gut bin* (2020).

"'One mark more!' was what we women all chanted during the Pierburg strike. More women than men worked at the factory because they couldn't do the manual labor we did. All the foremen and quality controllers were men. Seventy percent of the staff were foreigners. There were not many Germans. There were Italian, Spanish, Portuguese, Yugoslavian, and Turkish workers. The majority were Greek. We spoke Turkish with them, and they helped me a great deal. The worker with the megaphone was from Greece. I worked in the same hall as her. The employers and the union couldn't reach a settlement. First, there was a warning, then the strike began. Union representatives came into our department with a megaphone. They wanted us to walk out. They tried to throw the parts from our

Sie wollten, dass wir rausgehen. Sie versuchten, die Montageteile von unseren Tischen auf den Boden zu werfen, damit wir nicht weiterarbeiten konnten. Wir gingen dann raus. Kein*e Arbeiter*in blieb in der Halle zurück. Sie schlossen das große Tor hinter uns. Da vorne war ein riesiger Platz. Wir haben dort gesessen. Die Gewerkschaft gab uns Wasser und Brötchen.
Ich habe mit 4,50 DM pro Stunde angefangen. Ich war nie bei der Gewerkschaft. Der Betriebsrat hat sich um uns gekümmert. Meine Schwester arbeitete auch in der Fabrik. Ich habe es veranlasst, dass sie in der Fabrik angefangen hat. Sie war auch im Streik. Der Streik dauerte fünf Tage. Als wir in Pierburg eine Gehaltserhöhung bekamen, folgten uns andere Firmen. Wir haben Ford Autoteile geliefert. Der Ford-Streik folgte unserem nach.
An meinem ersten Arbeitstag, das vergesse ich nie, haben sie uns um sieben Uhr reingenommen. Wir haben unsere Karten und Arbeitskittel bekommen. Wir waren eine Gruppe von etwa fünfundzwanzig bis dreißig Personen. Der Vorarbeiter kam und wählte fünf bis sechs Personen aus der Gruppe. Ab da arbeitete ich fünfundzwanzig Jahre mit demselben Vorarbeiter. Die Vorarbeiter gaben uns den Job. Sie konnten unterscheiden, wer die Arbeit am besten macht. Jeder war einem Meister zugeordnet. Wenn wir nach unserer Abteilung gefragt

tables onto the floor so we couldn't carry on working. Then we walked out. No one stayed in the hall. They closed the big doors behind us. Outside was a large square. We sat there. The union gave us water and bread rolls.
I started at 4.50 DM per hour. I was never in the union. The works council looked after us. I had organized for my sister to work at the same factory, and she also went on strike. The strike lasted five days. When we got a pay rise at Pierburg, other places followed suit. We supplied car parts to Ford, where the workers went on strike soon after us.
On my first day at work, they let us in at 7 am. I'll never forget it. We were given our time cards and work coats. There were twenty-five or thirty of us. A foreman came and chose five or six of us from the group. I ended up working with the same foreman for twenty-five years. The foremen gave us our jobs. They could tell who did the work best. Each worker was assigned to one, and when we were asked which department we worked in, we named our foreman: 'I work with Mr. Seifert.'
In 1972, when I started at Pierburg, I was four months pregnant. I took the job out of necessity, as my husband and his brother were

wurden, haben wir den Namen des Meisters genannt: ‚Ich arbeite mit Meister Seifert'.
1972 kam ich nach Pierburg, als ich im vierten Monat schwanger war. Aus Not habe ich angefangen zu arbeiten. Denn sonst wollten mein Mann und sein Bruder mich ins Dorf in der Türkei zurückschicken. Ich habe im ersten Monat Überstunden gemacht und damit 1.000 DM verdient. Das Geld, das ich verdiente, brachte ich nach Hause und sagte meinem Schwager: ‚Schau, ich kann Geld verdienen, schick mich nicht ins Dorf zurück.' Ich habe dann siebenundvierzig Jahre bei Pierburg gearbeitet.
Wir arbeiteten dicht zusammen, als würden wir an einem Esstisch sitzen. Auf langen Tischen aus Eisen standen Maschinen mit einem Hebelarm. Wenn ein Produkt fünf bis sechs Stück enthielt, setzten wir sie nacheinander ein. Wir zogen den Hebelarm runter und machten eine Lötung. Mit einer Schaufel haben wir die Teile genommen (wie man Weizen oder Mais nimmt), vor uns hingelegt und dann einzeln verarbeitet. Wenn wir fertig waren, standen wir auf, füllten die Schaufel und legten die neuen Teile vor uns.
Ich verarbeitete jedes Teil, bis es fertig war, und gab es der Kollegin neben mir. Sie verarbeitete das Teil weiter und gab es der nächsten. So kommen die Waren aus den Händen vieler Menschen. Meine Arbeit

going to send me back to the village in Turkey. The first month I earned 1000 DM from overtime, and I brought the money home and said to my brother-in-law: 'Look, I can earn money. Don't send me back to the village.' I went on to work at Pierburg for forty-seven years.
We worked close together at long iron tables with a machine that had a lever arm. It was like sitting at a dinner table. When a product contained five or six components, we put the pieces in one after the other and pulled down the lever to solder them. We collected the parts with a scoop (like the ones you use to pick up wheat or corn), laid them out in front of us, and then processed them one by one. When we were through, we got up, filled the scoop again, and laid the new parts out in front of us.
I processed each piece until it was finished and then passed it to the person next to me. She would complete the next step and then pass it on. In this way, products passed through many hands. My work was manual labor. We processed carburetor parts.
Any delicate work that was required came from our hands. The assembly line was on the opposite side, and we would send the completed parts to our coworkers over there. When someone was

war eine Handarbeit. Wir haben die Vergaserteile bearbeitet. Was auch immer feine Arbeit daran war, kam alles aus unseren Händen. Es gab die Montage auf der gegenüberliegenden Seite. Wir schickten dann die Teile zur Montage. So haben wir mit Kolleg*innen zusammen gearbeitet. Wenn jemand krank war, übernahmen wir aus Solidarität die Arbeit und auch, damit die Produktion weiterläuft.
Wir arbeiteten von 7 bis 16 Uhr. Die erste Pause war von 9 bis 9:15 Uhr. Jede hörte zur gleichen Zeit auf zu arbeiten. Es gab keine Kantine. Jede schob die Waren am eigenen Tisch zur Seite und machte etwas Platz vor sich frei. Wir breiteten unsere Tücher aus und hatten eine kleine Zwischenmahlzeit wie eine Scheibe Brot oder Brötchen, Tomate oder Käse, die wir von zu Hause mitbrachten.
Die zweite Pause war von 12 bis 12:30 Uhr. Wieder haben wir an dem Tisch gegessen, an dem wir gearbeitet haben. Während der langen Pause konnten wir nach draußen gehen. Wir häkelten oder strickten. So haben wir nicht einmal diese halbe Stunde im Leerlauf verbracht. Zum Beispiel saßen wir alle um eine Kollegin herum. Jede strickte eigene Strickwaren. Wir fragten uns gegenseitig, wie es jede macht. Ich musste kein Deutsch sprechen. Wir haben immer Türkisch gesprochen. Wir arbeiteten tüchtig und machten einen guten Job. Wir haben wie eine Familie zusammengearbeitet.“

ill, we picked up their work out of solidarity and so production could continue.
We worked from 7 am to 4 pm. The first break was from 9 to 9:15. Everyone stopped working at the same time. There was no canteen, so everyone would push whatever was on the table aside to make some space. We would spread out our cloths and eat a snack, like a slice of bread or a roll with tomato or cheese, that we brought from home.
The second break was from 12 to 12:30. Again, we ate at the tables where we worked. During this long break, we could also go outside. We would embroider or knit, so even this half hour wasn't wasted. For example, we sat around one coworker, and as each person knitted their own pattern, we would ask each other how to do things. I didn't have to speak German. We always spoke Turkish. We worked hard and did a good job. We worked together like a family.”

Zeynep Gürsoy im Gespräch mit Ela Kaçel, Februar 2021, über den Pierburg-Streik in Neuss. Grundlage waren Stills aus dem Film *Pierburg: Ihr Kampf ist unser Kampf* (1974/1975) von Edith Schmidt-Marcello und David Wittenberg. Übersetzung aus dem Türkischen von Ela Kaçel.
Zeynep Gürsoy in conversation with Ela Kaçel, February 2021, about the Pierburg strike in Neuss. Interview based on stills from the film *Pierburg: Ihr Kampf ist unser Kampf* (1974/1975) by Edith Schmidt-Marcello and David Wittenberg. Translated from Kaçel's German translation of the Turkish.

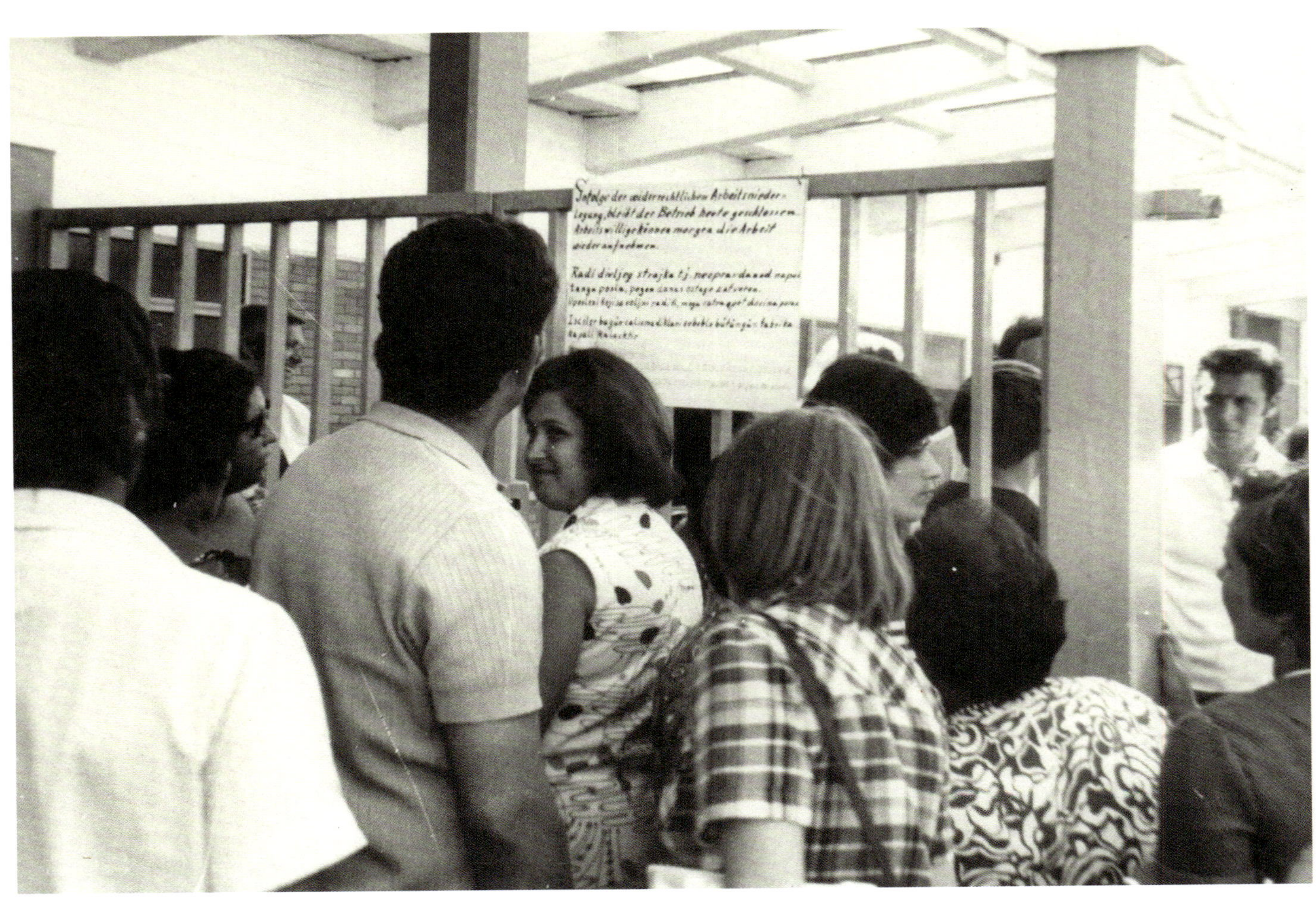

Alle Fotos aus der Serie „Auguststreik bei Pierburg, Autogerätebau“
All photos from the series “August strike at Pierburg Automotive”
Neuss, 1973 (Fotograf*in unbekannt photographer unknown)

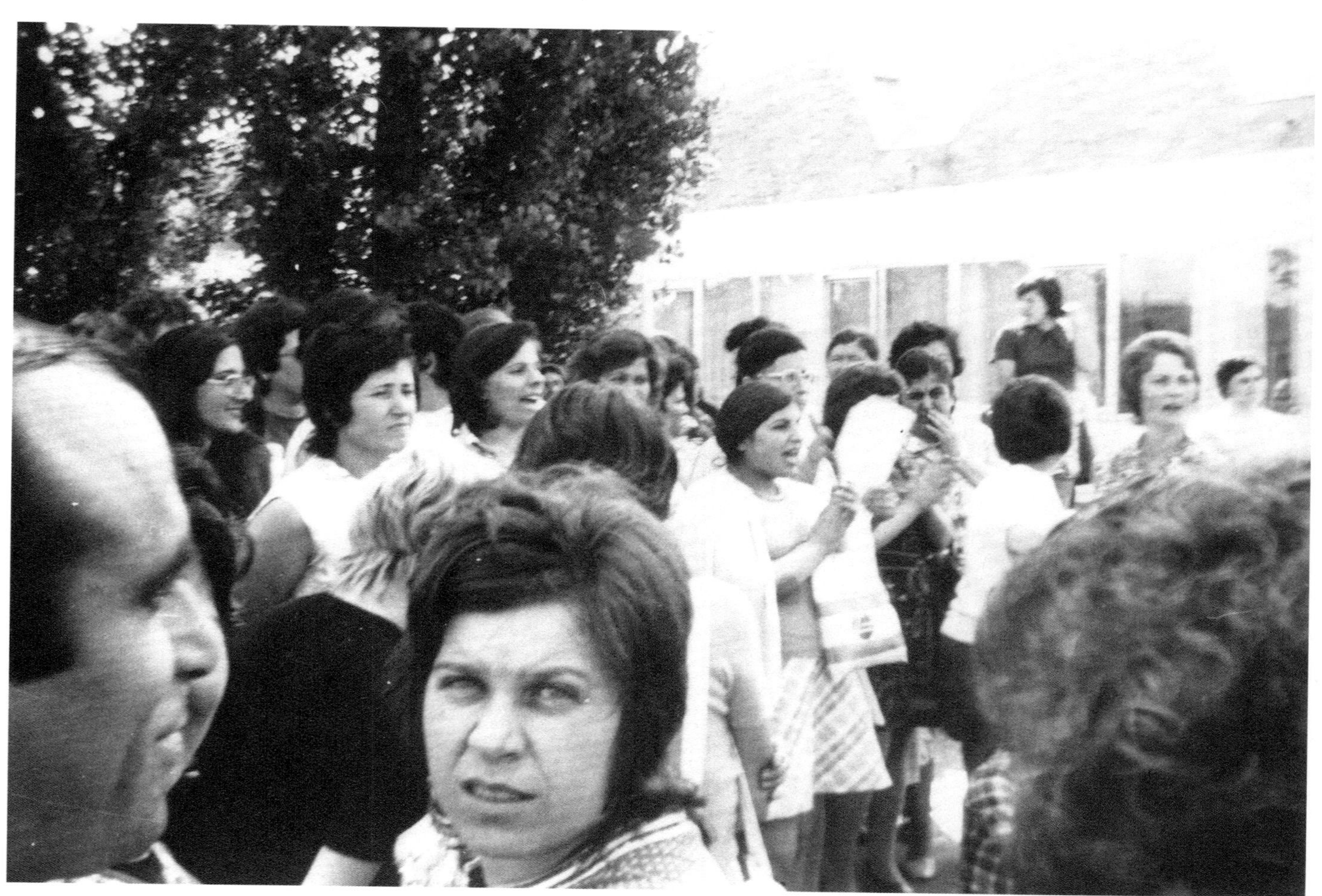

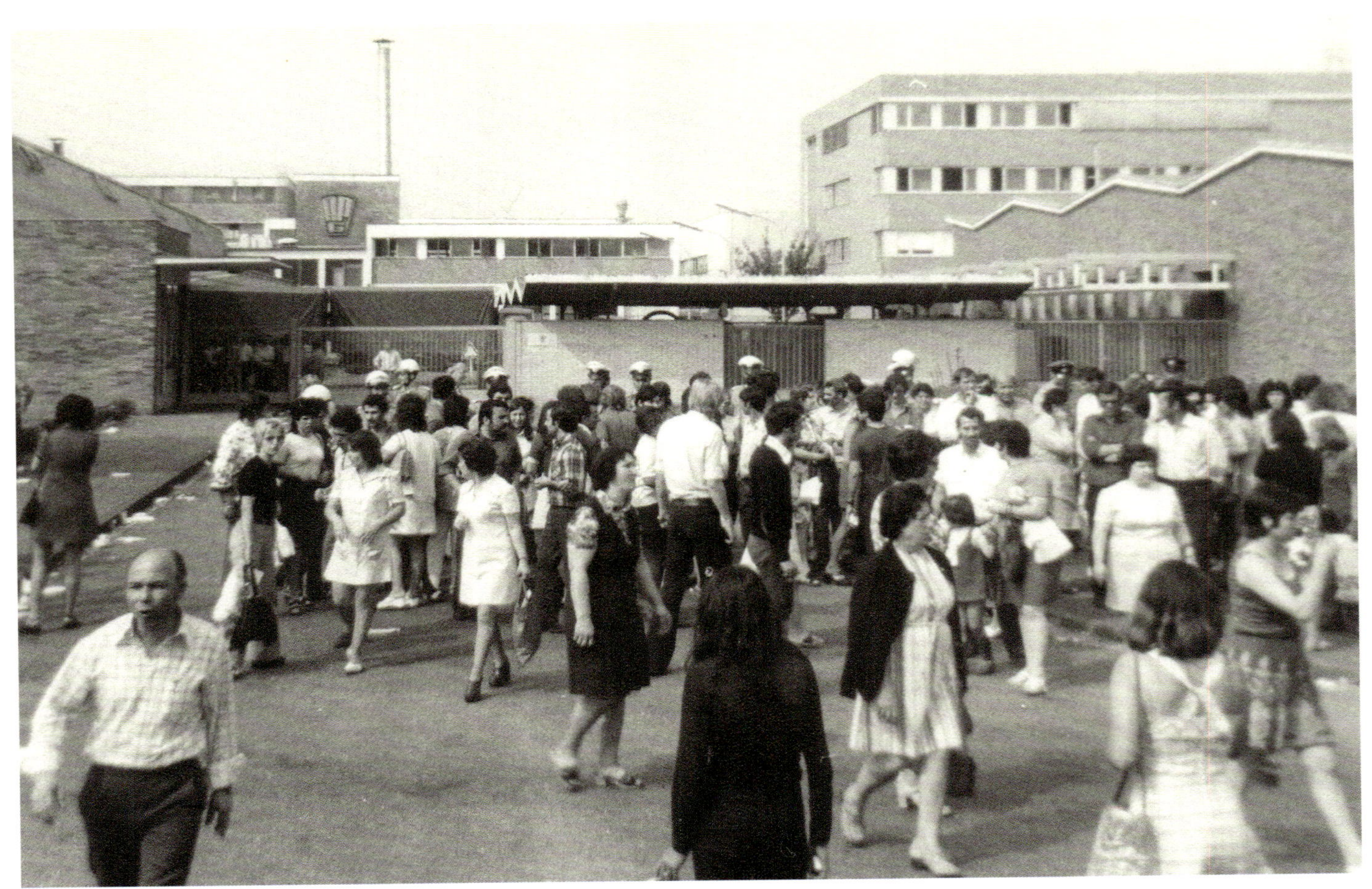

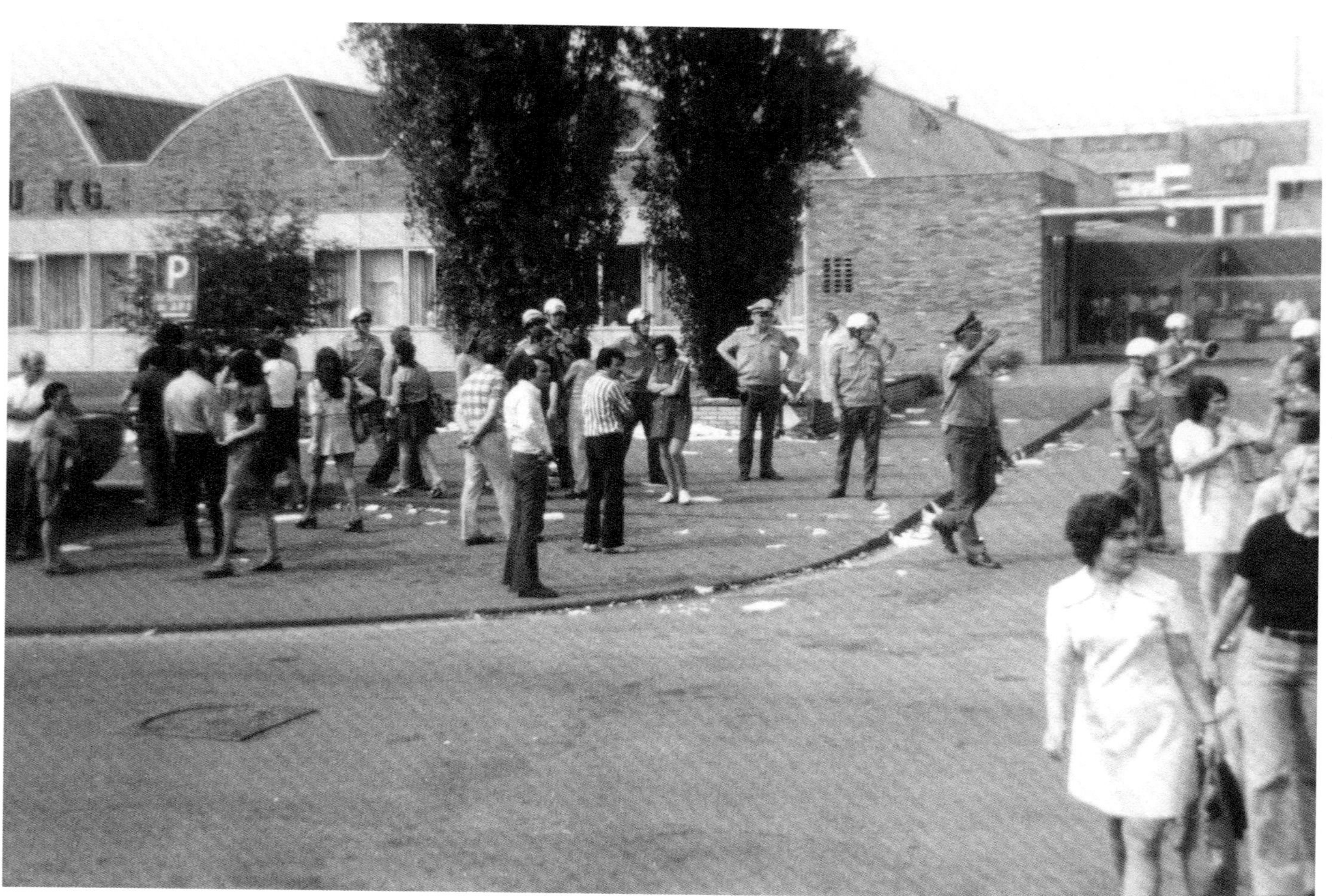
KG.
P

Guenay Ulutuncok
Geboren 1954 in Istanbul, lebt in Köln

„1980/81 habe ich bei Ford die Arbeiter bei der Montage, beim Lackieren und während ihrer Pause mitten in der Produktionsstraße fotografiert. Arbeit und Arbeiter*innen war für mich ein wichtiges Thema. Für die Gewerkschaften war es sehr wichtig, die Arbeitssituation abzubilden, bei Ford haben vor allem ‚Gastarbeiter' gearbeitet. Ich hatte keinen Auftrag. Es war ein eigenes Projekt, das ich mir von Ford genehmigen lassen musste. Ich bin mit der Straßenbahnlinie 5 mit den Arbeitern zu Ford gefahren; sie fuhren zur Sechs-Uhr-Schicht. Wie man auf den Bildern sieht, wurde die Lackierung damals manuell gemacht; jetzt ist alles automatisch. Ich habe als Student auch in einer solchen Lackierstraße gearbeitet, um mir ein Auto kaufen zu können. Ich habe Lackreste entfernt. Nach zwanzig Minuten war der Lack überall. So eine gefährliche Arbeitssituation wäre heute nicht denkbar – mit Maske, aber ohne Augenschutz. Als ich bei Ford fotografiert habe, habe ich mit den Arbeitern in den Raucherpausen gesprochen, wann immer es für mich möglich war. Aber bei diesen Bildern ging es weniger um die Geschichte einer Person. Es war eine Serie über den Arbeitsalltag bei Ford."

Guenay Ulutuncok
Born 1954 in Istanbul, lives in Cologne

"In 1980/81, I photographed workers on the Ford assembly line, in the paint booths, and during their breaks taken in the middle of the production line. Work and workers were a key theme for me. It was very important to document the work situation for the unions; at Ford, it was mostly 'guest workers.' I wasn't commissioned to take these pictures. It was my own project, and I had to get permission from Ford. I traveled to the factory on tramline 5 with the workers starting the 6 am shift. As you can see in the pictures, the painting was done by hand back then. I worked on a similar painting line as a student to save up for a car. I removed leftover paint, and after twenty minutes, I had paint everywhere. I wore a mask but had no eye protection—such dangerous working conditions would be unthinkable today. While taking pictures at Ford, I spoke to the workers during their cigarette breaks whenever I could. But these photographs are not so much about one person's story. It's a series about the workday routine at Ford."

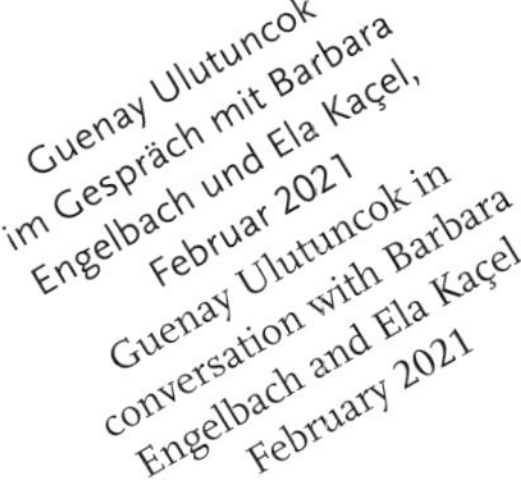
Guenay Ulutuncok im Gespräch mit Barbara Engelbach und Ela Kaçel, Februar 2021
Guenay Ulutuncok in conversation with Barbara Engelbach and Ela Kaçel, February 2021

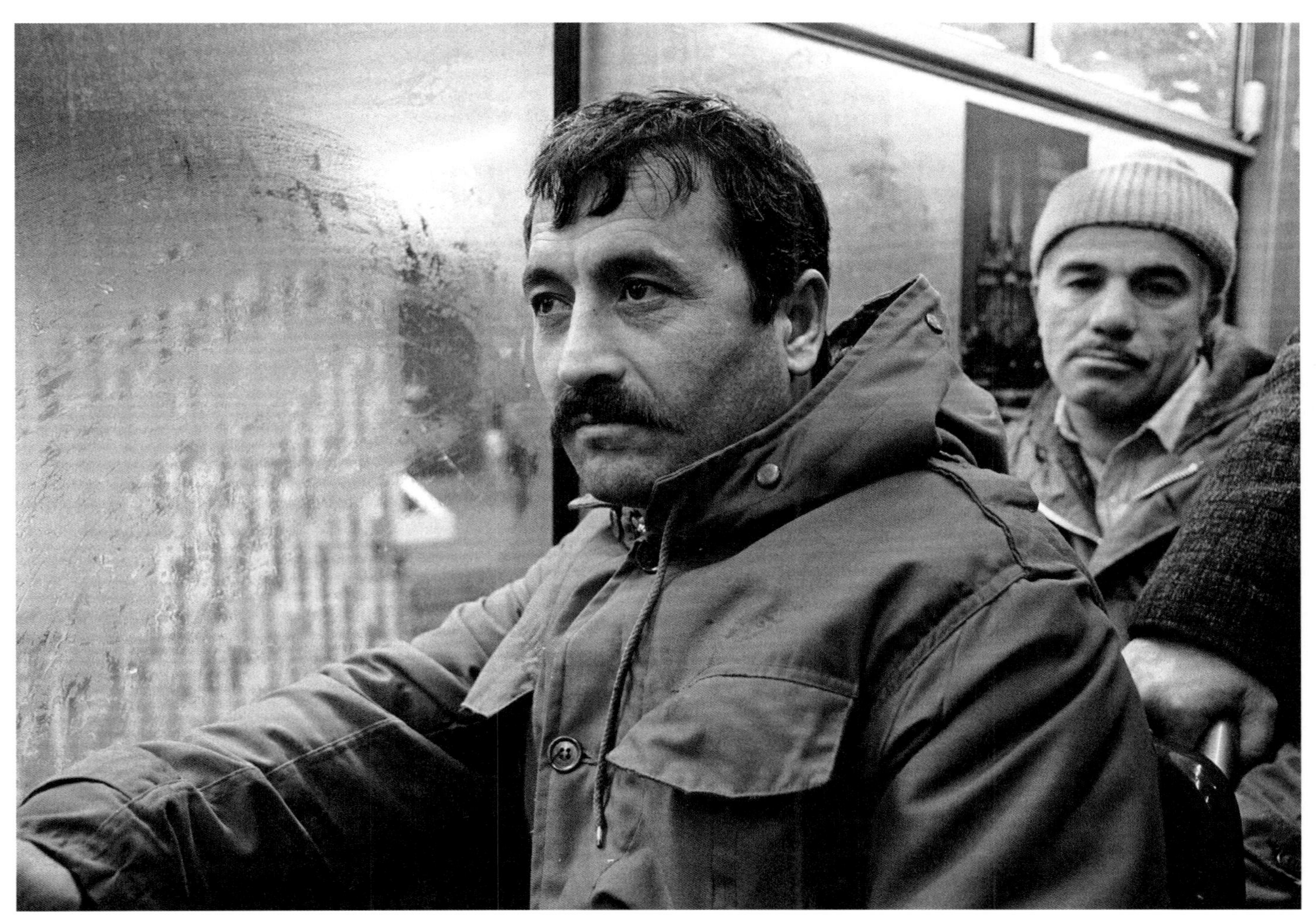

Ford-Arbeiter auf dem Weg zur Frühschicht morgens ca. 6 Uhr in der Linie 5
Ford workers in tramline 5 around 6 am on their way to the early shift
Alle Fotografien aus der Serie „Ausländische Mitarbeiter bei den FORD-Werken (Scorpio-Produktion) in Köln“
All photos from the series "Foreign staff at FORD-Werke (Scorpio production) in Cologne"
Köln-Niehl, 1980

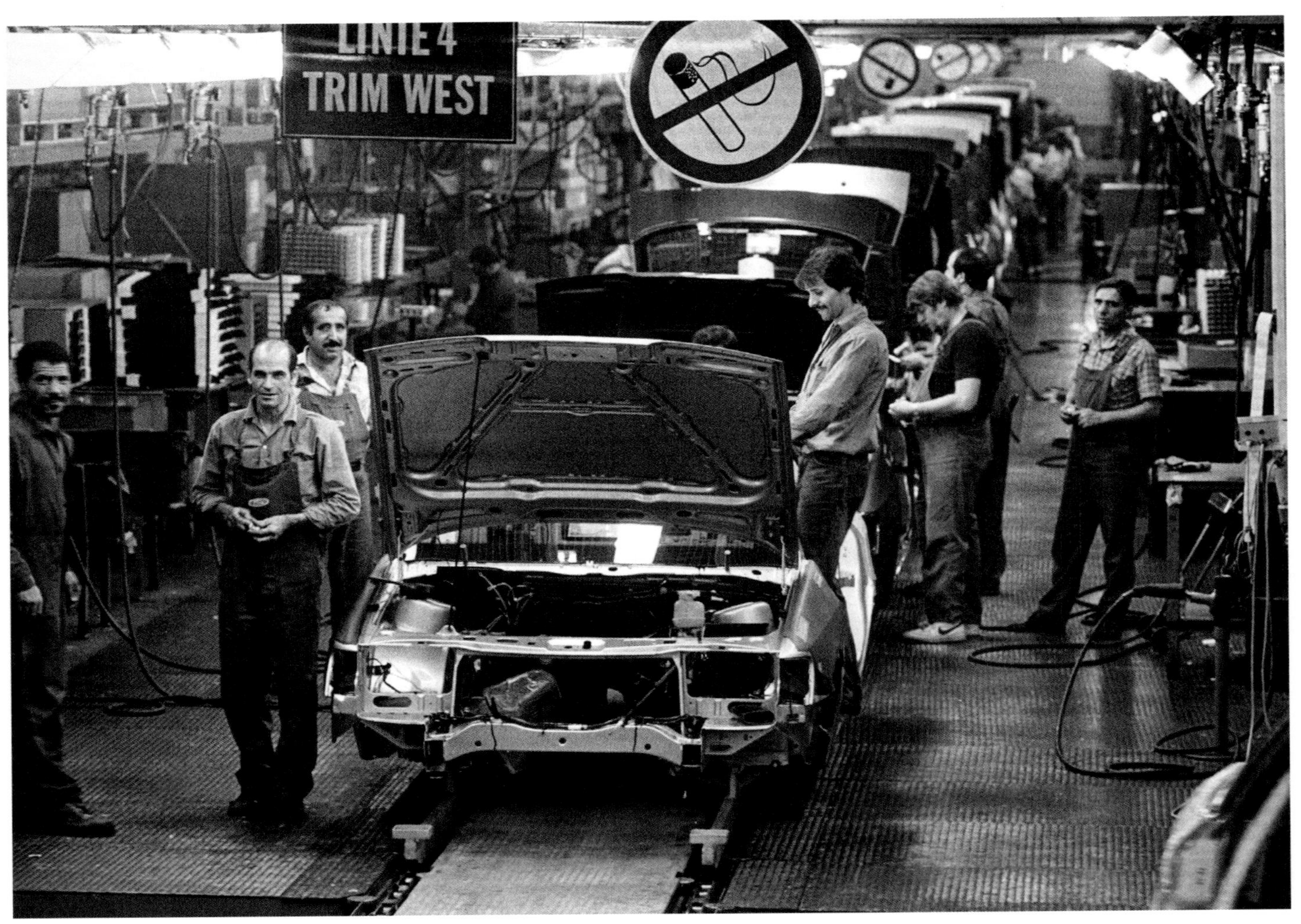
LINIE 4
TRIM WEST

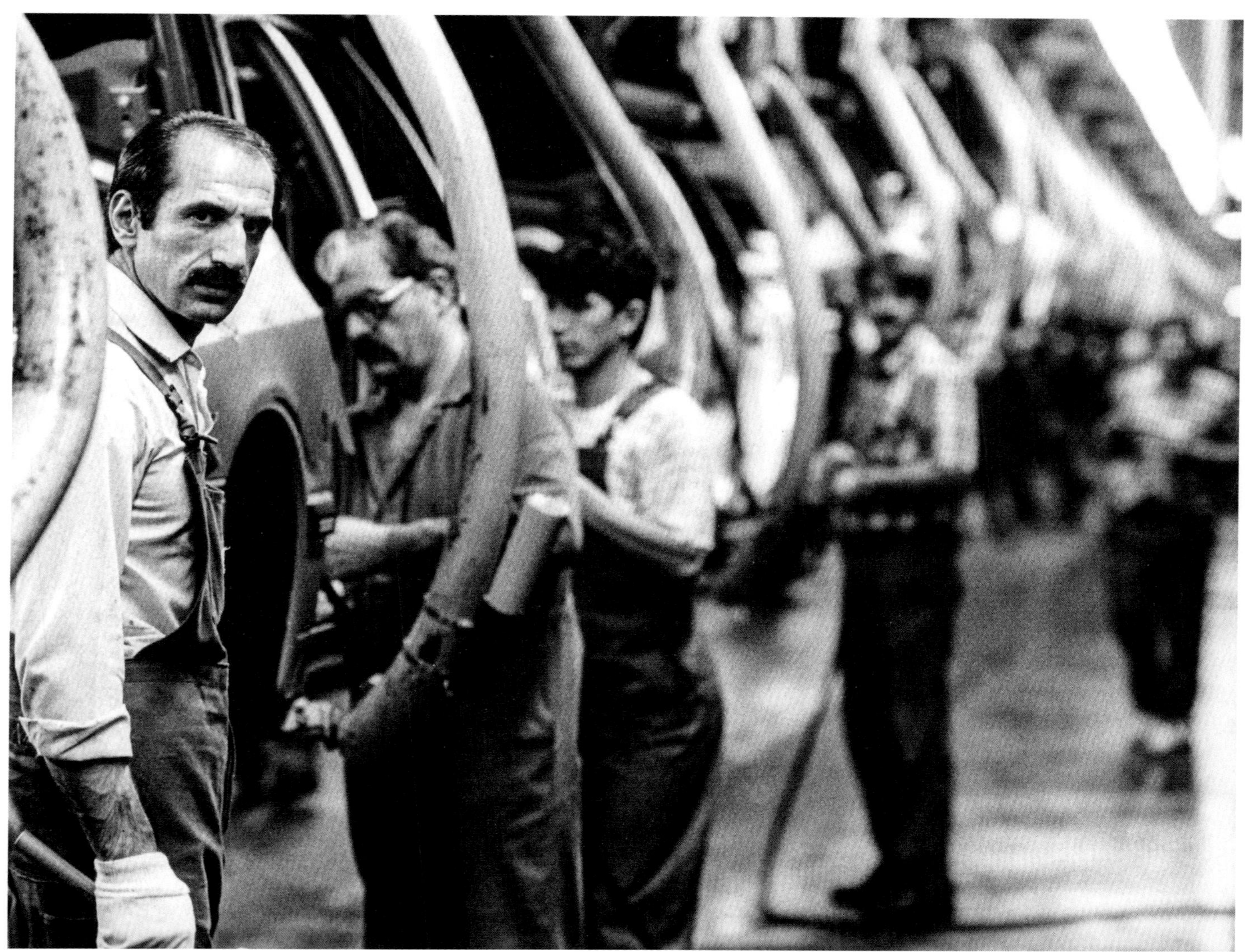

Fahrgestell und Motormontage Chassis and motor assembly

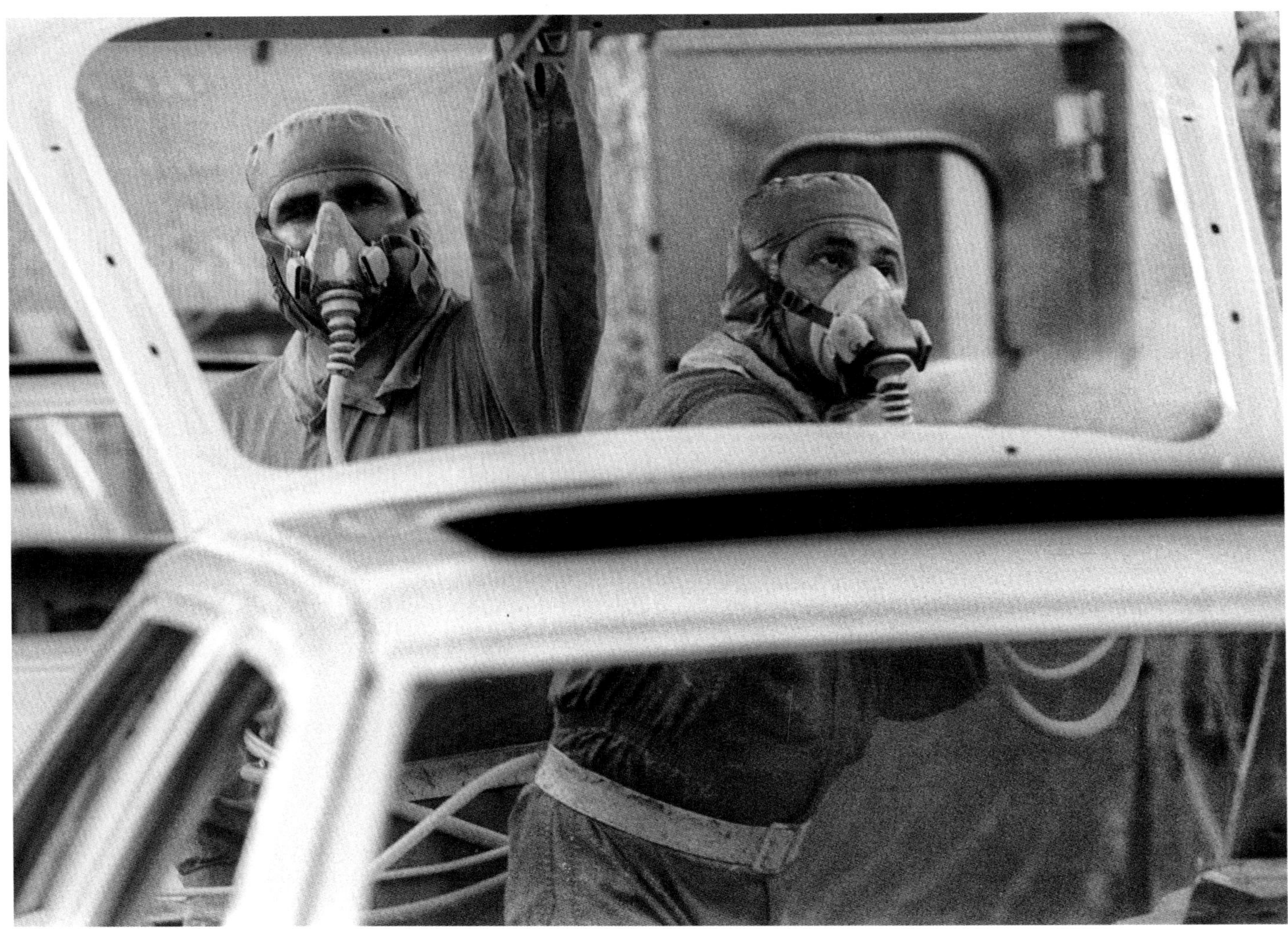

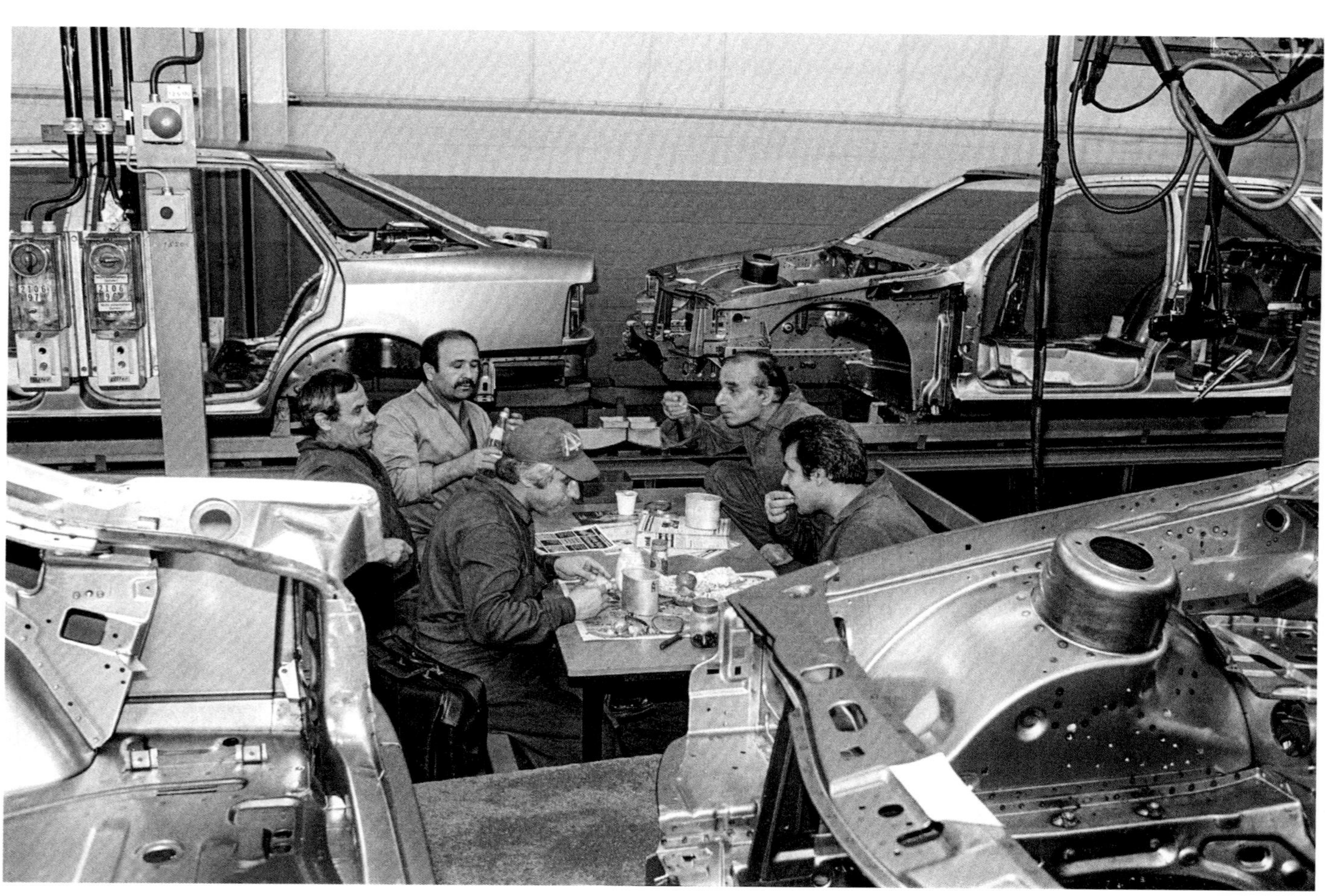

Frühstückspause an der Montagestraße Breakfast break on the assembly line

Gernot Huber
Geboren 1949 in Kirn, lebt in Mondorf

Gernot Huber studierte von 1971 bis 1977 Fotografie an den Kölner Werkschulen [heute Köln International School of Design der TH Köln]. Um sein Studium zu finanzieren, arbeitete er als Theaterfotograf am Kölner Schauspielhaus, als Studiofotograf beim WDR, für die Gewerkschaftspresse sowie für *Stern* und *Spiegel*. Schon während des Studiums begann er für das *Kölner Volksblatt* zu fotografieren und wurde 1978 bis 1980 Teil des Redaktionskollektivs. Nach dessen Auflösung war Huber 1981 treibende Kraft beim Aufbau eines kleinen Verlags mit Fokus auf Umweltthemen. Von 1982 bis 1985 verlagerte er seinen Arbeitsschwerpunkt in den Nahen Osten, zu den Kriegsschauplätzen im Iran und Libanon. Er fotografierte für Hilfsorganisationen während der Hungerkatastrophe im Sudan und Tschad und danach in Ägypten, Ghana, Senegal, Eritrea, Peru, Kolumbien und Thailand. 1983 beteiligte er sich an der laif Agentur für Photos und Reportagen, die aus einer Foto-Arbeitsgruppe beim *Kölner Volksblatt* hervorgegangen war, und bei der Umwandlung des Büros in eine professionelle Bildagentur, der er bis 2015 angehörte. Ab 1985 konzentrierte er sich auf Reisefotografie. Für Reisemagazine und Reisebuchverlage

Gernot Huber
Born 1949 in Kirn, lives in Mondorf

From 1971 to 1977, Gernot Huber studied photography at the Werkschulen (now the Köln International School of Design at Cologne's University of Applied Sciences). To finance his studies, he worked as a photographer for Cologne's Schauspielhaus theater, union publications, and the magazines *Stern* and *Spiegel*. He was also a studio photographer for the state broadcaster WDR. From 1978 to 1980, Huber began taking pictures for the *Kölner Volksblatt* newspaper and was part of its editorial collective. When the collective dissolved in 1981, he was the driving force behind the establishment of a small publishing house that specialized in environmental issues. From 1982 to 1985, he switched his focus to the Middle East and the wars in Iran and Lebanon. He took pictures for aid organizations during famines in Sudan and Chad, and later in Egypt, Ghana, Senegal, Eritrea, Peru, Columbia, and Thailand. In 1983, Huber joined laif, a photography and reportage agency that emerged from a photography working group at the *Kölner Volksblatt*, of which he remained a member until 2015. From 1985 on, he concentrated

fuhr er durch Europa und unternahm intensive Touren durch Süd-indien. Er hielt sich lange in der Dominikanischen Republik und Haiti auf, auf den Inseln der Kleinen Antillen und später auf Madagaskar, La Réunion, den Seychellen, den Komoren und Mauritius. Seit 2015 beschäftigt er sich mit digitaler Malerei.

Gernot Huber fotografierte den Streik, der die Ford-Werke vom 24. bis 30. August 1973 Tage lahmlegte, über den Zeitraum eines Tages und einer Nacht. Die Fotografien zeigen die Werkstore als Schlüsselpositionen des Streiks sowie die Versammlungen auf dem Werksgelände, die Demonstrationen, die mehrmals täglich nach jedem Schichtwechsel durchgeführt wurden, und das Zusammensein am Abend. Eine große Auswahl von Hubers Fotografien wurde in einem 1973 im Rosa Luxemburg Verlag veröffentlichten Buch über den Ford-Streik abgedruckt, vereinzelt erschienen sie auch im *Stern*.
Bereits am 13. August 1973 hatte es einen vor allem von migrantischen Arbeiterinnen getragenen Streik in der Firma Pierburg in Neuss gegeben, die unter anderem für die Abschaffung der Lohngruppe 2 kämpften. Ihr Streik wurde ab dem vierten Tag von den deutschen Facharbeiter*innen des Werks unterstützt. Dies und die Tatsache, dass die durch den Streik verursachten Lieferprobleme Teile der

on travel photography. Working for magazines and publishers, he traveled throughout Europe and made extensive tours of South India. He spent long periods in the Dominican Republic and Haiti, the Antilles and later Madagascar, La Réunion, the Seychelles, the Comoros, and Mauritius. Since 2015, Huber has been working on digital painting.

Over a day and a night, Huber photographed the strike that brought the Ford factory to a standstill from August 24–30, 1973. His photographs show the factory gates as a key location during the strike, as well as gatherings on the factory site, the demonstrations several times a day at the beginning of each new shift, and the communal evening meals. A large selection of these photographs appeared in a book about the Ford strike published in 1973 by Rosa Luxemburg Verlag, with individual pictures also appearing in *Stern* magazine.
An earlier strike had recently taken place on August 13, 1973, at the Pierburg company in Neuss to demand the abolition of the *Lohngruppe 2* low-wage bracket, among other requests. Migrant workers had mainly supported the strike, but on the fourth day,

Automobilindustrie stillzulegen drohten, führten dazu, dass die Geschäftsleitung einlenkte und mit dem Betriebsrat verhandelte. Am 20. August nahmen die Arbeiter*innen das Angebot an, in dem unter anderem ihrer wichtigsten Forderung der Umgruppierung aus der Lohngruppe 2 entsprochen wurde.

Im Mustervertrag des ersten Anwerbeabkommens mit Italien war festgehalten worden, dass die angeworbenen migrantischen Arbeiter*innen deutschen Arbeitskräften sozialpolitisch gleichgestellt sind und sie Bezahlung nach Tarif erhalten. Die Firmen richteten aber neue Tarifgruppen ein, in die ausschließlich migrantische Arbeiter*innen mit der Begründung fehlender Qualifikation eingruppiert wurden. Sie übernahmen körperlich besonders schwere und gefährliche Tätigkeiten. Auf diese Weise waren auch bei Ford die Lohngruppen strukturiert. Der Erfolg des Pierburg-Streiks hatte schon Arbeiter*innen in anderen Industriebetrieben ebenfalls zu Streiks als Selbstermächtigung ermutigt. Im Jahr 1973 wurden mehr als 300 Streiks von Arbeitsmigrant*innen in der Bundesrepublik organisiert.

Beim Ford-Streik kamen die meisten Streikenden aus der Türkei und Jugoslawien. Auslöser waren die Entlassungen von aus den Werksferien verspätet zurückgekehrten türkischen Arbeitern beziehungsweise Disziplinarstrafen, die gegen sie verhängt worden waren. Ihre

they were joined by the factory's German skilled laborers. This solidarity, combined with supply problems caused by the strike that threatened to bring parts of the automotive industry to a standstill, prompted the management to intervene and negotiate with the works council. On August 20, the workers accepted an offer that included their removal from *Lohngruppe 2*, thus fulfilling their most important demand.

The model contract included in the first Recruitment Agreement with Italy stated that recruited migrant workers would be treated as equal to German workers in terms of social benefits and that they would be paid union wages. However, companies, including Ford, created new low-wage brackets exclusively for migrant workers on the grounds of inferior qualifications, even though migrant workers performed especially strenuous and dangerous tasks. The success of the Pierburg strike encouraged workers at other industrial companies to strike for self-empowerment, and in 1973, more than 300 strikes were organized by migrant workers in West Germany.

Most of the strikers at Ford were from Turkey and Yugoslavia. The strike was triggered by the dismissal and disciplinary measures

Verspätung resultierte daraus, dass sie für die Reise zu ihren Familien die Hälfte ihrer Urlaubszeit benötigten. Die verbleibenden Kollegen sollten die Arbeit übernehmen, womit der hohe Arbeitstakt noch gesteigert wurde. Die Streikenden forderten unter anderem die Rücknahme der Kündigungen, Lohnerhöhungen und eine sechswöchige Urlaubszeit. Der Betriebsrat handelte jedoch nur die einmalige Pauschalzahlung von 280 DM sowie die Bezahlung der Streiktage aus, weshalb das Angebot nicht angenommen wurde. Stattdessen besetzten die Arbeiter über mehrere Tage das Werk und verhinderten ihre Aussperrung. Am 30. August eskalierte die Situation, als eine Gegendemonstration den Streik mit Gewalt niederschlug. Die Forderungen wurden nicht erfüllt, die Anführer verfolgt und viele der Streikenden entlassen.

taken against Turkish workers who had returned late from their summer vacation. This delayed return was due to the amount of time it took to travel home to their families, a return trip that accounted for half of their allotted vacation time. Their remaining coworkers were expected to make up for the shortfall caused by their absence, resulting in an increased workload. The strikers called for the dismissals to be reversed, wage increases, and a six-week summer vacation. However, the works council could only negotiate a one-time payment of 280 DM and pay to cover strike days, a deal that was rejected. Instead, the workers occupied the factory for several days, preventing a lock-out. On August 30, the situation escalated when the strike was violently put down by a counter-demonstration. Its demands were not met, the strike leaders were persecuted, and many of the strikers were dismissed.

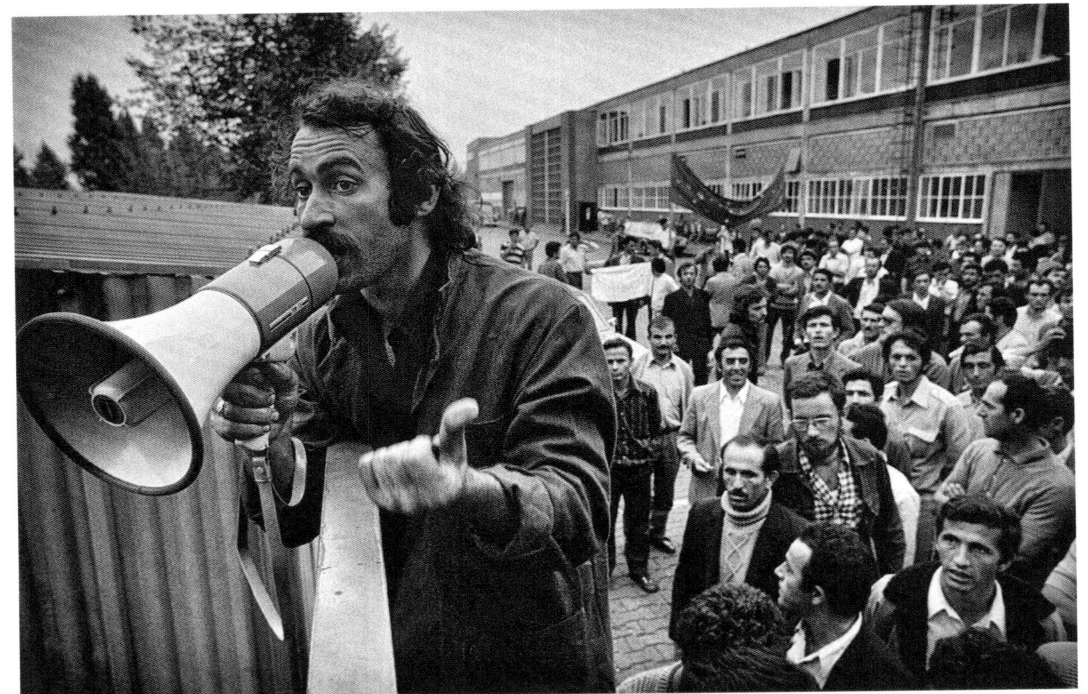

Baha Targün mit Megafon am Werkstor, im Hintergrund Streikende
Baha Targün holding a megaphone at the factory gates, with strikers in the background
Alle Fotos aus der Serie „Ford-Streik"
All photos from the series "Ford strike", Köln, 1973

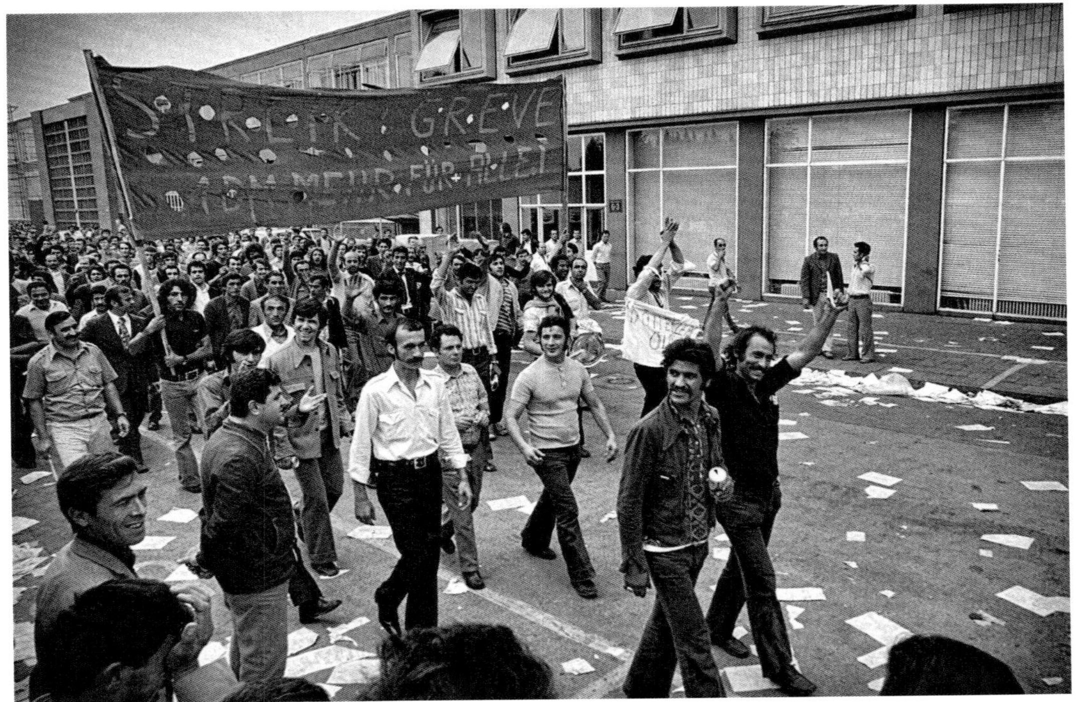

Demonstration auf dem Werksgelände
Demonstration at the Ford plant

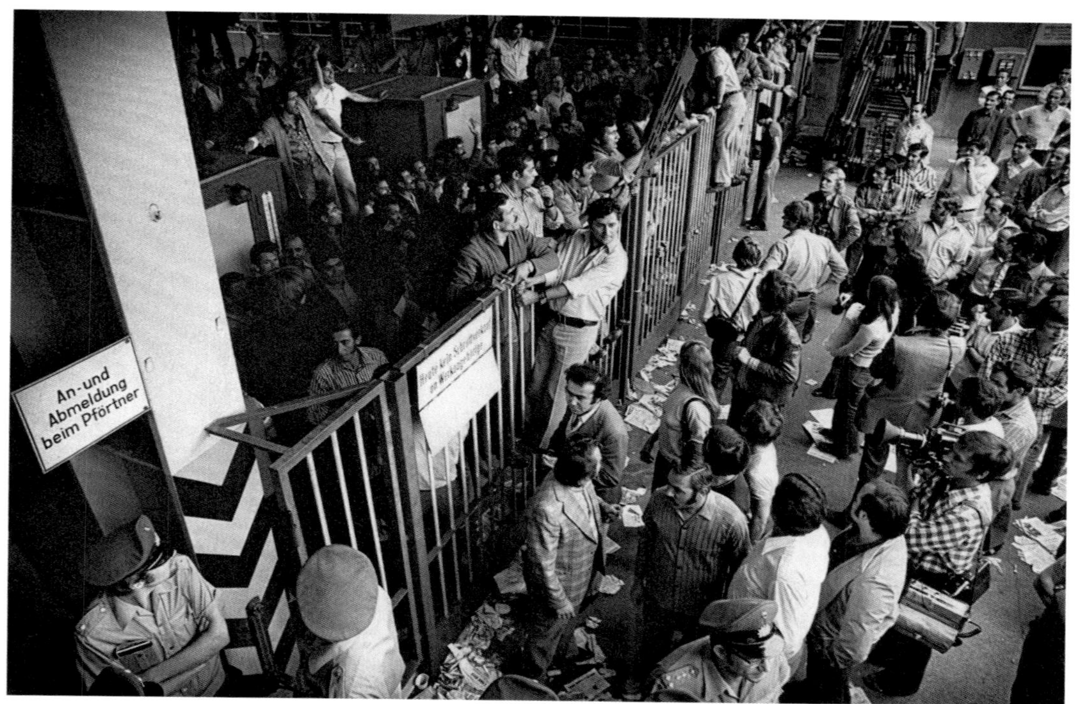

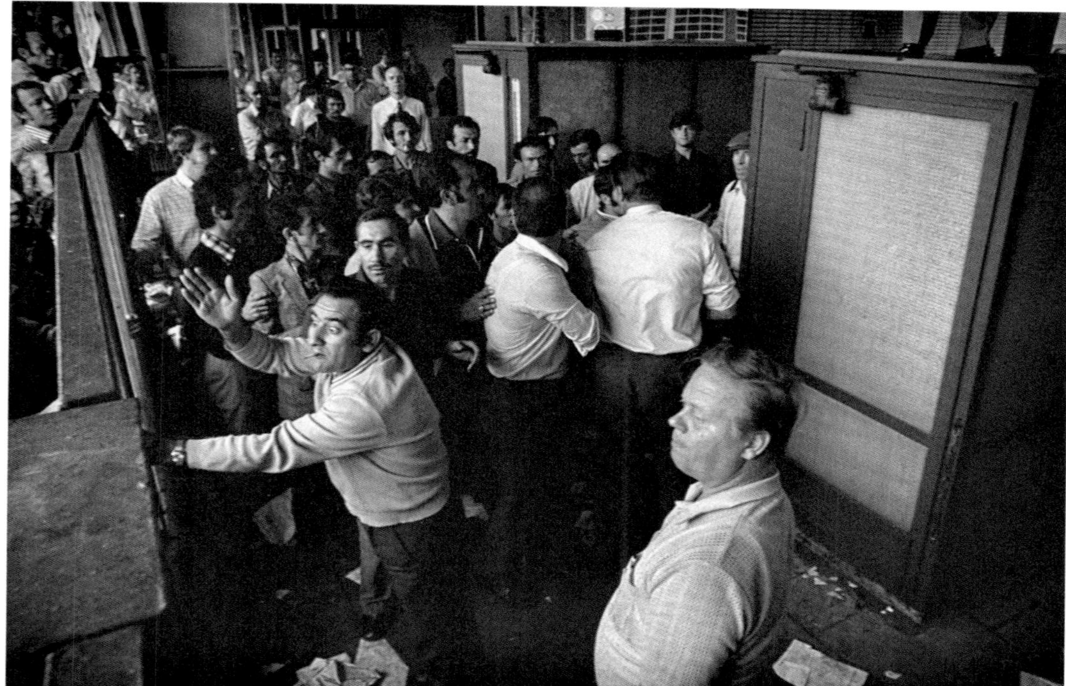

Besetztes Werkshaupttor
Picket outside the main factory gate

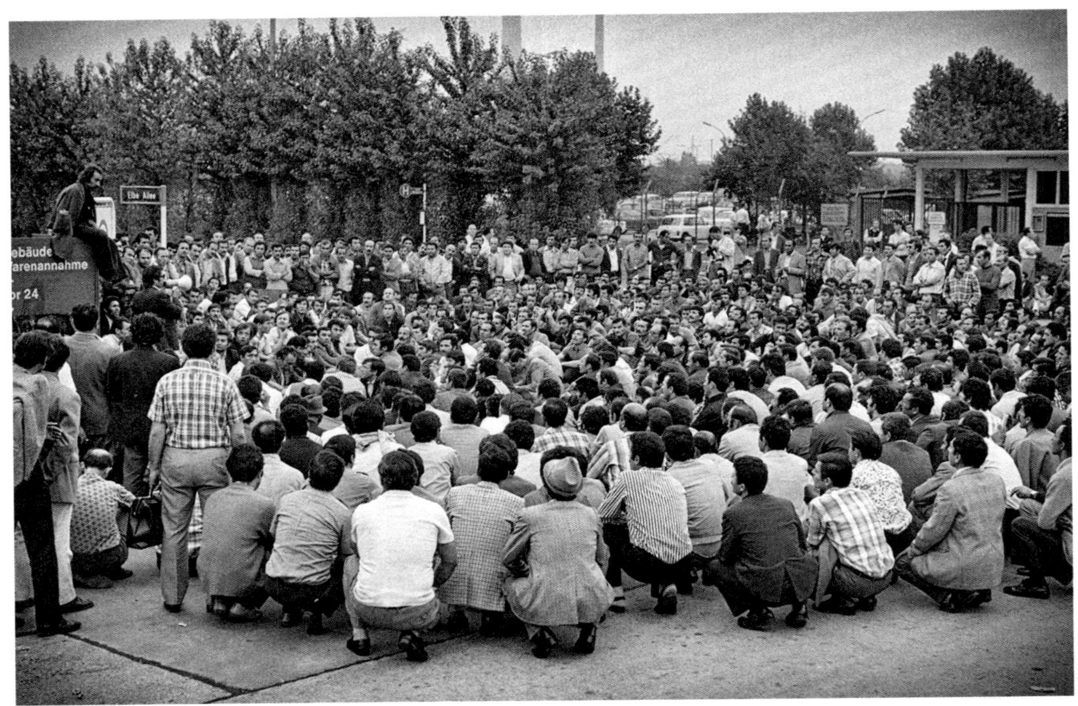

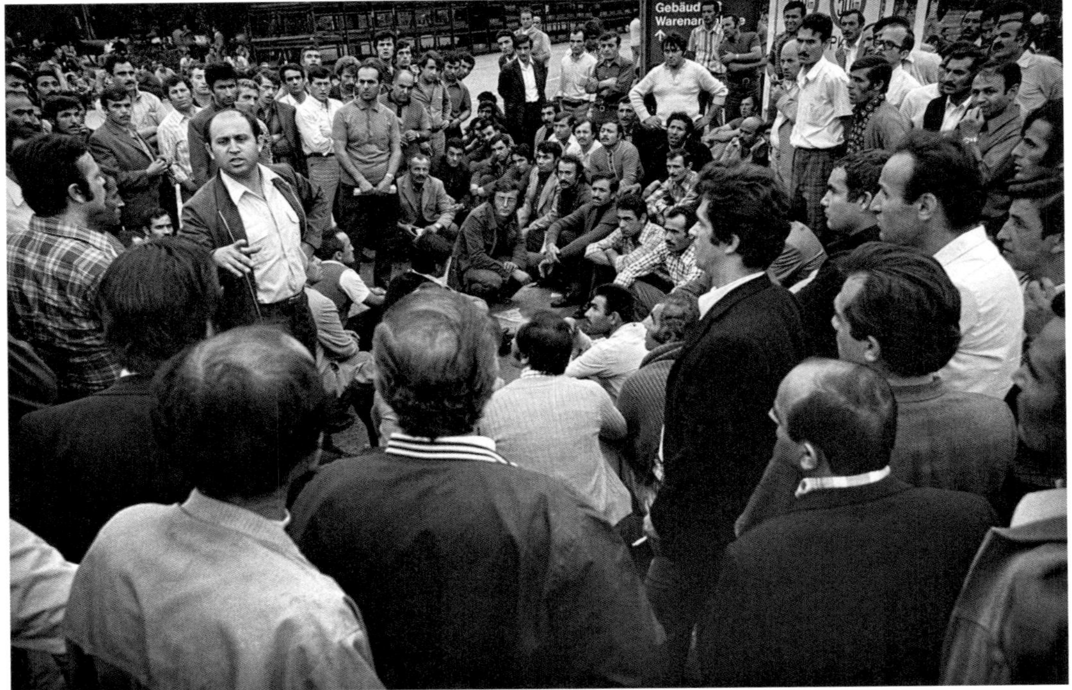

Streikversammlung
auf dem Werksgelände
Strike meeting
on the factory site

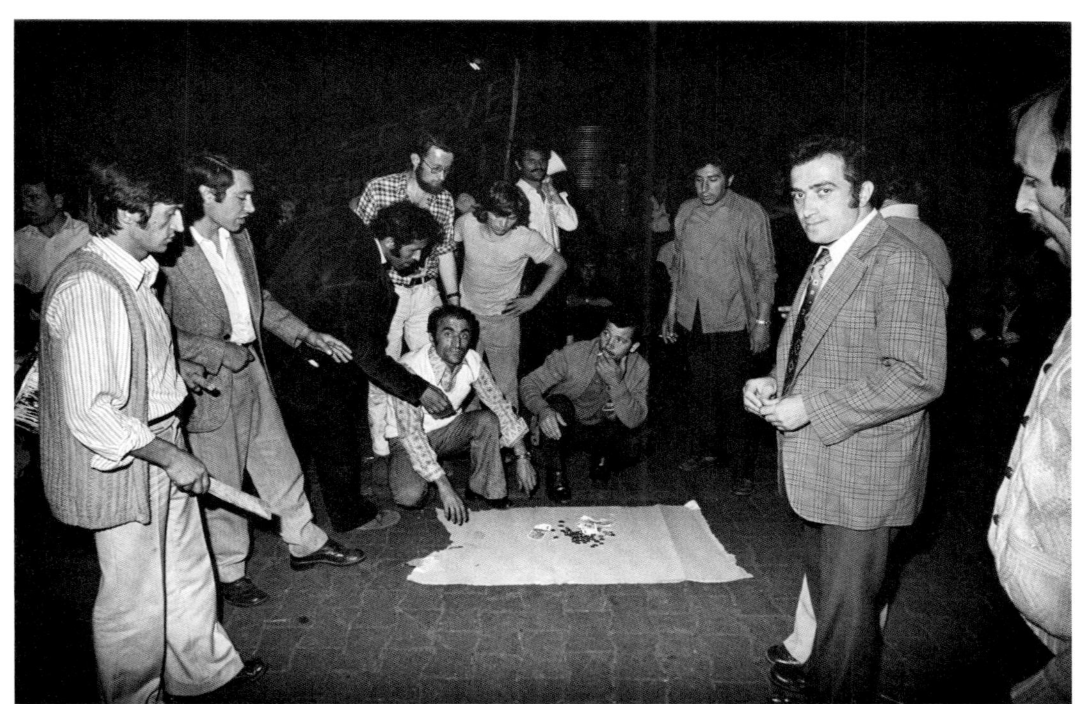

Nachts, Streikende
sammeln Geld
Strikers collecting money
at night

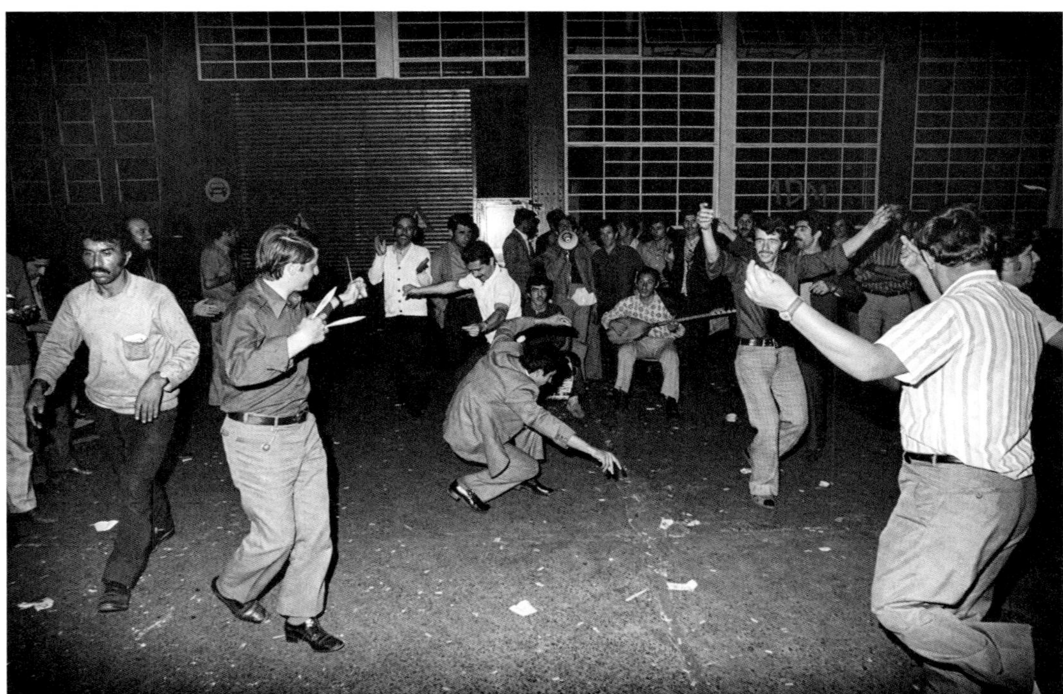

Nachts, musizierende und
tanzende Streikende
Strikers playing music
and dancing at night

Gernot Huber
Geboren 1949 in Kirn, lebt in Mondorf

Das 1973 bis 1981 im Kollektiv herausgegebene *Kölner Volksblatt* berichtete über Skandale in Wohnpolitik, Psychiatrie, Jugend- und Altenheimen sowie Umweltpolitik und war damit Sprachrohr verschiedener Bürger*inneninitiativen. Zu diesen gehörte die Sozialistische Selbsthilfe Köln (SSK), die sich für aus Heimen entflohene Jugendliche einsetzte. Auf der Suche nach günstigem Wohnraum waren sie mit der Kölner Wohnpolitik konfrontiert. Zu diesem Zeitpunkt waren die Altbauten in verschiedenen Vierteln über Jahrzehnte nicht instandgehalten worden und verfielen als Spekulationsobjekte in den ausgerufenen Sanierungsgebieten. Sie wurden vor allem von Arbeitsmigrant*innen bewohnt, die vom Markt mit günstigen Wohnungen in akzeptablem Zustand ausgeschlossen waren. In den Häusern gab es bei hohen Mieten in der Regel keine ausreichenden sanitären Anlagen, kein warmes Wasser und häufig keine funktionierenden Heizungen. Immer wieder wurden mit kriminellen Methoden Anwohner*innen vertrieben, indem Fenster, Haustüren, Wasserrohre zerstört oder die Häuser, während sie bewohnt waren, saniert wurden. Die SSK machte dies durch

Gernot Huber
Born 1949 in Kirn, lives in Mondorf

The *Kölner Volksblatt* was a newspaper published by a collective from 1973 to 1981, which reported on housing scandals, psychiatry, care homes for minors and the elderly, and environmental issues. This made it the voice of various citizens' initiatives, including Sozialistische Selbsthilfe Köln (Socialist Self-Help Cologne, SSK), which supported teenage runaways. The SSK's search for affordable accommodation brought them in contact with the city's housing politics. At the time, old buildings in various areas zoned for redevelopment had been neglected for decades and left to decay as speculative properties. They were inhabited primarily by migrant workers excluded from the market for affordable apartments in acceptable condition. Despite high rents, these old buildings usually offered insufficient sanitation, no hot water, and often no functioning heating. In many cases, criminal methods were used to drive out tenants, including the destruction of windows, doors, and water pipes, or the carrying out of renovations in inhabited apartments. The SSK organized actions and occupations to publicize what was

Aktionen und Hausbesetzungen bekannt. Gernot Huber begleitete die Initiative bei ihren Aktionen. Seine Fotografien entstanden zwischen 1973 und 1979 im Friesenviertel, in Nippes, in der Südstadt und in der Innenstadt. Viele wurden im *Kölner Volksblatt* veröffentlicht.

happening, and Huber documented these activities. His photographs were taken between 1973 and 1979 in the Friesenviertel neighborhood, in Nippes, Südstadt, and downtown. Many of them were published in the *Kölner Volksblatt*.

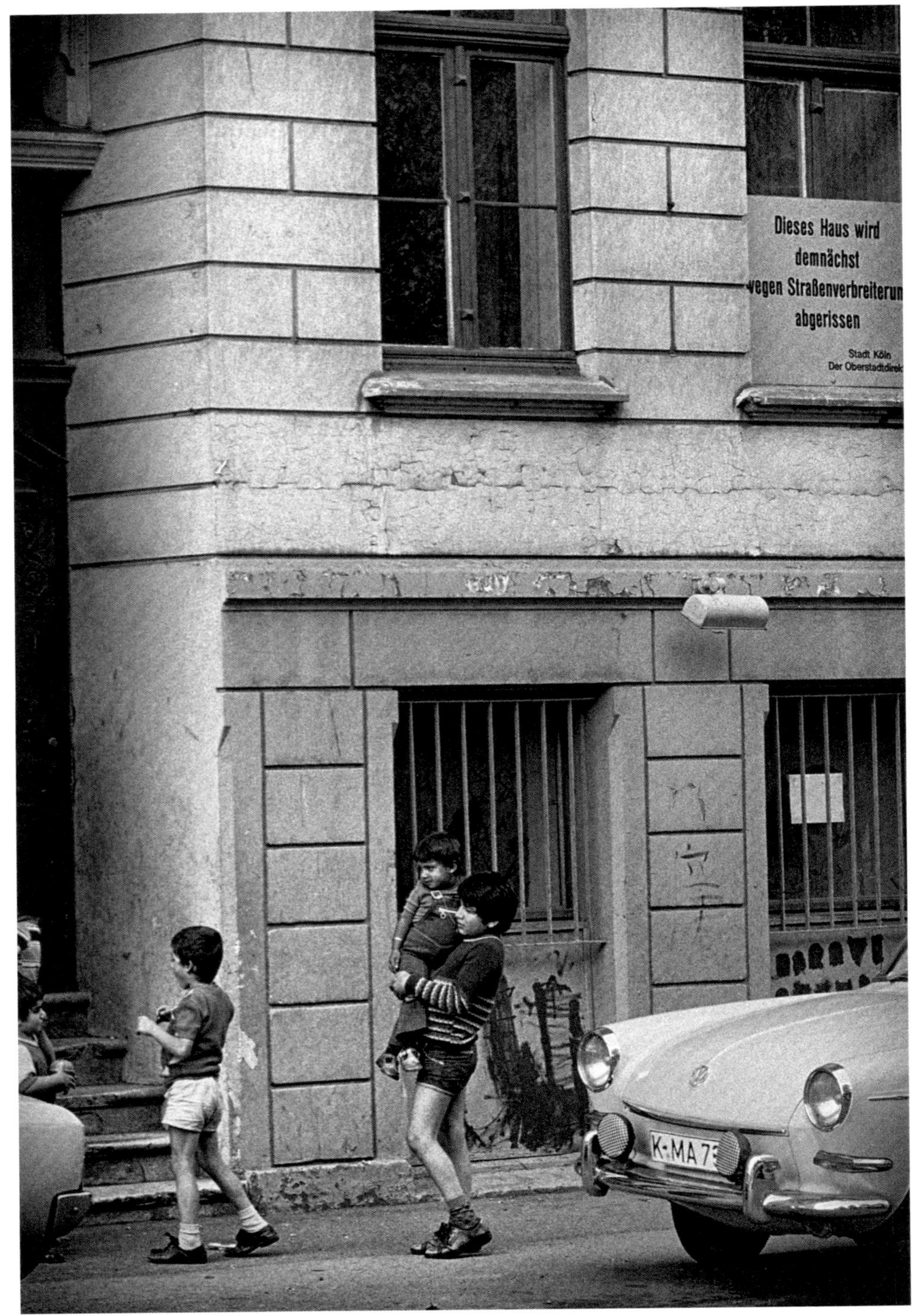

Abrissankündigung durch die Stadt Köln Announcement of Demolition by the City of Cologne, Köln-Nippes, ca. 1973

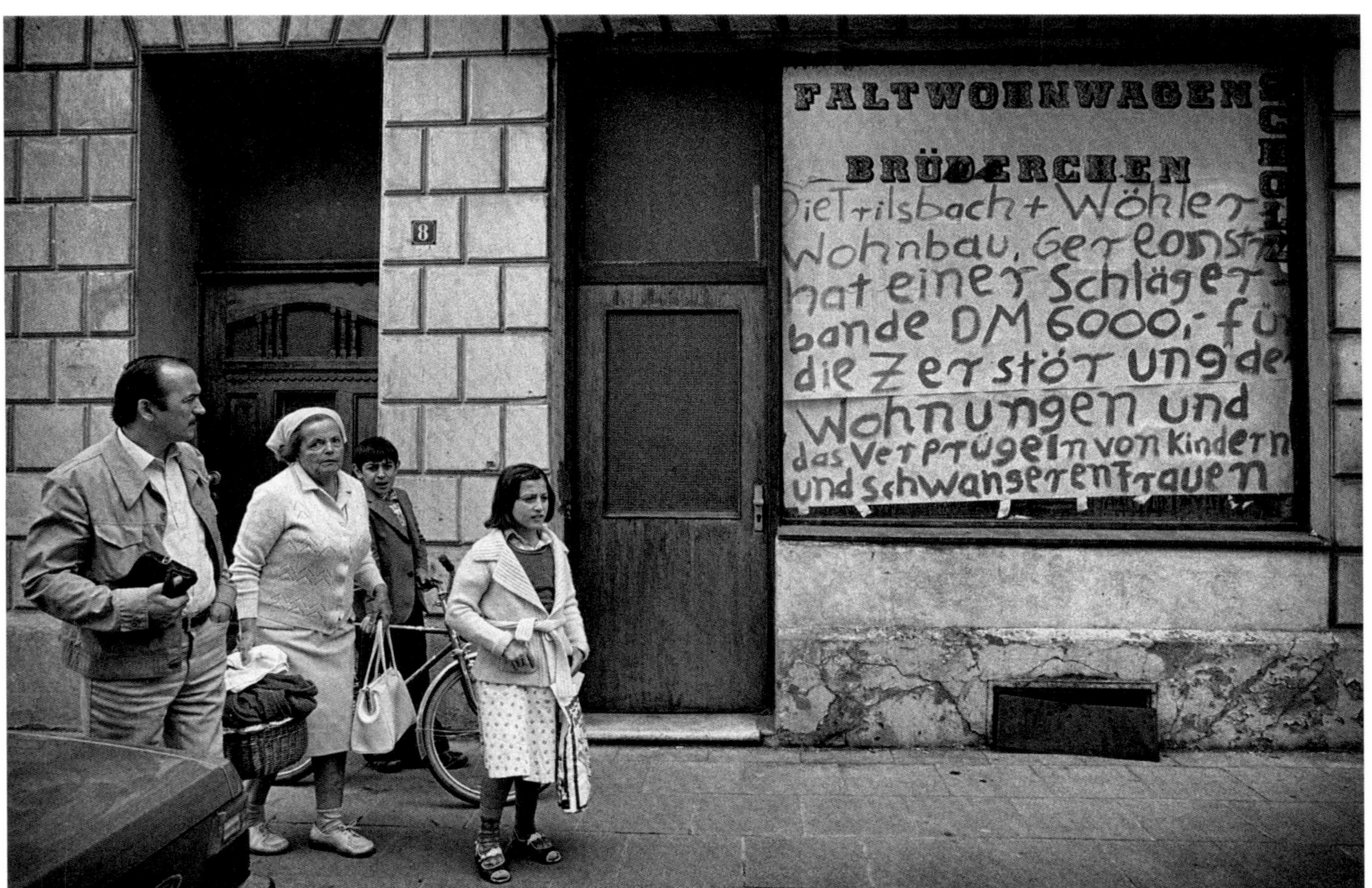

Proteste gegen Wohnraumvernichtung Protests against the destruction of accommodation, Köln, Friesenviertel, ca. 1975

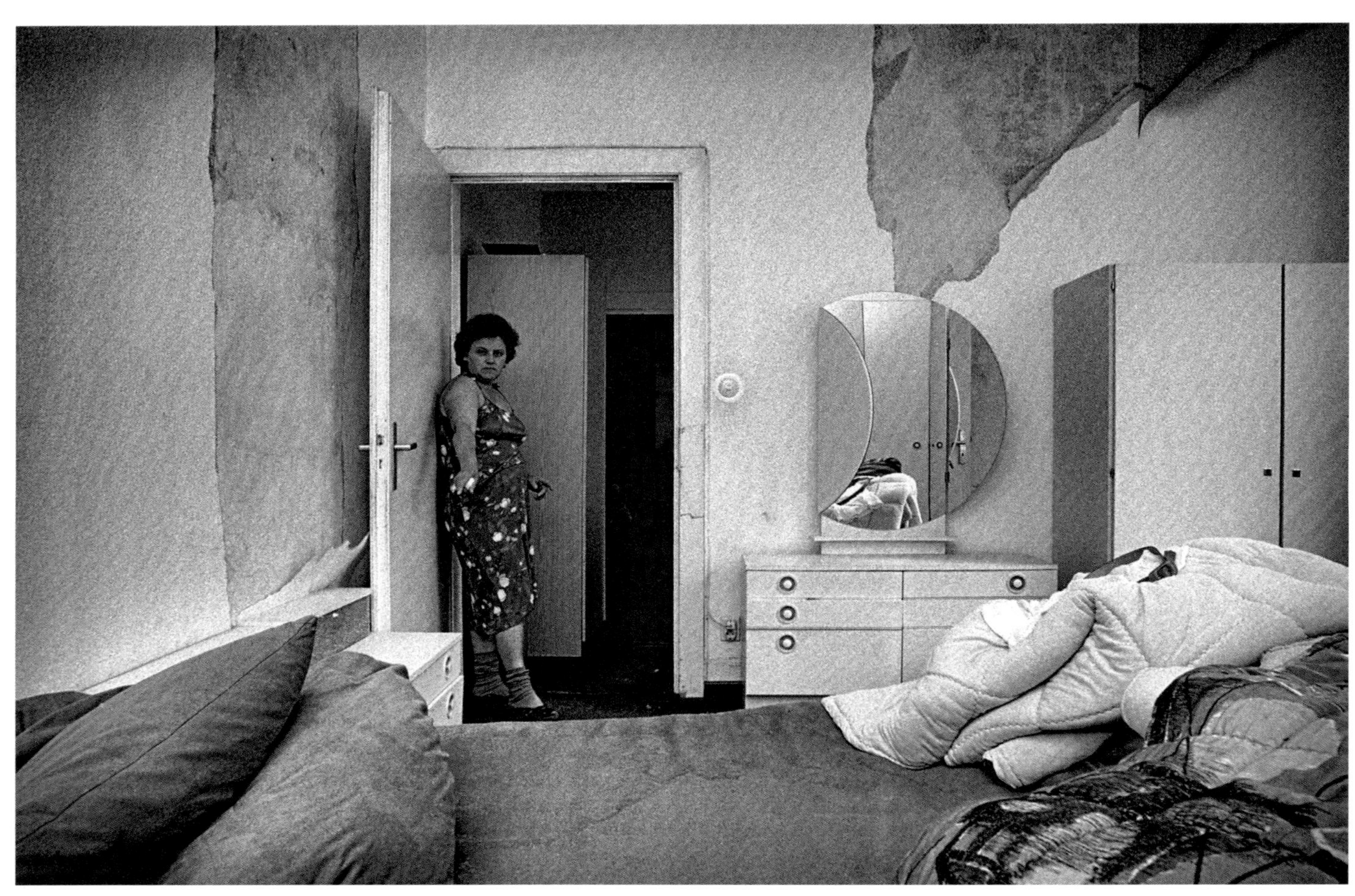

Wohnung in der Alteburger Straße 18, die durch einen mutwilligen Wasserrohrbruch in der Wohnung darüber unbewohnbar gemacht wurde
An apartment at Alteburger Strasse 18 rendered uninhabitable by a water pipe in the apartment above being deliberately broken
Köln-Südstadt, ca. 1979

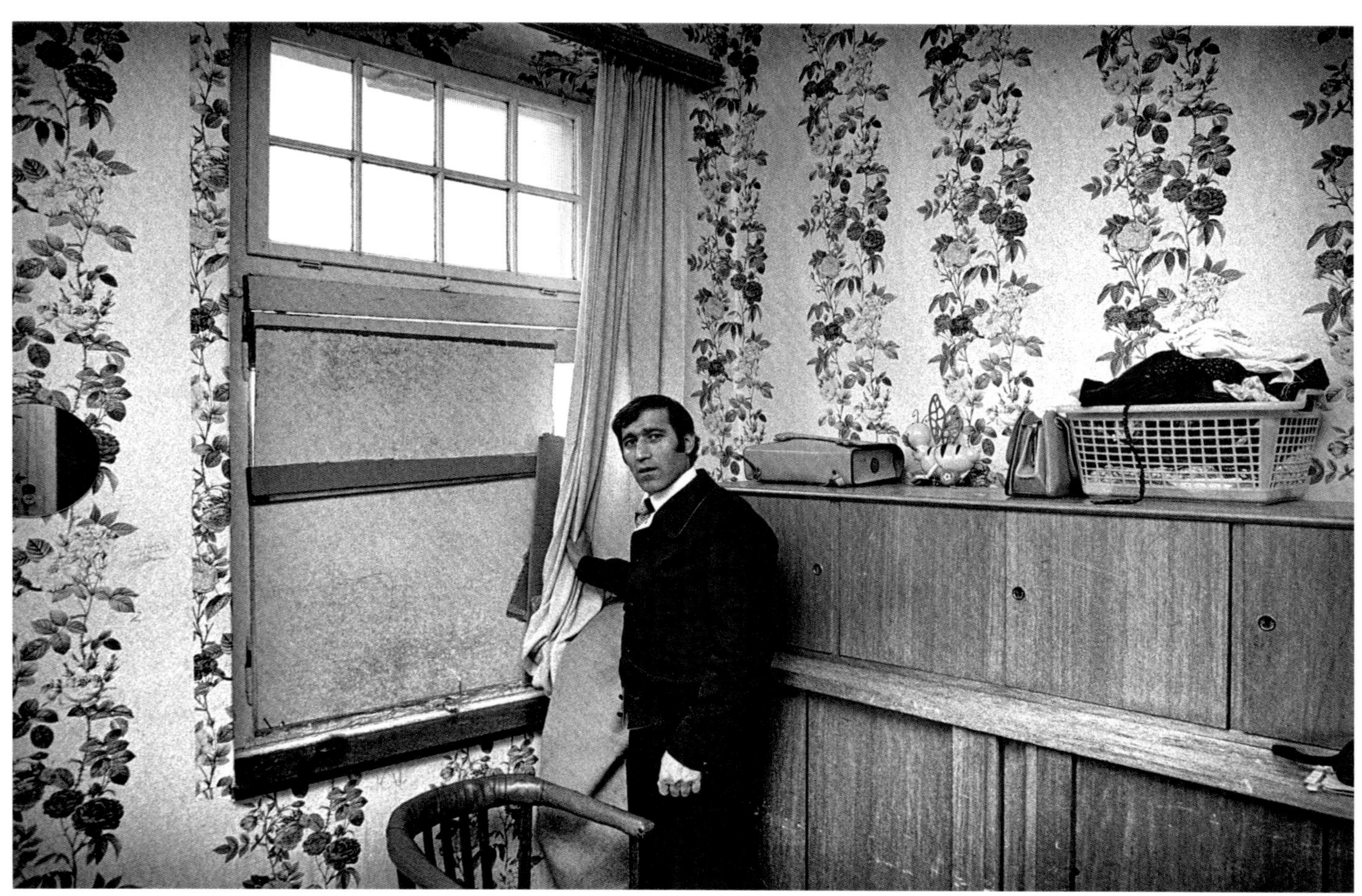

Versuch der Vertreibung der Bewohner*innen durch vandalisierte Wohnungen
Attempt to drive out residents by vandalizing apartments, Köln-Innenstadt, ca. 1979

Kurt Holl
Geboren 1938 in Nördlingen, gestorben 2015 in Köln

In der Barackensiedlung Causemannstraße in Köln-Merkenich wohnten seit dem Ende der 1960er Jahre viele türkische Ford-Arbeiter und deren Familien. Sie hatten die sogenannten „Behelfsheime" von italienischen Arbeitsmigrant*innen übernommen und nach Bedarf ausgebaut. 1981 wohnten dort 28 Familien. Anfangs tolerierte die Stadt Köln die Siedlung, doch am 13. August 1982 sandte sie Bauarbeiter, die fünf, teils bewohnte Häuser abrissen. Als Begründung dienten vor allem die fehlenden Baugenehmigungen und die Gefährdung durch die instabile Bauweise. Kurt Holl, damals Dozent im Fachbereich Sozialarbeit an der Fachhochschule Köln, hatte schon 1981 ein Seminar über die Siedlung veranstaltet. In diesem Rahmen sind auch seine Fotografien entstanden. Sie dokumentieren nicht zuletzt, auf welche Weise die Bewohner*innen ihre Umgebung an die eigenen Bedürfnisse anpassten. Die Teilnehmer*innen des Seminars setzten sich für die Bewohner*innen ein und boten an, im Konflikt zu vermitteln. Es kam zu Treffen zwischen den drei Parteien. Die Stadt verhandelte nach erneutem Protest gegen den Abbruch letztlich einzeln mit

Kurt Holl
Born 1938 in Nördlingen, died 2015 in Cologne

From the end of the 1960s, many Turkish Ford workers and their families lived in barracks on Causemannstrasse in Cologne's Merkenich district. They had taken over these "temporary homes" from Italian migrant workers and converted them to their own needs. In 1981, twenty-eight families lived there. At first, the City of Cologne tolerated the settlement, but on August 13, 1982, they sent workers to demolish five buildings that were still partly inhabited. They used a lack of planning permission and the potential hazards posed by unstable construction methods to justify their decision. Kurt Holl, then a teacher of social work at Cologne's University of Applied Sciences (FH Köln), had already held a seminar on the barracks in 1981. The photographs he took while there document, in particular, the ways in which the occupants shaped their surroundings to their specific requirements. The seminar's participants campaigned on behalf of the residents and offered to mediate in the conflict, resulting in meetings between the three parties. Following renewed protests against the demolition, city authorities ultimately

den Familien über Alternativwohnungen. Die Barackensiedlung wurde nach Wegzug der letzten Bewohner*innen abgerissen.

negotiated with individual families over alternative accommodation. Once the last tenants had left, the barracks were demolished.

DOMiD-Archiv, Köln
DOMiD-Archiv, Cologne

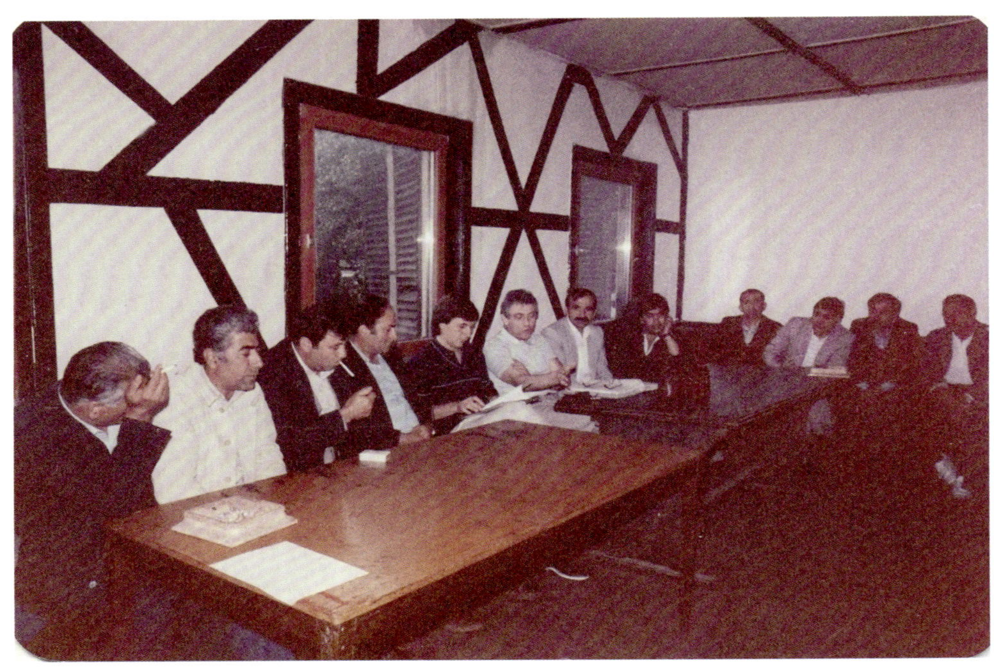

Treffen zwischen Bewohner*innen der Causemannstraße und Vermittler*innen im Konflikt mit der Stadt Köln
Meeting between residents on Causemannstrasse and mediators in the dispute with municipal authorities
Köln-Merkenich, ca. 1982

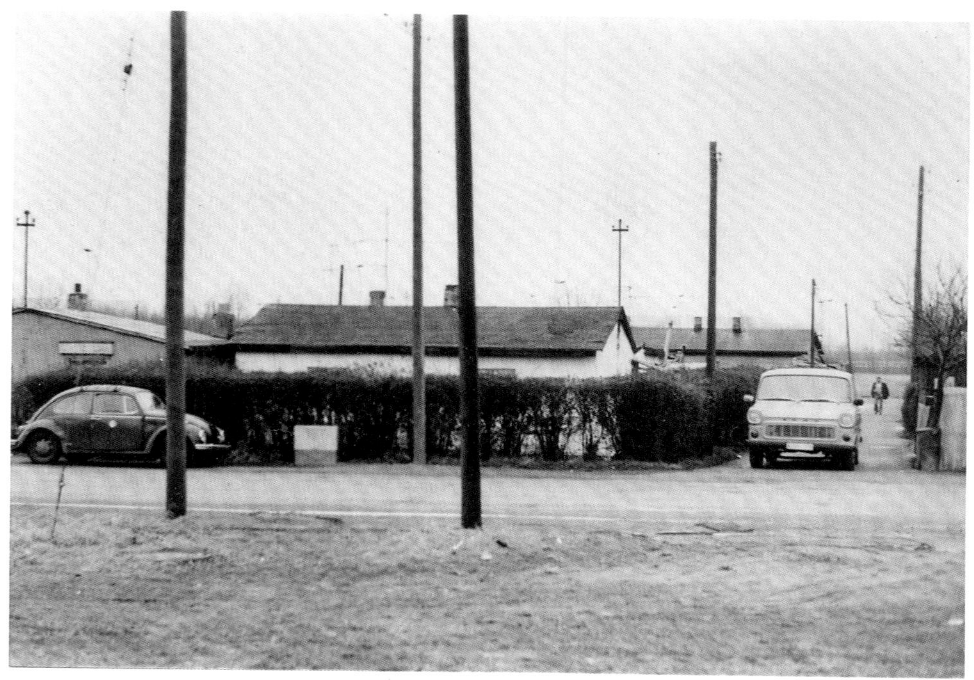

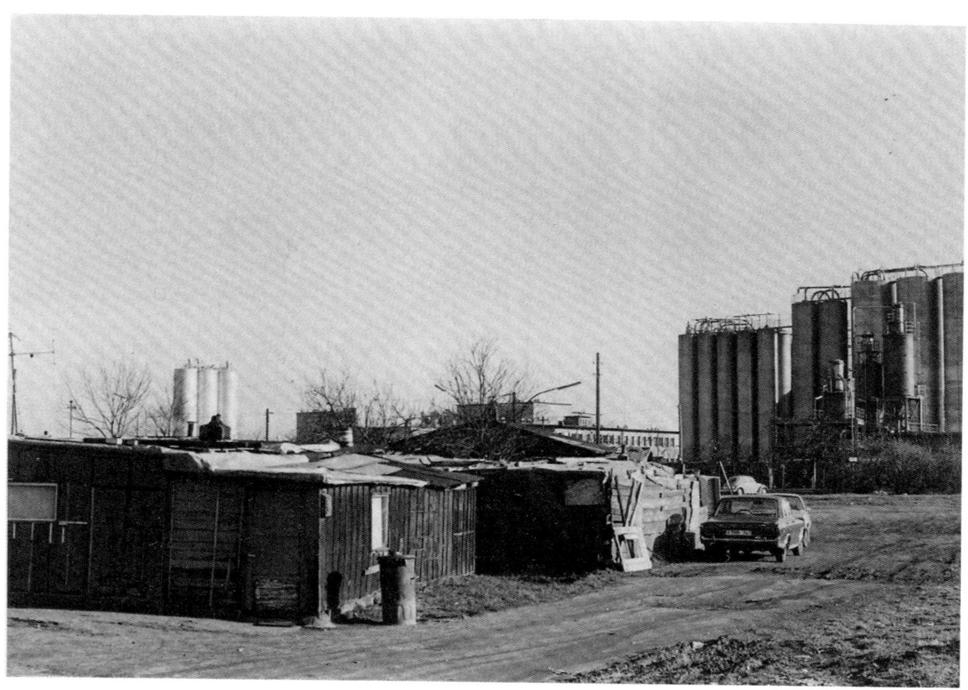

Vorder- und Rückansicht der Siedlung Front and rear view of the settlement

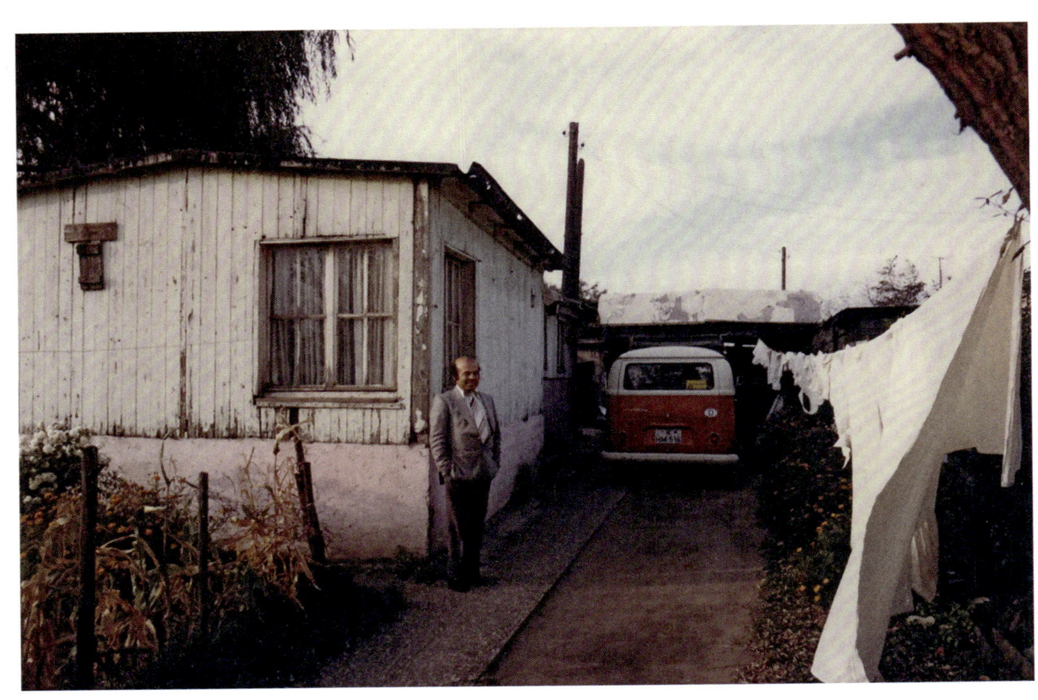

Bewohner*innen der Siedlung Causemannstraße
Residents of the Causemannstrasse settlement
Köln-Merkenich, ca. 1982

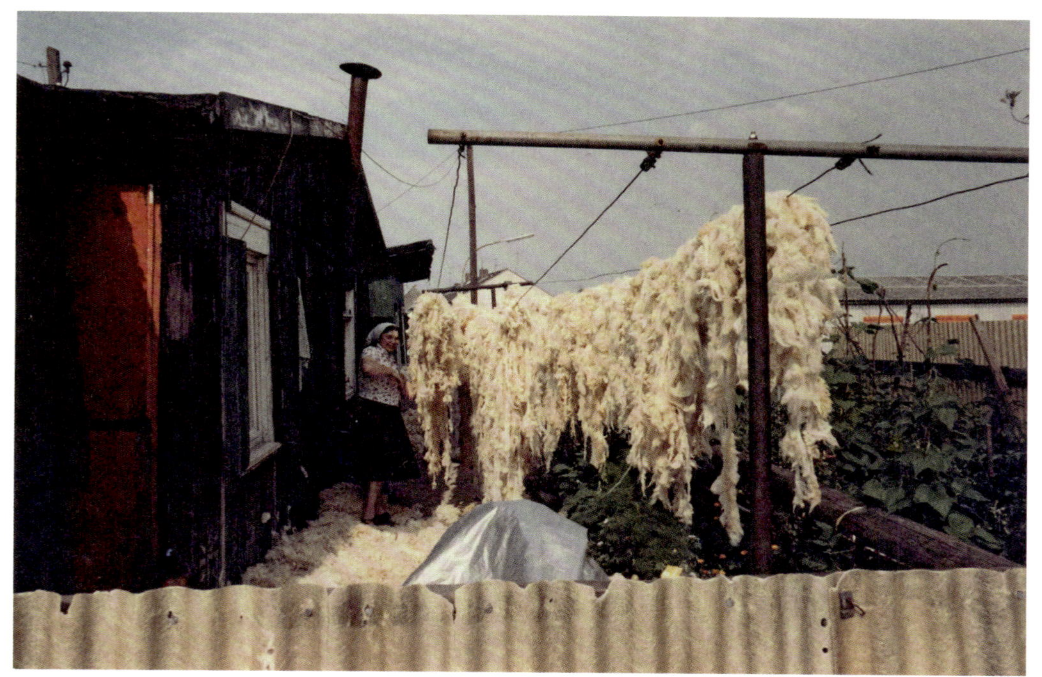

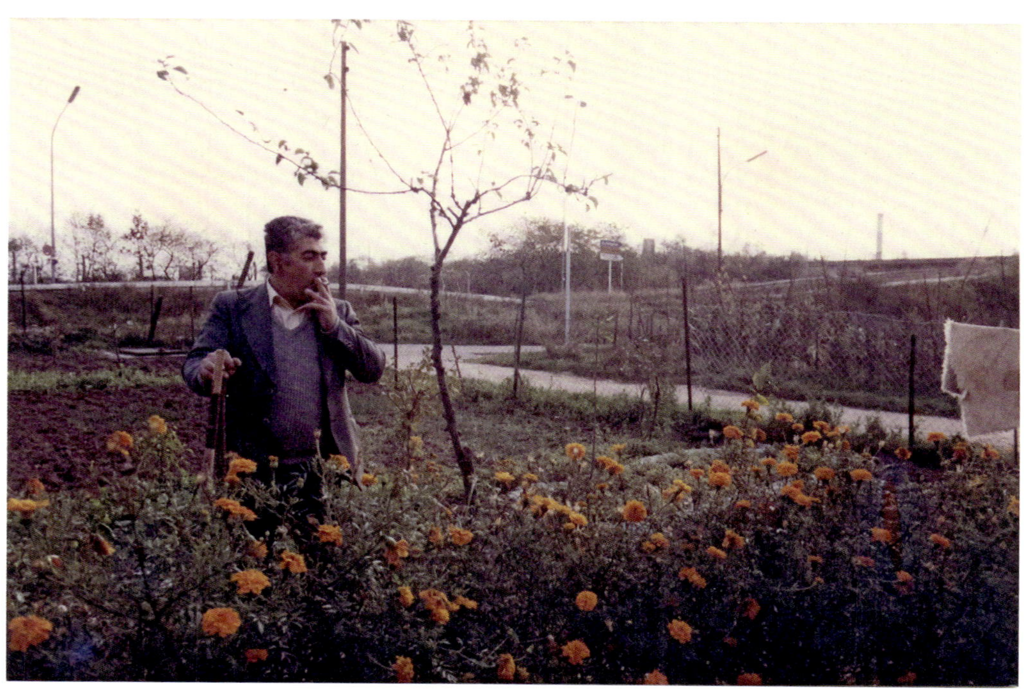

WERKLISTE
LIST OF WORKS

Alphabetisch sortiert nach Leihgeber*-innen (bei Privatfotografien) und nach Fotograf*innen (bei öffentlichen Fotografien). Die Zahlen verweisen auf die Abbildungen im Buch.
Sorted alphabetically by lender (for private photographs) and by photographer (for public photographs). The numbers refer to the illustrations in the book.

—

Textilarbeiterin im Wohnheim der Caritas
Textile worker at the Caritas dormitory
Ort unbekannt Location unknown, ca. 1965
Reproduktion Reproduction
Archiv des Deutschen Caritasverbands e.V

—

76
Yücel Aşçıoğlu in seinem Zimmer im Wohnheim der Ford-Werke AG
Yücel Aşçıoğlu in his room at the Ford-Werke AG workers' dormitory
Köln-Vingst, ca. 1970
Reproduktion Reproduction
Yücel Aşçıoğlu / DOMiD-Archiv, Köln

77
Yücel Aşçıoğlu (l.) mit Freunden auf dem Weg nach Paris
Yücel Aşçıoğlu (left) with friends on the way to Paris
Nahe Near Paris, 1971
Reproduktion Reproduction
Yücel Aşçıoğlu

79
Yücel Aşçıoğlu mit Freunden am Place de la Nation
Yücel Aşçıoğlu with friends at Place de la Nation
Paris, 1971
Reproduktion Reproduction
Yücel Aşçıoğlu

78
Yücel Aşçıoğlu vor dem Eiffelturm
Yücel Aşçıoğlu in front of the Eiffel Tower
Paris, 1971
Reproduktion Reproduction
Yücel Aşçıoğlu

75
Yücel Aşçıoğlu (2.v.l.) stößt mit Freunden im Wohnheim der Ford-Werke AG auf die Geburt seines Sohnes an
Yücel Aşçıoğlu (second from left) drinks to the birth of his son with friends at the Ford-Werke AG workers' dormitory
Köln-Vingst, 1972
Reproduktion Reproduction
Yücel Aşçıoğlu / DOMiD-Archiv, Köln

—

Jörg Boström
Blick in den Innenhof Bayreutherstraße
View into courtyard, Bayreutherstrasse
Aus der Serie From the series „Bruckhausen"
Duisburg, 1974
Silbergelatineabzug Gelatin silver print
Jörg Boström

171
Jörg Boström
Bürgerversammlung Citizens assembly
Aus der Serie From the series „Bruckhausen"
Duisburg, 1974
Silbergelatineabzug Gelatin silver print
Jörg Boström

175
Jörg Boström
Edithstraße
Aus der Serie From the series „Bruckhausen"
Duisburg, 1974
Silbergelatineabzug Gelatin silver print
Jörg Boström

174
Jörg Boström
Innenhof Courtyard
Aus der Serie From the series „Bruckhausen"
Duisburg, 1974
Silbergelatineabzug Gelatin silver print
Jörg Boström

173
Jörg Boström
Innenhof Courtyard
Aus der Serie From the series „Bruckhausen"
Duisburg, 1974
Silbergelatineabzug Gelatin silver print
Jörg Boström

172
Jörg Boström
Innenhof Schulstraße Duisburg
Courtyard, Schulstrasse, Duisburg
Aus der Serie From the series „Bruckhausen"
Duisburg, 1974
Silbergelatineabzug Gelatin silver print
Jörg Boström

—

191
Chargesheimer
Eigelstein
Köln, 1970
Pigmentdruck auf Pigment print on Photo Rag Baryta
Rheinisches Bildarchiv Köln, rba_cch000142_01

189
Chargesheimer
Eigelstein
Köln, 1970
Pigmentdruck auf Pigment print on Photo Rag Baryta
Rheinisches Bildarchiv Köln, rba_cch000142_02

190
Chargesheimer
Eigelstein
Köln, 1970
Pigmentdruck auf Pigment print on Photo Rag Baryta
Rheinisches Bildarchiv Köln, rba_cch000142_05

188
Chargesheimer
Eigelstein
Köln, 1970
Pigmentdruck auf Pigment print on Photo Rag Baryta
Rheinisches Bildarchiv Köln, rba_cch000142_06

—

183
Tayfun Demir
Demonstrationszug des Arbeiter- und Solidaritätsvereins
Demonstration by the Workers' Solidarity Association
Duisburg, ca. 1977/78
Reproduktion Reproduction
Tayfun Demir

181
Tayfun Demir
1. Mai-Demonstration
May Day demonstration
Duisburg-Hochfeld, ca. 1979
Reproduktion Reproduction
Tayfun Demir

181
Tayfun Demir
Dreharbeiten für den Film *Kara Kafa* (Schwarzkopf)
Making the film *Kara Kafa* (Black Head)
Duisburg, ca. 1979
Reproduktion Reproduction
Tayfun Demir

182
Das Mobile Informations- und Beratungszentrum für türkische Familien
The Mobile Information and Advice Center for Turkish Families
Duisburg, ca. 1980
Reproduktion Reproduction
Tayfun Demir

182
Tayfun Demir
Das Mobile Informations- und Beratungszentrum war auch eine mobile Bibliothek
The Mobile Information and Advice Center was also a mobile library
Duisburg, ca. 1980
Reproduktion Reproduction
Tayfun Demir

182
Tayfun Demir
Das Mobile Informations- und Beratungszentrum war auch eine mobile Bibliothek
The Mobile Information and Advice Center was also a mobile library
Duisburg, ca. 1980
Reproduktion Reproduction
Tayfun Demir

184
Tayfun Demir
Das Mobile Informations- und Beratungszentrum war auch eine mobile Bibliothek
The Mobile Information and Advice Center was also a mobile library
Duisburg, ca. 1980
Reproduktion Reproduction
Tayfun Demir

184
Tayfun Demir
Der Lehrer und Autor Fakir Baykurt nach einer Lesung im Mobilen Informations- und Beratungszentrum
Teacher and writer Fakir Baykurt after a reading in the Mobile Information and Advice Center
Duisburg, ca. 1980
Reproduktion Reproduction
Tayfun Demir

182
Tayfun Demir
Eine Filmvorführung im Mobilen Informations- und Beratungszentrum
Film screening in the Mobile Information and Advice Center
Duisburg, ca. 1980
Reproduktion Reproduction
Tayfun Demir

185
Tayfun Demir
In der Stadtbibliothek
At the municipal library
Duisburg, ca. 1980
Reproduktion Reproduction
Tayfun Demir

185
Tayfun Demir
In der Stadtbibliothek
At the municipal library
Duisburg, ca. 1980
Reproduktion Reproduction
Tayfun Demir

—

83
Chrysaugi Diederich mit Kolleginnen bei der Weihnachtsfeier von 4711, Mäurer & Wirtz GmbH & Co. KG
Chrysaugi Diederich with coworkers at the 4711 Christmas party, Mäurer & Wirtz GmbH & Co. KG
Köln, 1961
Reproduktion Reproduction
Chrysaugi Diederich / DOMiD-Archiv, Köln

86
Chrysaugi Diederich mit der Familie ihres Mannes beim Kaffeetrinken
Chrysaugi Diederich drinking coffee with her husband's family
Köln, ca. 1965
Reproduktion Reproduction
Chrysaugi Diederich / DOMiD-Archiv, Köln

83
Chrysaugi Diederich mit einer Freundin bei einer Party
Chrysaugi Diederich with a friend at a party
Köln, ca. 1965
Reproduktion Reproduction
Chrysaugi Diederich / DOMiD-Archiv, Köln

85
Chrysaugi Diederich mit ihrem Mann und Sohn bei einem Heimaturlaub vor dem Weißen Turm
Chrysaugi Diederich with her husband and son at the White Tower on a trip home
Thessaloniki, ca. 1965
Reproduktion Reproduction
Chrysaugi Diederich / DOMiD-Archiv, Köln

84
Wahl der griechischen Gemeinde in einem griechischen Lokal
Election for the Greek community in a Greek pub
Köln, ca. 1965
Reproduktion Reproduction
Chrysaugi Diederich / DOMiD-Archiv, Köln

—

In der Wohnbaracke der Firma Fenes. Links an der Wand befindet sich ein Bild der zukünftigen Frau des Leihgebers.
In the Fenes company barracks. On the wall at left is a picture of the lender's future wife.
Lohmar, 1967
Reproduktion Reproduction
DOMiD-Archiv, Köln

—

51
Onur Dülger im Ford-Wohnheim
Onur Dülger inside the Ford workers' dormitory
Köln-Longerich, 1962
Reproduktion Reproduction
Onur Dülger / DOMiD-Archiv, Köln

52
Photo Express Studio Tour Eiffel
Onur Dülger (Mitte) mit zwei Freunden auf dem Eiffelturm
Onur Dülger (center) with two friends at the top of the Eiffel Tower
Paris, 29.12.1962
Reproduktion Reproduction
Onur Dülger

52
Hayri Akal
Onur Dülger in einem Ford vor dem Ford-Wohnheim
Onur Dülger in a Ford outside the Ford workers' dormitory
Köln-Buchheim, Gronauer Straße, 1965
Reproduktion Reproduction
Onur Dülger / DOMiD-Archiv, Köln

53
Onur Dülger vor dem Ford-Wohnheim am Tag seiner Trauung
Onur Dülger outside the Ford workers' dormitory on his wedding day
Köln-Buchheim, Gronauer Straße, 23.12.1965
Reproduktion Reproduction
Onur Dülger / DOMiD-Archiv, Köln

54
Monika und Onur Dülger mit ihren Trauzeug*innen nach der Trauung im Historischen Rathaus
Monika and Onur Dülger with their witnesses after their wedding at the Old Town Hall
Köln, 23.12.1965
Reproduktion Reproduction
Onur Dülger

—

102
Christel Fomm
Blick auf den Ubierring
View of Ubierring
Köln-Südstadt, ca. 1973
Pigmentdruck auf Pigment print on Photo Rag Baryta
Christel Fomm / Irene und Sigurd Greven Stiftung

Christel Fomm
Häuser am Chlodwigplatz
Houses on Chlodwigplatz
Köln-Südstadt, ca. 1973
Pigmentdruck auf Pigment print on Photo Rag Baryta
Christel Fomm / Irene und Sigurd Greven Stiftung

103
Christel Fomm
Häuserzeile am Ubierring
Houses on Ubierring
Köln-Südstadt, ca. 1973
Pigmentdruck auf Pigment print on Photo Rag Baryta
Christel Fomm / Irene und Sigurd Greven Stiftung

211
Christel Fomm
Aus der Serie „Türkisches Vereinsheim“
From the series "Turkish clubhouse"
Köln, 1975–1980
Pigmentdruck auf Pigment print on Photo Rag Baryta
Christel Fomm / Irene und Sigurd Greven Stiftung

210
Christel Fomm
Vorsitzender Mehmet Baskan
Chairman Mehmet Baskan
Aus der Serie „Türkisches Vereinsheim“
From the series "Turkish clubhouse"
Köln, 1975–1980
Pigmentdruck auf Pigment print on Photo Rag Baryta
Christel Fomm / Irene und Sigurd Greven Stiftung

212
Christel Fomm
Aus der Serie „Türkisches Vereinsheim“
From the series "Turkish clubhouse"
Köln, 1975–1980
Pigmentdruck auf Pigment print on Photo Rag Baryta
Christel Fomm / Irene und Sigurd Greven Stiftung

213
Christel Fomm
Aus der Serie „Türkisches Vereinsheim“
From the series "Turkish clubhouse"
Köln, 1975–1980
Pigmentdruck auf Pigment print on Photo Rag Baryta
Christel Fomm / Irene und Sigurd Greven Stiftung

Christel Fomm
Aus der Serie „Türkisches Vereinsheim“
From the series "Turkish clubhouse"
Köln, 1975–1980
Pigmentdruck auf Pigment print on Photo Rag Baryta
Christel Fomm / Irene und Sigurd Greven Stiftung

Christel Fomm
Aus der Serie „Türkisches Vereinsheim"
From the series "Turkish clubhouse"
Köln, 1975–1980
Pigmentdruck auf Pigment print on
Photo Rag Baryta
Christel Fomm / Irene und Sigurd
Greven Stiftung

—

Ford-Koeln (1972)
Ford-Werke. Karosseriebau
Car body construction
Köln-Niehl, 1972
Ford-Werke GmbH

Ford-Koeln (1986)
Ford-Werke. Näherei Sewing workshop
Köln-Niehl, 1986
Pigmentdruck auf Pigment print on
Photo Rag Baryta
Ford-Werke GmbH

—

Alibaba G. mit deutschen Kollegen in
der Wohnbaracke der Firma Teerbau
Alibaba G. with German coworkers at
the Teerbau barracks
Bensberg, Bergisch Gladbach, 1963
Reproduktion Reproduction
Alibaba G. / DOMiD-Archiv, Köln

Alibaba G. vor der Baracke der
Firma Teerbau, wo er wohnte
Alibaba G. outside the Teerbau
company barracks, where he lived
Bensberg, Bergisch Gladbach, 1963
Reproduktion Reproduction
Alibaba G. / DOMiD-Archiv, Köln

Alibaba G. in seinem ersten Auto
(Baujahr 1960) vor der Baracke der
Firma Teerbau, wo er wohnte
Alibaba G. in his first car (1960)
outside the Teerbau company barracks,
where he lived
Bensberg, Bergisch Gladbach, 1964
Reproduktion Reproduction
Alibaba G. / DOMiD-Archiv, Köln

—

Salih G.
1. Mai-Demonstration
May Day demonstration
Köln, Neumarkt, 1966
Reproduktion Reproduction
Salih G. / DOMiD-Archiv, Köln

Salih G.
1. Mai-Demonstration
May Day demonstration
Köln, 1967
Reproduktion Reproduction
Salih G. / DOMiD-Archiv, Köln

Salih G.
Demonstration für bessere Bildungschancen ausländischer Kinder
Demonstration for better educational
opportunities for foreign children
Köln, 1967
Reproduktion Reproduction
Salih G. / DOMiD-Archiv, Köln

—

Arbeiter*innenwohnheim der
GAG Immobilien AG
Workers' dormitory belonging to
GAG Immobilien AG
Köln-Mauenheim, Neue Kempener
Straße, ca. 1960
Reproduktion Reproduction
DOMiD-Archiv, Köln

44
Arbeiter*innenwohnheim der
GAG Immobilien AG
Workers' dormitory belonging to
GAG Immobilien AG
Stammheim-Nord, 1964
Reproduktion Reproduction
Bilderbuch Köln

—

Der Leihgeber in der Wohnbaracke
für türkische Arbeiter der Gießerei
Ideal Standard
The lender in the barracks for Turkish
workers at the Ideal Standard foundry
Neuss, 1966
Reproduktion Reproduction
DOMiD-Archiv, Köln

Gruppenbild vor der Wohnbaracke
der Gießerei Ideal Standard
Group picture outside the company
barracks of the Ideal Standard foundry
Neuss, 1967
Reproduktion Reproduction
DOMiD-Archiv, Köln

Wohnheim der Gießerei Ideal Standard.
Der Leihgeber vor den Barackenunterkünften für türkische Arbeiter.
Company barracks of the Ideal Standard
foundry. The lender outside the
barracks for Turkish workers.
Reproduktion Reproduction
Neuss, 27.04.1970
DOMiD-Archiv, Köln

—

228
Demonstration gegen die Diktaturen
António de Oliveira Salazars in Portugal
und Augusto Pinochets in Chile
Demonstration against the dictatorships
of António de Oliveira Salazar in
Portugal and Augusto Pinochet in Chile
Köln, 1973/74
Reproduktion Reproduction
Antonella Giurano

228
Demonstration gegen die Diktaturen
António de Oliveira Salazars in Portugal
und Augusto Pinochets in Chile
Demonstration against the dictatorships
of António de Oliveira Salazar in
Portugal and Augusto Pinochet in Chile
Köln, 1973/74
Reproduktion Reproduction
Antonella Giurano

229
Demonstration gegen die Diktaturen
António de Oliveira Salazars in Portugal
und Augusto Pinochets in Chile
Demonstration against the dictatorships
of António de Oliveira Salazar in
Portugal and Augusto Pinochet in Chile
Köln, 1973/74
Reproduktion Reproduction
Antonella Giurano

229
Demonstration gegen die Diktaturen
António de Oliveira Salazars in Portugal
und Augusto Pinochets in Chile
Demonstration against the dictatorships
of António de Oliveira Salazar in
Portugal and Augusto Pinochet in Chile
Köln, 1973/74
Reproduktion Reproduction
Antonella Giurano

Demonstration gegen die Diktaturen
António de Oliveira Salazars in Portugal
und Augusto Pinochets in Chile
Demonstration against the dictatorships
of António de Oliveira Salazar in
Portugal and Augusto Pinochet in Chile
Köln, 1973/74
Reproduktion Reproduction
Antonella Giurano

227
Hungerstreik: Solidaritätsbekundung
der italienischen Linken mit den spanischen Genossen gegen die Todesstrafe
und das Franco-Regime in Spanien
Hunger strike: a declaration of
solidarity by the Italian left with Spanish
comrades, against the death penalty
and the Franco regime in Spain
Köln, ca. 1975
Reproduktion Reproduction
Antonella Giurano

Antonella Giurano
Wandmalerei-Porträt von Antonio
Gramsci, Mitbegründer der KPI und
Generalsekretär der KPI von 1924–1927
Mural portrait of Antonio Gramsci,
cofounder of the Italian Communist
Party and its secretary general from
1924 to 1927
Orgosolo, Sardinien Sardinia, ca. 1975
Reproduktion Reproduction
Antonella Giurano

—

153
Antonios Gogos
(mit Selbstauslöser with self-timer)
Antonios Gogos mit seinem Neffen
Antonios Gogos with his nephew
Gummersbach / Derschlag, 1973
Reproduktion Reproduction
Antonios Gogos

Antonios Gogos
Antonios Gogos' Schwägerin
Helene Gogos
Antonios Gogos's sister-in-law
Helene Gogos
Gummersbach / Derschlag, 1973
Reproduktion Reproduction
Antonios Gogos

Antonios Gogos
Bauarbeiten zur Erweiterung der
Reprografie-Anstalt E. Arntz
Building work to extend the
reprographics firm of E. Arntz
Gummersbach / Derschlag, 1973
Reproduktion Reproduction
Antonios Gogos

151
Antonios Gogos
Berlin, ca. 1973
Reproduktion Reproduction
Antonios Gogos

155
Antonios Gogos
Erich Arntz, Schwiegervater von Leo Gogos, als Bauherr
Erich Arntz, Leo Gogos's father-in-law, as building contractor
Gummersbach/Derschlag, 1973
Reproduktion Reproduction
Antonios Gogos

156
Antonios Gogos
Firmenwagen der Reprografieanstalt E. Arntz, später Arntz und Co.
Company car of the reprographic company E. Arntz, later Arntz & Co.
Gummersbach/Derschlag, 1973
Reproduktion Reproduction
Antonios Gogos

152
Antonios Gogos
Jägerstand Elevated hunting blind
Oberberg, 1973
Reproduktion Reproduction
Antonios Gogos

154
Antonios Gogos
Stillleben, Schnittblumen
Still life with cut flowers
Gummersbach/Derschlag, 1973
Reproduktion Reproduction
Antonios Gogos

Antonios Gogos
Stillleben, Zweige Still life with twigs
Gummersbach/Derschlag, 1973
Reproduktion Reproduction
Antonios Gogos

154
Antonios Gogos
Schornstein (Detail) Chimney (detail)
Gummersbach/Derschlag, 1973
Reproduktion Reproduction
Antonios Gogos

154
Antonios Gogos
Poseidon-Tempel Temple of Poseidon
Kap Sounion Cape Sounion, 1973
Reproduktion Reproduction
Antonios Gogos

Antonios Gogos
Schneelandschaft im Oberbergischen Land und Sonnenuntergang in Griechenland
Snowscape in the Bergisches Land region and sunset in Greece, 1973
Dias digitalisiert Slides, digitized
Antonios Gogos

155
Helene Gogos
Antonios Gogos mit seinem Bruder Leo und dessen Söhnen Jürgen und Manuel
Antonios Gogos with his brother Leo and Leo's sons Jürgen and Manuel
Gummersbach/Derschlag, 1974
Reproduktion Reproduction
Antonios Gogos

152
Antonios Gogos
Ausflug mit den Neffen Jürgen und Manuel Gogos
Excursion with nephews Jürgen and Manuel Gogos
Bergisches Land, 1974
Reproduktion Reproduction
Antonios Gogos

Antonios Gogos
Kap Sounion Cape Sounion, 1974
Reproduktion Reproduction
Antonios Gogos

—

109
Die Familien Türköz und Üçgüler in der ersten gemeinsamen Wohnung
The Türköz and Üçgüler families in their first shared apartment
Köln, Agnesviertel, Merlostraße, 1963
V. l. n. r.: Freundin der Familien, Necla und Metin Türköz mit ihrem Sohn Uğur, Sevim und Fikri Üçgüler mit ihrem Sohn Fikret
Left to right: family friend, Necla and Metin Türköz with their son Uğur, Sevim and Fikri Üçgüler with their son Fikret
Reproduktion Reproduction
Alpin Harrenkamp

115
Sevim Üçgüler mit ihrem Sohn Fikret und Necla Türköz mit ihrem Sohn Uğur bei einer Rheinfahrt
Sevim Üçgüler with her son Fikret and Necla Türköz with her son Uğur on a Rhine cruise
Köln, ca. 1965
Reproduktion Reproduction
Alpin Harrenkamp

115
Sevim Üçgüler und Necla Türköz am Rhein
Sevim Üçgüler and Necla Türköz at the Rhine
Köln, ca. 1965
Reproduktion Reproduction
Alpin Harrenkamp

107
Fikret Üçgüler und Uğur Türköz auf Fikrets Fahrrad
Fikret Üçgüler and Uğur Türköz on Fikret's bicycle
Köln-Südstadt, ca. 1965/66
Reproduktion Reproduction
Alpin Harrenkamp

107
Metin und Necla Türköz, Sevim und Fikri Üçgüler mit ihrem Sohn Fikret an Karneval an einer Haltestelle
Metin and Necla Türköz, Sevim and Fikri Üçgüler with their son Fikret at a bus stop during Carnival
Köln, ca. 1965/66
Reproduktion Reproduction
Alpin Harrenkamp

116
Necla Türköz mit Kolleginnen am Arbeitsplatz bei Klöckner-Humboldt-Deutz
Necla Türköz with coworkers at Klöckner-Humboldt-Deutz
Köln, ca. 1966
Reproduktion Reproduction
Alpin Harrenkamp

115
Metin Türköz wird vom türkischen Ministerpräsidenten Demirel bei dessen Deutschlandbesuch in der Kölner Stadthalle begrüßt
Metin Türköz is greeted by Süleyman Demirel, the prime minister of Turkey, at Cologne's Stadthalle during a visit to Germany
Köln, 1966
Reproduktion Reproduction
Alpin Harrenkamp

Necla Turköz mit einer Freundin aus der Türkei im Rheinpark
Necla Turköz with a friend from Turkey in the Rheinpark
Koln, 1967
Reproduktion Reproduction
Alpin Harrenkamp

118
Necla Türköz mit einer Freundin und deren Tochter aus der Türkei im Rheinpark
Metin and Necla Türköz with a friend and her daughter from Turkey in the Rheinpark
Köln, 1967
Reproduktion Reproduction
Alpin Harrenkamp

118
Necla Türköz mit einer Freundin und deren Tochter aus der Türkei im Rheinpark
Necla Türköz with a friend and her daughter from Turkey in the Rheinpark
Köln, 1967
Reproduktion Reproduction
Alpin Harrenkamp

118
Metin und Necla Türköz mit Freund*innen aus der Türkei im Rheinpark
Metin and Necla Türköz with friends from Turkey in the Rheinpark
Köln, 1967
Reproduktion Reproduction
Alpin Harrenkamp

Metin und Necla Türköz mit Freund*innen aus der Türkei im Rheinpark
Metin and Necla Türköz with friends from Turkey in the Rheinpark
Köln, 1967
Reproduktion Reproduction
Alpin Harrenkamp

119
Metin und Necla Türköz im Rheinpark
Metin and Necla Türköz in the Rheinpark
Köln, 1967
Reproduktion Reproduction
Alpin Harrenkamp

117
Necla Türköz mit Tochter Alpin, Sohn Uğur und Freund*innen auf einer Rheinfahrt
Necla Türköz with her daughter Alpin, son Uğur, and friends on a Rhine cruise
Köln, ca. 1972
Reproduktion Reproduction
Alpin Harrenkamp

—

45
Heinz Held
Arbeiter*innenwohnheim der GAG Immobilien AG
Workers' dormitory belonging to GAG Immobilien AG
Köln-Vingst, Ostheimer Straße, ca. 1963
Baujahr Built 1960, Entwurf architect: Herbert Neubert, Mitarbeit assistance: Manfred Faber, Wiebusch
Repro aus Reproduced from: Großstadt in der Großstadt. 50 Jahre GAG in Köln, Köln 1963
GAG Immobilien AG

—

203
Candida Höfer
Weidengasse Köln 1975
Aus der Serie From the series „Türken in Deutschland"
1975
Silbergelatineabzug Gelatin silver print
ML/F 2013/23

204
Candida Höfer
Weidengasse Köln 1975
Aus der Serie From the series „Türken in Deutschland"
1975
Silbergelatineabzug Gelatin silver print
ML/F 2013/17

204
Candida Höfer
Weidengasse Köln 1977
Aus der Serie From the series „Türken in Deutschland"
1977
Silbergelatineabzug Gelatin silver print
ML/F 2013/24

205
Candida Höfer
Weidengasse Köln 1978
Aus der Serie From the series „Türken in Deutschland"
1978
Silbergelatineabzug Gelatin silver print
ML/F 2013/ 18

—

285
Kurt Holl
Causemannstraße.
Vorderansicht der Siedlung
front view of the settlement
Köln-Merkenich, ca. 1982
Reproduktion Reproduction
Kurt Holl / DOMiD-Archiv, Köln

286
Kurt Holl
Causemannstraße
Köln-Merkenich, ca. 1982
Reproduktion Reproduction
Kurt Holl / DOMiD-Archiv, Köln

287
Kurt Holl
Causemannstraße
Köln-Merkenich, ca. 1982
Reproduktion Reproduction
Kurt Holl / DOMiD-Archiv, Köln

287
Kurt Holl
Causemannstraße.
Zum Trocknen aufgehängte Wolle
Wool hung up to dry
Köln-Merkenich, ca. 1982
Reproduktion Reproduction
Kurt Holl / DOMiD-Archiv, Köln

285
Kurt Holl
Rückansicht der Siedlung Causemannstraße. Im Hintergrund Anlagen der Wacker Chemie AG
Rear view of the settlement. In the background, the Wacker Chemie AG company factories
Köln-Merkenich, ca. 1982
Reproduktion Reproduction
Kurt Holl / DOMiD-Archiv, Köln

284
Kurt Holl
Treffen zwischen Bewohner*innen der Causemannstraße und Teilnehmer*innen des Seminars von Kurt Holl an der FH Köln
Meeting between residents on Causemannstrasse and participants in Kurt Holl's seminar at Cologne's University of Applied Sciences (FH Köln)
Köln-Merkenich, ca. 1982
Reproduktion Reproduction
Kurt Holl / DOMiD-Archiv, Köln

—

278
Gernot Huber
Abrißankündigung durch die Stadt Köln
Announcement of Demolition by the City of Cologne
Köln-Nippes, ca. 1973
Pigmentdruck auf Pigment print on Photo Rag Baryta
Gernot Huber

Gernot Huber
Besetztes Werkshaupttor
Picket outside the main factory gate
Aus der Serie „Ford-Streik"
From the series "Ford strike"
Köln, 1973
Pigmentdruck auf Pigment print on Photo Rag Baryta
Gernot Huber

273
Gernot Huber
Blick von oben auf das geschlossene Werkstor, das Streikende und Journalist*innen trennt
View from above of the closed factory gate separating strikers and journalists
Aus der Serie „Ford-Streik"
From the series "Ford strike"
Köln, 1973
Pigmentdruck auf Pigment print on Photo Rag Baryta
Gernot Huber

Gernot Huber
Brücke am Werksgelände mit Streikenden
Bridge at the factory site with strikers
Aus der Serie „Ford-Streik"
From the series "Ford strike"
Köln, 1973
Pigmentdruck auf Pigment print on Photo Rag Baryta
Gernot Huber

272
Gernot Huber
Demonstration auf dem Werksgelände
Demonstration at the factory site
Aus der Serie „Ford-Streik"
From the series "Ford strike"
Köln 1973
Pigmentdruck auf Pigment print on Photo Rag Baryta
Gernot Huber

273
Gernot Huber
Gerangel am Werkstor
Tussles at the factory gate
Aus der Serie „Ford-Streik"
From the series "Ford strike"
Köln, 1973
Pigmentdruck auf Pigment print on Photo Rag Baryta
Gernot Huber

Gernot Huber
Gerangel am Werkstor
Tussles at the factory gate
Aus der Serie „Ford-Streik"
From the series "Ford strike"
Köln, 1973
Pigmentdruck auf Pigment print on Photo Rag Baryta
Gernot Huber

272
Gernot Huber
Gruppe von Streikenden mit Banner „Streik: Greve, 1 DM mehr für alle!"
Group of strikers with banner "Strike: Greve, 1 DM more for all!"
Aus der Serie „Ford-Streik"
From the series "Ford strike"
Vorne In the front Baha Targün
Köln, 1973
Pigmentdruck auf Pigment print on Photo Rag Baryta
Gernot Huber

Gernot Huber
Mann mit Megafon und weiteren Streikenden
Man with a megaphone and other strikers
Aus der Serie „Ford-Streik"
From the series "Ford strike"
Köln, 1973
Pigmentdruck auf Pigment print on Photo Rag Baryta
Gernot Huber

Gernot Huber
Mann wirft Flugblätter aus einem Wagen mit Ford-Signet.
Man throwing flyers from a car with Ford logo.
Aus der Serie „Ford-Streik"
From the series "Ford strike"
Köln, 1973
Pigmentdruck auf Pigment print on Photo Rag Baryta
Gernot Huber

Gernot Huber
Nachtaufnahme: Streikende mit Banner, vorne Mann mit kleinem Banner: „Tod den Abtrünnigen"
Strikers with banner at night. In front, man with small banner "Death to renegades"
Aus der Serie „Ford-Streik"
From the series "Ford strike"
Köln, 1973
Pigmentdruck auf Pigment print on Photo Rag Baryta
Gernot Huber

275
Gernot Huber
Nachts, Streikende sammeln Geld
Strikers collecting money at night
Aus der Serie „Ford-Streik"
From the series "Ford strike"
Köln, 1973
Pigmentdruck auf Pigment print on
Photo Rag Baryta
Gernot Huber

275
Gernot Huber
Nachts, musizierende und tanzende
Streikende
Strikers playing music and dancing
at night
Aus der Serie „Ford-Streik"
From the series "Ford strike"
Köln, 1973
Pigmentdruck auf Pigment print on
Photo Rag Baryta
Gernot Huber

Gernot Huber
Streikende vor Waggon mit Ford-Signet
Strikers in front of a railroad car with
Ford logo
Aus der Serie „Ford-Streik"
From the series "Ford strike"
Köln, 1973
Pigmentdruck auf Pigment print on
Photo Rag Baryta
Gernot Huber

274
Gernot Huber
Streikversammlung auf dem
Werksgelände
Strike meeting on the factory site
Aus der Serie „Ford-Streik"
From the series "Ford strike"
Köln, 1973
Pigmentdruck auf Pigment print on
Photo Rag Baryta
Gernot Huber

Gernot Huber
Streikversammlung auf dem
Werksgelände
Strike meeting on the factory site
Aus der Serie „Ford-Streik"
From the series "Ford strike"
Köln, 1973
Pigmentdruck auf Pigment print on
Photo Rag Baryta
Gernot Huber

274
Gernot Huber
Streikversammlung auf dem
Werksgelände. Baha Targün auf einem
Werksschild.
Strike meeting on the factory site.
Baha Targün sits on a sign.
Aus der Serie „Ford-Streik"
From the series "Ford strike"
Köln, 1973
Pigmentdruck auf Pigment print on
Photo Rag Baryta
Gernot Huber

279
Gernot Huber
Proteste gegen Wohnraumvernichtung
durch Trilsbach + Wöhler Wohnbau
Protests against the destruction of
accommodation by Trilsbach + Wöhler
Wohnbau
Köln, Friesenviertel, ca. 1975
Pigmentdruck auf Pigment print on
Photo Rag Baryta
Gernot Huber

Gernot Huber
„120 Mark für ein kleines Zimmer
mit schrägen Wänden, das auch noch
selbst renoviert werden musste, zahlt
dieses Ehepaar im Haus Neusser
Straße 187." (Kölner Volksblatt)
"120 marks for a small room with
sloping walls, to be renovated by the
new tenant, is what this couple
at Neusser Strasse 187 are paying."
(Kölner Volksblatt)
Köln-Nippes, 1976
Pigmentdruck auf Pigment print on
Photo Rag Baryta

280
Gernot Huber
Wohnung in der Alteburger Straße 18,
die durch einen mutwilligen Wasser-
rohrbruch in der Wohnung darüber
unbewohnbar gemacht wurde
An apartment at Alteburger Strasse 18
rendered uninhabitable by a water pipe
in the apartment above being
deliberately broken
Köln-Südstadt, ca. 1979
Pigmentdruck auf Pigment print on
Photo Rag Baryta
Gernot Huber

281
Gernot Huber
Versuch der Vertreibung der Bewohner*-
innen durch vandalisierte Wohnungen
Attempt to drive out residents by
vandalizing apartments
Köln-Innenstadt, ca. 1979
Pigmentdruck auf Pigment print on
Photo Rag Baryta
Gernot Huber

Gernot Huber
Versuch der Vertreibung der Bewohner*-
innen durch vandalisierte Wohnungen
Attempt to drive out residents by
vandalizing apartments
Köln-Innenstadt, ca. 1979
Pigmentdruck auf Pigment print on
Photo Rag Baryta
Gernot Huber

—

225
Der Föderationssekretär der KPI Köln,
Pietro Ippolito, Sandro Casalino
(Radio Colonia) und Genossen bei
einer Versammlung in der Partei-
zentrale in der Kölner Südstadt
Pietro Ippolito, Federation Secretary
of KPI Köln, Sandro Casalino (Radio
Colonia), and comrades during a
gathering at party headquarters in
Südstadt, Cologne
Köln, An der Bottmühle, ca. 1975
Reproduktion Reproduction
Marie Claire Ippolito / DOMiD-Archiv,
Köln

Der Föderationssekretär der KPI Köln,
Pietro Ippolito, und Genossen bei einer
Versammlung in der Parteizentrale in
der Kölner Südstadt
Pietro Ippolito, Federation Secretary
of KPI Köln, and comrades during a
gathering at party headquarters in
Südstadt, Cologne
Köln, An der Bottmühle, ca. 1975
Reproduktion Reproduction
Marie Claire Ippolito / DOMiD-Archiv,
Köln

—

62
Ali Kanatlı (3.v.l.) bei der Karnevalsfeier
im Wohnheim der Ford-Werke AG
Ali Kanatlı (third from right) at a
Carnival party at the Ford-Werke AG
workers' dormitory
Köln, Moltkestraße, ca. 1965
Reproduktion Reproduction
Ali Kanatlı/DOMiD-Archiv, Köln

59
Ali Kanatlı (2.v.l.) bei der Weihnachts-
feier im Wohnheim der Ford-Werke AG
Ali Kanatlı (second from left) at a
Christmas party at the Ford-Werke AG
workers' dormitory
Köln, Moltkestraße, 1965
Reproduktion Reproduction
Ali Kanatlı/DOMiD-Archiv, Köln

59
Ali Kanatlı im Wohnheim der
Ford-Werke AG, wo er drei Jahre lebte
Ali Kanatlı at the Ford-Werke AG
workers' dormitory, where he lived
for three years
Köln, Moltkestraße, 1965
Reproduktion Reproduction
Ali Kanatlı / DOMiD-Archiv, Köln

63
Ali Kanatlı (l.) mit einem Freund am
Aachener Weiher
Ali Kanatlı (left) with a friend at the
Aachener Weiher
Köln, 1965
Reproduktion Reproduction
Ali Kanatlı / DOMiD-Archiv, Köln

63
Ali Kanatlı (vorne rechts) mit Freunden
am Aachener Weiher
Ali Kanatlı (front, right) with friends
at the Aachener Weiher
Köln, 1965
Reproduktion Reproduction
Ali Kanatlı

61
Ali Kanatlı (3.v.l.) mit Freunden am
Neumarkt
Ali Kanatlı (third from left) with
friends on the Neumarkt
Köln, ca. 1965
Reproduktion Reproduction
Ali Kanatlı / DOMiD-Archiv, Köln

62
Ali Kanatlı (r.) bei der Weihnachtsfeier
im Wohnheim der Ford-Werke AG
Ali Kanatlı (right) at a Christmas party
at the Ford-Werke AG workers'
dormitory
Köln, Moltkestraße, 1966
Reproduktion Reproduction
Ali Kanatlı / DOMiD-Archiv, Köln

60
Ali Kanatlı
Kalime Kanatlı in der Kölner Flora
Kalime Kanatlı at Cologne's botanical gardens
Köln, 1972
Reproduktion Reproduction
Ali Kanatlı / DOMiD-Archiv, Köln

—

Dengin Kocatürk mit seiner Tochter Bengü und der Vermieterin
Dengin Kocatürk with his daughter Bengü and their landlady
Krefeld-Fischeln, 1974
Reproduktion Reproduction
Dengin Kocatürk / DOMiD-Archiv, Köln

164
Dengin Kocatürk
Blick auf ein Fensterbrett in der Wohnung der Familie Kocatürk
View of a windowsill in the Kocatürk family apartment
Krefeld, ca. 1979
Pigmentdruck auf Pigment print on Photo Rag Baryta
Dengin Kocatürk / DOMiD-Archiv, Köln

162
Dengin Kocatürk
Familie Kocatürk beim Umzug
The Kocatürk family moving house
Krefeld, ca. 1980
Reproduktion vom Dia
Reproduced from a slide
Dengin Kocatürk / DOMiD-Archiv, Köln

163
Dengin Kocatürk
Süheyla (Ruziye) Kocatürk in der Wohnung der Familie
Süheyla (Ruziye) Kocatürk in the family apartment
Krefeld, 1981
Reproduktion vom Dia
Reproduced from a slide
Dengin Kocatürk / DOMiD-Archiv, Köln

Dengin Kocatürk
Süheyla (Ruziye) Kocatürk und ihre Tochter Bengü im eigenen Garten
Süheyla (Ruziye) Kocatürk and her daughter Bengü in their garden
Krefeld, 1983
Reproduktion vom Dia
Reproduced from a slide
Dengin Kocatürk / DOMiD-Archiv, Köln

161
Dengin Kocatürk
Bengü und Begüm Kocatürk am Flughafen
Bengü and Begüm Kocatürk at the airport
Düsseldorf, 1984
Reproduktion vom Dia
Reproduced from a slide
Dengin Kocatürk / DOMiD-Archiv, Köln

Dengin Kocatürk
Blick in das Elternschlafzimmer der Familie Kocatürk
View of the parents' bedroom, Kocatürk family apartment
Krefeld, ca. 1984
Pigmentdruck auf Pigment print on Photo Rag Baryta
Dengin Kocatürk / DOMiD-Archiv, Köln

164
Dengin Kocatürk
Blick in das Wohnzimmer der Familie Kocatürk
View of the Kocatürk family's living room
Krefeld, 1984
Pigmentdruck auf Pigment print on Photo Rag Baryta
Dengin Kocatürk / DOMiD-Archiv, Köln

Dengin Kocatürk
Blick in das Wohnzimmer der Familie Kocatürk
View of the Kocatürk family's living room
Krefeld, 1984
Pigmentdruck auf Pigment print on Photo Rag Baryta
Dengin Kocatürk / DOMiD-Archiv, Köln

161
Dengin Kocatürk mit seiner wenige Monate alten zweiten Tochter Begüm
Dengin Kocatürk with his daughter Begüm, just a few months old
Krefeld, 1984
Reproduktion vom Dia
Reproduced from a slide
Dengin Kocatürk / DOMiD-Archiv, Köln

162
Dengin Kocatürk
Besuch der Familie Kocatürk in München
The Kocatürk family in Munich
München, ca. 1985
Reproduktion vom Dia
Reproduced from a slide
Dengin Kocatürk / DOMiD-Archiv, Köln

166
Dengin Kocatürk
Süheyla (Ruziye) Kocatürk und ihre Töchter Bengü und Begüm im Garten der Familie
Süheyla (Ruziye) Kocatürk and her daughters Bengü and Begüm in the family's garden
Krefeld, ca. 1986
Reproduktion vom Dia
Reproduced from a slide
Dengin Kocatürk / DOMiD-Archiv, Köln

166
Dengin Kocatürk
Süheyla (Ruziye) Kocatürk und ihre Tochter Bengü bei der Ernte im eigenen Garten
Süheyla (Ruziye) Kocatürk and her daughter Bengü harvesting in their garden
Krefeld, ca. 1986
Reproduktion vom Dia
Reproduced from a slide
Dengin Kocatürk / DOMiD-Archiv, Köln

166
Dengin Kocatürk
Süheyla (Ruziye) Kocatürk und ihre Töchter Bengü und Begüm im eigenen Garten
Süheyla (Ruziye) Kocatürk and her daughters Bengü and Begüm in their garden
Krefeld, ca. 1986
Reproduktion vom Dia
Reproduced from a slide
Dengin Kocatürk / DOMiD-Archiv, Köln

164
Dengin Kocatürk
Detail der Schlafzimmerschrankwand der Familie Kocatürk
Detail of the wall unit in the Kocatürk family's bedroom
Krefeld, 1987
Pigmentdruck auf Pigment print on Photo Rag Baryta
Dengin Kocatürk / DOMiD-Archiv, Köln

Umschlag Cover
Dengin Kocatürk
Süheyla (Ruziye) Kocatürk und ihre Tochter Begüm beobachten einen Elefanten, der vermutlich als Werbung für einen Zirkus durch die Stadt läuft
Süheyla (Ruziye) Kocatürk and her daughter Begüm watch an elephant walking through town, probably advertising a circus
Krefeld, ca. 1987
Reproduktion vom Dia
Reproduced from a slide
Dengin Kocatürk / DOMiD-Archiv, Köln

165
Süheyla (Ruziye) Kocatürk (vermutlich probably)
Dengin Kocatürk und seine Tochter Begüm bei der Ernte im eigenen Garten
Dengin Kocatürk and his daughter Begüm harvesting in their garden
Krefeld, 1987
Reproduktion vom Dia
Reproduced from a slide
Süheyla (Ruziye) Kocatürk / DOMiD-Archiv, Köln

165
Süheyla (Ruziye) Kocatürk (vermutlich probably)
Dengin Kocatürk und seine Tochter Begüm am Laternenfest
Dengin Kocatürk and his daughter Begüm at a lantern parade
Krefeld, 1987
Reproduktion vom Dia
Reproduced from a slide
Süheyla (Ruziye) Kocatürk / DOMiD-Archiv, Köln

164
Dengin Kocatürk
Blick in das Wohnzimmer der Familie Kocatürk
View of the Kocatürk family's living room
Krefeld, ca. 1989
Pigmentdruck auf Pigment print on Photo Rag Baryta
Dengin Kocatürk / DOMiD-Archiv, Köln

Dengin Kocatürk
Die Familie Kocatürk 1976 bis 1989
The Kocatürk family, 1976 to 1989
München, Krefeld, Izmir, Ankara, 1976–1989
Fotografien von Dengin Kocatürk mit Erinnerungen von Bengü Kocatürk-Schuster
Photographs by Dengin Kocatürk, with memories of Bengü Kocatürk-Schuster
Diaschau, digitalisiert
Slide show, digitized
Dengin Kocatürk / DOMiD-Archiv, Köln

—

139
Fronleichnamsprozession im Herkunftsort der Familie L.
Corpus Christi procession in the hometown of the L. family
Stigliano, Matera, Basilicata, 1948
Reproduktion Reproduction
Angela L. / DOMiD-Archiv, Köln

134
Die Familie L. und ihre italienischen Freund*innen
The L. family with their Italian friends
Köln, ca. 1960
Reproduktion Reproduction
Angela L. / DOMiD-Archiv, Köln

133
Carmela L. beim Spaziergang im Park
Carmela L. taking a stroll in the park
Köln-Ehrenfeld, 1961
Reproduktion Reproduction
Angela L. / DOMiD-Archiv, Köln

135
Familie L. im Stadtgarten
The L. family in the Stadtgarten park
Köln, 1961
Reproduktion Reproduction
Angela L. / DOMiD-Archiv, Köln

136
Familientreffen anlässlich eines Feiertags bei der neuen Barackenunterkunft von Giovanni L.s Bruder Vito Family gathering on a public holiday at the new barrack unit of Giovanni L.'s brother Vito
Berzdorf, Wesseling, 1961
Reproduktion Reproduction
Angela L. / DOMiD-Archiv, Köln

134
Gemeinsames Mittagessen zum Namenstag von Giovanni L. mit dessen Bruder und einem Freund
Lunch to celebrate the name day of Giovanni L. with his brother and a friend
Köln-Ehrenfeld, Piusstraße, 1961
Reproduktion Reproduction
Angela L. / DOMiD-Archiv, Köln

133
Eine von der Caritas organisierte Schifffahrt auf dem Rhein. Giovanni L. mit seiner Tochter Angela und Verwandten sowie Freund*innen
A Rhine cruise organized by Caritas. Giovanni L. with his daughter Angela, plus relatives and friends
Köln, ca. 1962
Reproduktion Reproduction
Angela L. / DOMiD-Archiv, Köln

133
Eine von der Caritas organisierte Schifffahrt auf dem Rhein. Giovanni L. mit seiner Tochter Angela und Verwandten sowie Freund*innen
A Rhine cruise organized by Caritas. Giovanni L. with his daughter Angela, plus relatives and friends
Köln, ca. 1962
Reproduktion Reproduction
Angela L. / DOMiD-Archiv, Köln

138
Familienausflug am Rhein
Family outing on the Rhine
Köln, ca. 1962
Reproduktion Reproduction
Angela L. / DOMiD-Archiv, Köln

137
Gruppenbild Group portrait
Köln, ca. 1962
Reproduktion Reproduction
Angela L. / DOMiD-Archiv, Köln

136
In den Barackenunterkünften der Firma Pohlig in der Nähe von Brühl, wo der Bruder von Giovanni L. mit seiner Familie lebte
In the Pohlig company barracks near Brühl, where Giovanni L.'s brother lived with his family
Berzdorf, Wesseling, ca. 1962
Reproduktion Reproduction
Angela L. / DOMiD-Archiv, Köln

138
Giovanni L. mit seinem Sohn im Fiat seines Bruders
Giovanni L. with his son in his brother's Fiat
Köln, ca. 1967
Reproduktion Reproduction
Angela L. / DOMiD-Archiv, Köln

—

Die Leihgeberin beim Kochen im Wohnheim der Firma Leonard Monheim. Spanische Arbeiterinnen feiern dort den Geburtstag einer Kollegin.
The lender cooking in the women's dormitory of the Leonard Monheim company. Spanish workers celebrating a coworker's birthday.
Aachen, 1964
Reproduktion Reproduction
DOMiD-Archiv, Köln

Im Wohnheim der Firma Leonard Monheim
In the dormitory of the Leonard Monheim company
Aachen, 1964
Reproduktion Reproduction
DOMiD-Archiv, Köln

Spanische Arbeiterinnen feiern den Geburtstag einer Kollegin im Wohnheim der Firma Leonard Monheim
Spanish workers celebrating a coworker's birthday in the dormitory of the Leonard Monheim company
Aachen, 1964
Reproduktion Reproduction
DOMiD-Archiv, Köln

Spanische Arbeiterinnen feiern den Geburtstag einer Kollegin im Wohnheim der Firma Leonard Monheim
Spanish workers celebrating a coworker's birthday in the dormitory of the Leonard Monheim company
Aachen, 1964
Reproduktion Reproduction
DOMiD-Archiv, Köln

Spanische Arbeiterinnen am Vorabend von Weihnachten im Wohnheim der Firma Leonard Monheim
Spanish workers on Christmas Eve in the dormitory of the Leonard Monheim company
Aachen, ca. 1965
Reproduktion Reproduction
DOMiD-Archiv, Köln

—

Im Produktionsbereich der Feinkonditorei Özdağ
In the Özdağ pastry shop
Köln, Keupstraße 84, ca. 1989
Reproduktion Reproduction
Uzay Özdağ

Hasan Özdağ, seine Frau Aliye und ihre Kinder in der Feinkonditorei Özdağ
Hasan Özdağ with his wife and children in the Özdağ pastry shop
Köln, Keupstraße 84, ca. 1992
Reproduktion Reproduction
Hülya Özdağ

239
Hasan und Aliye Özdağ mit Familie vor der Feinkonditorei Özdağ
Hasan and Aliye Özdağ with their family in front of the Özdağ pastry shop
Köln, Keupstraße 84, ca. 1998–1999
Reproduktion Reproduction
Hülya Özdağ

—

Mitat Özdemir als Schlagzeuger bei den Pfadfindern am 19. Mai, dem Jugend- und Sporttag
Mitat Özdemir as drummer with the Boy Scouts on Youth Sports Day, May 19
Çorum, 1963
Reproduktion Reproduction
Mitat Özdemir

237
Am Fenster im Ford-Wohnheim
At the window of the Ford workers' dormitory
Köln-Vingst, 1967
Reproduktion Reproduction
Mitat Özdemir

236
Mitat Özdemir (r.) mit Freunden aus dem Wohnheim
Mitat Özdemir (right) with friends from the dormitory
Köln-Vingst, 1967
Reproduktion Reproduction
Mitat Özdemir

236
Mitat Özdemir in seiner Wohnung in den Klöckner-Humboldt-Deutz-Wohnbaracken
Mitat Özdemir in his apartment at the Klöckner-Humboldt-Deutz barracks
Köln-Poll, 1970
Reproduktion Reproduction
Mitat Özdemir

238
Veranstaltungsraum in den Klöckner-Humboldt-Deutz-Wohnbaracken
Function room at the Klöckner-Humboldt-Deutz barracks
Köln-Poll, 1970/71
Reproduktion Reproduction
Mitat Özdemir

236
Mitat Özdemir als Tormann auf dem Fußballplatz, im Hintergrund die Klöckner-Humboldt-Deutz-Wohnbaracken

Mitat Özdemir as goalkeeper on the soccer pitch, in the background the Klöckner-Humboldt-Deutz barracks
Köln-Poll, 1971
Reproduktion Reproduction
Mitat Özdemir

236
Mitat Özdemir (l.) mit einem Kollegen im Mitarbeiter*innenbüro der Klöckner-Humboldt-Deutz-Wohnbaracken
Mitat Özdemir (left) with a coworker in the staff office at the Klöckner-Humboldt-Deutz barracks
Köln-Poll, 1971
Reproduktion Reproduction
Mitat Özdemir

238
Mitat Özdemir (hinten l.) mit Kollegen in der Volkstanzgruppe in einer der Klöckner-Humboldt-Deutz-Wohnbaracken
Mitat Özdemir (back, left) with coworkers in a folk dance group at one of the workers' barracks of the Klöckner-Humboldt-Deutz company
Köln-Poll, 1971/72
Reproduktion Reproduction
Mitat Özdemir

—

147
Nachbar Neighbor
Asimina Paradissa (r.) auf einem LKW auf dem Weg zur Arbeit im Steinbruch in der Nähe ihres Heimatortes
Asimina Paradissa (right) on the back of a truck on her way to work in a quarry near her hometown
Vrasta, Chalkidiki, 1960
Asimina Paradissa

147
Nachbar Neighbor
Asimina Paradissa (r.) bei ihrer Arbeit im Steinbruch
Asimina Paradissa (right) at work in a quarry
Vavdos, Chalkidiki, 1960
Reproduktion Reproduction
Asimina Paradissa

Asimina Paradissa mit einer Kollegin vor dem Frauenwohnheim der Firma Olympia
Asimina Paradissa with a coworker outside the women's dormitory of the Olympia company
Wilhelmshaven, ca. 1966
Pigmentdruck auf Pigment print on Photo Rag Baryta
Asimina Paradissa

144
Kollegin (mit Asimina Paradissas Kamera)
Coworker (taken with Asimina Paradissa's camera)
Asimina Paradissa (hinten, 3.v.l.) mit Kollegen im Aufenthaltsraum der Firma Olympia
Asimina Paradissa (back row, third from left) with coworkers in the break room at the Olympia company
Wilhelmshaven, ca. 1966
Reproduktion Reproduction
Asimina Paradissa

143
Kollegin (mit Asimina Paradissas Kamera)
Coworker (taken with Asimina Paradissa's camera)
Asimina Paradissa im Frauenwohnheim der Firma Olympia
Asimina Paradissa inside the women's dormitory of the Olympia company
Wilhelmshaven, ca. 1966
Pigmentdruck auf Pigment print on Photo Rag Baryta
Asimina Paradissa

143
Kollegin (mit Asimina Paradissas Kamera)
Coworker (taken with Asimina Paradissa's camera)
Asimina Paradissa vor dem Frauenwohnheim der Firma Olympia
Asimina Paradissa outside the women's dormitory of the Olympia company
Wilhelmshaven, ca. 1966
Pigmentdruck auf Pigment print on Photo Rag Baryta
Asimina Paradissa

143
Kollegin (mit Asimina Paradissas Kamera)
Coworker (taken with Asimina Paradissa's camera)
Asimina Paradissa übt Fahrradfahren
Asimina Paradissa practices riding a bicycle
Wilhelmshaven, ca. 1966
Pigmentdruck auf Pigment print on Photo Rag Baryta
Asimina Paradissa

144
Kollegin (mit Asimina Paradissas Kamera)
Coworker (taken with Asimina Paradissa's camera)
Asimina Paradissa (l.) bei der Fertigung von Autoschlössern, Automobilzuliefererbetrieb Bomoro
Asimina Paradissa (left) making car locks at the parts supplier company Bomoro
Wuppertal, 1971
Pigmentdruck auf Pigment print on Photo Rag Baryta
Asimina Paradissa

146
Kollegin (mit Asimina Paradissas Kamera)
Coworker (taken with Asimina Paradissa's camera)
Asimina Paradissa bei der Fertigung von Autoschlössern im Automobilzuliefererbetrieb Bomoro
Asimina Paradissa making car locks at the parts supplier company Bomoro
Wuppertal, 1971
Pigmentdruck auf Pigment print on Photo Rag Baryta
Asimina Paradissa

146
Kollegin (mit Asimina Paradissas Kamera)
Coworker (taken with Asimina Paradissa's camera)
Asimina Paradissa bei der Fertigung von Autoschlössern im Automobilzuliefererbetrieb Bomoro
Asimina Paradissa making car locks at the parts supplier company Bomoro
Wuppertal, 1971
Pigmentdruck auf Pigment print on Photo Rag Baryta
Asimina Paradissa

145
Asimina Paradissa
Foto-Album für die Westentasche
Photo album for a waistcoat pocket
Portemonnaie, Schwarz-Weiß-Fotografien
Purse, black-and-white photographs
Asimina Paradissa

—

258
Aus der Serie „Auguststreik bei Pierburg, Autogerätebau"
From the series "August strike at Pierburg Automotive"
Neuss, 1973
Reproduktion Reproduction
DOMiD-Archiv, Köln

259
Aus der Serie „Auguststreik bei Pierburg, Autogerätebau"
From the series "August strike at Pierburg Automotive"
Neuss, 16.08.1973
Reproduktion Reproduction
DOMiD-Archiv, Köln

260
Mitarbeiter*innen vor dem Werksgelände
Workers outside the factory
Aus der Serie „Auguststreik bei Pierburg, Autogerätebau"
From the series "August strike at Pierburg Automotive"
Neuss, 1973
Reproduktion Reproduction
DOMiD-Archiv, Köln

261
Mitarbeiter*innen vor dem Werksgelände
Workers outside the factory
Aus der Serie „Auguststreik bei Pierburg, Autogerätebau"
From the series "August strike at Pierburg Automotive"
Neuss, 1973
Reproduktion Reproduction
DOMiD-Archiv, Köln

Mitarbeiter*innen vor dem Werkstor, an dem ein Schild befestigt ist, das die Schließung des Werks für diesen Tag mitteilt
Staff at the factory gate, to which a sign is attached announcing the factory's closure for the day
Aus der Serie „Auguststreik bei Pierburg, Autogerätebau"
From the series "August strike at Pierburg Automotive"
Neuss, 1973
Reproduktion Reproduction
DOMiD-Archiv, Köln

Pierburg-Mitarbeiter*innen bei der 1. Mai-Demonstration
Pierburg workers at the May Day demonstration
Neuss, 1973

Reproduktion Reproduction
DOMiD-Archiv, Köln

—

Keupstraße Nr. 50
Köln-Mülheim, 1977
Pigmentdruck auf Pigment print on
Photo Rag Baryta
Rheinisches Bildarchiv Köln,
rba_153 992

Keupstraße Nr. 60
Köln-Mülheim, 1977
Pigmentdruck auf Pigment print on
Photo Rag Baryta
Rheinisches Bildarchiv Köln,
rba_153 993

242
Keupstraße Nr. 70
Köln-Mülheim, 1977
Pigmentdruck auf Pigment print on
Photo Rag Baryta
Rheinisches Bildarchiv Köln,
rba_153 998

243
Keupstraße Nr. 92
Köln-Mülheim, 1977
Pigmentdruck auf Pigment print on
Photo Rag Baryta
Rheinisches Bildarchiv Köln,
rba_154 003

244
Keupstraße Nr. 96
Köln-Mülheim, 1977
Pigmentdruck auf Pigment print on
Photo Rag Baryta
Rheinisches Bildarchiv Köln,
rba_154 004

245
Keupstraße Nr. 112
Köln-Mülheim, 1977
Pigmentdruck auf Pigment print on
Photo Rag Baryta
Rheinisches Bildarchiv Köln,
rba_154 007

—

89–93
Studierende der Students from
Ruhr-Universität Bochum
Aus der Serie „Wohnheim
Gockel & Niebur"
From the series "Dormitory of
Gockel & Niebur"
Bochum, 13.12.1971
5 Pigmentdrucke auf
5 pigment prints on
Photo Rag Baryta
DOMiD-Archiv, Köln

—

225
1. Mai-Demonstration: Die Kommunistische Partei Italiens (KPI Köln)
May Day demonstration: Italian
Communist Party (KPI Köln)
Köln (Hahnenstraße), ca. 1980
Reproduktion Reproduction
Romolo di Sabatino / DOMiD-Archiv,
Köln

1. Mai-Demonstration: Die Kommunistische Partei Italiens (KPI Köln)
May Day demonstration: Italian
Communist Party (KPI Köln)
Köln, ca. 1980
Reproduktion Reproduction
Romolo di Sabatino / DOMiD-Archiv,
Köln

1. Mai-Demonstration: Die Kommunistische Partei Italiens (KPI Köln)
May Day demonstration: Italian
Communist Party (KPI Köln)
Köln, ca. 1980
Reproduktion Reproduction
Romolo di Sabatino / DOMiD-Archiv,
Köln

—

45
Schulz (Vorname unbekannt
first name unknown)
Arbeiter*innenwohnheim der
GAG Immobilien AG
Workers' dormitory belonging to
GAG Immobilien AG
Köln-Vingst, Ostheimer Straße, ca. 1963
Baujahr Built 1960, Entwurf architect:
Herbert Neubert, Mitarbeit assistance:
Manfred Faber, Wiebusch
Repro aus Reproduced from:
Großstadt in der Großstadt.
50 Jahre GAG in Köln, Köln 1963
GAG Immobilien AG

46
Schulz (Vorname unbekannt
first name unknown)
Arbeiter*innenwohnheime und
Wohnhäuser der GAG Immobilien AG
Houses and workers' dormitories
belonging to GAG Immobilien AG
Köln-Mülheim, Gronauer Straße,
ca. 1963
Baujahr Built 1961, Entwurf architect:
Herbert Neubert, Mitarbeit assistance:
Wiebusch
Repro aus Reproduced from:
Großstadt in der Großstadt.
50 Jahre GAG in Köln, Köln 1963
GAG Immobilien AG

—

127
Rosa Spitaleri und ihr Bruder Vincenzo
auf dem Gelände der Familienbaracken-Siedlung in Gremberg
Rosa Spitaleri and her brother Vincenzo
at the family barracks in Gremberg
Köln-Gremberg, 1966
Reproduktion Reproduction
Rosa Spitaleri / DOMiD-Archiv, Köln

126
Kommunionsfeier von Rosa Spitaleri
First Communion, Rosa Spitaleri
Bronte, Sizilien Sicily, 1967
Reproduktion Reproduction
Rosa Spitaleri / DOMiD-Archiv, Köln

Kommunionsfeier von Rosa Spitaleri
First Communion, Rosa Spitaleri
Bronte, Sizilien Sicily, 1967
Reproduktion Reproduction
Rosa Spitaleri / DOMiD-Archiv, Köln

125
Beim Sonntagsspaziergang
Sunday stroll
Köln, ca. 1967
Pigmentdruck auf Pigment print on
Photo Rag Baryta
Rosa Spitaleri / DOMiD-Archiv, Köln

125
Rosa Spitaleri und ihr Bruder Vincenzo
beim Sonntagsspaziergang
Rosa Spitaleri and her brother Vincenzo
on a Sunday stroll
Köln-Kalk, ca. 1967
Pigmentdruck auf Pigment print on
Photo Rag Baryta
Rosa Spitaleri / DOMiD-Archiv, Köln

128
Sommerferien in Sizilien
Summer vacation in Sicily
Catania Ognina, 1969
Reproduktion Reproduction
Rosa Spitaleri / DOMiD-Archiv, Köln

126
Sonntagsausflug in die Merheimer Heide
Sunday excursion to Merheimer Heide
Köln, Merheimer Heide, ca. 1969
Pigmentdruck auf Pigment print on
Photo Rag Baryta
Rosa Spitaleri / DOMiD-Archiv, Köln

126
Sonntagsausflug in die Merheimer Heide
Sunday excursion to Merheimer Heide
Köln, Merheimer Heide, ca. 1969
Pigmentdruck auf Pigment print on
Photo Rag Baryta
Rosa Spitaleri / DOMiD-Archiv, Köln

128
Kinderausflug der Katholischen Mission
Catholic Mission tour for children
Köln, ca. 1970
Reproduktion Reproduction
Rosa Spitaleri / DOMiD-Archiv, Köln

129
Sonntagsausflug zum Tanzbrunnen:
Rosa Spitaleri und ihre Mutter Nunzia
Sunday excursion to the Tanzbrunnen:
Rosa Spitaleri with her mother Nunzia
Köln-Deutz, ca. 1973
Pigmentdruck auf Pigment print on
Photo Rag Baryta
Rosa Spitaleri / DOMiD-Archiv, Köln

129
Sonntagsausflug zum Tanzbrunnen:
Vater Francesco und Sohn Vincenzo
Spitaleri
Sunday excursion to the Tanzbrunnen:
Father Francesco and son Vincenzo
Spitaleri
Köln-Deutz, ca. 1973
Pigmentdruck auf Pigment print on
Photo Rag Baryta
Rosa Spitaleri / DOMiD-Archiv, Köln

—

47
Dieter Storp
Arbeiter*innenwohnheime und
Wohnhäuser der GAG Immobilien AG
Houses and workers' dormitories
belonging to GAG Immobilien AG
Köln-Buchheim, Gronauer Straße,
ca. 1963
Baujahr Built 1960–1961,
Entwurf architect: Herbert Neubert,
Mitarbeit assistance: Wiebusch,
Luftbildreportagen; Freigabe-Nr.
aerial photography report, release no.

Regierungspräsident 05/1155
Repro aus Reproduced from:
Großstadt in der Großstadt.
50 Jahre GAG in Köln, Köln 1963
GAG Immobilien AG

—

216
Ulrich Tillmann
Ohne Titel Untitled
Aus der Serie „Severinsviertel vor der Sanierung 1976"
From the series "The Severinsviertel prior to its rehabilitation, 1976"
1976
Pigmentdruck auf Pigment print on Photo Rag Baryta
ML/F 2018/0033/02

217
Ulrich Tillmann
Ohne Titel Untitled
Aus der Serie „Severinsviertel vor der Sanierung 1976"
From the series "The Severinsviertel prior to its rehabilitation, 1976"
1976
Pigmentdruck auf Pigment print on Photo Rag Baryta
ML/F 2018/0033/09

219
Ulrich Tillmann
Ohne Titel Untitled
Aus der Serie „Severinsviertel vor der Sanierung 1976"
From the series "The Severinsviertel prior to its rehabilitation, 1976"
1976
Pigmentdruck auf Pigment print on Photo Rag Baryta
ML/F 2018/0033/11

220
Ulrich Tillmann
Ohne Titel Untitled
Aus der Serie „Severinsviertel vor der Sanierung 1976"
From the series "The Severinsviertel prior to its rehabilitation, 1976"
1976
Pigmentdruck auf Pigment print on Photo Rag Baryta
ML/F 2018/0033/17

221
Ulrich Tillmann
Ohne Titel Untitled
Aus der Serie „Severinsviertel vor der Sanierung 1976"
From the series "The Severinsviertel prior to its rehabilitation, 1976"
1976
Pigmentdruck auf Pigment print on Photo Rag Baryta
ML/F 2018/0033/19

Ulrich Tillmann
Ohne Titel Untitled
Aus der Serie „Severinsviertel vor der Sanierung 1976"
From the series "The Severinsviertel prior to its rehabilitation, 1976"
1976
Pigmentdruck auf Pigment print on Photo Rag Baryta
ML/F 2018/0033/21

—

110
Sevim Üçgüler im Sticknähkurs
Sevim Üçgüler in an embroidery course
Istanbul-Beykoz, 1954
Reproduktion Reproduction
Fikret Üçgüler

108
„Onkel Kazım", ein Verwandter von Fikri Üçgüler
"Uncle Kazım," a relative of Fikri Üçgüler
Fikri Üçgüler auf dem Ebertplatz
Fikri Üçgüler on Ebertplatz
Köln, 1966
Reproduktion Reproduction
Fikret Üçgüler

108
Fikri Üçgüler
Blick aus dem Fenster der Wohnung an Karneval. Die Familie Üçgüler wohnte damals in der 3. Etage am Ubierring 10.
View from the Üçgüler apartment window during Carnival. At the time, the family lived on the third floor at Ubierring 10.
Köln-Südstadt, ca. 1967/68
4 Reproduktionen 4 Reproductions
Fikret Üçgüler

110
Fikret Üçgüler
Sevim Üçgüler bei ihrer Arbeit als Schneiderin
Sevim Üçgüler working as a seamstress
Köln-Lindenthal, 1977
Silbergelatineabzug Gelatin silver print
Fikret Üçgüler

110
Fikret Üçgüler
Sevim Üçgüler bei ihrer Arbeit als Schneiderin
Sevim Üçgüler working as a seamstress
Köln-Lindenthal, 1977
Silbergelatineabzug Gelatin silver print
Fikret Üçgüler

111
Fikret Üçgüler
Blick aus der Wohnung der Familie Üçgüler-Rickmann
View from the Üçgüler-Rickmann family apartment
Köln-Sülz, 1989
5 Reproduktionen vom
5 reproductions from
Polaroid
Fikret Üçgüler

—

Guenay Ulutuncok
Straßenfest auf der Holweider Straße; im Hintergrund Transparente an einer Hausfront gegen die Zerstörung von günstigem Wohnraum
Street party on Holweider Strasse, with banners against the destruction of affordable accommodation in the background
Köln-Mülheim, 1980
Pigmentdruck auf Pigment print on Photo Rag Baryta
Guenay Ulutuncok / DOMiD-Archiv, Köln

Guenay Ulutuncok
Straßenfest auf der Holweider Straße mit Aktion gegen die Zerstörung von billigem Wohnraum
Street party on Holweider Strasse, with protest action against the destruction of affordable accommodation
Köln-Mülheim, 1980
Pigmentdruck auf Pigment print on Photo Rag Baryta
Guenay Ulutuncok / DOMiD-Archiv, Köln

263
Guenay Ulutuncok
Ford-Arbeiter auf dem Weg zur Frühschicht morgens ca. 6 Uhr in der Linie 5
Ford workers in tramline 5 around 6 am on their way to the early shift
Aus der Serie: „Ausländische Mitarbeiter bei den FORD-Werken (Scorpio-Produktion) in Köln"
From the series "Foreign staff at FORD-Werke (Scorpio production) in Cologne"
Köln-Niehl, 1980
Pigmentdruck auf Pigment print on Photo Rag Baryta
Guenay Ulutuncok

265
Guenay Ulutuncok
Fahrgestell und Motormontage
Chassis and motor assembly
Aus der Serie: „Ausländische Mitarbeiter bei den FORD-Werken (Scorpio-Produktion) in Köln"
From the series "Foreign staff at FORD-Werke (Scorpio production) in Cologne"
Köln-Niehl, 1980
Pigmentdruck auf Pigment print on Photo Rag Baryta
Guenay Ulutuncok

266
Guenay Ulutuncok
Lackkabinen Spray booths
Aus der Serie: „Ausländische Mitarbeiter bei den FORD-Werken (Scorpio-Produktion) in Köln"
From the series "Foreign staff at FORD-Werke (Scorpio production) in Cologne"
Köln-Niehl, 1980
Pigmentdruck auf Pigment print on Photo Rag Baryta
Guenay Ulutuncok

Guenay Ulutuncok
Lackkabinen Spray booths
Aus der Serie: „Ausländische Mitarbeiter bei den FORD-Werken (Scorpio-Produktion) in Köln"
From the series "Foreign staff at FORD-Werke (Scorpio production) in Cologne"
Köln-Niehl, 1980
Pigmentdruck auf Pigment print on Photo Rag Baryta
Guenay Ulutuncok

Guenay Ulutuncok
Lackkabinen Spray booths
Aus der Serie: „Ausländische Mitarbeiter bei den FORD-Werken (Scorpio-Produktion) in Köln"
From the series "Foreign staff at FORD-Werke (Scorpio production) in Cologne"
Köln-Niehl, 1980
Pigmentdruck auf Pigment print on Photo Rag Baryta
Guenay Ulutuncok

264
Guenay Ulutuncok
Montage der einzelnen Teile wie Karosserie, Türen, Reifen usw.
Assembly of parts, including bodywork, doors, tires, etc.
Aus der Serie: „Ausländische Mitarbeiter bei den FORD-Werken (Scorpio-Produktion) in Köln"
From the series "Foreign staff at FORD-Werke (Scorpio production) in Cologne"
Köln-Niehl, 1980
Pigmentdruck auf Pigment print on Photo Rag Baryta
Guenay Ulutuncok

267
Guenay Ulutuncok
Frühstückspause an der Montagestraße
Breakfast break on the assembly line
Köln-Niehl, 1980
Pigmentdruck auf Pigment print on Photo Rag Baryta
Guenay Ulutuncok

196
Guenay Ulutuncok
Aus der Serie From the Series „Eigelstein"
Köln, 1982
Pigmentdruck auf Pigment print on Photo Rag Baryta
Guenay Ulutuncok / DOMiD-Archiv, Köln

197
Guenay Ulutuncok
Aus der Serie From the Series „Eigelstein"
Köln, 1982
Pigmentdruck auf Pigment print on Photo Rag Baryta
Guenay Ulutuncok / DOMiD-Archiv, Köln

197
Guenay Ulutuncok
Aus der Serie From the Series „Eigelstein"
Köln, 1982
Pigmentdruck auf Pigment print on Photo Rag Baryta
Guenay Ulutuncok / DOMiD-Archiv, Köln

198
Guenay Ulutuncok
Aus der Serie From the Series „Eigelstein"
Köln, 1982
Pigmentdruck auf Pigment print on Photo Rag Baryta
Guenay Ulutuncok / DOMiD-Archiv, Köln

198
Guenay Ulutuncok
Aus der Serie From the Series „Eigelstein"
Köln, 1982
Pigmentdruck auf Pigment print on Photo Rag Baryta
Guenay Ulutuncok / DOMiD-Archiv, Köln

199
Guenay Ulutuncok
Aus der Serie From the Series „Eigelstein"
Köln, 1982
Pigmentdruck auf Pigment print on Photo Rag Baryta
Guenay Ulutuncok / DOMiD-Archiv, Köln

199
Guenay Ulutuncok
Weidengasse
Aus der Serie From the Series „Eigelstein"
Köln, 1982
Pigmentdruck auf Pigment print on Photo Rag Baryta
Guenay Ulutuncok / DOMiD-Archiv, Köln

—

Manfred Vollmer
Aus einer „Serie über eine Wohnbaracke für ausländische Arbeiter auf dem Lagerplatz einer Baufirma in Essen-Dellwig, Mitte 1972"
From a "series on the foreign workers' barracks in the stockyard of a construction company in Dellwig, Essen, mid-1972"
Essen-Dellwig, 1972
Pigmentdruck auf Pigment print on Photo Rag Baryta
Manfred Vollmer / Fotoarchiv Ruhr Museum

Manfred Vollmer
Aus einer „Serie über eine Wohnbaracke für ausländische Arbeiter auf dem Lagerplatz einer Baufirma in Essen-Dellwig, Mitte 1972"
From a "series on the foreign workers' barracks in the stockyard of a construction company in Dellwig, Essen, mid-1972"
Essen-Dellwig, 1972
Pigmentdruck auf Pigment print on Photo Rag Baryta
Manfred Vollmer/Fotoarchiv Ruhr Museum

—

Ludwig Wegmann
Italienische Gastarbeiter in Walsum
Italian guest workers at Walsum
Walsum, 28.05.1962
Pigmentdruck auf Pigment print on Photo Rag Baryta
Im Auftrag von Commissioned by Presse- und Informationsamt der Bundesregierung
Bundesarchiv, B 145 Bild-F013076-0001

100
Ludwig Wegmann
Italienische Gastarbeiter (Bergleute) in Walsum beim Unterricht
Italian guest workers (miners) at Walsum during a lesson
Walsum, 28.05.1962
Pigmentdruck auf Pigment print on Photo Rag Baryta
Im Auftrag von Commissioned by Presse- und Informationsamt der Bundesregierung
Bundesarchiv, B 145 Bild-F013070-0011

99
Ludwig Wegmann
Italienische Gastarbeiter (Bergleute) in Walsum beim Unterricht
Italian guest workers (miners) at Walsum during a lesson
Walsum, 28.05.1962
Pigmentdruck auf Pigment print on Photo Rag Baryta
Im Auftrag von Commissioned by Presse- und Informationsamt der Bundesregierung
Bundesarchiv, B 145 Bild-F013070-0002

96
Ludwig Wegmann
Italienische Gastarbeiter (Bergleute) in Walsum
Italian guest workers (miners) at Walsum
Walsum, 28.05.1962
Pigmentdruck auf Pigment print on Photo Rag Baryta
Im Auftrag von Commissioned by Presse- und Informationsamt der Bundesregierung
Bundesarchiv, B 145 Bild-F013070-0003

97
Ludwig Wegmann
Italienische Gastarbeiter (Bergleute) in Walsum. Bergwerksgesellschaft Walsum
Italian guest workers (miners) at Walsum. Walsum Mining Company
Walsum, 28.05.1962
Pigmentdruck auf Pigment print on Photo Rag Baryta
Im Auftrag von Commissioned by Presse- und Informationsamt der Bundesregierung
Bundesarchiv, B 145 Bild-F013070-0001

97
Ludwig Wegmann
Italienische Gastarbeiter-Kinder in Walsum in der Schule und zuhause
Children of Italian guest workers at Walsum, attending school and at home
Walsum, 28.05.1962
Pigmentdruck auf Pigment print on Photo Rag Baryta
Im Auftrag von Commissioned by Presse- und Informationsamt der Bundesregierung
Bundesarchiv, B 145 Bild-F013070-0009

98
Ludwig Wegmann
Italienische Gastarbeiter-Kinder in Walsum
Children of Italian guest workers at Walsum
Walsum, 28.05.1962
Pigmentdruck auf Pigment print on Photo Rag Baryta
Im Auftrag von Commissioned by Presse- und Informationsamt der Bundesregierung
Bundesarchiv, B 145 Bild-F013070-0005

Ludwig Wegmann
Italienische Gastarbeiter-Kinder in Walsum in der Schule und zuhause
Children of Italian guest workers at Walsum, attending school and at home
Walsum, 28.05.1962
Pigmentdruck auf Pigment print on Photo Rag Baryta
IIm Auftrag von Commissioned by Presse- und Informationsamt der Bundesregierung
Bundesarchiv, B 145 Bild-F013070-0008

—

248–251
Eusebius Wirdeier
Aus der Serie From the series
„Kalker Hauptstraße“
Köln, 1996
5 Pigmentdrucke auf
5 pigment prints on
Photo Rag Baryta
Eusebius Wirdeier

—

Spanische Arbeitsmigrantinnen im
Wohnheim der Firma Wülfing
Spanish migrant workers in the
dormitory of the Wülfing company
Remscheid, ca. 1960
Reproduktion Reproduction
DOMiD-Archiv, Köln

—

71
Ioanna Zacharaki (r.) mit ihrer Schwester
Ioanna Zacharaki (right) with her sister
Nahe Near Pertouli, Epirus, 1970
Reproduktion Reproduction
Ioanna Zacharaki

69
Sofia Zacharaki
Ioanna Zacharaki (Mitte) mit
ihren Schwestern
Ioanna Zacharaki (center) with
her sisters
Nahe Near Pertouli, Epirus, ca. 1971
Reproduktion Reproduction
Sofia Zacharaki

69
Freund der Familie Zacharaki
Friend of the Zacharaki family
Sofia Zacharaki (l.) mit ihrer Schwägerin
und einer weiteren Bewohnerin aus
ihrem Herkunftsort in Thessalien vor
dem Frauenwohnheim der Firma
Leonard Monheim
Sofia Zacharaki (left) with her sister-
in-law and another woman from
her hometown in Thessaly, outside
the women's dormitory of the Leonard
Monheim company
Aachen, ca. 1973
Reproduktion Reproduction
Sofia Zacharaki/DOMiD-Archiv, Köln

67
Kollegin von Sofia Zacharaki
Coworker of Sofia Zacharaki
Sofia Zacharaki mit Kolleginnen vor dem
Wohnheim der Firma Leonard Monheim
Sofia Zacharaki with coworkers
outside the dormitory of the Leonard
Monheim company
Aachen, ca. 1975
Reproduktion Reproduction
Sofia Zacharaki

67
Kollegin von Sofia Zacharaki
Coworker of Sofia Zacharaki
Sofia Zacharaki und ihre Kolleginnen
bei einer Feier im Wohnheim der Firma
Leonard Monheim
Sofia Zacharaki and her coworkers
during a party at the dormitory of the
Leonard Monheim company
Aachen, ca. 1975
Reproduktion Reproduction
Sofia Zacharaki

Kollegin von Sofia Zacharaki
Coworker of Sofia Zacharaki
Sofia Zacharaki und ihre Kolleginnen
im Aufenthaltsraum des Wohnheims
der Firma Leonard Monheim
Sofia Zacharaki and her coworkers in
the common area of the dormitory at
the Leonard Monheim company
Aachen, ca. 1975
Reproduktion Reproduction
Sofia Zacharaki

70
Bruder von Sofia Zacharaki
Sofia Zacharaki's brother
Familie Zacharaki bei einem Ausflug
The Zacharaki family on an excursion
Aachen, Lousberg, 1980
Reproduktion Reproduction
Sofia Zacharaki

68
Kollege von Sofia Zacharaki
Coworker of Sofia Zacharaki
Sofia Zacharaki und ihre Cousine am
Arbeitsplatz der Firma Leonard Monheim
Sofia Zacharaki and her cousin working
at the Leonard Monheim company
Aachen, Anfang der 1980er Jahre
early 1980s
Reproduktion Reproduction
Sofia Zacharaki

—

Zusammenkunft im Zimmer einer
Wohnbaracke
Meeting in a barrack room
Neuss, Floßhafenstraße
(vermutet probably), 1968
Reproduktion Reproduction
DOMiD-Archiv, Köln

—

Videos und Audios
Video and Audio

Mitat Özdemir. 09.06.2018, 15.58 Uhr.
Eine Minute des Gedenkens an die Opfer
des rassistischen Bombenanschlags in
der Keupstraße, Köln, verübt am
09.06.2004 durch das NSU Netzwerk
Mitat Özdemir. June 9, 2018, 15:58.
One minute of remembrance for the
victims of the racist bomb attack in
Keupstrasse, Cologne, carried out on
June 9, 2004, by the NSU network
Ulf Aminde, 2018

Tayfun Demir
Gespräch mit Conversation with
Ela Kaçel
Köln/Türkei Turkey, 2020
Audio, 4:59 & 2:53
Im Auftrag des Commissioned by the
Museum Ludwig, Köln

Chrysaugi Diederich
Gespräch mit Conversation with
Manuel Gogos
Köln, 2005
Audio, 3:51 & 2:39
Chrysaugi Diederich / DOMiD-Archiv,
Köln

Antonella Giurano
Gespräch mit Conversation with
Aurora Rodonò
Köln, 2020
Audio, 3:53 & 5:23
Im Auftrag des Commissioned by the
Museum Ludwig, Köln

Antonio Gogos
Gespräch mit Conversation with
Manuel Gogos
Köln, 2020
Video, 10:00
Im Auftrag des Commissioned by the
Museum Ludwig, Köln

Alpin Harrenkamp
Gespräch mit Conversation with
Ela Kaçel
Köln, 2020
Audio, 6:57 & 4:21
Im Auftrag des Commissioned by the
Museum Ludwig, Köln

Angela L.
Gespräch mit Conversation with
Aurora Rodonò
Köln, 2020
Audio, 4:17 & 5:39
Im Auftrag des Commissioned by the
Museum Ludwig, Köln

Mitat Özdemir
Gespräch mit Conversation with
Ela Kaçel
Köln, 2021
Audio, 3:59
Im Auftrag des Commissioned by the
Museum Ludwig, Köln

Asimina Paradissa
Gespräch mit Conversation with
Manuel Gogos
Wuppertal, 2020
Audio, 4:20 & 3:40
Im Auftrag des Commissioned by the
Museum Ludwig, Köln

Rosa Spitaleri
Gespräch mit Conversation with
Aurora Rodonò
Köln, 2020
Video, 13:04
Im Auftrag des Commissioned by the
Museum Ludwig, Köln

Fikret Üçgüler
Gespräch mit Conversation with
Ela Kaçel
Köln, 2020
Video, 10:58
Im Auftrag des Commissioned by the
Museum Ludwig, Köln

Sofia & Ioanna Zacharaki
Gespräch mit Conversation with
Manuel Gogos
Solingen, 2020
Audio, 4:27 & 1:08
Im Auftrag des Commissioned by the
Museum Ludwig, Köln

Edith Schmidt-Marcello, David
Wittenberg
Pierburg: Ihr Kampf ist unser Kampf
Pierburg: Their Struggle Is Our
Struggle
1974/1975
16-mm-Film, digitalisiert, 49 Min.
16 mm film, digitized, 49 min.
Edith Schmidt-Marcello & David
Wittenberg

—

Archivmaterial
Archival material

Betriebsverwaltungsgebäude der Bergwerksgesellschaft GmbH
Administrative building, Walsum Mining Company
Walsum, ca. 1955
Fotoalbum Photo album
Ela Kaçel

Jürgen Bevers, Guenay Ulutuncok
„Kebap, Kölsch und Kneipenstrich"
Schauplatz, 3, 11, 1982,
S. pp. 20–29, 32.
Unversitätsbibliothek Köln

Hans Birling
Trumpf bringt Freude. 1857–1957
Aachen: L. Monheim 1957
Archiv Museum Ludwig, Köln

Ford-Werke AG
Zeitschrift für die Mitarbeiter der Ford-Werke Aktiengesellschaft
Köln, Nr. No. 4/5, 1969
Stiftung Rheinisch-Westfälisches Wirtschaftsarchiv zu Köln

Ford-Werke AG
Zeitschrift für die Mitarbeiter der Ford-Werke Aktiengesellschaft
Köln, Nr. No. 4, 1970
Stiftung Rheinisch-Westfälisches Wirtschaftsarchiv zu Köln

Ford-Werke AG
Zeitschrift für die Mitarbeiter der Ford-Werke Aktiengesellschaft
Köln, Nr. No. 6/7, 1973
Stiftung Rheinisch-Westfälisches Wirtschaftsarchiv zu Köln

Ford-Werke AG
Zeitschrift für die Mitarbeiter der Ford-Werke Aktiengesellschaft
Köln, Nr. No. 9/10, 1973
Stiftung Rheinisch-Westfälisches Wirtschaftsarchiv zu Köln

GAG Immobilien AG
Unsere kleine Stadt
Grafische Werkstatt Druckerei, 1968
LVR – Amt für Denkmalpflege im Rheinland

GAG Immobilien AG
Großstadt in der Großstadt. 50 Jahre GAG in Köln
Köln, 1963
Kunst- und Museumsbibliothek, Köln

Geschichtswerkstatt Mülheim (Hrsg. eds.)
Die Keupstraße – Geschichte und Geschichten
Köln, o. J. no year
Schenkung Geschichtswerkstatt Mülheim

Glanzstoff-Courtaulds GmbH
GC-Echo: „Unser Arbeiterwohnheim ist fertiggestellt. ... und so lebt's sich drin!"
Köln, 12. Jg., Nr. 65, Jan./Febr., 1961
Vol. 12, no. 65, Jan/Feb 1961
Eusebius Wirdeier

Glanzstoff-Courtaulds GmbH
Menschen im Werk: „Fühlen sich unsere griechischen Gastarbeiter bei uns wohl?"
Köln, 1960/61
Eusebius Wirdeier

Glanzstoff-Courtaulds GmbH
GC-Echo: „Sie gehören zu uns!"
Köln, 11. Jg., Nr. 63, Juli/Aug./Sept., 1960
Vol. 11, no. 63, Jul/Aug/Sep 1960
Eusebius Wirdeier

Glanzstoff-Courtaulds GmbH
Menschen im Werk
Köln, 11. Jg., Nr. 63, Juli/Aug./Sept., 1960
Vol. 11, No. 63, Jul/Aug/Sep 1960
Eusebius Wirdeier

Candida Höfer, Hatice Özerturgut, Elise Kentner u. a. et al.
Türken in Deutschland: Farbdias und Sachinformationen
Köln: Vista Point 1980
Ela Kaçel

Kölner Volksblatt
Nr. 7, Juli 1976, S. 3
No. 7, July 1976, p. 3
Historisches Archiv, Köln

Kölner Volksblatt
10.–23. August 1979, S. p. 3
Historisches Archiv, Köln

Kölner Volksblatt
Nr. 7, 21. März 1980, S. 8, 9
No. 7, March 21, 1980, pp. 8, 9
Historisches Archiv, Köln

Merhaba
Duisburg için aylik Türkçe gazete
Duisburg, 1978
Tayfun Demir

Diese Publikation erscheint
anlässlich der Ausstellung
This catalogue is published
on the occasion of the exhibition

Vor Ort: Fotogeschichten zur Migration
In Situ: Photo Stories on Migration

Museum Ludwig, Köln Cologne
19. Juni – 3. Oktober 2021
June 19 – October 3, 2021

AUSSTELLUNG
EXHIBITION

Direktor
Director
Yilmaz Dziewior

Kuratorinnen
Curators
Ela Kaçel, Barbara Engelbach

Stellvertretende Direktorin
Deputy Director
Rita Kersting

Sekretariat des Direktors
Executive Secretary
Ursula Hübner

Registrars
Anna Höfinghoff, Stephanie Decker

Ausstellungsmanagement,
Medientechnik
Exhibition Management,
Media Technology
Iris Maczollek, Helen Meßler,
Behnaz Yosofi (Praktikantin intern)

Restaurierung
Conservation
Sophia Elze, Yvonne Garborini

Schreinerei
Carpentry
Leif Lenzner, Michael Bangert,
Milan Scharf, Nathalie Hansmeyer,
Katrin Schwarz, Philipp Hawlitschek

Presse- und Öffentlichkeitsarbeit
Press and Public Relations
Kirsten te Brake, Anna Döbbelin,
Sonja Hempel, Nathan Ishar,
Anne Niermann, Judith Specht,
Paulina Thillmann, Maria
Panagiotidou (Pratikantin intern)

Ausstellungsgrafik
Exhibition Graphic Design
Yvonne Quirmbach

Fundraising
Antonella Müller, Lisa Schade

Leitung Kunstvermittlung
Head of Learning
Angelika von Tomaszewski

Projektleitung Project Management
Snap My Veedel
Diana A. Schuster

Wissenschaftliche Dokumentation
Archivists
Anina Baum, Beate Bischoff,
Meike Deilmann, Ana-Emilia Salsamendi

Depotverwaltung
Storage Management
Ulla Bönnen, Axel Kuhn,
Brit Meyer

Hausinspektion
Facility Management
Marc Dreckmann, Dirk Otter,
Krzysztof Wojewoda, Laura Riedl
(Freiwilliges Soziales Jahr
Voluntary Social Year)

Haustechnik
Technical Management
Guido Faßbender, Christian Götte,
Thomas Loerzer, Uwe Möde,
Peter Pier, Isa Uzun, Ingo Weber,
Andreas Wischum, Michael Zorn

Verwaltung
Administration
René Siegburg, Marion Funken,
Alexander Bach, Marlene Müller,
Ilona Orban-Boysen, Ella Krüger

Aufsichten
Guards
Leonard Stoica und Team and team

Reinigung
Cleaning
Rosi Schröder und Team and team

KATALOG
CATALOGUE

Herausgeberinnen
Editors
Ela Kaçel, Barbara Engelbach

Redaktion und Lektorat
Editing and Copyediting
Katrin Sauerländer

Übersetzungen
Translations
Nicholas Grindell

Englisches Lektorat und Korrektorat
English Copyediting and Proofreading
Sriwhana Spong

Gestaltung
Design
Yvonne Quirmbach

Bildbearbeitung
Image Editing
Henning Krause

Gesamtherstellung
Production
Medialis Offsetdruck GmbH

Umschlag
Cover
Dengin Kocatürk, Süheyla (Ruziye)
Kocatürk und ihre Tochter Begüm
beobachten einen Elefanten, der
vermutlich als Werbung für einen
Zirkus durch die Stadt läuft
Süheyla (Ruziye) Kocatürk and her
daughter Begüm watch an elephant
walking through town, probably
advertising a circus
Krefeld, ca. 1987
Bengü Kocatürk-Schuster / DOMiD-
Archiv, Köln

MUSEUM
LUDWIG
Heinrich-Böll-Platz
D-50667 Köln Cologne
Tel. +49 (0)221 221 26165
Fax +49 (0)221 221 24114
www.museum-ludwig.de

Erschienen im
Published by
Verlag der Buchhandlung Walther
und Franz König
Ehrenstraße 4
D-50672 Köln Cologne

Bibliografische Information der
Deutschen Nationalbibliothek:
Die Deutsche Nationalbibliothek
verzeichnet diese Publikation in der
Deutschen Nationalbibliografie;
detaillierte bibliografische Daten
sind über www.dnb.de abrufbar.
Bibliographic information published
by the Deutsche Nationalbibliothek:
the Deutsche Nationalbibliothek
lists this publication in the Deutsche
Nationalbibliografie; detailed
bibliographic data are available on
the Internet at www.dnb.de.

Printed in Germany

Vertrieb
Distribution

Deutschland, Österreich,
Schweiz / Europa
Germany, Austria, Switzerland / Europe
Buchhandlung Walther König
Ehrenstraße 4
D-50672 Köln Cologne
Tel. +49 (0)221 20 59 6 53
verlag@buchhandlung-walther-koenig.de

Großbritannien & Irland
UK & Ireland
Cornerhouse Publications Ltd. – HOME
2 Tony Wilson Place
Manchester, M15 4FN, UK
Tel. +44 (0)161 2123466
publications@cornerhouse.org

Außerhalb Europas
Outside Europe
D.A.P. / Distributed Art Publishers, Inc.
75th Bond Street, Suite 630
New York, NY 10004, USA
Tel. +1 (0)212 627 1999
orders@dapinc.com

ISBN 978-3-7533-0038-2

DANK
ACKNOWLEDGMENTS

Wir danken den Leihgeber*innen
We thank our lenders:
Ulf Aminde, Yücel Aşçıoğlu, Jörg Boström, Bundesarchiv, Tayfun Demir, Chrysaugi Diederich, Digitales Bildarchiv, DOMiD – Dokumentationszentrum und Museum über die Migration in Deutschland e. V., Onur Dülger, Christel Fomm, Ford, Köln, Alibaba G., Luisa Fernandez Gallego, Antonella Giurano, Antonios Gogos, Irene und Sigurd Greven Stiftung, Levent Güldiken, Historisches Archiv, Köln, Alpin Harrenkamp, Gernot Huber, Ali Kanatlı, Bengü Kocatürk-Schuster, Angela L., Lisa Limmer, Hannes Loh, Hülya Özdağ, Uzay Özdağ, Mitat Özdemir, Asimina Paradissa, Rheinisches Bildarchiv Köln, Fotoarchiv Ruhr Museum, Essen, Edith Schmidt-Marcello und David Wittenberg, Rosa Spitaleri, Stiftung Rheinisch-Westfälisches Wirtschaftsarchiv zu Köln, Rıdvan Uçar, Fikret Üçgüler, Guenay Ulutuncok, Eusebius Wirdeier, Sofia & Ioanna Zacharaki, Irene Zieris

Darüber hinaus danken wir
We additionally thank:
Lale Akgün, Martina Caspers, Aytaç Eryılmaz, Dorothea Fingerhut, Julia Friedrich, Manuel Gogos, Zeynep Gürsoy, Dennis Janzen, Familie Karadeli, Helmtrud Köhren-Jansen, Mathilde Kriebs, Mona Leitmeier & Salman Abdo (In-Haus e. V.) , Bettina Lockemann, Damian van Melis, Markus Ottersbach, Max Plassmann, Beate Rieple, Aurora Rodonò, Regina Römhild, Franka Schneider, Martina Schwintzer, Martin Stankowski, Klaus Stollenwerk, Elisabeth Tharandt, Metin Türköz, Sevim Üçgüler, Erol Yildiz

Dank an das gesamte Team des
Thanks to the entire Museum Ludwig team:
Alexander Bach, Michael Bangert, Anina Baum, Beate Bischoff, Ulla Bönnen, Kirsten te Brake, Angela Coenen, Stephanie Decker, Meike Deilmann, Stephan Diederich, Anna Döbbelin, Marc Dreckmann, Kristof Efferenn, Sophia Elze, Barbara Engelbach, Paul Eßer, Guido Faßbender, Julia Friedrich, Marion Funken, Yvonne Garborini, Christian Götte, Nathalie Hansmeyer, Philipp Hawlitschek, Sonja Hempel, Anna Höfinghoff, Ursula Hübner, Nathan Ishar, Ela Kaçel, Rita Kersting, Kathrin Keßler, Jürgen Koll, Ella Krüger, Axel Kuhn, Leif Lenzner, Thomas Loerzer, Iris Maczollek, Petra Mandt, Helen Meßler, Brit Meyer, Uwe Möde, Antonella Müller, Marlene Müller, Tobias Nagel, Anne Niermann, Ilona Orban-Boysen, Dirk Otter, Maria Panagiotidou, Peter Pier, Leonie Radine, Donata Rahnenführer, Laura Riedl, Ana-Emilia Salsamendi, Katrin Sauerländer, Lisa Schade, Milan Scharf, Rosi Schröder und alle Reinigungskräfte and the entire cleaning team, Astrid Schubert, Rachel Schumann, Katrin Schwarz, René Siegburg, Judith Specht, Leonard Stoica und alle Aufsichten and all the guards, Miriam Szwast, Nana Tazuke-Steiniger, Paulina Thillmann, Angelika von Tomaszewski, Isa Uzun, Ingo Weber, Andreas Wischum, Krzysztof Wojewoda, Michael Zorn

Die Ausstellung wurde unterstützt von
The exhibition was supported by

Ministerium für
Kultur und Wissenschaft
des Landes Nordrhein-Westfalen

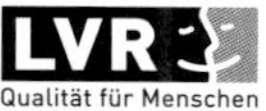

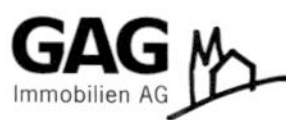

Eine Ausstellung in Kooperation mit
An exhibition in cooperation with

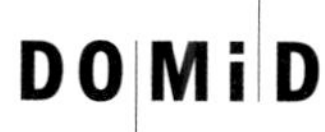